Incoterms® 2020 수록

개정4판

무역영어

BUSINESS ENGLISH

무역실무와 무역영어를 동시 해결

이신규 저

도서출판 두남

개정4판을 내면서

그 동안 무역영어 책을 대학에서 교재로 활용하여 주신 교수님들과 많은 일반 독자 여러분들에게 진심으로 감사를 드린다.

여러 교수님들과 학생들, 그리고 무역현장에서 수고하시는 무역담당자 여러분들의 사랑과 도움으로 이 책이 지금까지 수정되고 보완되어올 수 있음을 고백한다.

그 동안 사용되었던 인코텀즈 규칙이 개정되어 2020년 1월부터 Incoterms® 2020이 사용되고 있다. 따라서 대학 및 무역현장에서 활용할 수 있도록 새로 개정된 Incoterms® 2020의 내용을 정리하여 이 책을 개정하게 되었다. 주요 개정 내용은 다음과 같다.

첫째, Incoterms® 2020의 11가지 규칙에 대해 사용자를 위한 설명문(Explanatory Notes for Users)을 중심으로 설명하고 그림을 통하여 해당 규칙별로 전체 내용을 이해할 수 있도록 하였다.

둘째, 기존의 이메일 서신문장들의 일부 내용들에 대한 표현방법을 변경함으로써 무역현장에서 가능한 완벽한 문장들을 작성할 수 있도록 노력하였다.

그럼에도 불구하고 여전히 저자의 능력이 부족하여 독자 여러분들의 지적과 충고를 통하여 계속 수정·보완해 나갈 것을 약속드린다.

끝으로 출판을 허락해 주신 도서출판 두남의 전두표 사장님과 이승구 상무님 그리고 직원들에게 감사를 드린다.

2020년 2월
저 자

개정3판을 내면서

그 동안 제2개정판을 대학에서 교재로 활용하여 주신 교수님들과 많은 일반 독자 여러분들에게 진심으로 감사를 드린다.

그 동안 세계무역의 자유화를 지향하는 WTO 체제하에서 경제 및 무역의 글로벌화의 진전은 폭넓은 무역자유화로 이어져왔지만 세계경제환경이 악화되면서 EU 국가들의 구속력이 약화되고 자유무역을 주도했던 미국이 자국의 이익을 강조하는 보호무역으로 방향을 선회하는 등 무역환경이 급격하게 변화하고 있다.

무역의존도가 상대적으로 높은 우리나라의 경우 무역환경이 불리하게 작용하면서 시장의 다변화를 통한 무역확대전략이 무엇보다도 중요한 과제로 등장하고 있다.

다양한 문화권의 기업들을 대상으로 시장을 확대하고 무역업무를 효율적으로 수행하는데 도움이 될 수 있도록 개정3판을 출간하게 되었다. 기존의 목차와 제목들을 유지한 상태에서 다음의 내용들을 반영하였다.

첫째, 무역통신문의 내용들을 영어권의 문화를 반영하여 표현방식과 내용을 변경하고 추가하여 외국 무역인들과 자연스럽게 서면상담이 이루어질 수 있도록 하였다.

둘째, 가능한 불필요한 문장이나 표현방식들을 삭제하고 간결하고 명확한 의사전달이 이루어질 수 있도록 내용을 수정·보완하였다.

셋째, 화상 및 대면상담의 중요성을 감안하여 자연스럽게 구두상담이 가능하도록 내용을 수정·보완하였다.

넷째, 각 단원마다 문서상담을 위한 유사한 표현을 다양하게 활용할 수 있도록 정리하여 다양한 상황에 맞게 활용할 수 있도록 하였다.

각 주제별로 무역실무의 내용을 요약·정리되어 있고 통신문과 회화, 그리고 다양한 추가 표현 및 연습문제 등으로 구성되어 있어서 각종 무역관련 자격증을 취득하기를 원하는 학생과 무역업무를 수행하는 담당자들이 무역실무와 무역영어는 물론 무역영어회화를 동시에 학습하는데 도움이 되기를 바란다.

그럼에도 불구하고 저자의 능력이 미흡하고 부족함을 고백한다. 앞으로도 독자 여러분들의 아낌없는 지적과 조언을 통하여 계속 수정·보완해 나갈 것을 약속드린다.

끝으로 출판을 허락해 주신 도서출판 두남의 전두표 사장님과 이승구 상무님 그리고 직원들에게 감사를 드린다.

2017년 2월

저 자

개정2판을 내면서

그 동안 개정판에 대해 대학에서 교재로 활용하여 주신 교수님들과 많은 일반 독자 여러분들에게 충심으로 감사를 드린다.

무역현장에서 경험했던 지식을 토대로 대학에서 무역영어를 가르치면서 어떻게 하면 학생들이 현장에서 직접 활용할 수 있도록 도와줄 수 있을지를 고민해 왔다. 조금이나마 학생들과 일반 무역담당자들이 무역영어를 친숙하고 쉽게 학습할 수 있도록 이 책의 개정2판을 간행하게 되었다.

이번에 반영된 주요 내용들은 다음과 같다.

첫째, 각 장별로 무역의 흐름을 간략하게 이해할 수 있도록 무역실무에 대한 내용들을 요약함으로써 무역영어의 내용을 이해하기 쉽게 하였다.

둘째, 무역영문의 사례들을 최근 변화되는 품목들로 대체하였으며 내용도 가능한 한 원어민이 사용하는 표현방식으로 수정하였다.

셋째, 이메일을 통한 문서상담과 통신수단 및 대면을 통한 구두상담의 중요성을 반영하여 두 가지 측면에서 모두 학습이 가능하도록 수정하였다.

대학에서 한 학기만 개설된 경우 무역영어 본문을 중심으로 학습할 수 있고, 두 학기에 걸쳐 개설된 경우에는 학기별로 나누어 주요 실무내용, 본문내용의 이해 및 작성, 주요 표현방법, 그리고 연습문제 등을 활용하여 학습할 수 있다.

아무쪼록 이 책이 무역업에 종사하거나 종사하고자 희망하는 분들과 무역영어 관련 자격시험을 준비하는 학생들에게 조금이나마 도움이 되기를 바란다.

끝으로 출판을 허락해 주신 도서출판 두남의 전두표 사장님과 이승구 상무님께 감사를 드린다.

2014년 2월

저 자

개정판을 내면서

그 동안 부족한 이 책에 대해 관심을 가지고 애독해 주신 여러분께 감사드린다. 이 개정판에서는 무역현장에서 이메일을 통하여 상담을 보다 쉽게 할 수 있도록 영문 서신표현들을 가능한 한 간결하고 쉽게 정리하였다. 이를 위해 저자가 무역현장에서 실제적으로 경험했던 수출입 상담의 내용들을 반영함으로써 실무에 직접 적용할 수 있도록 구성하였다.

아울러 이메일은 물론 화상상담과 전화상담 등 거래 상대방과 무선 및 유선상담 비중이 증가하면서 이에 대응할 수 있도록 회화형식의 상담내용과 방법들을 유지시키며 정리하였다.

또한 Incoterms® 2010에서 규정하고 있는 11종류의 규칙들(Rules)에 대한 세부적인 정의와 내용을 첨가하여 설명하였다. 각 장마다 무역실무의 내용들을 간략하게 요약하여 해당 부분에 대한 통신문의 내용을 이해할 수 있도록 하였다.

각 장의 뒷부분에 관련 내용들에 대한 주요 표현들을 요약하여 정리함으로써 본문의 내용과 관련된 기타 다른 표현들을 익힐 수 있도록 하였다. 부록에 무역에서 사용되는 주요 용어들을 영문으로 정리하여 이해할 수 있도록 보완하였다.

본서가 무역실무 현장과 무역에 관심 있는 학생 및 일반인들에게 유익한 지침서로 활용되기를 희망해본다. 아울러 앞으로도 독자 여러분의 충고를 수용하여 지속적으로 수정하고 보완하고자 한다.

여러 가지 어려운 출판환경에도 불구하고 이 개정판을 출간하도록 배려해 주신 도서출판 두남의 전두표 사장님께 진심으로 감사드리며, 이승구 상무님, 그리고 정성을 다하여 교정과 편집을 해 주신 편집부 여러분들에게 감사를 드린다.

2011년 8월
저 자

머리말

국제시장이 개방되고 다변화되면서 상품교역시장에서의 경쟁이 치열하게 전개되고 있다. 다수의 판매자자와 다수의 수입자 간의 무역상담에서 대상 제품에 대해 계약을 성공적으로 이끌어내기 위해서는 무역실무의 지식을 바탕으로 무역영어를 잘 활용하는 것이다. 무역을 위한 상담방식과 형태가 매우 다양하고 복잡하기 때문에 무역통신문은 거래의 성격이나 특성에 따라 다양하게 작성되어야 한다. 뿐만 아니라 통신수단의 발달에 따라 통신 매개체가 다양화되고 당사자들이 빠른 의사결정을 요구하기 때문에 e-mail을 통한 통신문작성방법에 대한 체계적인 학습이 요청된다. 아울러 e-mail 통신문 작성과 더불어 전화나 화상을 통하여 원격상담이 빈번하게 이루어지기 때문에 구두상담을 위한 능력을 갖추고 있어야 효율적인 무역상담을 수행할 수 있다.

이러한 시대적 변화에 부응하기 위하여 이 책은 무역현장에서 직접 활용할 수 있는 정보를 제공하고자 하는 목적으로 다음과 같이 구성되었다.

첫째, 무역거래의 진행순서에 맞추어 해당 분야별로 가능한 한 평이하고 이해하기 쉬운 문장으로 구성하고자 노력하였다.

둘째, 각 단계별로 관련 당사자들이 주고 받는 상황을 연출하여 송신과 수신에 대한 E-mail 통신문을 작성함으로써 거래상황에 대한 이해를 쉽게 할 수 있도록 하였다.

셋째, 당사자들의 E-mail 통신문에 대해 인터넷폰이나 대면상담이 가능할 수 있도록 동일 내용에 대해 회화체문장을 추가함으로써 각 건별로 문장과 대화체의 상담이 가능하도록 세트화시켰다.

넷째, 각 E-mail통신문과 회화마다 하단에 주요 내용을 간단하게 요약·정리함으로써 초보자도 쉽게 이해할 수 있도록 하였다.

다섯째, 비즈니스에 관련된 기타 통신문들을 요약·정리함으로써 비즈니스와 관련된 업무에 참고할 수 있도록 하였다.

따라서 본서는 무역통신문의 작성에 중점을 두어온 기존의 다른 교재와는 달리 회화부분을 동시에 고려함으로써 E-mail 통신문을 중심으로 하는 무역영어는 물론 무역영어회화의 습득을 위한 교재로도 활용할 수 있을 것이다.

그럼에도 불구하고 저자의 능력이 부족하여 본서의 내용 중에는 미흡한 부분이 많을 것으로 생각된다. 이에 대해서는 본서를 읽으시는 여러분들의 기탄없는 충고와 지도를 바라며, 아울러 저자도 독자들의 충고를 기초로 하여 지속적으로 수정·보완해 나갈 것을 약속드린다.

본서가 완성되기까지 여러분들의 도움이 있었다. 자식들을 위해 고생을 해 오신 어머님과 항상 연구에 전념할 수 있도록 배려해 주는 아내와 사랑하는 딸 나은이와 지원이에게 고마움을 전한다. 또한 어려운 상황에서도 본서를 출간할 수 있도록 허락해 주신 도서출판 두남 전두표 사장님과 교정과 편집에 수고해 주신 편집부 여러분들께 감사의 마음을 전한다.

2004년 6월

저 자

차 례

Chapter 01 수출입거래의 개요

Chapter 02 거래관계의 창설

Chapter 03 신용조회와 신용보고

Chapter 04 청약과 승낙(Offer and Acceptance)

Chapter 05 무역계약(Trade Contract)

Chapter 06 주문과 주문승낙(Order and Acknowledgement)

Chapter 07 신용장(Letter of Credit)

Chapter 09 무역결제서류(Documents)

Chapter 10 수출환어음의 매입과 대금결제

부 록

1 CHAPTER 수출입거래의 개요

1.1 수출절차의 개요

수출절차란 거래선의 발굴을 위한 해외시장조사 단계에서부터 수출계약의 체결과 이행, 그리고 수출대금이 회수되어 거래가 종료될 때까지 거치는 일련의 행정적·법규적 흐름을 의미한다.

수출절차에서는 해외시장조사, 수출계약의 체결, 신용장의 수취와 검토(신용장방식의 대금결제인 경우), 필요시 수출승인·허가 및 요건확인, 수출물품의 정비, 수출물품의 통관, 수출물품의 운송 및 보험계약 체결, 수출물품의 선적, 수출대금의 회수, 관세환급 및 사후관리 등의 여러 절차를 거치게 된다.

1 수출계약의 체결

수출계약은 매도인의 청약(offer)에 대해 상대방인 매수인이 승낙(acceptance)을 하게 되면 성립한다. 국제간의 매매계약은 구두로 하더라도 성립되며 반드시 문서로 작성할 필요는 없다. 하지만, 계약내용에 관하여 매매당사자간에 상호 확인하고 후일에 있을지도 모르는 분쟁에 대비하기 위하여 매매계약서(sales contract)를 작성하여 서로 교환해두는 것이 필요하다.

2 신용장의 수취와 검토

대금결제조건을 신용장(Letter of Credit : L/C)으로 합의할 경우 수입업자는 자신의 거래은행인 발행은행(issuing bank)을 통하여 신용장발행을 의뢰하게 된다. 발행은행은 신용장을 발행한 후 수출업자가 소재한 국가 내에 있는 발행은행의 본·지점 또는 환거래은행으로 하여금 신용장을 통지하도록 위임한다.

신용장은 수출업자가 신용장에 기재된 대로 이행했을 때 수입자의 거래은행(신용장 발행은행)이 대금결제를 보증하는 제도로서 수출업자에게는 대금회수와 관련된 위험을 제거해 주고 수입업자에게는 화물인수에 따른 위험을 제거해 줄 수 있는 제도이다.

신용장을 수취한 수출업자는 수출의 집행과 대금회수의 안전을 위하여 신용장상에 기재된 내용이 계약내용과 일치하는지에 대한 여부를 검토하고 만일 불일치하는 내용이 있으면 즉시 수입업자에게 연락하여 신용장을 정정하도록 하여야 한다.

무신용장방식인 추심거래방식의 거래인 지급인도조건(Document Against Payment ; D/P)과 인수인도조건(Document Against Acceptance ; D/A)의 경우 당사자들이 D/P계약서나 D/A계약서를 작성한 다음 계약서에서 정해진 기일 내에 선적될 수 있도록 업무를 진행한다. 한편, 사전송금방식의 경우 수출업자는 수입업자로부터 대금을 지급받은 후 업무를 진행하게 된다.

3 수출승인, 요건확인 및 수출허가(필요한 경우)

물품의 수출은 원칙적으로 수출승인이나 수출요건확인 없이 자유롭게 할 수 있다. 하지만, 대외무역법령상의 수출입공고에서 수출이 제한되는 품목은 해당기관이나 단체로부터 수출승인(Export Licence : E/L)을 받아야 수출할 수 있다.

아울러 개별법에 따른 통합공고에서 수출이 제한되는 품목은 해당 기관으로부터 수출요건확인을 받아 수출할 수 있다.

또한 전략물자수출입고시에서 수출이 제한되는 품목은 해당 기관으로부터 수출허가 등을 받아야 한다.

4 수출물품의 정비

1) 수출물품의 확보

수출업자는 계약물품을 준비하여 매매계약상의 인도기일이나 신용장에서 규정하고 있는 선적일 이내에 선적해야 한다. 수출업자가 수출물품을 확보하는 방법으로는 ① 자신의 공장에서 직접 생산하는 방법, ② 완제품을 다른 공급자로부터 구매하는 방법 등이 있다.

첫째, 수출물품을 자신이 직접 생산하기 위해서 수출업자는 수출물품의 제조 및 생산에 필요한 원료나 원자재를 국내에서 구매하거나 해외에서 구매할 수 있다. 수출용 원자재를 국내에서 구매할 경우 내국신용장 방식이나 구매확인서 방식을 통하여 구매할 수 있다. 한편 수출용 원자재를 해외에서 구매하기 위하여 수입신용장을 발행하는 등 수입의 형태로 외국으로부터 구매할 수 있다.

둘째, 수출용 완제품을 구매하는 방법으로는 완제품을 국내에서 구매하거나 해외에서 구매할 수 있다. 완제품을 국내에서 구매할 때 내국신용장 방식이나 구매확인서 방식을 통해 구매한다. 완제품의 해외구매는 수입의 형태를 통하여 물품을 조달받을 수 있다.

2) 수출물품의 검사

수출국에서 행해지는 수출물품의 검사에는 ① 수출업자의 자체검사, ② 수입업자의 요구에 의한 검사, ③ 수출당국의 명령에 의한 검사, ④ 수입당국의 명령에 의한 선적전검사 등이 있다.

물품이 생산되면 물품의 대외성가 및 품질향상뿐만 아니라 매매계약에 일치하는 물품의 품질 및 수량을 인도하기 위하여 수출검사를 해야 할 필요가 있다. 수출물품의 검사는 매매계약에서 합의된 기준에 의하여 이루어지는데, 인코텀즈(Incoterms® 2010)상의 수입당국의 명령에 의한 선적전검사(Pre-shipment Inspection ; PSI)의 경우 공장인도규칙(EXW)을 제외한 모든 규칙들은 검사비용을 매수인이 부담하도록 하고 있다.

3) 수출물품의 포장 및 화인

수출업자는 수출물품이 수입업자에게 인도될 때까지 물품의 멸실이나 손상을 방지하기 위하여 포장을 하고 그 포장에 적절한 화인(shipping mark)을 표시하여야 한다. 화인은 화물의 외장에 기입하는 특정기호, 목적지, 포장번호 및 물품의 원산지 등의 각종 표식을 말한다.

5 수출물품의 통관

수출물품을 정비한 수출업자는 물품을 선적하기 전에 관세법이 정하는 바에 따라 수출통관수속을 하여야 한다. 수출통관이란 내국물품을 외국으로 반출하는 것을 허용하는 세관장의 처분을 말한다. 수출통관은 대외무역법, 관세법, 외국환거래법 등 각종 수출관련 법규의 이행사항을 최종적으로 확인하여 불법수출이나 위장수출을 방지하기 위하여 의무화하고 있다. 수출통관절차는 수출하고자 하는 물품을 세관에 수출신고한 후 신고수리를 받아 외국 무역선(기)에 적재하기까지의 절차를 의미한다.

수출신고시기는 수출물품의 생산 후 적재하기 전까지 모두 가능하다. 이에 따라 화주는 생산된 물품을 자신의 공장이나 창고 등에 장치한 후 직접 또는 관세사(관세법인 또는 통관취급법인 포함)를 통하여 세관에 수출신고하거나, 물품을 선적지까지 운송하여 장치한 후 선적지 관할세관에게 수출신고할 수 있다.

수출신고는 수출신고인이 전자문서로 작성된 신고자료를 통관시스템에 전송하면 관세청의 통관시스템은 자동수리대상인 경우에는 자동으로 신고수리하고, 심사대상은 심사 후 수리하며, 검사대상은 검사 후 수리한다.

6 물품운송 및 보험계약 체결

물품운송 및 보험과 관련하여 당사자간에 별도로 합의되어 있지 않을 경우 매매계약에 합의된 인코텀즈(Incoterms® 2010)에 따라서 운송계약과 보험계약의 체결 의무자가 정해지게 된다.

운송계약과 관련하여 운송비지급인도규칙(CPT), 운송비보험료지급인도규칙(CIP), 목적지인도규칙(DAP), 도착지양륙인도규칙(DPU), 관세지급인도규칙(DDP), 운임포함인도규칙(CFR) 및 운임보험료포함인도규칙(CIF)은 수출업자가 운송인과 운송계약을 체결하여야 한다. 나머지 규칙들인 공장인도규칙(EXW), 운송인인도규칙(FCA), 선측인도규칙(FAS) 및 본선인도규칙(FOB)의 경우 수입업자가 물품의 운송을 위하여 운송인과 운송계약을 체결하여야 한다.

한편, 보험계약과 관련하여 CIP 및 CIF규칙에서는 수출업자가 수입업자를 위하여 보험을 부보하여야 한다. DAP, DPU 및 DDP규칙에서는 수출업자가 자신의 위험에 대하여 자신의 비용으로 보험계약을 체결할 수 있고, EXW, FCA, CPT, FAS, FOB 및 CFR규칙의 경우에는 수입업자가 자신의 위험에 대하여 자신의 비용으로 보험계약을 체결할 수 있다.

추심결제방식(D/P, D/A)이나 무신용장방식의 거래에서 수반되는 위험 중에서 수입업자의 신용위험과 수입국 내에서의 비상위험 등과 같은 불가항력적인 위험으로 수출대금을 회수할 수 없을 경우를 대비하여 한국무역보험공사에서 운영하는 무역보험에 부보할 수 있다.

7 수출물품의 선적

해상운송에서 수출업자는 CFR 및 CIF규칙의 경우 선박회사와 운송계약을 체결하고 물품의 선적을 준비하여야 한다. 한편 FAS 및 FOB규칙의 경우에는 수입업자가 선박수배의무가 있기 때문에 수입업자의 비용과 위험으로 수배되어 정박된 선박에 선적을 하여야 한다. 선박회사는 물품을 선적한 후 선적선하증권(on board bill of lading)을 발급하여 화주에게 교부하게 된다.

8 수출대금의 회수

신용장거래의 경우 수출업자는 환어음과 신용장에서 요구하는 관련 서류들을 준비하여 해당 외국환은행에 환어음의 매입을 의뢰하여 수출대금을 지급받는다. 수출물품의 선적을 완료한 수출업자는 신용장에서 요구하는 환어음(bill of exchange, draft)과 무역결제서류, 즉 상업송장(commercial invoice), 선하증권(bill of lading) 및 항공화물운송장(air waybill) 등의 운송서류, 보험서류 등의 기본서류와 포장명세서(packing list) 및 원산지증명서(certificate of origin) 등의 임의서류를 구비하여 거래 외국환은행에 환어음의 매입을 의뢰하게 된다.

한편, 추심거래방식의 거래인 지급인도조건(D/P)과 인수인도조건(D/A)의 경우 환어음과 계약서상에서 요구하는 서류들을 준비한 후 해당 외국환은행에게 환어음의 추심을 의뢰하여 수출대금을 지급받는다.

9 관세환급 및 사후관리

관세환급이란 수출물품을 생산하는 데 소요되는 원재료의 수입시 납부세액을 수출업자 또는 수출물품 생산자에게 되돌려주어 수출을 지원하는 제도이다. 환급방법에는 간이정액환급과 개별환급이 있다.

간이정액환급은 정부가 수출금액당 수출물품에 소요된 원재료에 대한 수입시 납부세액으로 일정금액을 정하여 지급하는 방법이다. 중소기업체는 간이정액환급을 이용하면 편리하다. 간이정액환급대상물품을 수출하는 중소기업에 대해서는 수출신고서에 환급신청 여부만 표시하면 별도의 환급신청 없이 자동으로 환급금이 지급된다.

개별환급은 수출물품제조에 소요된 원재료의 납부세액을 소요량제도에 의한 증빙서류에 의거 개개의 원재료별로 확인하여 환급금을 산출하는 방법이다.

관세환급을 받기 위해서는 원재료를 수입한 때로부터 2년 이내에 수출하고 수출한 때로부터 2년 이내에 환급신청을 해야 한다. 원유 등 국제가격 하락 품목의 관세환급 유효기간은 2년에서 3월로 단축되었다. 환급신청은 수출업체 또는 관세사, 대한상공회의소, 세관 등 전산설비가 갖추어진 곳이면 어느 곳에서나 신청이 가능하다.

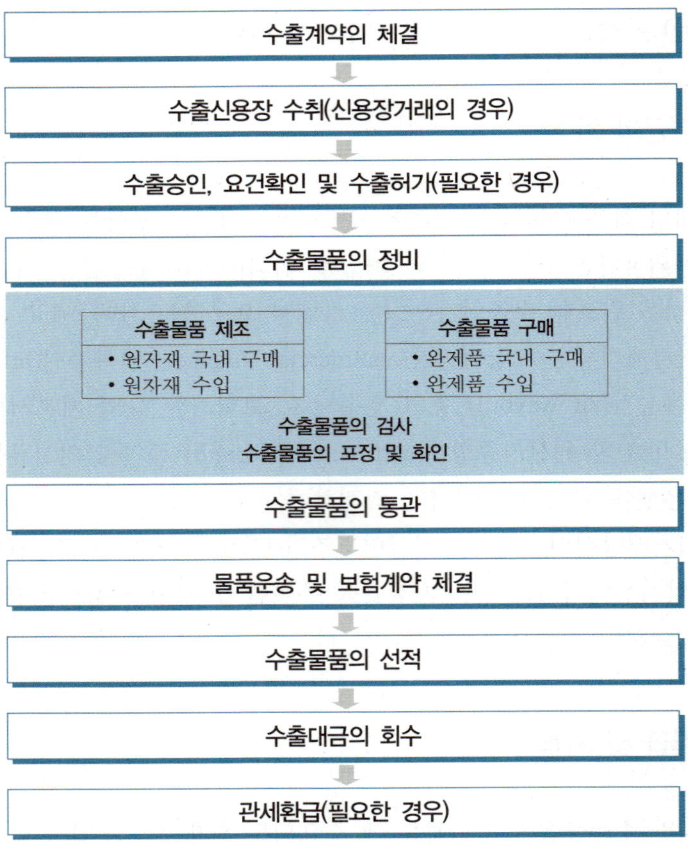

[그림 1-1] 수출절차의 흐름도

1.2 수입절차의 개요

수입절차란 수입업자가 수입대상물품과 거래선을 선정하여 수입계약을 체결하고 필요시 수입승인 또는 요건확인을 받아 자신의 거래은행에게 수입신용장 등을 발행하도록 지시한 후, 수출업자가 송부한 환어음 및 운송서류가 은행을 통하여 도착할 경우 수입대금을 결제한 후 서류를 인도받아 당해 수입물품을 통관하는 일련의 행정적·법규적 절차를 의미한다. 수입절차에서는 수입계약의 체결, 수입승인 및 요건확인, 수입신용장 발행 및 통지, 수입물품의 운송 및 보험계약 체결, 선적서류의 내도, 수입대금결제 및 서류인수, 수입물품통관 및 물품인수 등의 여러 절차를 거치게 된다.

1 수입계약의 체결

수입업자는 필요한 물품을 수입하고자 할 경우에 해외시장조사 및 조회(inquiry) 등을 통하여 신뢰성 있는 물품공급업자를 물색하고, 외국의 수출업자로부터 직접 또는 그의 국내 대리점을 통하여 간접적으로 전달받은 청약(offer)에 대하여 승낙(acceptance)함으로써 수입계약을 성립시킨다. 매매계약은 반드시 문서로 작성할 필요는 없지만 후일의 분쟁에 대비하기 위하여 작성하여 서명한 후 상호 보관하여 두는 것이 바람직하다.

2 수입승인, 요건확인 및 수입허가(필요한 경우)

물품의 수입은 원칙적으로 수입승인이나 수입요건확인 없이 자유롭게 할 수 있다. 하지만, 대외무역법령상의 수출입공고에서 수입이 제한되는 품목은 해당기관이나 단체로부터 수입승인(Import Licence : I/L)을 받아야 수입할 수 있다. 아울러 개별법에 따른 통합공고에서 수입이 제한되는 품목은 해당 기관으로부터 수입요건확인을 받아 수입할 수 있다. 또한 전략물자수출입고시에서 수입이 제한되는 품목은 해당 기관으로부터 수입허가 등을 받아야 한다.

3 수입신용장의 발행 및 통지

매매계약서상에 결제조건을 신용장방식으로 합의한 경우 수입업자는 자신의 거래은행인 발행은행에게 신용장의 발행을 요청한다. 수입업자는 수입거래약정체결을 위한 외국환거래약정서와 신용장발행신청서를 작성하여 발행은행에게 제출하면, 발행은행은 수입업자인 신용장발행의뢰인의 신용상태 및 담보능력 등을 검토한 후 신용장을 발행한다. 한편 발행은행은 수출업자의 국가에 있는 자신의 본·지점 또는 환거래은행을 통지은행(advising bank)으로 지정하여 신용장을 수출업자에게 통지하도록 한다.

4 수입물품의 운송 및 보험계약 체결

매매계약에 합의된 정형거래조건(Incoterms® 2010)에 따라 공장인도규칙(EXW), 운송인인도규칙(FCA), 선측인도규칙(FAS) 또는 본선인도규칙(FOB)인 경우 수입업자가 물품의 운송을 위해 운송인과 운송계약을 체결하여야 하다. 즉 수입업자는 수입물품의 운송을 위하여 운송인을 수배하여 수출업자에게 통보하고 도착지 및 도착항까지의 운임을 부담하여야 한다.

또한 Incoterms® 2010 규칙상 공장인도규칙(EXW), 운송인인도규칙(FCA), 선측인도규칙(FAS), 본선인도규칙(FOB), 운임포함규칙(CFR) 또는 운송비지급인도규칙(CPT)인 경우 수입업자는 반드시 보험계약을 체결할 의무는 없지만 자신의 위험에 대하여 자신의 비용으로 보험계약을 체결할 수 있다.

5 선적서류의 내도

수출업자는 물품을 선적한 후 환어음과 신용장상의 요구조건에 일치하는 무역결제서류와 환어음을 외국환은행에 제시하여 대금을 회수하게 된다. 신용장발행은행은 수출국의 매입은행 등으로부터 내도된 선하증권(Bill of Lading : B/L) 등의 서류가 신용장조건과 일치하는지의 여부를 심사한 후 신용장발행의뢰인인 수입업자에게 관련 서류를 제시한다.

6 수입대금결제 및 선적서류 인수

서류를 인도받은 수입업자는 수입대금 및 관련 수수료를 납부한 후 운송서류를 수취하는데, 이때 운송서류가 신용장의 조건과 일치하는지의 여부를 검토하여 수입대금의 결제에 동의하게 되면 외국환은행은 수입업자에게 운송서류를 인도한다.

경우에 따라서는 운송서류가 이미 도착하였으나 수입업자가 결제자금이 없어 서류를 인수하지 못하는 경우가 있는데, 이 때 수입업자는 대도(Trust Receipt : TR)[1]를 통해 대금을 지급하지 않고 발행은행으로부터 서류를 인도받을 수 있다.

7 수입물품의 통관 및 물품인수

수입통관이란 외국물품을 수입하고자 하는 자가 직접 또는 관세사 등을 통하여 세관장에게 수입신고를 하고 동 수입신고가 관세법의 규정에 따라 적법하게 신고된 것으로 인정되는 경우에 이를 수리함으로써 수입업자가 보세구역으로부터 물품을 반출하여 자유롭게 유통할 수 있는 것을 의미한다.

수입통관절차는 수입신고인이 수입하고자 하는 물품을 세관에 수입신고한 후 신고수리를 받아 물품을 보세구역으로부터 반출하기까지의 일련의 절차를 의미한다. 수입업자는 수입항에 도착한 물품을 보세구역 또는 보세구역외 장치장소에 장치한 후 직접 또는 관세사(통관법인 또는 관세사법인 포함)에게 의뢰하여 세관에 수입신고를 한다. 필요한 경우 세관의 물품검사를 받고 수입신고필증을 교부받아 관세를 납부한 후 물품을 인수받게 된다.

한편 수입화물은 이미 도착하였으나 운송서류가 도착하지 않아 화물의 인수가 불가능한 경우에는 은행으로부터 수입화물선취보증서(Letter of Guarantee : L/G)[2]를 발급받아 동 화물을 인수할 수 있다.

---

1) 대도(T/R)는 일람출급신용장의 경우 서류가 도착하면 발행은행은 수입업자로부터 대금을 지급받음과 동시에 서류를 인도해야 하지만, 수입업자가 수입대금을 지급하지 않고 발행은행으로부터 운송서류를 인도받으면서 수입화물에 관하여 발생하는 일체의 손해에 대하여 자기가 책임을 지겠다고 발행은행에 서약하는 증서를 말한다.

2) 수입화물선취보증서(L/G)는 수입국에 선적서류보다 물품이 먼저 도착할 경우 신용장 발행은행이 운송인인 선박회사가 수입업자가 선적서류를 제시하지 않고도 물품을 인도할 수 있도록 선박회사 앞으로 발행하는 보증서를 말한다.

수입계약의 체결

↓

수입승인, 요건확인 및 수입허가(필요한 경우)

↓

수입신용장의 발행 및 통지(신용장거래의 경우)

↓

물품운송 및 보험계약 체결

↓

선적서류의 내도

↓

수입대금결제 및 선적서류 인수

↓

수입물품의 통관 및 물품인수

[그림 1-2] 수입절차의 흐름도

2 CHAPTER 거래관계의 창설

2.1 거래처의 선정

1 해외시장조사

해외시장조사(overseas market research)란 무역거래자가 외국의 무역상대방과 무역거래를 체결하기 위하여 의사결정에 필요한 해외시장의 정보를 체계적으로 수집·정리·분석하는 과정을 말한다. 즉 해외시장조사는 해외의 구매 잠재력을 가진 고객을 찾아내고 기호에 맞는 상품을 개발하여 효과적인 마케팅 및 유통수단을 연구하고 분석하는 활동이라고 할 수 있다.

무역업자는 해외시장조사를 통하여 어느 지역의 시장에서 어떠한 거래처를 대상으로 어느 시기에 자신이 취급하고 있는 물품을 가장 합리적인 가격으로 판매 또는 구매할 수 있는가를 과학적으로 조사·연구·분석하여야 한다. 국가와 지역이 다르고 상관습 및 언어 등의 차이로 인하여 조사에 어려움이 따른다. 해외시장조사의 내용은 우선 목적시장의 일반적인 환경조사를 한 다음 고객조사, 상품조사, 판매경로조사 등을 통하여 믿을 만한 거래처를 발굴하는 단계를 거친다. 해외시장조사를 통하여 어느 국가의 어느 고객에게 어떠한 물품을 판매할 것인가, 또는 필요한 물품을 어느 국가의 어느 공급선으로부터 구매할 것인가를 분석해야 한다.

2 거래선의 발굴

1) 전자거래알선 사이트 활용

전자거래알선 사이트(Electronic Trading Opportunities : ETOs)에서는 인콰이어리, 상품카달로그 및 기업 디렉토리 정보 등을 등록할 수 있으며 오퍼형태별, 품목별 및 업체명 등 다양한 형태로 검색할 수 있다. 한국에는 한국무역협회, 중소기업진흥공단, 대한상공회의소, 대한무역투자진흥공사, 지방자치단체 등의 유관기관과 (주)EC21, EC Plaza 등의 사기업들이 운영하고 있는 사이트들이 있다.

2) 국내외 무역유관기관의 활용

국내에서 활용할 수 있는 무역유관기관은 대한무역투자진흥공사, 한국무역협회, 대한상공회의소 등이고, 해외의 무역유관기관은 현지국에 있는 대한무역투자진흥공사의 공관, 현지 국가의 상업회의소 등이다. 대한무역투자진흥공사(KOTRA)는 무역동향에 대한 해외시장조사, 무역 관련 각종 자료의 간행, 한국무역의 홍보, 상품전시회업무 등을 담당하고 있다. 또한 세계적인 조직망을 가지고 있어 시장조사의 신뢰도가 높은 편이기 때문에 거래처별, 품목별 자세한 시장정보를 유료위탁에 의한 방법으로 조사를 의뢰할 수 있다.

3) 주한 외국공관을 통한 조사

한국에 주재하고 있는 외국 공관의 상무관실이나 자료실에 비치된 자료를 통하거나 또는 외국 상무관이나 대사와의 상담을 통하여 해당국의 시장정보와 거래처 관련 정보를 얻을 수 있다.

4) 국제전시회 참가

무역관련 기관에서 주관하여 파견하는 각종 투자 및 무역사절단, 박람회 및 전시회에 참여하여 거래처를 직접 물색할 수 있다. 특히 한국무역협회에서 총괄하여 파견하는 해외투자 및 무역사절단과 대한무역투자진흥공사에서 총괄하여 참가하는 해외박람회 및 전시회, 그리고 지방자치단체에서 지원하는 전시회를 활용할 수 있다.

5) 해외광고의 이용

해외홍보용 카탈로그를 제작하여 예상 거래선에 배포하거나, 국내의 해외홍보매체 등에 자사상품을 홍보하여 거래선을 물색할 수 있다. 홍보물을 배포할 경우에는 경제적인 비용으로 홍보효과를 극대화시키기 위하여 작성 배포처를 선정하는 것이 중요한데, 작성 배포처는 지역별 상공인명부를 통해 물색된 예정 거래선, 주한 외국공관의 바이어 안내, 기타 대한무역투자진흥공사, 한국무역협회 등 무역유관기관의 거래알선, 안내 등을 활용하여 선정·배포하는 것이 효과적이다.

2.2 거래제의와 거래조회

1 거래제의

1) 거래제의의 정의

거래제의(business proposal)는 거래선 발굴방법을 통하여 선정된 잠재적인 거래상대방에게 거래를 희망하는 내용의 서신인 권유장(circular letter)을 발송하는 것을 말하는 것으로 거래의 권유라고도 한다. 권유장이란 미지의 잠재 거래처에게 자신의 회사를 소개하고 취급물품과 거래조건 등을 간단하게 안내하여 거래관계를 권유하는 서신을 말한다. 특히 권유장은 문화가 다른 외국인에게 송부하는 것이기 때문에 상대방으로 하여금 구매의욕이 생기도록 개성있고 진실있게 작성하여야 한다.

권유장에 대해 상대방으로부터 문의(inquiry)가 오면 계약을 체결하기 전에 상대방에 대한 신용조사를 실시하여 거래로 인한 문제점을 사전에 확인하여야 한다. 권유장은 전자메일이나 인터넷 팩스 등을 이용하여 발송하게 되므로, 전자메일을 보낼 때에는 인터넷에 자사의 홈페이지가 있을 경우 웹사이트 주소를 기재하는 것이 바람직하다.

2) 거래제의서(권유장)의 작성원칙

① **명료성**(Clearness) — 복잡하고 난해한 구문은 피하고 누구나 알 수 있는 표현과 구문을 사용한다.

② **간결성**(Conciseness) — 문장이 길거나 장황한 것을 회피하고 전달하고자 하는

내용을 최대한 간략하게 작성한다.

③ 구체성(Concreteness) — 시간, 금액, 가격 등에 대한 표현들은 추상적으로 표현하지 말고 구체적으로 표현한다.

④ 정확성(Correctness) — 통신문의 내용이나 단어 등이 정확하도록 주의한다.

⑤ 완전성(Completeness) — 상대방의 의사결정에 필요한 정보를 정확히 전달하여야 한다.

3) 거래제의서(권유장)의 작성방법

① 상대방을 알게 된 배경이나 경로
② 작성자 회사 및 주요 업종의 소개
③ 작성자 회사의 상품 및 업계에서의 평판 등의 소개
④ 이후의 추가정보와 자료를 제공할 수 있다는 언급
⑤ 작성자 회사의 신용조회처
⑥ 맺음말

2 거래조회

1) 거래조회의 정의

거래조회(business inquiry 또는 trade inquiry)는 거래제의를 받은 당사자가 그 거래제의에 대한 관심이나 물품을 구매할 의사가 있을 때 거래를 제안한 당사자에게 물품의 가격, 품질, 수량, 선적 등의 거래조건에 대해 문의하는 것을 말한다. 거래조회는 상대방의 권유장에 대하여 거래상담에 관심을 표명하는 것으로 가격조건, 결제조건, 선적조건, 포장조건 등을 요구하는 내용이 기재된다. 아울러 카달로그 및 견본 등을 요청하거나 청약(offer)을 요청하는 내용도 포함되는 경우가 많다.

2) 거래조회의서 작성방법

① 권유장에 대한 확인과 감사의 표시
② 기업의 간략한 소개
③ 관심품목의 거래조건 요청
④ 관심품목의 가격표 및 견본 요청
⑤ 기타 문의사항
⑥ 맺음말

2.3 거래제의 및 거래조회 관련 상담사례

1 전자제품에 대한 거래제의와 회신

1) 거래제의서

Dear Mr. Wang,

Your company has been recommended to us by the Korean Embassy in Beijing, China as a major importer and distributor of electronic products. We are, therefore, writing you with a keen desire of opening an account with you.

We, Daehan Trading Co., Ltd. are one of the companies producing high quality electronic products and exporting them to many countries. We have been enjoying a good reputation for excellent quality, reasonable prices and prompt delivery of products.

Having been engaged in this line of business for more than 20 years, we dominate the biggest market share in Korea and we established two overseas manufacturing companies in both LA, U.S.A and London, England to meet the requirements of our overseas customers.

For more objective information, please e-mail me or visit our website, http://www.daehan.com. You can find our brief company profile and digital catalogues more easily. You can contact Hana Bank in Beijing for our credit rating.

We look forward to receiving your affirmative reply soon.

Yours truly,

내용해설

전자제품 수출업자인 (주)대한무역이 중국에 있는 한국대사관으로부터 전자제품을 전문으로 수입하여 유통하고 있는 업체를 추천받고 중국 업체에게 자신의 회사를 소개하며 긍정적인 회신을 부탁하는 권유장이다.

용어해설

- high quality electronic products : 우수한 품질의 전자제품
- with a keen desire of opening an account with ... : ...와 거래관계를 창설하고자 하는 강한 열망으로
- enjoy a good reputation : 좋은 평판을 누리다.

• for excellent quality, reasonable prices and prompt delivery : 우수한 품질, 적절한 가격 그리고 신속한 인도로 인하여
• credit rating : 신용상태(credit status)

2) 회신

Dear Mr. Park,

Thank you for your e-mail and for your interest in our company. We visited your homepage and we are interested in entering into business relations with you. We have been importing and distributing some different kinds of products from the USA., and the products are sold well in our market.

As the sales of other Korean brands of products have been satisfactory in the market, there seems to be a growing demand for high quality electronic products as well. We are prepared to accept your proposal if your price and quality are suitable for our market.

As we have a desire of adding new products, we shall be obliged if you will send us some samples, your latest prices and other terms and conditions including detailed information on your discount system for substantial orders so that we can take a feasibility study through our local agents.

Thank you for your cooperation and we remain,

Very truly yours,

내용해설

현재 미국으로부터 제품을 수입하여 판매하고 있지만, 중국에서 우수한 전자제품에 대한 관심과 수요가 증가할 것으로 보이기 때문에 가격과 품질이 적절하다면 거래할 수 있음을 전한다. 아울러 견본, 견적 및 상당한 주문에 대한 가격할인제도 등을 알려주면 국내 거래처를 통하여 타당성조사를 하도록 하겠다는 내용의 회신이다.

용어해설

• enter into business relations with you : 귀사와 거래관계를 시작하다
• there seems to be a growing demand for ... : ...에 대해 수요가 증가되고 있는 것으로 보인다.
• have a desire of adding new products : 신규제품을 도입시킬 야망이 있다.
• discount system for substantial orders : 상당한 주문에 대한 할인제도
• take a feasibility study : 시장조사를 하다(=do a market survey).

3) 회화

Wang : This is Wang with Mega Trading Co., Ltd. speaking. What can I do for you?

Park : This is Mr. Park of Daehan Trading Co., Ltd. in Korea speaking. I'm calling you to know if we can do business with your company.

Wang : How do you know about our company?

Park : The Korean Embassy in China introduced your company to us as a possible importer of electronic products.

Wang : That's right. Actually, we've been selling American products. However, we'd like to add a prestigious line of Korean products.

Park : Well, how is your market situation going on there?

Wang : We bet it'll be promising if the products are competitive in price and quality.

Park : We've been doing business for more than 20 years with those products. By establishing manufacturing companies in the USA and England, we cover most American and European countries.

Wang : Why don't you send us some samples and a quotation on electronic products? A market survey has to be done before we enter into our business.

Park : Sure, we'll send them to you within this week.

왕 : Mega 무역주식회사에 근무하는 왕입니다. 무엇을 도와드릴까요?

박 : 한국에 있는 대한무역주식회사의 Mr. Park입니다. 귀사와 비즈니스를 할 수 있는지 알아보기 위해 전화드립니다.

왕 : 당사에 대해서 어떻게 아십니까?

박 : 중국에 있는 한국대사관이 귀사를 전자제품의 가능한 수입자로 당사에게 소개했습니다.

왕 : 그렇습니다. 실제로, 당사는 미국에서 수입된 제품을 판매하고 있습니다. 하지만, 고급라인의 한국제품을 추가하고 싶습니다.

박 : 거기 시장상황은 어떻습니까?

왕 : 만일 제품이 가격과 품질면에서 경쟁적이면 전망이 있을 것으로 확신합니다.

박 : 당사는 그들 제품으로 20년 이상 사업을 해 오고 있습니다. 미국과 영국에 생산공장을 설립함으로써 당사는 대부분의 미주시장과 유럽시장을 커버하고 있습니다.

왕 : 우선 전자제품에 대한 약간의 견본과 견적을 보내 주십시오. 사업을 시작하기 전에 시장조사가 이루어져야 합니다.

박 : 좋습니다. 금주 내에 그들을 보내 드리겠습니다.

용어해설

- This is Mr. Park of Daehan Trading Co., Ltd.: 대한무역주식회사의 Mr. 박입니다.
- a prestigious line of Korean products : 고급 한국 제품라인
- Why don't you ...? : ...하는 것이 어떻습니까?, ...하지 그래요?
- a market survey : 시장조사
- how is your market situation going on? : 귀사 시장상황이 어떻습니까?
- before we enter into our business: 우리가 사업을 시작하기 전에

2 휴대폰에 대한 거래제의와 회신

1) 거래제의서

Dear Sirs,

Through the courtesy of your Korean partner for computer parts, Young Industrial Co., Ltd., we have learned that you are one of the best firms having nationwide distribution channels for cellular phones.

We have been exporting various kinds of cellular phones to many countries including the United States and Canada enjoying an excellent reputation for fashionable design and quality. It is our keen desire to supply you with our quality products on favorable terms.

Our products have proved highly successful wherever they have been introduced and we are confident that you will be satisfied with the quality of our products.

Please find the digital brochure outlining some of the major products along with a quotation attached to this e-mail. Please feel free to contact us if you have any questions.

You may ask your partner, Young Industrial Co., Ltd. or refer to Hana Bank in your city for our business ability.

We look forward to your favorable reply soon.

Yours very truly,

내용해설

해외 수입업자의 국내 거래처인 Young Industrial Co., Ltd.로부터 소개를 받고 국내 수출업자가 해외 수입업자에게 휴대폰 수입을 제안하는 내용이다. 해외에 여러 종류의 휴대폰을 수출하는 업체로 소개하면서 제품 카탈로그와 견적을 이메일로 보내고 질문이 있을 경우 문의해달라는 내용이다.

용어해설

- through the courtesy of : ...의 후의로, ...의 덕택으로
- having nationwide distribution channels : 전국적인 유통망을 가지고 있는
- cellular phone(cellphone) : 휴대폰
- on favorable terms. : 우수한(좋은) 거래조건으로
- It is our keen desire to ... : ...하는 것이 당사의 간절한 소망(희망)이다.
- find the digital brochure outlining.... : ...를 설명하고 있는 전자책자를 참조하다.
- please feel free to contact us : 자유롭게(부담가지지 말고) 당사에 연락해주세요.
- refer to the KEB Hana Bank : KEB 하나은행에 조회하다.

2) 회신

Dear Mr. Lee,

It is indeed gratifying to know that you are interested in establishing a business connection with us. We heard from our business partner, Young Industrial Co., Ltd. that you are the most reliable company in the line of cellular phones in Korea. We would like to take the cordial advice of our partner for your reputation and business experience accumulated for a few decades.

We are in the process of expanding our distribution channels as the demand for highly sophisticated cellular phones increases. You can be sure of increasing your turnover considerably if you would allow us to promote your products.

We should appreciate it if you could send us your latest catalogues, prices and payment terms together with some samples.

We are looking forward to your early and favorable reply soon.

Yours very truly,

내용해설

수출업자의 평판과 사업경험에 대한 한국 거래처의 진심 어린 충고를 받아들인다고 하면서 매우 세련된 휴대폰의 수요가 증가하면서 판매망을 확충하고 있는 만큼 제품을 홍보할 경우 매출액이 증가할 것임을 알린다. 아울러 최신 카탈로그, 가격, 거래조건 및 견본송부를 요청하고 있다.

용어해설

- it is indeed gratifying to know that ... : ...을 알게 되어 상당히 기쁘다.
- establish a business connection with... : ...와 거래관계를 시작하다.
- we'd like to take a cordial advice : 당사는 진심 어린 충고를 받아들이고 싶다.
- reputation and business experience accumulated for a few decades. : 수십 년 동안 축적된 평판과 사업경험

• highly sophisticated cellular phones : 매우 세련된 휴대폰
• turnover : 매출액
• promote your products : 귀사 제품을 홍보(광고)하다.

3) 회화

Lee : Your Korean partner, Young Industrial Co., informed us of your company as a reliable business partner specially in the line of cellular phones.

Elison : Can you be more specific about your company?

Lee : We've been dealing with cellular phones for many years and we are the best company in that line of business in Korea.

Elison : I see. Do you export your products abroad?

Lee : Of course, we do. We have exported them mainly to Asian countries for several years.

Elison : Can you tell me about the products exported abroad?

Lee : We have a good reputation for high quality and unbeatable prices.

Elison : We don't doubt about your credibility as our Korean agent assured us of your business capability.

Lee : We'll give you our catalogues, a price list and some samples.

Elison : OK. We'll take a market research before we draw up our business contract. Our product specialists will take a feasibility study with your products and we'll let you know the result soon.

Lee : Thank you very much.

이 : 귀사의 한국 파트너인 Young Industrial 사가 귀사를 특히 휴대폰 부문에서 믿을 만한 비즈니스 파트너로 당사에 알려 주었습니다.

엘리슨 : 귀사에 대해 좀 더 자세히 설명해 주시겠습니까?

이 : 당사는 몇 년 동안 휴대폰을 거래해오고 있습니다. 당사는 한국에서 동 제품에 관한 한 최고의 기업입니다.

엘리슨 : 알겠습니다. 해외에 귀사 제품을 수출합니까?

이 : 물론입니다. 당사는 수년 동안 주로 아시아 국가에 수출하고 있습니다.

엘리슨 : 해외에 수출되는 제품에 대해 설명해 주시겠습니까?

이 : 우수한 품질과 비길 수 없는 가격으로 인하여 좋은 평판을 얻고 있습니다.

엘리슨 : 당사의 한국 거래처가 귀사 비즈니스 능력에 대해 확신시켜 주었기 때문에 귀

사의 신뢰성에 대해서는 걱정하지 않습니다.
이 : 카탈로그, 가격표 및 약간의 견본을 보내드리겠습니다.
엘리슨 : 알겠습니다. 비즈니스 계약을 체결하기 전에 시장조사를 하도록 하겠습니다. 당사의 제품 전문가들이 귀사 제품을 가지고 시장조사를 할 것이며 곧 결과를 알려 드리도록 하겠습니다.
이 : 대단히 감사합니다.

용어해설

- Can you be more specific? : 보다 더 구체적으로 말씀해 주시겠습니까?
- Asian countries : 아시아지역 국가들
- have a good reputation : 좋은 평판을 얻다.
- unbeatable prices : 대적할 수 없는 가격, 최상의 가격
- We don't doubt about your credibility : 당사는 귀사의 신뢰성에 대해 의심의 여지가 없다.

3 의료기구에 대한 거래제의와 회신

1) 거래제의서

Dear Sirs,

We have learned your name through the Korea Chamber of Commerce and Industry in Seoul as a promising importer handling various medical equipments.

We have been established for more than 10 years as an exporter of medical equipments and we enjoy an advantageous position specially in the same line of business. We would be pleased to discuss the possibility of having our products distributed in your country.

For the last few years, we have done our independent market surveys in European countries to find out a reliable business partner which can distribute our quality products. As we still don't have any proper representative in your area, we may be able to have an opportunity of doing business with you.

You may be assured that any orders you may give us later will be executed at the lowest market prices and on the best terms possible.

You can see full ranges of products on our website, http:\\www. eckorea. net, and we really would like to hear from you if you are interested in our proposal. Our Bank, Kookmin Bank, will give you any information regarding our credit standing.

Sincerely yours,

내용해설

서울에 있는 대한상공회의소로부터 해외 수입업체를 소개받은 한국의 의료기기 수출업자가 유럽지역에 의료기기를 유통시키기 위한 업체를 찾는 서신이다. 수출업자는 상대방에게 자신의 모든 제품을 알아볼 수 있는 웹사이트를 알려주고, 조회처로 자신의 거래은행인 국민은행을 소개해준다.

용어해설

- The Korea Chamber of Commerce and Industry : 대한상공회의소
- have been established for more than 10 years : 설립된 지 10년이 지났다.
- enjoy an advantageous position : 유리한 지위를 누리다.
- establish a business connection : 거래관계를 창설하다.
- do our independent market survey : 당사의 독립적인 시장조사를 실시하다.
- a proper representative : 적당한 대리인
- medical equipments : 의료기기
- a promising importer of medical equipments : 전망 있는 의료기기 수입업자

2) 회신

Dear Mr. Whang,

We thank you for your inquiry of May 15 and for your intention to establish business connections with us concerning medical equipments.

We are very much interested in introducing your quality products to our market. We regret to inform you, however, that we can not handle additional line of products you inquired about as we are the sole agent of a company in the USA.

Please understand that we will bear your proposal in mind and will get in touch with you when we are allowed to.

Very truly yours,

내용해설

수출업자의 거래제의에 감사하다는 응답과 함께 수입업자는 미국 회사와 독점 대리인 계약을 맺고 있기 때문에 현재로서는 문의하신 추가제품을 취급할 수 없다는 내용의 서신이다.

용어해설

- concerning medical equipments : 의료기구와 관련하여
- sole agent : 독점대리인(exclusive agent)
- bear your proposal in mind : 귀사의 제안을 마음에 간직하다.
- get in touch with : 연락하다(come in touch with, be in touch with, contact).

3) 회화

Whang: The Korea Chamber of Commerce and Industry introduced you to us as a firm which can import our products.

Broker: What are you specialized in?

Whang: We are specialized in medical equipments. By establishing some manufacturing companies in European countries, we've been expanding our business activities.

Broker: Well, we are sorry to tell you that we have a sole distributorship agreement with a company.

Whang: You mean that you can not accept our proposal now as you are the agent of that company?

Broker: Yes, that's exactly right.

Whang: How long have you been doing business with that company?

Broker: We've been doing business for the last five years with a medical equipment Co., Ltd. in the U.S.A, and we renewed our contract last year.

Whang: We understand.

Broker: We'll keep your company on file to contact you in the future.

황 : 대한상공회의소가 귀사를 당사 제품을 수입할 수 있는 회사로 소개해 주었습니다.

브로커 : 무엇을 전문으로 하고 있습니까?

황 : 당사는 의료기기를 전문으로 하고 있습니다. 유럽에 몇 개의 제조회사를 설립함으로써 비즈니스 활동을 넓혀 왔습니다.

브로커 : 죄송스럽지만 당사는 한 회사와 독점판매계약을 체결하였습니다.

황 : 귀사가 그 회사의 에이전트이기 때문에 당사의 제안을 수락하실 수 없다는 말씀이신가요?

브로커 : 예, 정확히 맞습니다.

황 : 얼마나 오랫동안 그 회사와 거래를 해오고 있습니까?

브로커 : 미국에 있는 한 의료기기 회사와 지난 5년 동안 사업을 해오고 있습니다. 작년에 계약을 갱신하였습니다.

황 : 알겠습니다.

브로커 : 미래에 귀사에게 연락할 수 있도록 귀사에 관한 정보를 보관하겠습니다.

용어해설

- be specialized in... : ...를 전문으로 하고 있다.
- expand business activity : 사업활동을 확장하다.
- a sole distributorship agreement : 독점판매계약

- we renewed our contract last year : 당사는 작년에 계약을 갱신하였다.
- we'll keep your company on file : 귀사에 관한 정보를 보관(관리)하다.

4 가전제품에 대한 수입거래제의와 회신

1) 거래제의서

Dear sirs,

We owed your name to the Chinese Embassy in Korea as one of the most reliable and leading producers of home appliances in Korea.

Our company specializes in importing and distributing various home appliances in China for a few years and we have been dealing with the high quality products at the most competitive prices.

Would you please send us your current catalogues and a price list which covers the complete range of products? If your prices are reasonable and other terms and conditions are satisfactory, we may be able to place a substantial order with you.

You can visit our internet homepage for more information on our sales organization, and please refer to Bank of China in Seoul regarding our credit rating.

Your cooperation on the above matter would be highly appreciated and we look forward to receiving an early reply.

Sincerely yours,

내용해설

중국의 가전제품 수입업자가 한국 주재 중국 대사관으로부터 한국의 가전제품 수출업자를 소개받고 가전제품을 수입하여 판매하는 업체로 소개한다. 전 품목을 보여주는 카탈로그와 가격표를 송부해달라고 요청하며 가격과 기타 거래조건들이 만족스러울 경우 상당한 주문을 할 것임을 전한다.

용어해설

- we owed your name to ... : ...를 통해 귀사를 알았다.
- home appliances : 가전제품
- deal with high quality products : 우수한 품질의 제품을 취급하다.
- cover the complete range of products ... : ...전 품목을 포함하다.
- place a substantial order with you : 귀사에게 상당한 주문을 하다.
- other terms and conditions : 다른 거래조건들

2) 회신

Dear Mr. Kim,

We thank you for your kind e-mail of December 11 showing your intention to deal with our products.

As the largest manufacturer of home appliances in Korea, we distribute a variety of high-end home appliances such as dishwashers, ovens, washing machines, dryers, etc. through large wholesalers and retailers in Korea.

We have long been exporting the products to the United States and the products have been commanding excellent sales. Because of their excellent quality and resonable prices, our products will no doubt help you expand the market sooner or later.

The illustrated catalogues and terms and conditions for the models in which you will be especially interested are attached to this e-mail.

We thank you again for your proposal and we wish you to refer to Hana Bank in your city regarding our credit standing.

Awaiting to hear from you, we remain.

Yours faithfully,

내용해설

한국에서 가장 큰 가전제품의 제조업자로서 미국에 수출하고 있으며 판매실적이 우수함을 전하고 있다. 우수한 품질과 적절한 가격 때문에 수입업자가 시장을 확장시키는 데 도움이 될 것이라고 하며 관심을 보이게 될 모델에 대한 카탈로그와 거래조건을 이메일에 첨부한다. 아울러 KEB 하나은행을 신용조회처로 알려주고 있다.

용어해설

- showing your intention to deal with our products : 당사 제품을 취급하고자 하는 귀사의 의도를 제시해주는
- high-end home appliances : 고급 가전제품들
- command excellent sales : 우수한 판매를 기록하다(아주 잘 팔리다)
- help you expand the market : 귀사가 시장을 확장하는 데 도움이 되다.
- refer to ... : ...에 조회하다.
- regarding our credit standing : 당사의 신용상태에 관하여

3) 회화

Kim : Through the Chinese Embassy in Korea, we knew that you are producing various kinds of home appliances.

Boucher : That's right. We only specialize in high quality products.

Kim : Market researchers assured us that yours can be successful and we'd like to import your products if the terms and conditions are satisfactory.

Boucher : As we don't have any proper representative to sell our products in your country, we might be able to open an account with you.

Kim : Can you give us a right to sell your products exclusively in our country?

Boucher : Thank you for your proposal, but there are many things we have to take into consideration before we finalize our business contract.

Kim : Tell us anything you need.

Boucher : Please present us your detailed marketing plan to sell the products.

Kim : OK. We'll send you our marketing plan by e-mail soon.

Boucher : We'll contact you after we look it over.

김 : 한국에 있는 중국 대사관을 통하여 귀사가 여러 종류의 가전제품을 생산한다는 사실을 알았습니다.

부쉐 : 맞습니다. 당사는 고품질의 제품만을 취급하고 있습니다.

김 : 시장조사 전문가들은 당사에게 귀사 제품이 성공적일 수 있다는 것을 확신시켜 주었습니다. 만일 거래조건들이 만족스럽다면 귀사 제품을 수입하고자 합니다.

부쉐 : 당사가 귀 국가에서 당사 제품을 판매할 적당한 대리인이 없기 때문에 귀사와 거래관계를 창설할 수 있을 것입니다.

김 : 저희 국가에서 독점적으로 귀사 제품을 판매할 권한을 당사에 제공할 수 있습니까?

부쉐 : 귀사의 제안에 감사드립니다. 하지만 우리의 비즈니스 계약을 체결하기 전에 고려해야 할 사항들이 많습니다.

김 : 필요한 것은 어떤 것이든 말씀하십시오.

부쉐 : 제품을 판매하기 위한 귀사의 구체적인 마케팅계획을 당사에게 제시해 주십시오..

김 : 알겠습니다. 곧 e-mail로 당사의 마케팅계획을 보내드리겠습니다.

부쉐 : 귀사의 계획을 검토해 본 후 연락드리겠습니다.

용어해설

- various kinds of home appliances : 여러 종류의 가전제품
- market researchers assured us that ... : 시장조사 전문가들은 당사에게 ...를 확신시켜주었다.
- any proper representative : 어떠한 적절한 대리인
- present us your detailed marketing plan : 귀사의 구체적인 마케팅계획을 당사에게 제시하다.
- after we look it over : 당사가 귀사의 계획을 검토한 이후에

5 합작투자제의와 회신

1) 투자제의서

Gentlemen :

We have learned from "International Business News", a monthly magazine issued by the Institute for International Business Paris, France that you are one of the leading firms producing industrial robots and we would like to set up a joint venture company in France to manufacture robots.

We are a company having some excellent sales networks in France for the products you are dealing with.

For some time now, we have been thinking about the idea of forming a joint venture company with a Korean company having an advanced technology in the same industry.

It is going to be difficult for you to export Korean products to France under the Korean brand names. You'd better take advantage of country of origin to cover European countries.

We have extensive sales networks for this line of products and there is no doubt that our sales volume would naturally increase as a result of access to our sales networks.

If you are interested in this promising project, please let us know by e-mail so that we can move on to our details.

Very truly yours,

내용해설

프랑스의 한 기업이 월간 잡지인 "International Business News"를 통하여 알게 된 한국의 기업에게 영국에서 산업용 로봇을 생산을 위한 합작투자회사를 설립하자고 제안하는 서신이다. 광범위한 판매망을 소유하고 있음을 알리면서 합작투자기업을 통해 제품을 생산할 경우 기존 판매망을 활용함으로써 매출액이 자연스럽게 향상될 것임을 강조하고 있다.

용어해설

- a monthly magazine issued by ... : ...에서 발행한 월간잡지
- industrial robots : 산업용 로봇
- set up a joint venture company : 합작투자회사를 설립하다.
- the idea of forming : 설립하는 생각, 체결하는 생각
- have an advanced technology in the same industry : 동 산업에서 진일보한 기술을 가지고 있다.
- as a result of access to our sales networks : 당사의 판매 네트워크에 대한 접근의 결과로(당사의 판매네트워크를 활용하게 되는 결과로)
- so that we can move on to our details : 당사가 세부사항들을 논의할 수 있도록 하기 위해

2) 회신

Dear, Mr. Denang,

We sincerely appreciate the effort you have put in submitting such a comprehensive proposal to make a joint venture company with us.

Even before you came up with this proposal, we had been discussing the possibility of setting up a manufacturing company abroad, particularly in France.

We were thinking of establishing our own manufacturing company in your country on the basis of independent surveys which we have conducted up to this time. All this was already in progress when we received your proposal.

However, there will be a possibility of working on this project with you if your master plan for this business is pretty much agreeable to us.

Therefore, please present your written proposal containing all the details such as the ratio of capital and investment, the composition of staff, the jurisdictional role of the company and the plan for facilities.

Basically, we would like to propose you that we supply you with our technology and that we want an equal partnership between our two companies.

We look forward to your favorable reply.

Sincerely yours,

내용해설

한국기업은 독자적으로 프랑스에 현지 생산공장을 설립하기 위해 시장조사를 해 왔으나 만일 프랑스 기업의 투자계획서가 만족스러울 경우 합작투자에 대한 협의가 가능함을 시사하고 있다. 자본 및 투자비율, 경영층 구성, 기업의 법률적 역할 및 시설계획 등에 대한 서면제안서를 보내줄 것을 요청하고 있다.

용어해설

- we sincerely appreciate the effort you have put in submitting... : 당사에 ...을 제시하는데 귀사가 힘써주신 노력에 진심으로 감사드린다.
- even before you came up with this proposal : 심지어 귀사가 이 제안을 제시하기 전에
- on the basis of independent survey : 독자적인 조사를 근거로 하여
- all this was already in progress : 이 모든 것들은 이미 진행 중에 있었다.
- the ratio of capital and investment : 자본 및 투자 지분율
- the composition of staff : 임원구성
- jurisdictional role of the company : 회사의 법률적 역할
- the plan for facilities : 시설계획
- an equal partnership : 동등한 파트너십

3) 회화

Denang: Mr. Kwon, we've been thinking about the idea of establishing a joint venture company with you.

Kwon : Mr. Denang, we have conducted market surveys to set up a manufacturing company.

Denang: You can take advantage of us if you work on this business with us as we can help you a lot.

Kwon : How can you help us?

Denang: Well, you can sell and market your products produced here through our sales networks. Also, you can increase your sales by avoiding the trade restrictions imposed on the products made outside of France.

Kwon : Well, still there is a room you can work with me. Can you send us your major project so that we can look it over?

Denang: Sure, we'll. It'll cover the main objectives such as the ratio of capital and investment, the composition of staff, etc.

Kwon : You need to include the plan for facilities. we don't want a partial ratio of investment.

Denang: We understand what you're talking about.

드낭 : Mr. Kwon, 당사는 귀사와 합작투자회사를 설립하는 것에 대해 생각하고 있습니다.
권 : Mr. Denang, 당사는 제조회사를 설립하기 위하여 시장조사를 수행하여 왔습니다.
드낭 : 당사는 귀사를 상당히 도와드릴 수 있으므로 당사와 함께 일하신다면 당사의 이점을 활용할 수 있습니다.
권 : 어떻게 당사를 도울 수 있습니까?
드낭 : 당사의 판매망을 통하여 여기서 생산된 귀사 제품을 판매하고 마케팅할 수 있습니다. 또한 프랑스 이외 지역에서 생산된 제품에 대해 부과되는 무역규제를 회피함으로써 판매를 향상시킬 수 있습니다.
권 : 그렇다면 귀사가 당사와 함께 사업할 수 있는 여지는 있습니다. 당사가 검토할 수 있도록 귀사의 주요 계획서를 보내 줄 수 있습니까?
드낭 : 물론이지요. 그것은 자본 및 투자비율, 경영진 및 기타 사항과 같은 주요 목적들을 포함하게 될 것입니다.
권 : 시설에 대한 계획을 포함시켜야 합니다. 당사는 불평등한 투자비율을 원하지 않습니다.
드낭 : 귀하가 말씀하시는 것을 이해합니다.

용어해설

- take advantage of : 이점을 이용하다, 이점을 활용하다.
- by avoiding trade restrictions : 무역규제를 회피함으로써
- you can sell and market your products : 귀사는 제품을 판매하고 마케팅할 수 있다.
- there is a room : 여지(공간)가 있다.
- what you're talking about : 귀사가 이야기하고 있는 것
- cover the main objectives : 주 목적들을 다루다(담다)
- a partial ratio of investment : 불평등한 투자비율

2.4 거래제의와 관련된 기타 표현

1) Opening Clauses

- Your name has been recommended(introduced) to us by the Korea Chamber of Commerce and Industry as one of the reliable exporters(importers) of computers.
- Your name has been given to us by the British Chamber of Commerce in Hamburg as a promising firm in the line of furniture.
- Through the courtesy of the American Embassy, we learned that you are one of the best companies producing all kinds of cosmetics.
- KOTRA introduced your company to us as a reliable exporter (importer) of cellular phones in Korea.
- We owe your name to The Korea Chamber of Commerce and Industry as one of distinguished exporters in your country.
- We have learned your name through the courtesy of a consular in the American Embassy in Seoul as one of the importers of computers.
- We have learned from “World Trade News”, a weekly magazine issued by the Institute for International Trade News, that you are one of the leading importers of computers in your country.
- We have seen your advertisement in “Korea Business” and are interested in dealing with your products.
- Messrs. Rawlingson and Townsend of Bletchley who have been doing business with you for some years informed us that you might be able to supply us with good quality computers.
- Your advertisement in this month’s issue of “The Shoemaker” states you can offer cellular phones.
- From the Chamber of Commerce in New York, we understand that you are a reliable importer of wooden furniture.

2) Main Clauses

- We have been established as a manufacturer and exporter of health food for more than 10 years.
- We have been doing business in the line of computers for more than 10 years enjoying a good reputation.
- If we briefly introduce ourselves, we have 10 years of experience in the line of clothing industry enjoying a good reputation.
- We are interested in your products developed for export lately and we may be able to place an order with you.
- We are prepared to accept your proposal as long as your products prove suitable for our market in price and quality.
- We are considering the possibility of doing business with you if your terms and conditions are satisfactory.
- We are sure that you will be satisfied with our services and the excellent quality of our products.
- Please send us your quotation on the products together with some samples so that we can take a feasibility study.
- If your prices and quality are competitive, we will consider doing business with you.
- We are interested in your products and please send us the detailed information on the products for our reference.
- We have an ability to expand our sales and we may be able to launch your products if they suit our requirements.
- Please let us have full details of your products so that we can do a market survey through our agents in our country.
- There is no market here for articles of this type in higher price ranges, but less expensive models are sold very well throughout the year.
- We are in a good position to supply most grades of products at competitive prices.
- We are interested in your terms of payment and in discounts offered for regular purchases and large orders.

- We are looking for reliable firms with whom we can enter into business relations.
- Our annual requirements for this item are considerable and we may be able to place substantial orders with you if your prices are competitive.
- We have extensive business connections with Korean manufacturers.

3) Closing Clauses

- We look forward to hearing from you soon.
- Your prompt reply to our request would be highly appreciated.
- Your early reply would be appreciated.
- Any information with which you may favor us will be much appreciated and we earnestly await your reply.
- Please bear in mind that this information is furnished without any responsibility on our part.
- As our customers are pressing us for a quotation, we hope you will be able to send us an offer within this week.
- Your cooperation on this matter would be highly appreciated and we look forward to an early reply.

연 습 문 제

1. 당사는 대한무역투자진흥공사로부터 귀사가 한국에서 가장 믿을 만한 의류 제조업자들 중의 하나라는 것을 알게 되었습니다.

   해설 KOTRA(Korea Trade-Investment Promotion Agency)

2. 당사는 제품의 우수한 품질과 최상의 서비스로 인해 국내시장은 물론 해외시장에서 좋은 평판을 얻고 있습니다.

   해설 우수한 품질 : superior quality, 최상의 서비스 : the best service, 좋은 평판 : a good reputation

3. 지난달 도쿄(Tokyo)에서 개최된 자동차 쇼를 통하여 귀사가 자동차 수출업자라는 것을 알았으며, 귀사 제품을 저희 시장에 도입하고자 E-mail을 보냅니다.

   해설 자동차 쇼 : motor show, 도입하다 : introduce, launch

4. 당사와 거래를 희망하는 귀사의 3월 5일자 이메일에 감사드리며, 귀사의 요청대로 몇 견본과 가격표를 등기우편으로 1주일 이내로 송부하도록 하겠습니다.

   해설 귀사의 요청대로 : as you requested, 등기우편으로 : by registered mail, 1주일 이내로 : within a week

5. 귀사의 최신 카탈로그와 수출가격 및 대금지급조건의 세부사항들을 당사에게 보내주십시오.

   해설 최신 카탈로그 : latest catalogues, 대금지급조건 : terms of payments

6. 귀사는 당사가 지난 5년 동안 거래해온 Jones & Company에 의해 한국에서 화장품을 생산하는 최상의 기업으로 강력히 추천되었습니다.

   해설 강력히 추천되다 : be highly recommended, 최상의 기업 : the best company

7. 귀사의 제품이 여기 시장에 적합한지 어떤지를 알아보기 위해 시장조사를 할 수 있도록 견본과 가격표를 보내주시면 감사하겠습니다.

   해설 시장에 적합하다 : suit in the market, 시장조사를 하다 : do a market research, take a feasibility study, 가격표 : a price list

8. "Fashion Magazine"지 8월호에서 귀사의 컴퓨터 광고를 보았습니다. 그리스 Piraeus항까지의 개당 운임·보험료포함인도규칙 가격을 가능한 인도일과 함께 알려 주십시오.

   해설 8월호 : the August edition, 귀사의 컴퓨터 광고 : your computer advertisement, 운임보험료포함인도규칙 : CIF

3 CHAPTER 신용조회와 신용보고

3.1 신용조회

1 신용조회의 정의

신용조회(credit inquiry)는 신용을 공급받는 자의 지급능력과 선의, 지급불능시 지급을 강제할 수 있는 자산의 보유 등을 사전에 조사하여 대금지급의 확실성을 파악하는 것을 말한다. 현금이나 신용장 방식의 거래가 감소되고 점점 연불거래 또는 무신용장방식의 거래가 증가하고 있는 상황을 고려할 때 거래 상대방의 신용조사에 대한 중요성은 더욱 커지고 있다.

2 신용조회의 내용

제시한 거래신청에 대해 상대방이 응해 왔거나 또 상대방이 거래를 신청해 왔을 때 우선 상대방에 대한 신용상태를 조사해야 한다. 일반적으로 신용상태에 대한 조사내용으로는 다음과 같다.

1) 성격(Character)

계약내용대로 수출업자가 적시에 물품을 송부하고 수입업자가 대금결제를 성실히 이행해 주는지에 대한 기업의 성격적인 요인은 기업의 규모나 재정상태와 더불어 중요한 역할을 한다. 성격과 관련하여 업체의 개성(personality), 성실성(integrity), 정직성(honesty), 영업태도(attitude toward business), 평판(reputation), 의무이행열의(willing- ness to meet obligation) 등에 대한 내용을 조사한다.

2) 자본(Capital)

아무리 성실하고 신용이 보장된다고 하더라도 회사의 재무상태가 건실하지 않으면 거래에 문제가 발생할 수 있다. 재무제표 등을 근거로 재무상태(financial status), 자기자본과 타인자본의 비율, 자본금의 규모, 재무구조의 건전성 등을 조사하여야 한다.

3) 거래능력(Capacity)

회사의 영업능력으로 연간매출액(annual sales turnover), 업체형태, 영업능력 등에 대해 평가한다. 이 외에도 조건(condition)에 대한 조회도 필요하다. 즉 정치적·경제적 조건으로 상대국에 대한 수입·외환에 대한 규제는 어떠한지, 통관절차, 항만운송시설 등에 대한 주의점 등을 조사할 필요가 있다.

3 신용조회처

1) 은행조회(Bank Reference)

은행조회는 해당업체의 거래은행에 신용조회를 의뢰하여 신용조사를 하는 방법으로 일반적으로 많이 이용된다. 해외 거래처의 신용조사를 하는 경우 수출입은행이나 신용보증기금을 이용할 수도 있다.

2) 동업자조회(Trade Reference)

동업자조회는 거래를 하려는 상대방과 동종의 사업에 종사하는 업체에 의뢰하여 신용조사를 하는 방법이다.

3) 해외지사, 출장소 및 판매대리점의 보고

무역업자의 해외지사나, 출장소 및 판매대리점 등을 통하여 원하는 상대 기업의 신용을 조사할 수 있다.

4) 상업흥신소(Commercial Credit Agencies)

은행조회 및 동업자조회의 경우 신용조사의 전문성이 부족하여 구체적인 정보를 얻기 어려운 경우가 많다. 이에 따라 세계적인 상업흥신소를 통하여 해외 거래선의 신용조사를 할 경우 보다 상세한 신용상태를 알 수 있다. 상업흥신소는 신용조사를 본업으로 하고 있는 업체로 세계 주요 도시에 지소 혹은 통신원을 두고 요청된 기업에 대한 신용조사를 하여 고객의 의뢰에 부응해 주고 있다. 국제적인 상업흥신소로는 미국의 Dun and Bradstreet Incorporated, 영국의 Bradstreet British Ltd., 독일의 Auskunft W. Schimmelpfung, 일본의 Tokyo Mercantile Agency 등이 있다. 한편, 우리나라의 신용조사 전문기관으로는 대한무역투자진흥공사, 한국무역보험공사, 신용보증기금 등이 있다.

3.2 신용조회 관련 상담사례

1 은행을 통한 신용조회와 회신

1) 신용조회의뢰서

Gentleman :

Your bank was given to us as a trade reference by Inspiration Co., Ltd. in New York who proposed to open an account with us. Should their credit standing turns out reliable, we are willing to accept their proposal.

We should be much obliged if you could inform us of your authentic opinion of their financial standing, credibility, business experience and reputation by e-mail.

We assure you that we will bear all expenses arising from your information upon receipt of your bill.

Any information you may relay us will be treated as strictly confidential.

We thank you for your kind cooperation, and your sincere response to our request would be highly appreciated.

Very truly yours,

내용해설

수출을 희망하는 수출업자가 수입업자인 뉴욕의 Inspiration사가 소개해준 은행에게 수입상의 재정상태, 신용상태, 사업경험 등을 문의하는 내용이다. 정보제공에 대한 비용을 지급할 것이며, 전해주는 정보는 극비로 다루겠다는 내용이다.

용어해설

- as a reference : 조회처로
- an authentic opinion : 믿을 만한 의견
- we will bear all expenses arising from your information : 당사는 귀사 정보로부터 발생되는 모든 비용을 지급할 것이다.
- upon the receipt of your bill : 귀사의 청구서를 받자마자
- be treated as strictly confidential : 극비로 취급되다.

2) 회신

Dear Mr. Brown,

In reference to your credit inquiry, we are pleased to submit you a credit information on the firm referred to in your e-mail of November 3 as follows;

We have been doing business with them for more than a decade and they have been very prompt in meeting their financial obligations during that entire period.

They have very strong sales networks for sports wear in our country and their sales volume in that line of business has increased by 30% above every year on average for the last five years, which have never been accomplished by any competitors here.

If we were in your place, we should be glad to open an account with them. Please understand, however, that we do not assume any responsibility for this information furnished and hope this will be helpful to you.

Sincerely,

내용해설

수출업자가 요청한 신용조회에 대해 은행은 10년 이상 거래해왔지만 대금지급 의무를 충실히 이행해왔고 매출액이 지난 5년 동안 평균 30% 이상 상승할 정도로 우수하여 믿고 거래해도 괜찮겠다는 내용이다.

용어해설

- submit you a credit information on the firm referred to... : ...에 언급된 그 회사에 대한 신용정보를 제시하다
- for more than a decade : 10년 이상
- be prompt in meeting all their financial obligations : 신속히 재정적 지급의무를 충족시키다.
- their sales volume in that line of business : 이 사업부문에서 그들의 매출액
- sales volume has increased by 30% above every year on average for the last five years : 매출액은 지난 5년 동안 평균 매년 30% 이상 증가해왔다
- we do not assume any responsibility : 당사는 책임을 지지 않는다.

3) 회화

Min : Is this California Center Bank?
Elison: Yes, who's calling please?
Min : This is Il Kwang Trading Co., Ltd in Korea. We heard from Inspiration Company in New York that you can give us some credit information on that company.
Elison: What do you want?
Min : We're going to start our business with them, but we are totally ignorant of their credit standing, financial status, etc.
Elison: As far as we know, they have met their obligations promptly and punctually. Also, they have recorded more than 30% of annual sales growth for the last five years.
Min : What about their financial status?
Elison: Their financial status is very sound and we believe that the company is creditworthy and reliable.
Min : Thank you very much for your cooperation. We'll treat your information in strict confidence.

민 : California Center Bank입니까?
엘리슨 : 예, 누구십니까?
민 : 한국에 있는 일광무역입니다. 뉴욕에 있는 Inspiration사로부터 귀행이 그 회사에 대한 신용정보를 줄 수 있다고 들었습니다.
엘리슨 : 무엇을 원하십니까?
민 : 당사는 그들과 거래를 시작하려고 합니다. 하지만 신용상태, 재정상태 및

기타 사항을 전혀 모르고 있습니다.
엘리슨 : 당행이 아는 바로는 대금지급 의무를 신속하고 정확하게 이행해 왔습니다. 또한 지난 5년 동안 30%가 넘는 연간판매성장을 기록하였습니다.
민 : 재정상태는 어떻습니까?
엘리슨 : 재정상태는 매우 건실하며, 우리는 그 기업이 신뢰할 만하고 믿을 만하다고 믿습니다.
민 : 협조에 주셔서 감사합니다. 당사는 귀행의 정보를 극비로 취급하겠습니다.

용어해설

- we are totally ignorant of ... : 당사는 ...를 전혀 모르고 있다.
- they have met their obligations promptly and punctually : 그들은 그들의 대금지급의무를 신속하고 정확하게 이행해 왔다.
- be creditworthy and reliable : 신뢰할만하고 믿을 만하다.
- in strict confidence : 극비로, 비밀로

2 수출업자에 대한 신용조회와 회신

1) 신용조회의뢰서

Dear Sirs,

Dae Young Woolen Textile Co., Ltd. wants to make a joint venture company with us to manufacture fashionable clothes in Kazakhstan.

They would like to procure raw and sub-materials from Korea and to take advantage of low labor costs here. We expect this business to be feasible and we want to enter into our business if they can meet our requirements.

Our particular interest is to know in what line they have been mainly engaged and, if possible, your candid opinion on their financial rating, credibility and reputation. Any information you furnish will, of course, be treated in the strictest confidence and we would be pleased to perform a service for you should an opportunity arise later on.

Please let us know expenses associated with this credit inquiry so that we can pay you right away and thank you for your kind cooperation.

Sincerely,

내용해설

카자흐스탄에 있는 한 업체가 한국의 (주)대영모방이 자신과 합작투자기업을 설립하기를 희망하고, 한국에서 원료와 부재료를 공급하여 낮은 노임을 활용하고자 한다고 전하면서 주요 업종, 재정상태, 신뢰성 및 평판에 대해 문의한다. 아울러 전해주는 정보는 극비로 취급할 것이며 나중에 기회가 되면 서비스를 제공해줄 수 있음을 전한다.

용어해설

- manufacture fashionable clothes : 유행하는 의류를 생산하다.
- procure raw and sub-materials : 원료 및 부재료를 조달하다.
- we expect this business to be feasible : 당사는 이 비즈니스가 성공할 것으로 기대한다.
- in what line they have been mainly engaged : 그들이 주로 어떤 품목(분야)을 전문으로 하고 있는지
- in the strictest confidence : 극비로
- should an opportunity arise later on : 나중에 기회가 있다면
  = if an opportunity should arise later on
- any expenses associated with this credit inquiry : 이 신용조회와 관련된 어떠한 비용

2) 회신

In reply to your inquiry of April 13, we would like to make some comments on them without any responsibility and prejudice on our part.

The company was established in 2000 as a manufacturer of clothes in Korea and it enjoys an excellent reputation by providing superior quality products and resonable prices.

Our business dealings with them have been conducted satisfactorily during the past six years and all payments have been made promptly. Based on our entirely satisfactory relationship with them, we believe them to be creditworthy.

Our opinion is that we can safely trust them for the amount of business you mentioned. However, this is just our personal opinion based on our business relations with them and we can not guarantee any business that you are going to enter into.

We hope you can just take this information into deep consideration and we can have a further opportunity to serve you later.

Sincerely,

내용해설

신용조회요청에 대해 은행이 Dae Young Woolen Textile사가 우수한 품질과 적절한 가격을 제공함으로써 우수한 평판을 누리고 있고, 지난 6년 동안 대금지금을 신속히 하는 등 믿을만한 거래처로 소개하고 있다.

용어해설

- without any responsibility and prejudice on our part : 당사편에서 책임과 편견 없이
- enjoy an excellent reputation : 우수한 평판을 누리고 있다.
- all payments have been made promptly : 모든 대금지급이 신속하게 이루어졌다.
- we believe them to be creditworthy : 당사는 그들이 신뢰할만하다고 믿는다.
- Our opinion is that ... : 당사의 의견은 ...이다

3) 회화

Gorvachov : Dae Young Woolen Textile Company in your country wishes to establish an account with us.

Lee : You mean the company specialized in women's clothing?

Gorvachov : Yes, but we'd like to know if you can recommend them as a reliable company.

Lee : What do you mean by that?

Gorvachov : As we don't know anything about their company, we'd like to hear from you more about their business ability.

Lee : Well, they actually had started as a distributor of cloth and began to produce clothes later.

Gorvachov : What about their credibility?

Lee : As they have been conducting their business in a sincere way, they are enjoying a good reputation in the same industry.

Gorvachov : Have you had any problem with them so far?

Lee : Not at all. They have never failed to meet their obligations for payment for 6 years.

Gorvachov : Are they reliable enough for us to enter into business relations?

Lee : If we were you, we would be glad to do business with them. But this information is just our personal opinion.

고르바쵸프 : 귀 국가에 있는 (주)대영모방이 당사와 거래관계를 맺기를 희망하고 있습니다.
이 : 여성의류를 전문으로 하고 있는 회사 말씀이신가요?
고르바쵸프 : 예, 하지만 그들이 믿을 만한 회사로서 추천할만 한지 알고 싶습니다.
이 : 무슨 말씀이신가요?
고르바쵸프 : 그들 회사에 대해 어느 것도 알지 못하기 때문에 그들의 사업능력을 귀사로부터 듣고 싶습니다.
이 : 실제 옷감 유통업자로서 시작하여 나중에 의류를 생산하기 시작하였습니다.
고르바쵸프 : 그들의 신뢰성은 어떻습니까?
이 : 성실한 방법으로 사업을 수행해 왔기 때문에 동 산업에서 좋은 평판을 얻고 있습니다.
고르바쵸프 : 지금까지 그들과 어떤 문제가 있었습니까?
이 : 전혀 그렇지 않습니다. 6년 동안 대금지급의무를 다 해왔습니다.
고르바쵸프 : 당사가 사업거래를 착수해도 믿을만하겠습니까?
이 : 당행이 귀사라면 그들과 기꺼이 비즈니스하겠습니다. 하지만 이 정보는 단지 당행의 개인적인 의견입니다.

용어해설

- women's clothing : 여성용 의류
- establish an account with us : 당사와 거래관계를 맺다(창설하다).
- What do you mean by that? : 무엇을 의미하십니까?, 그 말이 무슨 뜻입니까?

3 수입업자의 신용조사의뢰와 회신

1) 신용조사의뢰서

Dear Sirs,

Your name has been instructed to us as a credit reference from Ahmed Abdulla Mohamed who wants to enter into business relations with us concerning make-up cosmetics.

He showed us a strong confidence in developing a new market in U.A.E. with our products and requested us to develop special colors and designs for his customers.

Judging by his attitude in the negotiations, we felt that he was reliable. But, as we have not had any business transactions with him, we are not sure whether we have to do our business with him or not.

We shall be obliged if you kindly give us a detailed information on his general business reputation, business conduct and financial rating for our decision-making.

We will treat any information furnished by you in strict confidence and we look forward to hearing from you.

Yours faithfully,

내용해설

한국의 수출업자가 U.A.E.의 Ahmed Abdulla Mohamed가 신용조회처로 알려준 회사에게 현지 수입업자의 비즈니스 평판 및 신용 등을 문의하는 서신이다.

용어해설

- as a credit reference : 신용조회처로
- for our decision-making : 당사의 의사결정을 위하여
- judging by his attitude in the negotiations : 상담과정에서 그의 태도로 판단하건대

2) 회신

Dear Sirs,

We are pleased to report on the company referred to in your inquiry of November 11 as below.

Having a considerable amount of capital and sound distribution channels all over the country, the company has been enjoying a high degree of reputation among domestic customers.

We have had business connections with them for many years and they have never failed to settle their payments, which means that we have always had amicable, friendly relations each other. For those reasons, we have a high regard for them.

We are of an opinion that you will not run the least risk in opening an account with them and you will be satisfied with their business manners.

We don't have any doubt that you have a discretion to keep this information confidential and we will not take any responsibility arising from this information.

Very truly yours,

내용해설

요청받은 신용조회에 대하여 현지 수입업자가 충분한 자본을 소유하고 있으며 그 동안의 거래로 볼 때 신용이 매우 양호하여 비즈니스를 진행해도 괜찮을 것이라고 하고 있다.

용어해설

- on the company referred to in ... : ...에 언급된 회사에 관한
- enjoy a high degree of reputation : 높은 수준의 평판을 누리다.
- we have a high regard for them : 당사는 그들에 대해 높은 존경심을 가지고 있다.
- we are of an opinion that ... : 당사는 ...이라는 견해를 가지고 있다.
- you will not run the least risk : 귀사는 최소한의 위험도 가지지 않을 것이다(귀사에게 조금도 위험부담이 없을 것이다).
- you have a discretion to keep this information confidential : 귀사는 이 정보를 극비로 유지할 수 있는 분별력(능력)을 가지고 있다.

3) 회화

Choi : Ahmed Abdulla Mohamed in your country wants to do business with us.
Aziz: Do you know much about him?
Choi : He wants to import our make-up products and he wants every colors and designs of the products to be changed for his market.
Aziz: By the way, do you want me to give you some information on his company?
Choi : Yes. In fact, we don't know about his business ability and credibility.
Aziz: You don't have to worry about it. His financial standing is pretty sound and he has acquired a credibility here for a long time.
Choi : Is it all right for us to start doing business with him?
Aziz: You'll be pleased to have business relations with him in the near future. Please understand, however, that we can not guarantee this information.
Choi : What are you talking about?
Aziz: This information is based on our own opinion and you don't have to rely on this information when making your decision.
Choi : OK. We know what you mean. Thank you very much anyway.

조 : 귀 국가에 있는 모하메드가 당사와 거래하기 원하고 있습니다.
아지즈 : 그에 대해서 많이 알고 있습니까?
조 : 그가 당사 메이컵 제품을 수입하고자 하며 자기 시장을 위해 모든 색상과 디자인을 바꾸기를 희망하고 있습니다.
아지즈 : 그런데, 그 회사에 대한 정보를 당사가 주기를 원합니까?
조 : 예, 사실, 그의 사업능력이나 신용도에 관해서는 전혀 모르고 있습니다.
아지즈 : 그것에 대해서는 걱정하지 마십시오. 그의 재정상태는 건실하며 오랫동안 여기에서 신용을 얻었습니다.
조 : 당사가 그와 비즈니스를 시작해도 괜찮겠습니까?
아지즈 : 조만간에 그와 사업관계를 갖은 것을 기뻐하게 될 것입니다. 하지만, 당행은 이 정보에 대해 보증할 수 없음을 이해 바랍니다.
조 : 무슨 말씀을 하십니까?
아지즈 : 이 정보는 당행 자신의 의견이며 의사결정을 할 때 이 정보에 의존할 필요는 없습니다.
조 : 귀행이 의미하는 것을 알겠습니다. 어쨌든 대단히 감사합니다.

용어해설

- acquire a credibility : 신뢰성을 얻다.
- sound : 건전한

4 거래처를 통한 신용조회와 회신

1) 신용조회서신

Dear Mr. Boucher,

Monte Carlo Co., Ltd. which wants to import and distribute our products in France has given your name as a trade reference saying that they have been doing business with you for a long time.

As we are not acquainted with that company, we would be grateful for any information that you can provide us with their business activities, business reputation, financial standing and other information that may be helpful to us.

Any other information which you could furnish would be appreciated and would, of course, be treated as strictly confidential.

Yours faithfully,

내용해설

수출업자가 자신의 제품을 수입하고자 하는 Monte Carlo Co.가 소개해준 조회처에게 수입업자에 대한 비즈니스 활동과 재무상태를 문의하는 조회서신이다.

용어해설

- as a trade reference : 무역조회처로서
- saying that... : ...라고 말하면서
- as we are not acquainted with that company : 당사는 그 기업을 알지 못하기 때문에
- provide us with their business activities and business reputation : 당사에게 그들의 비즈니스 활동과 비즈니스평판을 제공하다.

2) 회신 (호의적인 회신)

Dear Mr. Han,

As for the company you inquired about, we are glad to inform you that they have now a sound business standing. We can dare to say that they can be rated as one of the reliable firms and we would like to enter into business with them if we were in your place.

We hope that this strictly confidential information will be of service to you.

Yours faithfully

용어해설

- a sound business standing : 건전한 신용상태(영업상태)
- we can dare to say that... : ...당사는 ...라고 감히 말할 수 있다.
- this strictly confidential information will be of service to you : 이 극비 정보는 귀사에게 도움이 될 것이다.

3) 회신 (불리한 회신)

Dear Mr. Han,

In reply to your e-mail inquiry of March 7 about Monte Carlo Co., Ltd., we regret that we are unable to give you a favorable information about the company.

Our business with them during the past two years has been unsatisfactory. Payments have never been made promptly and the company accounts have always been in arrears for two or more months.

The company has been the defendant in two court cases involving claims for non-payment of sums due, although payment was subsequently made in each instance.

We want you to use this confidential information with every discretion and we do not have any responsibility on this matter.

Yours faithfully,

내용해설

신용조회를 요청받은 조회처는 지난 2년 동안 해당 기업과 거래해왔으나 대금지급이 신속하지 못하고 항상 2개월 또는 그 이상 지체되었다고 전하고, 법원에서 두 건의 피고인으로 기소된 바 있다는 점 등의 불리한 신용정보를 제공하고 있다.

용어해설

- payments have never been made promptly : 대금지급이 신속하게 이루어진 적이 없다.
- the defendant in two court cases : 두 법정사건에서의 피고인
- the company accounts have always been in arrears : 기업계정이(대금결제가) 항상 체납되어왔다.
- involving claims for non-payment of sums due : 만기일이 지난 금액을 결제하지 않은 데 대한 클레임에 관련된(연루된)
- with every discretion : 매우 사려 깊게

4) 회화

Han : Mr. Boucher, would you do me a favor?

Boucher : What is it? Is there anything I can help you out?

Han : Monte Carlo Co., Ltd. in your country wants to enter into a business relation with us. Can you give us some information on that company?

Boucher : I'm sorry that I have to give you an unfavorable information.

Han : Well, you mean that their credibility is not good?

Boucher : They have some problems to settle their payments. I heard from the issuing bank that they usually postponed to pay.

Han : What about their financial standing?

Boucher : People here say that they are suffering from financial problems now. But, I'm not sure, though.

Han : I'll have some problems if I accept their offer then.

Boucher : You'd better do your business with them under L/C at sight or cash basis.

Han : Thank you for your information.
Boucher : You're welcome. This is just our own opinion and everything has to be kept as confidential.

한 : Mr. Boucher, 질문 하나 해도 되겠습니까?
부쉐 : 무엇입니까? 제가 도와 드릴 수 있는 것이 있습니까?
한 : 귀 국가에 있는 Monte Carlo 사가 당사와 비즈니스 관계를 맺고 싶어합니다. 그 회사에 대한 정보를 알려 주실 수 있습니까?
부쉐 : 좋지 못한 정보를 주게 되어 죄송합니다.
한 : 그들의 신용상태가 좋지 않다는 말씀입니까?
부쉐 : 대금지급을 하는 데 문제가 많습니다. 일반적으로 대금지급을 지연시킨다는 것을 발행은행으로부터 들었습니다.
한 : 재정상태는 어떻습니까?
부쉐 : 사람들이 말하기를 지금 그들은 재정상의 문제를 겪고 있다고 합니다. 하지만 그것에 대해서는 확실하지 않습니다.
한 : 그렇다면 그들의 제안을 수락할 경우 문제가 있겠군요.
부쉐 : 귀사는 그들과 일람불신용장 또는 현금거래조건으로만 거래하시는 편이 낫습니다.
한 : 정보를 주셔서 감사합니다.
부쉐 : 천만에요. 이것은 단지 당사의 개인적 견해이며 모든 것이 비밀로 유지되어야 합니다.

3.3 신용조회 관련 기타 표현

1) Opening Clauses

- Daehan Trading Co., Ltd informed us of your name as a bank reference.
- Your name has been given to us as a credit reference by New York Trading Co., Ltd. who wants to do business with us.
- We are pleased to report on the company referred to in your credit inquiry of March 20, 20xx.
- We regret to mention that we can not give you a favorable information on the company you asked.

- In reply to your credit inquiry of August 31, 20xx, we are glad to inform you as follows.
- We regret our inability to help you in regard to the company you mentioned in your e-mail of September 11, 20xx.
- We are pleased to send you, in the strictest confidence, the credit information you requested concerning ABC Company in Korea.

2) Main Clauses

- We would be appreciated it if you would inform us of their business capability and credit standing.
- Any expenses arising from this credit information will be paid by us after receipt of your bill.
- The company you inquired about was set up in 2000 as a manufacturer and exporter of cellular phones in Korea.
- We should be much obliged if you could give us some information on their financial standing and business ability.
- We would be grateful if you could provide us with some reliable information about their business reputation, credibility, etc.
- We are sorry to inform you that the company has experienced a financial difficulty and delayed in executing their payment obligations.
- Please understand that the amount of business was not so large that we can not give you any authentic opinion of their credit rating.
- Established in 1990, the company has accumulated a business credibility in domestic market.
- We have been doing business with them for five years and they have never failed to meet their payment obligations so far.
- We are of an opinion that you had better do business with them by an advance payment.
- We would be very grateful to you for any information you can give us about their activities and the scope of their transaction.
- If you can find out anything about their financial and credit standing, I shall

be very grateful to you.

- Based on our entirely satisfactory relationship with Daehan Company, we believe the company is creditworthy and reliable.
- The company is respected through the industry and also has a well-deserved reputation of being a company of the highest integrity and reliability.
- Our limited business experience with that company would not really warrant us to give you a sound evaluation of their financial standing and creditworthiness.
- It is our company's standard policy not to provide written information about the financial standing of our customers.
- We do not have any sufficient information about Happiness Co., Ltd. Consequently, we feel that we are not in a position to advise your company on this delicate matter.
- We have not known that company long enough and therefore we do not feel qualified to give a fair and balanced opinion on the way they conduct their company's financial affairs.

3) Closing Clauses

- We will keep your information as confidential.
- We thank you for your courtesy and assure you of a strict confidence.
- Any other information you may supply would be very appreciated and would of course be treated as strictly confidential.
- If we can at any time render you a similar service, we shall be glad to do so.
- We hope this information will be of assistance to you.
- This information is for your own use only and is given without any responsibility.
- This information is strictly confidential and is given without responsibility on our part.
- We will, of course, keep any information and remarks we receive in strictest confidence.

연 습 문 제

1. 귀 은행과 사업관계를 가지고 있는 (주)한국무역이 귀 은행을 은행조회처로 당사에 소개해 주었습니다.
   해설 은행조회처 : a bank reference

2. 그 기업의 재정상태, 사업경험 및 신용상태에 대한 귀사의 신뢰성 있는 정보를 당사에게 제공해 주실 수 있다면 감사하겠습니다.
   해설 재정상태 : financial standing, 신용상태 : credit status

3. 당사는 Brown Company와 지난 5년간 거래를 해오고 있는데 그 기업은 신속히 대금지급의무를 이행하는 데 실패한 적이 없습니다.
   해설 신속하게 대금지급의무를 이행하다 : meet their payment obligations with promptness

4. 그 기업의 재정상태가 건전하고 대금지급이 완전히 만족스러웠기 때문에 당사는 그 기업이 신뢰성이 있고 믿을 만하다고 생각합니다.
   해설 재정상태가 건전하다 : financial status has been sound
   대금지급이 완전히 만족스러웠다 : payment has been completely satisfactory

5. 당사는 Galaxy Company Ltd.와 어떠한 비즈니스거래를 한 적이 없기 때문에 그 기업에 관하여 귀사가 요청한 신용정보를 제공할 수 없어 죄송합니다.
   해설 죄송하다 : We regret, 거래를 한 적이 없다 : we have never had any business dealings

6. 그 기업은 대금지급의무를 잘 이행하지 않아 가끔 당사는 대금회수를 위해 소송을 제기하지 않을 수 없었습니다.
   해설 대금지급의무 : payment obligations, 이행하다 : meet, 소송을 제기하다 : take a legal proceeding, 대금을 회수하다 : recover debts.

7. Ejay Company Ltd.와의 비즈니스 경험에 근거하여 당사는 그 기업이 믿을만하다고 생각합니다. 당사는 이 비밀정보가 귀사에게 도움이 되기를 희망합니다.
   해설 비즈니스경험에 근거하여 : on the basis of our business with,
   이 비밀정보 : this confidential information

8. 그들과 비즈니스를 하는 데 최선의 주의를 기울이시기를 제안합니다. 하지만 이는 단지 당사의 개인적인 의견이며 이 정보를 극비로 취급해 주시기를 바랍니다.
   해설 최선의 주의를 기울이다 : pay the most careful attention.
   이 정보를 극비로 취급하다 : treat this information as strict confidential

4
CHAPTER

청약과 승낙
(Offer and Acceptance)

4.1 청약(Offer)

해외시장조사를 통하여 발굴된 거래선을 대상으로 거래를 권유하는 권유장(circular letter)을 보내면 거래 상대방으로부터 거래조회(trade inquiry)를 받게 된다. 관심 있는 고객으로부터 거래조회가 있을 때에는 감사의 표시와 함께 신속하게 회신을 하여야 한다. 이 때 회신은 청약자(offeror)가 가격 등이 포함된 청약(offer)의 형태로 이루어진다. 청약자가 청약서를 보내게 되면 거래 상대방인 피청약자(offeree)가 한 번에 승낙(acceptance)하는 경우도 있지만, 대부분은 거래조건의 내용을 수정하거나 변경을 의뢰하는 반대청약(counter offer)을 보내는 경우가 많다. 이에 대하여 청약자가 다시 확정청약(firm offer)을 보내고 피청약자가 다시 반대청약을 보내는 등의 과정이 반복될 수 있다. 이러한 과정을 통하여 피청약자가 청약자의 청약을 최종적으로 승낙하게 되면 무역계약이 성립된다.

1 청약의 개념

청약은 청약자(offeror)가 피청약자(offeree)에게 어떤 물품을 일정한 조건으로 계약을 체결하고자 하는 의사표시를 말한다. 청약은 청약자의 청약에 대해 피청약자가 무조건적으로 승낙할 경우 매매계약이 성립되어 청약자를 구속할 것이라는 의사표시라고 할 수 있다. 무역에서는 보통 청약자가 피청약자에게 특정 물품을 일정한 가격, 품질, 수량, 포장, 선적 및 결제조건 등으로 매도(또는 매입)하겠다는 의사표시를 말한다. 청약의 형식으로는 서신, 팩스(fax) 혹은 전자우편(e-mail)에 의하거나 일정한 서식을 갖춘 청약서(offer sheet)가 사용되기도 한다.

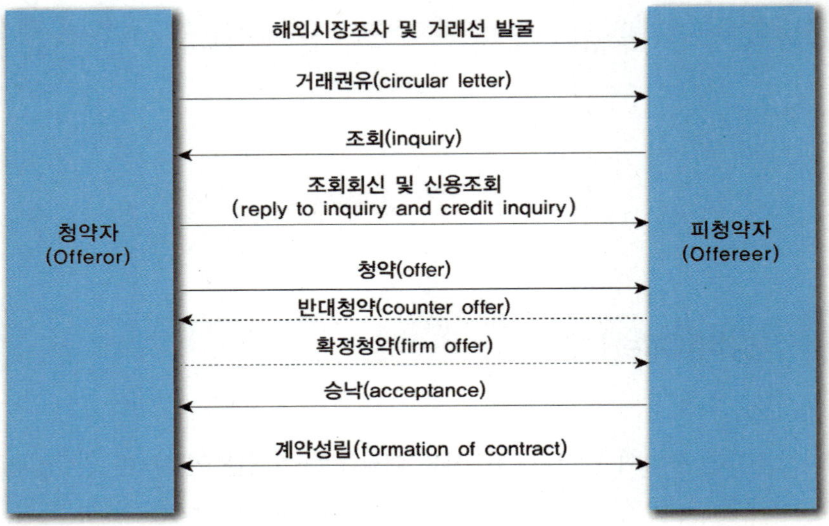

[그림 4-1] 무역계약 체결과정

2 청약의 종류

1) 확정청약(firm offer)

확정청약은 청약자가 청약내용에 대하여 승낙의 유효기간(validity)을 정하고 그 기간 내에 상대방이 승낙(acceptance)하면 계약이 성립되는 청약을 말한다. 또한 청약에 확정적(firm) 또는 취소불능(irrevocable)이라는 표시가 있지만 유효기간을 정하지 않은 경우 합리적인 기간(reasonable time) 내에는 취소되지 않을 것이라는 문구가 있는 청약도 확정청약으로 피청약자(offeree)가 그 합리적인 기간 내에 승낙하면 계약이 성립된다.

> ① Validity : This offer is valid until September 30, 20xx
> (유효기간 : 이 청약은 20xx년 9월 30일까지 유효하다)
> ② We offer you firm subject to your acceptance reaching us by September 30, 20xx as follows;
> (당사는 20xx년 9월 30일까지 귀사의 회신이 당사에 도착할 조건으로 다음과 같이 확정 청약한다)

2) 불확정청약(free offer)

불확정청약은 청약자가 청약시에 승낙·회답의 유효기간(validity)이나 확정적(firm)이라는 표시를 하지 아니한 청약을 말한다. 불확정청약의 경우 상대방이 승낙을 받기 전까지는 청약자가 청약내용을 일방적으로 철회하거나 변경할 수 있지만, 청약이 취소되기 전에 피청약자가 승낙하면 계약이 성립된다.

> ① We offer you the following goods on the terms and conditions mentioned hereunder
> (당사는 다음에 언급된 거래조건으로 다음 물품에 대해 청약한다)
> ② We are pleased to offer you without engagement as follows;
> (당사는 확약 없이 귀사에게 다음과 같이 청약하게 되어 기쁘다)

3) 반대청약(counter offer)

반대청약은 청약자의 청약에 대하여 피청약자가 품명, 수량, 가격, 선적, 결제 등 청약내용의 일부 추가, 제한 및 변경 등 새로운 조건을 제의해오는 청약을 말한다. 반대청약은 원청약(original offer)에 대한 거절이 되고 동시에 새로운 청약이 된다. 이에 따라 원청약의 효력은 반대청약으로 인하여 소멸되게 된다.

> Your offer dated March 10 is too high in price. We can accept the offer at US$ 5.00 per piece CIF Long Beach, CA, U.S.A.
> (3월 10일자 귀사의 청약은 가격이 너무 높다. 당사는 미국 캘리포니아 롱비치항까지 운임보험료포함인도규칙으로 개당 미화 5달러라면 청약을 수락할 수 있다)

4) 조건부청약(conditional offer)

청약자의 청약내용에 단서가 있는 청약으로 피청약자의 승낙만으로는 계약이 성립되지 않고 청약자의 최종확인이 있을 경우에만 계약이 성립된다.

표 4-1 청약의 종류

구 분	종 류	내 용
발행지	국내발행청약	동일한 국가 내에서 발행되는 청약
	국외발행청약	외국에서 발행되어 오는 청약
발행주체	판매청약	매도인이 판매의사를 표시하는 청약(selling offer)
	구매청약	매수인이 구매의사를 표시하는 청약(buying offer)
확정력	확정청약	청약의 유효기간에 대한 문구가 있는 청약(firm offer)
	불확정청약	청약의 유효기간에 대한 문구가 없는 청약(free offer)
기 타	반대청약	피청약자가 청약조건을 변경, 추가 또는 제한하여 오는 청약(counter offer)
특정조건	조건부청약 (conditional offer)	무확약청약(offer without engagement)
		선착순판매조건부청약(offer subject to prior sale) 재고잔류조건부청약(offer subject to being unsold)
		점검매매조건부/승인조건부청약(offer on approval)
		반품허용조건부청약(offer on sale or return)
		확인조건부청약(offer subject to our final confirmation)

① **무확약청약** : 무확약청약(offer without engagement)은 시황변동(market fluctuation)에 따라 청약자가 피청약자에게 사전통지 없이 가격을 변경할 수 있는 청약으로 가격불확정청약(offer subject to market fluctuation)이라고도 한다. 일반적으로 가격변동이 심한 물품에 대해 청약할 경우에 이용된다.

> We offer the goods at US$ 5.00 per piece CIF Long Beach, CA, U.S.A. subject to market fluctuation
> (당사는 그 물품에 대해 시황변동부조건으로 미국 캘리포니아 롱비치항까지 운임보험료포함인도규칙으로 개당 미화 5달러로 청약한다)

② **선착순판매조건부청약** : 선착순판매조건부청약(offer subject to prior sale)은 청약자의 청약에 대한 피청약자의 승낙이 청약자에게 도달하였을 때 해당 물품의 재고가 있을 경우에만 계약이 성립되는 청약으로 재고잔류조건부청약(offer subject to being unsold)이라고도 한다. 청약자가 해당 제품을 추가적으로 생산할 계획이 없고, 이미 한정된 재고를 판매하기 위하여 불특정 다수의 피청약자들에게 청약할 경우에 주로 이용된다.

We offer the goods at US$ 5.00 per piece CIF Long Beach, CA, U.S.A. subject to being unsold
(당사는 그 물품에 대해 재고잔류조건부로 미국 캘리포니아 롱비치항까지 운임보험료 포함인도규칙으로 개당 미화 5달러로 청약한다)

③ **점검매매조건부청약** : 점검매매조건부청약(offer on approval)은 피청약자가 청약자가 청약과 함께 송부한 물품을 점검하고 매입하기로 결정하면 대금을 지급하고 매입할 의사가 없을 경우에는 일정기간 내에 반품해도 무방하다는 조건이 있는 청약으로 승인조건부청약이라고도 한다.

We offer the goods on approval at US$ 5.00 per piece CIF Long Beach, CA, U.S.A.
(당사는 그 물품에 대해 점검매매조건부로 미국 캘리포니아 롱비치항까지 운임보험료 포함인도규칙으로 개당 미화 5달러로 청약한다)

④ **반품허용조건부청약** : 반품허용조건부청약(offer on sale or return)은 피청약자가 청약자가 청약과 함께 송부한 대량의 물품을 일정기간 동안 판매하고 남은 잔량을 반품해도 무방하다는 조건이 있는 청약이다.

We offer the goods at US$ 5.00 per piece CIF Long Beach, CA, U.S.A. on sale or return
(당사는 그 물품에 대해 반품허용조건부로 미국 캘리포니아 롱비치항까지 운임보험료 포함인도규칙으로 개당 미화 5달러로 청약한다)

점검매매조건부청약과 반품허용조건부청약은 청약과 함께 송부된 물품을 반품할 수 있다는 점에서 동일하다. 하지만, 점검매매조건부청약은 피청약자가 송부된 물품을 점검한 후 구입의사가 없을 경우에 바로 반품하여야 하는 반면 반품허용조건부청약은 송부된 물품을 일정기간 동안 판매하고 난 후 남은 잔량을 반품할 수 있다는 점에서 차이가 있다.

⑤ **확인조건부청약** : 확인조건부청약(offer subject to our final confirmation)은 청약자의 청약에 대하여 피청약자의 승낙이 있다고 하더라도 다시 청약자의 최종 수락확인이 있을 경우에만 계약이 성립될 수 있다는 조건이 있는 청약이다. 확인조건부청약은 청약이 아니라 청약의 유인(invitation to offer)에 해당된다.

We offer the goods at US$ 5.00 per piece CIF Long Beach, CA, U.S.A. subject to our final confirmation
(당사는 그 물품에 대해 당사의 확인조건부로 미국 캘리포니아 롱비치항까지 운임보험료포함인도규칙으로 개당 미화 5달러로 청약한다)

3 청약서 작성방법

청약은 특별히 정해진 형식이나 방식이 있는 것은 아니고 거래대상물품, 거래방식 등에 따라 다양한 형태를 취한다. 또한 기재사항도 거래특성에 따라 다양할 수 있으나 판매청약(selling offer)의 가장 전형적인 형태와 작성방법은 [서식 4-1]과 같다.

- 포장(packing) : 거래되는 물품에 따라 포장방법이 다르기 때문에 해당물품의 포장방법을 구체적으로 기재하는 것이 바람직하다. 일반적으로 'Export standard packing(수출표준포장)'이라고 표기할 경우 청약자가 피청약자에게 물품인도에 아무런 문제없이 포장을 적절하게 해주겠다는 약속을 의미한다.
- 원산지(origin) : 물품별로 원산지에 따라 가격의 차이가 상당히 발생할 수 있다. 수입국의 입장에서 수입되는 물품의 원산지가 어느 국가인지에 따라 수입관세율이 달라질 수 있기 때문에 해당 물품의 정확한 원산지 표기를 하여야 한다.
- 선적일(shipment date, delivery date) : 청약서에는 반드시 계약물품을 선적할 수 있는 예상 가능일을 표기하는 것이 바람직하다. 피청약자는 청약자의 선적가능일을 기준으로 구매결정을 할 수 있고 신용장발행시 선적일과 만기일을 결정하는 근거가 된다.
- 대금결제(payment) : 대금결제방법에는 신용장에 의한 결제방법, 추심에 의한 결제방법, 송금방식에 의한 결제방법 및 기타 결제방법 등이 있다. 이에 따라 청약자가 선호하는 결제방법을 기재하게 된다.
- 물품검사(inspection) : 수출국에서 수출되기 전에 최종적으로 물품의 품질이나 상태 등을 검사하게 되는데 최종 물품검사에 대한 책임자나 기관을 기재한다.
- 유효기간(validity) : 유효기간은 청약자의 청약에 대해 피청약자가 승낙하여야 하는 최종일을 의미한다. 유효기간이 기재된 청약이 확정청약(firm offer)이 된다.
- 비고(remarks) : 비고란에는 청약자가 피청약자에게 요구하는 기타 사항들을 기재한다. 특정 물품에 대하여 주문 가능한 최소주문량이 있을 경우 청약자의

물품 생산능력 등을 고려하여 기재한다.

- 품명(commodity & description) : 비슷한 물품이나 유사한 물품명에 대한 혼란이 없도록 정확하게 품명을 기재한다.
- 규격(specification) : 같은 품목이라도 그 품질과 규격에 따라 가격의 차이가 발생될 수 있기 때문에 추후에 분쟁이 발생되지 않도록 정확한 규격을 표시한다.
- 단가(unit price) : 각국의 화폐단위가 다르므로 사용화폐를 분명하게 명시한다. 특히 달러(dollar)나 프랑(franc)으로 표시될 때에는 여러 나라가 이 단위들을 사용하며 그 가치기준도 다르기 때문에, 어느 나라의 달러(U.S. dollar, Australian dollar 등)이며, 어느 나라의 프랑(France franc, Swiss franc 등)인지를 정확하게 기재하여야 한다. 단가를 제시할 때 @USD3.00/pc CIF New York, USA 등과 같이 가격조건과 결제통화를 동시에 제시한다.

4 청약의 효력발생시기 및 효력소멸

1) 청약의 효력발생시기

청약의 효력발생시기는 청약의 내용이 피청약자에게 도달한 때에 그 효력이 발생한다는 도달주의를 채택하고 있다. 비엔나협약 제15조 제1항에서는 "청약은 피청약자에게 도달한 때에 효력이 생긴다"고 규정하고 있으며, 한국 민법 제111조 제1항에서도 "상대방이 있는 의사표시는 상대방에게 도달한 때에 그 효력이 생긴다"라고 규정하고 있다.

2) 청약의 효력소멸

(1) 청약의 철회

청약의 철회(withdrawal)란 청약의 효력이 발생되기 전에 청약자(offeror)가 일방적으로 청약의 효력을 소멸시키고자 하는 의사표시이다. 비엔나협약(1980) 제15조 제2항에 확정청약(firm offer)이라고 할지라도 ① 청약이 피청약자(offeree)에게 도달하기 이전 또는 ② 청약자의 청약이 피청약자에게 도달함과 동시에 청약자의 청약철회의 의사가 피청약자에게 도달된 때에는 그 청약은 철회될 수 있는 것으로 규정하고 있다. 또한 확정청약의 경우 유효기간이 경과한 때에는 그 효력이 상실된다.

한국 민법에서는 "계약의 청약은 이를 철회하지 못하며 승낙의 기간을 정한 청약은 청약자가 그 기간 내에 승낙의 통지를 받지 못할 때에는 그 효력을 상실한다"고 규정하고 있다(민법 제527조 및 제528조제1항).

(2) 청약의 취소

청약의 취소(revocation)는 청약이 피청약자에게 도달되어 효력을 발생시킨 후 승낙의 통지를 보내기 전에 취소시킬 수 있는 요인에 의하여 청약이 소멸하게 되는 것을 말한다.

비엔나협약(1980)에 의하면 불확정 청약의 경우 계약이 체결되기까지는 청약은 취소될 수 있다. 다만 이 경우에 취소의 통지는 피청약자가 승낙을 발송하기 전에 피청약자에게 도달하여야 한다(제16조 제1항). 그러나 다음의 경우에는 청약은 취소될 수 없다(제16조 제2항).

① 청약이 승낙을 위한 지정된 기간을 명시하거나 또는 기타의 방법으로 그것이 취소불능임을 표시하고 있는 경우, 또는
② 피청약자가 청약을 취소불능이라고 신뢰하는 것이 합리적이고, 또한 피청약자가 그 청약을 신뢰하여 행동한 경우

따라서 비엔나협약에서도 철회는 비교적 자유로이 허용하는데 반하여 취소는 극히 제한적인 경우에만 허용하도록 하고 있다.

(3) 청약의 거절

청약의 거절(rejection)이란 청약자의 청약에 대하여 피청약자가 승낙하지 않는다는 의사표시를 말한다. 이 경우 청약자가 보낸 청약을 피청약자가 거절하게 되면 그 청약의 효력이 소멸된다. 다만 피청약자의 거절통지가 청약자에게 도달된 시점이 청약의 효력소멸시점이 된다. 피청약자가 청약을 거절함으로써 효력이 소멸된 청약에 대해 이후 피청약자가 마음이 바뀌어 유효기간 내에 원청약의 내용대로 승낙하더라도 청약자의 동의가 없으면 역시 효력이 상실된다.

(4) 반대청약

반대청약(counter offer)은 피청약자가 청약자의 원청약 내용을 추가하거나 변경하여 새로운 조건을 제안해오는 것으로 승낙이 아니라 청약의 거절이다. 반대청약

이 청약자에게 도달하면 원청약의 효력은 소멸되고 그 반대청약은 새로운 효력이 발생되게 된다.

(5) 유효기간의 경과

청약자의 청약에 유효기간(validity)내지 승낙기간이 설정된 경우 그 기간이 경과하면 그 청약은 효력을 상실한다. 유효기간이 명시되지 않은 불확정청약(free offer)의 경우에는 합리적인 기간(reasonable time) 또는 상당한 기간이 경과하였을 때 청약의 효력이 소멸된다. 합리적인 기간 또는 상당한 기간은 물품의 성질, 거래관습 등에 의하여 결정되는 것으로 어려운 점이 있다. 따라서 실무적으로 피청약자가 유효기간이 없거나 조건부청약을 해오는 경우에는 청약자에게 다시 문의할 필요가 있다.

(6) 후발적 위법

청약이 이루어진 후 매매계약의 이행이 위법인 경우에는 그 청약의 효력은 상실된다. 예를 들어 특정물품을 판매하기 위하여 청약자가 청약을 행하였으나, 승낙기간 전에 같은 물품에 대한 해당국가의 수출금지 및 수출제한조치의 법률이 시행되어 판매가 불가능한 경우에는 청약의 효력이 소멸된다. 또한 계약이 성립된 후에 전쟁의 발발, 당사자의 사망 등과 같은 후발적인 위법인 이행불능(frustration) 상태에는 계약이 자동 소멸된다.

(7) 당사자의 사망

청약은 청약자나 피청약자가 사망(death)하거나 무능력(inability)인 경우에 그 효력이 소멸된다. 즉 청약자나 피청약자가 사망하거나 또는 계약을 이행할 법적 능력이 상실되었을 경우에 청약의 효력이 소멸된다. 하지만 청약에 대한 승낙이 이루어진 후 당사자 일방이 사망하는 경우에는 청약의 효력에 영향을 미치지 않는다(민법 제111조 제2항). 비엔나협약은 이에 관한 명시적인 규정이 없고, 미국법(제2차 계약법 Restate- ment 제48조)에서는 청약이 취소불능이 아닌 한 피청약자의 청약자의 승낙의 권한은 청약자나 피청약자가 사망하거나 또는 계약을 해결할 수 있는 법적 능력이 박탈되었을 때 소멸하는 것으로 규정하고 있다. 결국 청약이 취소불능인 경우에는 청약자가 사망하였을 때 그 청약은 종료되지 않지만, 취소가능인 경우에는 일방 당사자가 상대방의 사망 또는 무능력을 통지받았는지 여부에 관계없이 종료된다.

[서식 4-1] Offer Sheet의 예(수출의 경우)

DAEHAN TRADING CO., LTD.

C. P. O BOX, 203, SEOUL, KOREA

O F F E R   S H E E T

Messrs. : GEOSYSTEM
New York, U.S.A

Date : August 11, 20xx
Ref. No. Euro 20xx

Dear Sirs,
We are pleased to offer you as follows :

Packing : Export Standard Packing
Origin : Republic of Korea(R.O.K)
Shipment : Within 60 days from the date of contract
Payment : By an irrevocable L/C at sight in our favor
Inspection : Manufacturer's inspection is final
Validity : By the end of November, 20xx
Remarks : Minimum order requirement - 1,000pcs above per item

H. S.	Item#	Description	Quantity	Unit Price	Amount
		Cosmetics		CIF New York	
3304.99.2000	20	Make-up Base 30gr	1,000pcs	@US$10.00	USD10,000.00
3304.20.9000	79	Mascara 5ml	1,000pcs	@US$10.00	USD10,000.00
		Total :	2,000pcs		USD20,000.00

Yours very truly,

Daehan Trading Co., Ltd.

(signed)
S. K. Lee
Director

5 청약 관련 이메일 작성요령

1) 오퍼

① 조회에 대한 감사표시
② 오퍼의 제시조건(가격, 단가, 총금액, 수량, 인도시기 등)
③ 맺음말

2) 반대오퍼

	매수인이 매도인에게 송부	매도인이 매수인에게 송부
머리말	매도인 오퍼에 대한 감사	매수인의 반대오퍼 접수 언급
본문	오퍼조건이 적당하지 않다는 취지를 언급	반대오퍼조건을 승낙할 수 없다는 취지를 전달
	자기회사의 희망조건 언급	승낙가능조건 언급
맺음말	회신을 기다린다는 취지 언급	회신을 기다린다는 취지 언급

4.2 승낙(Acceptance)

1 승낙의 개념

승낙(acceptance)이란 청약자의 청약에 대해 무조건적으로 동의하고, 계약성립을 목적으로 행하는 피청약자의 의사표시이다. 승낙은 원칙적으로 청약의 모든 사항에 대하여 무조건으로 동의하는 것이어야 하며, 새로운 사항을 추가하거나 청약의 내용을 변경하거나 제한하는 것은 승낙으로 간주되지 않는다.

하지만 청약을 받은 피청약자가 청약의 내용에 대해 자신의 의견을 첨가하여 반대청약(counter offer)을 보낼 수 있다. 피청약자의 수정의사인 반대청약이 제시되면, 이전의 청약은 무효가 되어 청약자와 피청약자가 확정청약과 반대청약을 주고받는 상담과정을 통하여 최종적으로 승낙되면 무역계약이 체결된다.

2 승낙의 조건

승낙의 의사표시가 계약을 성립시키기 위해서는 ① 승낙의 내용이 청약의 내용과 완전하게 일치해야 할 것, ② 승낙은 절대적(absolute), 최종적(final), 무조건(uncondi- tional)일 것, ③ 승낙은 청약의 효력기간 내에 행해져야 할 것, ④ 승낙의 방법이 지정되어 있는 경우에는 그 방법에 따라야 할 것, ⑤ 청약이 특정인에게 행해진 경우에는 그 당사자만이 승낙하여야 할 것 등의 요건을 충족하여야 한다.

3 계약을 유효하게 성립시키는 승낙

1) 무조건승낙(unconditional acceptance)

무조건승낙은 청약자의 청약에 대하여 피청약자가 청약의 내용을 변경하거나 추가하지 않고 무조건적으로 승낙하는 것을 말한다.

2) 행위에 의한 승낙(acceptance by action)

행위에 의한 승낙은 피청약자가 청약에 대한 동의의 의사표시를 행위로 하는 것으로 그 행위가 이행되는 시점에 승낙의 효력이 발생되는 것을 말한다. 예를 들어 매도인의 청약에 대해 피청약자인 매수인이 승낙의 통지 없이 물품대금을 지급하는 경우가 이에 해당된다.

4 계약을 성립시킬 수 없는 승낙

1) 지연승낙

지연승낙(delayed acceptance)은 청약에 대한 승낙의 의사표시가 정해진 기간이 경과하여 늦게 도착된 경우를 말한다. 즉 청약자가 승낙기간을 정한 경우에는 그 기간 내에, 그리고 승낙기간이 정해지지 않은 경우에는 합리적인 기간 내에 승낙의 의사표시가 도착하지 않을 경우 승낙은 효력을 상실하게 된다.

2) 조건부승낙

조건부승낙(conditional acceptance)은 피청약자가 원청약에 대해 일부 청약내용을 변경하거나 추가하여 승낙하는 것을 말한다. 이는 반대청약의 내용과 같기 때문에 청약자의 승낙이 없으면 계약이 성립되지 않는다.

3) 일부승낙

일부승낙(partial acceptance)은 청약의 내용 중 일부만을 승낙하는 것으로 조건부승낙과 같이 반대청약의 개념이므로 계약이 성립되지 않는다.

4) 침묵 또는 무행위에 의한 승낙

침묵 또는 무행위에 의한 승낙(acceptance by silence or inactivity)은 피청약자가 청약자의 청약에 대해 아무런 행위나 회신을 하지 않고 침묵하는 것으로 침묵 또는 행위 그 자체는 승낙으로 인정되지 않는다.

5 승낙의 효력발생시기

승낙의 효력발생시기와 관련하여 청약자의 청약을 피청약자가 승낙하면 계약이 성립되지만, 청약자와 피청약자가 멀리 떨어져 있기 때문에 승낙의 의사표시가 피청약자로부터 발송되어 청약자에게 도달할 때까지 어느 시점에서 계약이 성립되는지 문제가 될 수 있다.

승낙의 효력발생시기에는 ① 피청약자가 승낙의 의사표시를 발신할 때 계약이 성립되는 발신주의(post/mail-box rule), ② 피청약자의 승낙의사표시가 청약자에게 도달된 때 계약이 성립되는 도달주의(receipt rule), ③ 물리적으로 승낙의 의사표시가 청약자에게 도달될 뿐만 아니라 현실적으로 청약자가 그 내용을 알았을 때 계약이 성립되는 요지주의(acknowledgement rule)가 있다.

영미법은 물론 대륙법에서도 승낙의 일반원칙을 도달주의로 하고 있다. 그러나 승낙의 의사표시에서 대화자간이나 격지자간에는 도달주의 또는 발신주의를 택하고 있다. 대화자간의 동시계약, 즉 전화, 텔렉스(telex), 팩스(fax) 및 전자우편(e-mail) 등에 의한 통신에서 주로 사용된다. 하지만 전보나 우편으로 승낙을 통보하는 경우에는 일반적으로 발신한 시점을 기준으로 승낙의 효력시기를 산정하기도 한다.

국제매매계약에서 비엔나협약으로 일컬어지는 국제물품매매계약에 관한 유엔협약(United Convention on Contracts for the International Sale of Goods : CISG)에서는 대화자간이나 격지자간에 관계없이 도달주의 원칙을 적용하고 있다. 따라서 이와 같은 효력발생시기에 대한 문제를 해결하기 위하여 승낙의 효력발생시기에 대한 명확한 조건의 제시가 필요하다.

표 4-2 승낙의 의사표시에 대한 효력발생 시기

통신수단 \ 준거법			한국법	일본법	영국법	미국법	독일법	비엔나협약
의사표시에 관한 일반원칙			도달주의	도달주의	도달주의	도달주의	도달주의	도달주의
승낙의 의사표시	대화자간	대 면	도달주의	도달주의	도달주의	도달주의	도달주의	도달주의
		전 화	도달주의	도달주의	도달주의	도달주의	도달주의	도달주의
		텔렉스	도달주의	도달주의	도달주의	도달주의	도달주의	도달주의
		EDI	도달주의	도달주의	도달주의	도달주의	도달주의	도달주의
	격지자간	우 편	발신주의	발신주의	발신주의	발신주의	도달주의	도달주의
		전 보	발신주의	발신주의	발신주의	발신주의	도달주의	도달주의

4.3 청약과 승낙 관련 상담사례

1 화장품에 대한 청약과 회신

1) 확정청약(firm offer)

Date : July, 20, 20xx.

To : bronco@simpati.com
From : sklee@chung.co.kr

Dear Sirs,

We take much pleasure in offering you as follows:
Packing : Manufacturer's Export Standard Packing
Origin : Republic of Korea
Shipment : Within 60 days after the date of contract
Payment : By an irrevocable L/C at sight in our favor
Inspection : Manufacturer's inspection is final
Validity : This offer is valid until the end of September, 20xx

HS #	Item # Description		Quantity	Unit Price	Amount
	SOON Brand Cosmetics	CIF New York Port, USA			
3304.99.2000	Make-up Base No.10	30gr	500pcs	@U$10.00	U$5,000
	Liquid Foundation No.13	30gr	300pcs	@U$15.00	U$4,500
3304.91.1000	Compact No.13	12gr	100pcs	@U$10.00	U$1,000
3304.20.1000	Tripple Shadow No.31	5gr	200pcs	@U$15.00	U$3,000
3304.20.9000	Mascara No.79	5ml	1,000pcs	@U$10.00	U$10,000
	Total :		2,350pcs		U$23,500

Very truly yours,

2) 선적조건에 대한 Counter Offer

Dear Sirs,

Thank you for your offer of July 20 and we are pretty much satisfied with your terms and conditions. The samples and your terms and conditions are quite up to our expectation. Although your quotation is satisfactory, we regret this business can not be successful at your present delivery date.

In case we receive the products almost 3 months later from now, we may lose our market opportunity as make-up products will be out of season. Under these circumstances, we would like to ask for your earliest shipment available next month to get a leg up on the market.

Your products have to be exhibited together with women's clothing supplied by Wooyoung Mulsan Co., Ltd. at the end of next month.

We will be able to issue an irrevocable L/C at sight in your favor immediately if you agree with us. Otherwise, it will not be possible for us to place an order with you this time.

We trust you will make every effort to advance your delivery date.

Sincerely yours,

내용해설

청약자(offeror)가 청약한 내용에 대해 피청약자(offeree)는 선적에 관련된 사항을 제외하고는 모두 만족한다는 응답을 하고 선적가능일에 대해 수출업자가 청약한 신용장 수령 후 60일 대신 시간을 앞당기도록 요청하고 있다.

용어해설

- be quite up to our expectation : 당사의 기대에 매우 부합되다.
- at your present delivery date : 현재 귀사의 인도일
- lose our market opportunity : 당사의 시장기회를 상실하다.
- under these circumstances : 이런 상황하에서는
- get a leg up on the market : 시장을 장악하다.
- advance your delivery date : 인도일을 앞당기다.

3) 가격인하를 요구하는 Counter Offer

Dear Sirs,

We examined the samples and patterns you sent us and also investigated your terms and conditions with interest.

While we appreciate your high quality products, we find your prices rather high considering those of other companies. There is no doubt that domestic distributors will refuse to accept your offer as the prices offered are not competitive.

As have been stated in our previous e-mails, competition in this line is very fierce. Due to growing demand for this line, however, the market here shows signs of strength.

We will be able to work on this business if you can decrease your prices by 15% each, which are not even competitive here.

We are sure that you will revise the prices for our long term business and we look forward to receiving your reply.

Very truly yours,

내용해설

피청약자(offeree)는 청약자(offeror)가 청약한 가격이 다른 경쟁사들의 오퍼가격보다 높음을 제시하고 제시된 가격이 충분히 경쟁적이지 않기 때문에 국내 유통업자들이 귀사의 청약을 거절할 것이라는 것은 의심의 여지가 없음을 전한다. 하지만, 시장이 회복의 조짐이 있기 때문에 15% 가격을 인하해주면 거래할 수 있다는 내용이다.

용어해설

- investigated your terms and conditions with interest : 귀사의 거래조건들을 관심을 가지고 조사했다.
- considering those of other companies : 다른 기업들의 가격들을 고려할 때
- there is no doubt that... : ...라는 것은 의심의 여지가 없다.
- as the prices offered are not competitive : 청약된 가격들이 경쟁적이지 않기 때문에
- the market here shows signs of strength : 여기 시장은 강세의 징후(회복의 징조)를 보이고 있다.

4) 회화

Kim : What do you think about our offer?

Yelchin: Well, we've received many offers for the same products from overseas countries and yours are stiff considering those of others.

Kim : However, nobody can beat us in quality.

Yelchin: We'd like to sell them together with the clothes imported from other supplier in Korea. Isn't there any way you can improve on the prices?

Kim : The best way we can do is to allow a 10% discount. Anything more than that is really out of the question.

Yelchin: It can't be acceptable. They have to be come down by 15% each.

Kim : You know, the 10% reduction is already quite a concession.

Yelchin: If you insist on 10% only, nothing I can do about it but to cancel our deal.

Kim : Give me a couple of days to look it over and I'll let you know about it.

김 : 당사의 청약에 대해 어떻게 생각하십니까?

옐친 : 그런데, 외국으로부터 같은 제품에 대한 오퍼를 많이 받았는데 귀사 가격이 다른 회사의 가격에 비해 비쌉니다.

김 : 하지만, 어떤 누구도 품질 면에 있어서 당사를 능가할 수 없습니다.

옐친 : 당사는 제품을 한국에 있는 다른 공급업자로부터 수입되는 의류와 함께 판매하고자 합니다. 가격에 대해 귀사가 고려해 주실 수 있는 방법이 없습니까?

김 : 당사가 할 수 있는 최상의 방법은 10% 인하해주는 것입니다. 그 이상의 어떤 것도 정말 불가능합니다.

옐친 : 수락할 수 없습니다. 각각 15% 인하되어야 합니다.

김 : 10%도 꽤 양보해 드린 것입니다.

옐친 : 단지 10%만 요구하시면 거래를 취소할 수밖에 없습니다.

김 : 하루 이틀 정도 검토할 여유를 주시면 알려 드리도록 하겠습니다.

용어해설

- yours : your prices
- stiff : 가격이 높은
- nobody can beat us : 어떤 누구도 당사를 능가할 수 없다.
- out of the question : 불가능한(impossible)
- concession : 양보

2 휴대폰에 대한 청약과 회신

1) 청약(offer)

Dear Sirs,

We thank you very much for your inquiry of July 1, and we are glad to make the following firm offer subject to your acceptance reaching us by July 31, 20xx.

1. Commodity : Cellular Phone
2. Quantity : 1,000 pcs
3. Price : @U$200.00 per piece.- CIF New York, USA.
4. Shipment : Within 60 days after receipt of your L/C.
5. Packing : Export standard packaging
6. Payment : By an irrevocable and confirmed L/C at sight in our favor only.

The quotation is the best we can give you and the price, we believe, will enable you to realize a large profit. As large orders are rushing in from overseas countries, you need to place orders with us as soon as possible.

We trust that pleasant business relations will soon be established between us.

Very truly yours,

내용해설

휴대폰에 대한 청약을 하면서 제시된 가격이 매우 경쟁적임을 강조한다. 특히 해외에서 주문이 쇄도하고 있기 때문에 가능한 한 빨리 주문할 것을 권유하고 있다.

용어해설

- subject to your acceptance reaching us by July 31 : 귀사의 승낙이 당사에 7월 31일까지 도착할 조건으로
- realize a large profit : 큰 이익을 실현시키다.
- an irrevocable and confirmed L/C at sight : 일람불 취소불능 확인신용장

2) 결제조건 변경을 위한 Counter Offer

Dear Sirs,

Thank you for your offer of April 6 for 1,000pcs of cell phones. We have given a careful consideration to your firm offer and tried to meet your terms and conditions.

There is a steady demand for high quality range and fashionable design. We have been receiving a number of inquires from your competitors for the same type of products.

Your offer is basically acceptable to us except payment terms. Instead of a L/C at sight, we are pretty much interested in doing business by an Usance L/C this time.

Under a banker's usance L/C, the issuing bank will honour the drafts on presentation and you will get paid from your bank immediately just like a L/C at sight.

If you agree with our proposal without changing other conditions, we will place an initial order for 1,000pcs of products with you immediately.

We look forward to receiving your response.

Sincerely yours,

내용해설

청약자의 확정오퍼에 대해 피청약자는 고품질의 제품에 대해 지속적인 수요가 있어 일람출급신용장 대신에 Banker's Usance L/C로 변경해주면 거래할 수 있음을 전한다. Banker's Usance L/C는 발행은행이 어음이 제시되자마자 지급이행하기 때문에 수출업자는 자신의 은행으로부터 즉시 대금을 지급받는다. 피청약자는 청약자가 대금지급조건을 변경해주면 제품 1,000개 초도주문을 즉시 할 것이라고 하고 있다.

용어해설

- give a careful consideration to ... : ...에 세심한 배려를 기울이다.
- there is a steady demand for ... : ...에 대한 지속적인 수요가 있다.
- honour the drafts on presentation : 환어음이 제시되자마자 지급이행하다.
- you will get paid from your bank : 귀사는 귀사의 거래은행으로부터 지급받을 것이다.
- a banker's usance L/C : 바이어의 유전스 신용장(은행인수신용장)
  발행은행이 수입업자에게 지급을 유예해 주는 조건으로 매도인의 입장에서는 일람불(출급)신용장과 동일하게 매입은행에 일치되는 서류를 제시하여 즉시 대금을 지급받을 수 있다. 은행인수신용장에는 국내은행인수신용장(domestic banker's usance credit)과 해외은행인수신용장(overseas banker's usance credit)으로 구분된다.

3) 회화

Lee : Thank you for your interest in our cell phones.
Elison: When can you make a shipment?
Lee : We can ship the products out within 60days after we receive your final order confirmation.
Elison: What about the price?
Lee : We can give you U$200.00 CIF New York, U.S.A. per piece.
Elison: Well, it's a little strong. Please let me know your terms of payment.
Lee : We can do business with you by an irrevocable and confirmed L/C at sight in favor of us.
Elison: We'd like to do business this time by a banker's usance L/C. You know, the issuing bank will pay you on complying presentation like a credit at sight.
Lee : What is different between them?
Elison: Under a banker's usance L/C, the issuing bank allows us to pay at maturity. Under a credit at sight, however, the issuing bank has to pay as soon as documents complied with the terms and conditions of the credit are presented.
Lee : OK. Then, why don't you give us an order?
Elison: We'll issue a L/C in a few days.

이 : 당사 휴대폰에 대한 귀사의 관심에 감사드립니다.
엘리슨 : 언제 선적하실 수 있습니까?
이 : 귀사 주문에 대한 귀사의 최종 주문확인을 받은 후 60일 이내에 제품을 선적할 수 있습니다.
엘리슨 : 가격은 어떻습니까?
이 : 뉴욕항까지 운임보험료포함규칙(CIF)으로 개당 US$200.00입니다.
엘리슨 : 조금 비쌉니다. 귀사의 지급결제조건을 알려 주십시오.
이 : 당사는 귀사와 당사를 수익자로 하는 일람불취소불능 확인신용장으로만 거래할 수 있습니다.
엘리슨 : 은행인수신용장으로 이번에 거래하고 싶습니다. 아시다시피, 발행은행은 일람불신용장과 같이 일치되는 서류가 제시되자마자 귀사에게 지급할 것입니다.
이 : 어떤 차이점이 있습니까?
엘리슨 : 은행인수신용장하에서는 발행은행이 만기일에 당사가 지급할 수 있도록 해주고 있다. 하지만, 일람불신용장하에서는 발행은행은 신용장의 거래조건과 일치하는 서류가 제시되자마자 지급해야 합니다.

이 : 알겠습니다. 주문을 주십시오.
엘리슨 : 며칠 내로 신용장을 발행하도록 하겠습니다.

용어해설

- your terms of payment : 귀사의 대금지급조건
- on complying presentation : 일치하는 제시에 대해서
- an irrevocable and confirmed L/C at sight : 취소불능확인일람출급신용장
- at maturity : 만기일에(on a due date)

3 스포츠용품에 대한 반대청약과 회신

1) 스포츠용품의 가격변경을 요구하는 Counter Offer

Dear Sirs,

We thank you for your offer of April 3, and we have investigated your quotations with interest. While we appreciate the good quality and design of your sporting goods, we find the prices are a little bit stiff in view of the quotations ruling in the market.

We have to point out that these types of products are imported from European countries at lower prices from 10% to 15% than those of yours. The prices you offered would make it impossible for us to compete in the market.

Although your other terms and conditions proved highly satisfactory to us, we regret this business can not be successful at your present prices.

Please bear in mind that once we are successful in securing a foothold in this line, we could expect to place continual orders with you.

We really don't want to lose the market opportunity for the products and we trust you can do something for our promising business.

Very truly yours,

내용해설

수입업자는 스포츠용품의 품질과 디자인은 만족스럽지만 가격이 유럽경쟁사들의 제품보다 가격이 비싸 거래가 어렵기 때문에 가격인하를 요청하는 반대청약이다.

용어해설

- your prices are a little bit stiff : 귀사의 가격이 약간 비싸다.
- investigate with interest your quotations : 관심을 가지고 귀사의 견적을 검토하다.
- in view of the quotations ruling in the market : 시장에서 경쟁력 있는 견적을 고려할 때
- the competition in this line is very fierce : 이 부문에서 경쟁이 치열하다.
- once we secure a foothold in this line : 이 부문에서 거점을 확보할 경우
- bear in mind that ... : ...를 명심하다.
- place continual orders with you. : 귀사와 지속적인 주문을 하다.

2) Counter Offer에 대한 Counter offer

Dear Mr. Baker,

Thank you for your counter offer of April 20 for sporting goods in which you requested us to reduce the prices.

We are sorry to hear that the prices we quoted are not low enough to meet your requirements. We have calculated our prices where no profit was left. You have to understand the quality is superior to other products.

As a matter of fact, we may soon have to raise the export prices as the costs of raw materials have been rising steadily for the last few months.

We discussed this matter seriously, however, and we are prepared to offer you a special discount of 5% on all orders exceeding US$100,000 subject to your order sheet reaching us before the end of this month.

We hope that this concession will result in a considerable increase of your orders and believe that these new prices not only give you a great value but reflect our commitment to customer satisfaction.

We trust you will accept it and we look forward to receiving your initial order.

Sincerely yours,

내용해설

수출업자는 수입업자의 가격인하 관련 counter offer에 대해 수출가격이 이윤이 없을 정도로 산정된 가격이며 다른 제품보다 품질이 우수함으로 강조하고 있다. 하지만, 이 달 전에 US$100,000 초과하는 주문에 대해 5%의 가격인하가 가능하다는 내용을 전하고 있다.

용어해설

- be not low enough to meet your requirements : 귀사의 요구조건들을 충족할 수 있을 정도로 충분히 낮지 않다.
- we have calculated our prices where no profit was left : 당사는 한푼의 이윤도 남지 않는 정도까지 당사의 가격을 인하하였다.
- offer you a special discount of 5% on all orders : 모든 주문에 대해 5%의 특별할인을 제공하다.
- subject to your order sheet reaching us before the end of this month : 귀사의 주문서가 이달 말 전에 당사에 도착하는 조건으로
- these new prices not only gives you a great value but (also) reflects our commitment to ... : 이들 새로운 가격들은 귀사에게 위대한 가치를 줄뿐만 아니라 ...에 대한 당사의 약속을 반영시켜준다.
- these new prices not only give you a great value but reflect our commitment to customer satisfaction : 이들 가격들은 귀사에게 좋은 가치를 줄 뿐만 아니라 고객만족에 대한 당사의 약속을 지키도록(반영하도록)해준다.

3) 가격인하 수락에 대한 감사

Dear Mr. Lee,

Thank you very much for your e-mail of April 25 allowing only 5% of discount for the products in question.

Your revised prices are still above the market level here. In order to realize the first transaction with you, however, we will accept your revised offer.

As for your minimum order quantity, you don't have to worry about it as we will increase the order quantity by 10% more when placing an initial order with you.

We are going to instruct the issuing bank to issue an irrevocable and confirmed Letter of Credit at sight in your favor within next week.

The products being urgently needed, we want you to send them by the earliest possible vessel and please pay your best attention to the packaging of the products.

In case your shipment turns out satisfactory, we will give you our repeat order soon.

Sincerely yours,

내용해설

수입업자는 수출업자가 자신이 요청한 가격인하를 허락해 준 데 대해 감사표시를 하고 발행은행을 통하여 곧 신용장을 발행할 것임을 알린다. 이뿐만 아니라 주문수량도 수출업자가 제시한 최소주문수량보다 10%씩 상향 조정하여 주문하고 만일 선적이 만족스러울 경우 즉시 재주문을 하겠다는 내용이다.

용어해설

- issue an irrevocable and confirmed L/C at sight : 일람불취소불능 확인신용장을 발행하다
- in your favor : 귀사를 수익자로 하는
- when placing an initial order with you : 귀사에 초도주문할 때
- pay your best attention to ... : ...에 귀사가 최선의 관심을 기울이다.
- the products being urgently needed, ... : ...제품이 긴급히 필요하기 때문에

4) 회화

Broker: Did you receive our offer of April 3?

Lee : Yes, we received it together with some samples.

Broker: What do you think about our quotation?

Lee : Everything's pretty much satisfactory to us except the prices.

Broker: The prices would be competitive in the market as we calculated them at our lowest rate.

Lee : You have to understand that there is a fierce competition in the same line here. Other competitors are offering us at lower prices than those of your company.

Broker: We don't have any room for price negotiation. We can't even bear our manufacturing costs if we accept your offer.

Lee : Nothing we can do about it but to cancel our deal as long as you insist on your prices.

Broker: Well, considering our mutual business relations for the past few years, we'll accept your counter offer this time. But make sure that you have to accept your minimum order quantity for each product.

Lee : Don't worry about it. We'll issue a Letter of Credit through the issuing bank.

브로커 : 4월 3일자 당사 오퍼를 받으셨습니까?
이 : 예, 견본과 함께 받았습니다.
브로커 : 당사 견적에 대해서 어떻게 생각하십니까?
이 : 가격을 제외하고는 모든 것이 만족스럽습니다.
브로커 : 당사의 최저요율에 의해 산정되었기 때문에 가격은 시장에서 경쟁력이 있을 것입니다.
이 : 여기에서 같은 업종분야에 극심한 경쟁이 있다는 것을 아셔야 합니다. 다른 경쟁사들은 귀사보다 낮은 가격을 당사에 제시하고 있습니다.
브로커 : 가격상담의 여지가 없습니다. 귀사의 오퍼를 받아들일 경우 제조원가도 맞출 수가 없습니다.
이 : 귀사가 가격을 고수하는 한 거래를 취소하는 것 이외에는 다른 방법이 없습니다.
브로커 : 그렇다면 지난 여러 해 동안 상호 거래관계를 고려하여 이번 귀사의 반대오퍼를 수락하도록 하겠습니다. 하지만 각 제품들에 대해 귀사가 당사의 최소주문수량을 수락해야 합니다.
이 : 걱정하지 마십시오. 발행은행을 통하여 신용장을 발행할 예정입니다.

용어해설

- a fierce competition : 치열한 경쟁
- have a room for price negotiation : 기격상담(협상)의 여지를 가지고 있다.

4 음료에 대한 청약과 회신

1) 음료에 대한 Firm Offer

Gentlemen,

We appreciate your inquiry of February 2 asking us high quality product and we are pleased to offer you firm as follows;

1. Commodity : Ginseng Drink(120ml)
2. Country of Origin : Republic of Korea
3. Quantity : 54,000 Bottles
4. Price : @US$3.00/bottle, CFR Dubai, U.A.E.
5. Payment : By an irrevocable and Confirmed L/C at sight
6. Packaging : 50 Bottles per Box
7. Shipment : Within 60 days after receipt of your order confirmation
8. Validity : This offer is valid by the end of March 20xx

9. Remarks : The minimum order quantity : 54,000 bottles above at a time

We are in rush of orders from Middle Eastern Countries and you'd better take advantage of this opportunity by placing an order with us as soon as possible.

Sincerely yours,

내용해설

청약자인 수출업자가 중동의 아랍에미리트의 피청약자에게 보내는 확정청약으로 중동국가들로부터의 주문이 쇄도하기 때문에 가능한 한 빨리 주문을 하도록 권유하고 있다.

용어해설

- CFR(Cost and Freight... insert named port of destination) : 운임포함인도규칙으로 수출업자가 지정목적항까지 해상운송계약을 체결하고 운임을 지급하지만, 물품의 인도는 지정선적항의 본선상에서 이루어지는 규칙이다.
- had better take advantage of this opportunity : 이 기회를 이용하는 편이 낫다

2) 선적기간의 변경을 요청하는 Counter Offer

Dear Sirs,

In reference to your offer of February 10, 20xx, we are glad to inform you that your offer meets our requirements.

The demand for this line of products is very strong here in Middle Eastern countries now and we trust that your products will be successful in our market if we can get them within May.

However, no matter how attractive other factors are, we can not promise anything definite for this business if they reach here after May.

If you make the shipment within 30 days after you receive a letter of credit, your offer will be competitive comparing with those of other suppliers enjoying good reputations in the market.

As we leave all the other particulars to your discretion, we believe that you can make every effort to move up the shipment date and we look forward to receiving your confirmation as soon as possible.

Sincerely yours,

내용해설

수입업자는 수출업자가 제시한 가격과 품질이 경쟁력이 있지만 문제는 제품의 인도기일이 판매에 적합하도록 변경되어야 함을 제시하고 있다. 신용장 수령 후 30일 이내에 선적하지 못하면 상기를 놓치게 되어 판매가 어려워지게 되므로 선적일을 앞당길 수 있는지 문의하는 반대청약(counter offer)이다.

용어해설

- your offer meets our requirements : 귀사의 오퍼는 당사의 요구조건들을 충족시킨다.
- no matter how attractive other factors are : 아무리 매력적인 어떤 요인들이 있다 하더라도
- we can not promise anything definite : 당사는 구체적인 어느 것도 약속할 수 없다.
- move up the time of shipment : 선적일을 앞당기다.
- leave all the other particulars to your discretion : 모든 다른 세부사항들은 귀사의 판단에 맡기다.

3) Counter Offer에 대한 대안 제시

Gentlemen :

We are very sorry to learn from your e-mail that you are not satisfied with our shipment date. The products quoted in our offer have been commanding outstanding sales and the quality is superior to any similar products in the market.

Owing to the rush of orders for that item, the market is strong and our stocks are running low and our factory is fully operated to meet the orders. Under the circumstances, the minimum period necessary for the products to be prepared for shipment is two months at least.

Considering our long term business relations, however, we can make partial shipments equally. The first lot can be shipped within the period you suggested and the remaining second lot can be sent out one month thereafter.

This is the best we can do for this business and your confirmation on this matter would be appreciated.

Sincerely yours,

내용해설

수입업자의 Counter Offer에 대해 수출업자는 본 제품의 주문이 쇄도함으로 인하여 재고도 떨어지고 공장도 완전 가동 중이기 때문에 요청한 대로 선적일을 맞추는 것은 불가능함을 전하고 있다. 대신 분할선적조건으로 첫 번째 선적은 요청기간 내에 선적하고 나머지 선적분은 그 이후 한 달 이내 선적할 수 있도록 다시 요청하는 수출업자의 Counter Offer이다.

용어해설

- the products quoted : 견적품(the products which were quoted)
- command an outstanding sales : 우수한 판매(매출)를 기록하다.
- owing to the rush of orders : 쇄도하는 주문 때문에
- run out of stock : 재고가 바닥나다, 재고가 떨어지다.
- make partial shipments equally : 동등하게 분할선적하다.
- the remaining second lot : 나머지 두 번째 분량

4) 제시된 대안에 대한 수락

Dear Sirs,

Thank you for your e-mail of February 15 partly accepting our counter offer of February 10. We are reluctant to agree to your suggestion to ship the products partially. As we urgently need the products, we would like to accept your revised shipment schedule.

We will place an order with you on the clear understanding that the products should reach us in time agreed and we reserve the right to refuse them after May.

We will instruct our bank, The national Bank of Dubai Ltd., P.O.Box 777, Dubai, UAE, to issue an irrevocable Letter of Credit at sight in your favor.

We hope you can meet your shipping dates as suggested.

Yours very truly,

내용해설

수출업자가 제시한 분할선적조건에 대해서 수입업자는 수락하기 어렵지만 제품의 긴급성을 감안해 수락하고 곧 발행은행을 통하여 취소불능신용장을 발행할 것임을 통보하는 서신이다.

용어해설

- be reluctant to ... : ...하기 꺼리다, 싫어하다.
- revised shipment schedule : 변경된 선적스케줄
- on the clear understanding ... : ...을 명확하게 이해하는 조건으로
- reach us in time agreed : 합의된 기간 내에
- reserve the right to refuse ... : ...를 거부할 권리를 가지다.

5) 회화

Kwon : Thank you for your interest in our company and products.

Accad: The market demand for the products is surprisingly increasing and your offer is pretty much up to our anticipation.

Kwon : Is there anything you don't agree with?

Accad: Well, we want you to ship the products within 30 days at least after you get a Letter of Credit through the advising bank. Other conditions you are offering are absolutely satisfactory.

Kwon : There isn't any room for us to receive an order now as our factory is fully booked. Moreover, we don't have stocks available to meet the quantity you want.

Accad: You know, as long as we can get the products within July, there is no doubt that we can dominate the market overwhelmingly.

Kwon : Let me tell you something. What do you think if we ship the products separately? The first lot can be reached within April as you suggested and the second one in May. Is that all right with you?

Accad: It's much better for us to distribute them at a time through our well-organized distribution channels. However, what should we do but to accept your offer if you insist on?

Kwon : That's great. Make sure that you have to give us your import schedule three months ahead at least from next time.

Accad: We'll instruct the issuing bank to issue a Letter of Credit and please let us know the shipping schedule by e-mail.

Kwon : Sure, we'll.

권 : 당사와 당사 제품에 관심을 가져주셔서 감사합니다.

아카드 : 이 제품에 대한 시장수요가 놀라울 정도로 증가하고 있으며 귀사의 오퍼는 당사의 기대에 매우 근접합니다.

권 : 동의하시지 않는 사항이 있습니까?

아카드 : 적어도 통지은행을 통하여 신용장을 받은 후 30일 이내에 제품을 선적하시기를 원합니다. 귀사가 오퍼하시는 다른 사항들은 완전히 만족스럽습니다.

권 : 공장이 완전히 주문예약이 되어 있기 때문에 당사로서는 주문을 받을 여유가 없습니다. 더구나, 귀사가 원하는 양을 충족시켜드릴 수 있는 가능한 재고도 없습니다.

아카드 : 아시는 대로, 제품을 7월 이내로 받을 수 있는 한 의심할 바 없이 압도적으로 시장을 점유할 수 있습니다.

권 : 드릴 말씀이 있습니다. 만일 당사가 제품을 별도로 선적하면 어떻겠습니까? 첫 번째 분량은 제시하신 대로 4월에 도착할 수 있고 두 번째 분량은 5월에 가능합니다. 괜찮으시겠습니까?

아카드 : 잘 조직된 유통채널을 통하여 한 번에 제품들을 유통하는 것이 훨씬 낫습니다. 하지만 귀사가 고집하신다면 수락할 수밖에 없지 않습니까?

권 : 좋습니다. 다음부터는 적어도 3개월 전에 수입계획을 말씀해 주셔야 합니다.

아카드 : 발행은행에 지시하여 신용장을 발행하도록 지시하겠습니다. 선적스케줄을 e-mail로 알려 주십시오.

권 : 물론, 그렇게 하겠습니다.

용어해설

- surprisingly : 놀랍게도, 놀랄만하게
- an advising bank : 통지은행
- distribute : 유통하다.
- distribution channel : 유통채널

5 남성용 의류에 대한 청약과 회신

1) 의류에 대한 Firm Offer

Dear Wang,

We have learned from the Korea Chamber of Commerce and Industry in Seoul that you are seeking connections for Korean-made Jackets, and we have the pleasure of offering you firm subject to your reply reaching us by October 31, 20xx as below;

Packing : Export Standard Packing
Origin : Republic of Korea
Shipment : Within 2 months after receipt of your firm order
Payment : By an irrevocable L/C at sight in our favor
Inspection : Manufacturer's inspection is final
Remarks : Minimum order requirement should be 1,000pcs above per item.

HS #	Item # Description	Quantity	Unit	Price	Amount
	Men's Leather Jackets	CIF Long Beach, USA/pc			
ML-1001	Leather Jacket		1,000pcs	@U$20.-	U$20,000.-
ML-2001	Leather Jacket		1,500pcs	@U$30.-	U$45,000.-
	Total :		2,350pcs		U$65,000.-

Very truly yours,
Dae Jin Trading

2) 가격인하를 요구하는 Counter Offer

Dear Sirs,

Thank you for your offer of August 11 for 1,000pcs of ML-1001 and 1,500pcs of ML-2001 at US$20 per piece each, CIF Long Beach, USA.

We passed your product samples over to our distributors, and they are quite satisfied with the quality and design which are perfectly up to the needs of customers.

Your jacket of ML-2001 proved a little bit stiff in price while ML-1001 proved acceptable, and we would like to ask you to reduce the price for that item to @US$18.

As you probably notice, the market competition prevailing here is very keen and competitors abroad are making attempts to do business with us by offering their prices as low as possible.

Under such circumstances, we think it advisable for you to reduce the price if you wish to remain competitive.

We trust you will make every effort to revise your price.

Yours faithfully,

내용해설

수출업자의 확정오퍼에 대해 수입업자는 ML-1001은 수락이 가능하나 ML-2001은 가격이 높아 인하해 줄 것을 요청하고 있다. 현지 제품경쟁이 치열하여 경쟁사들이 거래의 성공을 위해 가능한 한 낮은 가격으로 오퍼하고 있어 이에 대한 대응을 요청하는 Counter Offer이다.

용어해설

- be perfectly up to the needs : 요구에 완전히 부합하다.
- a little bit stiff in price : 가격 면에서 약간 비싸다.
- the market competition prevailing : 일반적으로 만연하는 시장경쟁
- keen : 치열한
- make every effort to ... : ...하기 위해 모든 노력을 기울이다.

3) 회화

Back : Did you receive our offer and samples of men's leather jackets?

Wang : Yes. We're sorry not to inform you of them in advance.

Back : That's okay. Are they satisfactory?

Wang : We gave the samples to our distributors so that they could do a market research. While the design and quality proved acceptable, the prices are not competitive.

Back : What do you mean by that?

Wang : The model No. ML-1001 is quite good while ML-2001 is a little more expensive than we thought. You know, the market competition in that line is heavy.

Back : We are in rush of orders for that item and we don't have any stocks available even at a higher price now.

Wang : Can you reduce your price down to @U$20.-? Then, we'll guarantee our repeat orders. We also can leave a room to negotiate the price once again next year.

Back : You can't say that again. The price we gave you is our rock bottom price and we'll not change the price for two years if you accept it this time.

Wang : Nothing we can do about it but to accept it. However, make sure that you have to maintain the same quality and guarantee a prompt delivery.

백 : 남성용 가죽 재킷에 대한 당사의 오퍼와 견본을 받으셨습니까?

왕 : 예, 사전에 통보 드리지 못해 죄송합니다.

백 : 괜찮습니다. 만족스럽습니까?

왕 : 유통업자들에게 주어 시장조사를 하도록 하였습니다. 품질과 디자인은 수락할 만한 것으로 입증된 반면, 가격은 경쟁적이지 않습니다.

백 : 무슨 말씀이십니까?

왕 : 모델 ML-1001은 상당히 좋으나 ML-2001은 당사가 생각했던 것보다 약간 비쌉니다. 아시는 대로, 그 라인의 시장경쟁이 대단합니다.

백 : 그 제품에 대해 해외로부터 주문이 쇄도하고 있어 심지어 더 높은 가격으로도 공급할 수 있는 재고도 없습니다.

왕 : @US$20으로 인하해 주시면 당사는 지속적인 주문을 보장할 수 있습니다. 또한 내년에 다시 가격에 대한 협상의 여지를 남겨 놓을 수 있습니다.

백 : 그런 말씀 마십시오. 귀사에 제시한 가격은 당사의 최저가격이며 이번에 가격을 수락해 주시면 앞으로 2년 동안은 변경하지 않을 것입니다.
왕 : 수락할 수밖에 다른 방법이 없군요. 하지만, 동일한 품질과 신속한 인도를 보장해 주셔야 합니다.

6 디지털 카메라에 대한 청약과 회신

1) 디지털 카메라 매입을 권유하는 오퍼

Gentlemen :

We have received your offer dated February 8 asking us to quote the prices for digital camera and we are glad to offer you under the terms and conditions mentioned below subject to your acceptance reaching us by March 31, 20xx.

Description	: Digital Camera
Price	: @US$250.25 per piece, CIF Piraeus, Greece
Quantity	: 1,000 pieces
Packing	: 10 pieces in each outer box.
Shipment	: By April 30, 20xx.
Payment	: Draft at sight under an irrevocable Letter of Credit.

We can guarantee our perfect combination of durability and softness for the product. Please note that the price we offer is the most attractive one you can receive from us and the price will inevitably rise in the future because the prices of parts and wages are on a steady rise. We are quite sure that our offer will meet your entire satisfaction.

Looking forward to your reply, we remain.

Yours faithfully,

내용해설 청약자인 수출업자가 디지털 카메라에 대해 피청약자인 수입업자의 승낙이 3월 31일까지 청약자에게 도착할 조건으로 보내는 확정청약(firm offer)이다.

용어해설

- the terms and conditions mentioned below : 아래 제시된 거래조건들
- subject to ... : ... 조건으로
- Draft at sight under an irrevocable L/C : 취소불능신용장에 의거한 일람불출급어음
- durability and softness : 내구성과 유연성
- the costs of raw materials and the wages are on a steady rise : 원료와 임금 가격이 점진적으로 증가추세에 있다.

2) 가격의 변경을 요구하는 Counter Offer

Dear Sirs,

We thank you for your offer of digital camera and we would like to draw your attention that there is every indication of the price reduction soon here as the competition in the same type of products is very heavy.

We receive many offers from your competitors abroad and your price is rather stiff in view of the quotation ruling in the market.

The price you quoted would make it impossible for us to compete in the market. If you reduce the price by 10% per piece, we will be prepared to give you a trial order. Unless you can accept this price, our business will fall through.

Your deep consideration on this matter would be appreciated.

Yours faithfully,

내용해설

수입업자는 수출업자가 제시한 디지털 카메라 가격이 현지 시장에서의 치열한 경쟁상황임을 고려할 경우 높다고 주장하고 있다. 따라서 제시된 가격에 10%를 인하해 주면 초도주문을 할 수 있다는 내용의 Counter Offer이다.

용어해설

- we would like to draw your attention ... : 당사는 귀사가 ...를 주목해 주시기를 바란다.
- there is every indication of price reduction : 가격인하의 모든 징후가 있다.
- the competition is heavy : 경쟁이 치열하다(fierce, keen).
- your price is rather stiff : 귀사 가격이 약간 비싸다.
- fall through : (거래 등이) 무산되다.

3) Counter Offer에 대한 가격 견지

Gentlemen :

We received your counter offer requesting us to reduce the price and we regret that our price is not low enough to meet your requirements.

We are keen to meet your wishes and to supply you with products which will enable you to compete in the market. But, we find it difficult to allow any further discount as the price has already been cut to an absolute minimum.

The price we offered is the best one we can give you at present and the high quality of our product can't be maintained at lower prices.

Insead, we are prepared to support you by paying US$10,000 for an initial advertisement.

We look forward to receiving your reply soon.

Very truly yours,

내용해설

수입업자의 Counter Offer에 대해 수출업자는 수입업자가 시장에서 경쟁할 수 있는 제품을 공급해주고 싶지만 가격이 이미 최저가로 청약된 것이므로 추가적인 인하는 불가능함을 제기하고 있다. 대신에 초기 광고를 위해 US$10,000을 지원할 수 있음을 제시하고 있다.

용어해설

- counter offer requesting ... : ...를 요구하는 반대오퍼
- we are keen to meet your wishes : 당사는 귀사의 요구(소망)를 충족시켜줄 수 있기를 갈망한다.
- be cut to an absolute minimum : 완전히 최저수준까지 내려가다.
- support you by paying US$10,000 for an initial advertisement : 초기 광고를 위해 US$10,000을 지불함으로써 귀사를 지원하다.

4) 회화

Lee : This is Mr. Lee of Asia Fashion Industry in Korea. Can I speak to Mr. Smith there?

Smith : This is he speaking.

Lee : Well, thank you for your offer and for your interest in our products. We'd like to offer you for digital camera.

Smith : All right. Please give us your price, CIF Piraeus, Greece.

Lee : Well, it's US$250.25 per piece.

Smith : Can you tell us other terms and conditions?

Lee : The products will be packed 10 pieces in each outer box and we can send them within April.

Smith : We can accept your terms and conditions. However, the price is not agreeable to us. You know, the price is expected to be reduced in the future. You need to reduce your price by 10% at least?

Lee : You are pushing us too much. Anyway, we'll take our steps to come up with your demand as close as possible.

Smith : Is it possible for you to accept our counter offer? Otherwise, it is really difficult to place an order with you.

Lee : We may be able to discuss with the manager of production department and find out if we can do something for you. We'll call you back later.

이 : 한국에 있는 아시아패션산업의 Mr. Lee인데요 거기 Mr. Smith 계십니까?

스미스 : 전데요.

이 : 귀사 오퍼와 당사 제품에 대한 귀사의 관심에 감사드립니다. 디지털 카메라에 대해 오퍼를 드리고자 합니다.

스미스 : 좋습니다. 그리스, Piraeus항까지의 운임·보험료포함규칙(CIF)으로 가격을 주십시오.

이 : 개당 US$250.25입니다.

스미스 : 기타 다른 거래조건들에 대해 말씀해 주시겠습니까?

이 : 제품은 각각의 겉박스에 10개씩 포장될 것이며 당사는 4월 이내에 선적이 가능합니다.

스미스 : 귀사의 거래조건들은 수락할 수 있으나 가격은 동의할 수 없습니다. 아시다시피, 향후 가격은 인하될 것으로 예상됩니다. 귀사는 적어도 10% 인하해 주실 필요가 있습니다.

이　　: 지나치게 압력을 가하고 있습니다. 어쨌든, 가능한 한 근접하게 귀사의 요구에 부응하기 위한 조치를 강구하도록 하겠습니다.

스미스 : 당사 카운터 오퍼를 수락할 가능성이 있습니까? 그렇지 않으면 귀사에게 주문하기가 정말 어렵습니다.

이　　: 아마 생산부 책임자와 협의하여 귀사를 위해 할 수 있는 것이 있는지 알아볼 수 있을 것입니다. 나중에 다시 전화 드리겠습니다.

용어해설

- This is he speaking : (전화대화)접니다.(speaking)
- Your price, CIF Piraeus, Greece : 그리스 Piraeus항까지 운임보험료포함규칙
- terms and conditions : 거래조건들
- be expected to be reduced : 인하될 것으로 예상되다.
- come up with : (요구에)부응하다, 따라오다.
- call one back ... : ...에게 다시 전화하다.

7 자동차 부품에 대한 청약과 회신

1) 자동차 부품 가격인하를 요구하는 Counter Offer

Dear Sirs,

Our promising distributors have done their market surveys with your quotation and samples. They informed us that the patterns and functions are acceptable in the market, but the prices are a little bit on the high side, which they wouldn't even make a counter offer.

The prices are not competitive enough for the market here and we think it would be advisable for you to reduce the price by 10% at least.

All other terms and conditions seem reasonable and please bear in mind that once we secure a foothold in the market, you will receive substantial orders from our customers in the future.

Very truly yours,

내용해설

수출업자의 청약에 대해 견적과 견본을 가지고 수입업자의 유통업자들이 시장조사를 한 결과 패턴과 기능에 대해서는 수락이 가능하나 제시된 가격이 높아 최소한 10%의 인하를 요청하고 있다. 아울러 일단 수입업자가 시장에서 거점을 확보하기만 하면 고객들로부터 상당한 주문을 받을 수 있을 것이라는 내용의 Counter Offer이다.

용어해설

- do a market survey : 시장조사를 하다.
- bear in mind : 명심하다.
- prices are a little on the high side : 가격들이 약간 높은 편이다.
- we think it would be advisable for you to reduce the price by 10% at least : 당사는 귀사가 가격을 적어도 10%인하하는 것이 바람직하다고 생각한다.
- once we secure a foothold in the market : 일단 당사가 시장에서 거점을 확보하면(secure a foothold = get(gain) a foothold : 거점을 확보하다)

2) Counter Offer 수락

Dear Sirs,

With your counter offer of November 12 on hand, we conducted our negotiations with the supplier and tried to induce them to reduce the prices as you suggested.

As the prices of automobile parts go up, they won't be able to accept your counter offer basically.

In consideration of the very pleasant business relationship we have had with you for several years, we decided to offer you a special 5% discount on all products and we are quite sure that you will realize this is a special occasion.

We trust you will take advantage of this exceptional offer by placing an initial order with us soon.

Sincerely yours,

내용해설

수입업자가 통보한 가격인하요구를 받은 즉시 수출업자는 자국의 공급업체와 가격인하에 대한 협상을 했다는 내용을 통보하고 자동차 부품의 가격인상으로 가격인하가 어렵지만 지난 수년 동안 만족스러운 거래관계를 감안하여 모든 제품에 대해 5%의 특별할인을 해주겠다는 내용이다.

용어해설

- conduct a negotiation : 협상을 추진하다.
- induce them to ... : 그들에게 ...하도록 유인하다(권유하다).
- as the prices of automobile parts go up : 자동차부품가격이 상승하고 있기 때문에
- a special 5% discount on all products : 모든 제품들에 대한 5%의 특별할인
- by placing an initial order with us : 당사와 초도주문하다.

3) 회화

Broker : Our distributors took feasibility studies with your products to see if they could accept your offer.

Oh : What did they say?

Broker : According to them, your products are acceptable in both quality and design. However, your price is a little stiff by their standards.

Oh : The prices of automobile parts are rising rapidly now and the price quoted is the best we can do for you specially.

Broker : Well, in order to get orders from our customers, you need to reduce the price. Can you discuss this matter with your supplier?

Oh : The manufacturer said they couldn't cover even the manufacturing costs. However, we put a great value on your marketing ability for other brand of products.

Broker : There is no doubt that you can get a lot of orders in the near future if you accept our counter offer this time.

Oh : We succeeded persuading the manufacturer to meet your price and make sure that you have to issue a letter of credit right away.

Broker : Don't worry about it. You'll get a letter of credit in a few days through an advising bank in your country.

브로커 : 당사 유통업자들이 귀사 오퍼를 수락할 수 있는지를 알아보기 위해 제품을 가지고 시장조사를 수행하였습니다.

오 : 뭐라고 말씀하시던가요?

브로커 : 그들에 따르면, 품질과 디자인에서 귀사 제품은 수락할만 합니다. 하지만 귀사의 가격은 그들의 기준으로 볼 때 약간 높습니다.

오 : 자동차부품가격이 지금 빠르게 상승하고 있습니다. 견적된 가격은 귀사를 위해 특별히 할 수 있는 최상의 것입니다.

브로커 : 당사 고객들로부터 주문을 얻기 위해서, 귀사는 가격을 인하해야 합니다. 공급업자와 이에 대해 논의할 수 있습니까?
오 : 제조업자는 귀사의 가격수준에서는 심지어 제조원가도 맞추기 어렵다고 합니다. 하지만, 당사는 다른 브랜드 제품에 대한 귀사의 마케팅 능력에 대해서는 상당한 가치를 부여하고 있습니다.
브로커 : 만일 귀사가 이번 당사의 반대오퍼를 수락하기만 하면 향후 상당한 주문을 받을 수 있다는 데는 의심의 여지가 없습니다.
오 : 제조업자를 설득하여 귀사 가격에 맞추도록 하였습니다. 즉시 신용장을 발행해야 하는 것을 명심하시기 바랍니다.
브로커 : 걱정하지 마십시오. 귀 국가에 있는 통지은행을 통하여 며칠 내로 신용장을 수령하실 수 있을 것입니다.

4.4 청약 및 승낙 관련 주요 용어

■ Offer

An offer is the expressed or implied expression of one party, called an offeror, to enter into a definite and legally binding contract on certain terms with another party, called an offeree.

■ Firm Offer

A firm offer is an offer in writing which states it may not be withdrawn, revoked or amended for a specific period of time.

■ Counter Offer

A counter offer is an offer made by an offeree to an offeror accepting some terms and adding or revising other terms. If the offeree cannot accept a firm offer tendered, the offeree may propose an alternative at once setting forth some revised terms and conditions.

■ Free Offer

A free offer is an offer open for a reasonable time in which the offeror merely states the terms and conditions of the goods without binding the offeree to accept it within a specified period.

■ Acceptance

An acceptance is a statement made by the offeree indicating assent to an offer. The acceptance is the indicated or apparent intent of the offeree to accept the rights and assume the obligations proposed in the offer

4.5 청약 및 승낙 관련 기타 표현

1) Opening Clauses

- We offer you firm subject to your acceptance reaching us by November 30, 20xx.
- We are pleased to offer you firm on the condition that your reply received here by July 20, 20xx.
- We have the pleasure in offering you as follows;
- We are pleased to make you an offer regarding robots.
- In reply to your inquiry of computers, we offer you firm as below;
- Thank you for your firm offer of May 30, 20xx.
- We appreciate your offer of semiconductor.
- We are very sorry to learn from your offer of January 10 that you could not find our offer quite attractive.

2) Main Clauses

- We are in a position to offer this product considerably below the market price.
- Please note that reduction up to 10% have been achieved.
- We are prepared to offer you a special trade discount of 15% on all orders exceeding 1,000 pcs above.
- As we are in rush of orders for that item, you need to place an order with us in a few days.
- We would like to help you place an order with us by offering you a special

reduction of 8% on all our products.

- The quality is the best at the price we offered you and far superior to those of our competitors.
- Our low prices make it impossible for us to grant any further discount.
- Prices of raw materials have risen steeply since our last offer.
- There is no room to make any further reduction in price as we have already cut them to absolute minimum.
- We may be able to issue a letter of credit if you revise the delivery schedule.
- We will place an order with you on the condition that you allow us to do business on a draft at 30 days after sight on Document against Acceptance.
- In view of the prices prevailing here, your prices are a little strong.
- We fully understand and can sympathize with the need to raise prices at time to insure profits.
- We are prepared to offer you a special discount of 10% on the products to help you introduce them on to the market.
- Regarding your request for a reduction in price for furniture, we regret that this is just not possible.
- We think it advisable for you to make a general reduction in prices if you wish to remain competitive.
- We regret to inform you that increase of price has become unavoidable in view of the rising costs of labor and raw materials.
- This product has all the good quality of the old product but its appearance is much smarter.
- We offer you the product at the price of USD20 per yard CIF New York for the delivery within a month.

3) Closing Clauses

- Your early attention to this offer would be highly appreciated.
- We trust that you can do something for us for our business.
- We hope you can place a trial order with us as soon as possible.
- We therefore look forward to your early order.

- Please let us know your confirmation on our firm offer.
- We don't have any doubt that you can accept our offer this time.
- We trust you will pay attention to our acceptance of your offer.
- We would be appreciated it if you could give your acceptance to our offer.
- We hope you agree that our prices are very competitive and we look forward to receiving your initial order.

연 습 문 제

1. 5월 20일자 고품질의 면도기에 대한 견적을 요청하는 귀사 e-mail 조회에 감사드리며, 다음과 같이 오퍼하게 되어 기쁩니다.

   해설 고품질 : high quality, 면도기 : razor, 견적 : a quotation, 조회 : inquiry

2. 귀사의 회신이 11월 20일까지 여기에 도착하는 조건으로 다음 제품에 대한 오퍼를 하게 된 것을 기쁘게 생각합니다.

   해설 11월 20일까지 : by November 20, 도착하는 조건으로 : subject to ... received. 다음 제품 : the following products

3. 귀사의 확정오퍼에 감사합니다. 귀사 제품의 가격은 다른 유명한 제품들의 가격보다 더 비싸다는 것을 알았습니다.

   해설 확정오퍼 : a firm offer, 귀사 제품 : your products, 유명한 제품 : famous products

4. 귀사가 요청하신 가격으로는 당사에서 심지어 제조원가도 맞출 수 없기 때문에 귀사의 요청을 받아드릴 수 없습니다.

   해설 요청하는 가격 : the price you requested, 제조원가 : manufacturing costs, 맞추다 : cover, meet, bear, 귀사의 요청 : your request

5. 우리 시장에서 제품에 대한 가격인상요인이 많아 귀사가 요청하는 가격을 수락할 수 없지만 만일 수량을 50% 증가시킨다면 수락하겠습니다.

   해설 가격인상요인 : factors affecting price increase, 50% 증가시키다 : increase 50% more

6. 귀사의 거래조건들을 수락하며 제품이 약속대로 선적일 이내에 선적되기를 바랍니다.

   해설 거래조건 : terms and conditions, 약속대로 : as contracted, 선적일 이내 : within the shipment date

7. 귀사가 신용장을 수령한 후 적어도 30일 이내에 제품을 선적해 줄 조건으로 귀사의 오퍼에 대해 반대오퍼를 제시합니다.

   해설 신용장을 수령한 후 : after you receive a L/C, 30일 이내 : within 30 days, ...할 조건으로 : on the condition that, 반대오퍼 : a counter offer

8. 당사는 4월 선적분부터 당사 제품가격의 10% 이상을 받아들이도록 귀사에 요구할 수밖에 없습니다.

   해설 ...할 수밖에 없다 : have no choice but to ...

5 CHAPTER 무역계약 (Trade Contract)

5.1 무역계약의 기본조건

1 무역계약의 개념

무역계약(trade contract)이란 "국제간에 이루어지는 매매계약으로서, 수출업자(seller)가 계약물품의 재산권(property)을 수입업자(buyer)에게 이전하고, 수입업자는 이에 대하여 대금의 지급을 약속하는 계약"이다. 무역계약은 청약(offer), 반대청약(counter offer) 등의 최종 수락과정을 거치면서 추가하거나 삭제된 것들을 정리하여 실제 매매거래에 필요한 모든 조건들에 대해 합의함으로써 성립된다.

매매계약은 수출업자의 입장에서는 수출계약(export contract)이 되고, 수입업자의 입장에서는 수입계약(import contract)이 된다. 따라서 당사자들은 무역거래에서의 계약서를 반드시 서면으로 작성하여 서명하여야 하고, 계약의 내용이 이행되도록 해야 한다.

2 무역계약의 법적 성격

무역계약은 합의계약이며, 쌍무계약이면서, 유상계약과 불요식계약으로서의 법적 성격을 지니고 있다.

1) 낙성계약

낙성계약(諾成契約 ; consensual contract)은 일방 당사자의 의사표시인 청약(offer)에 대하여 상대방이 승낙(acceptance)함으로써 성립되는 물품매매계약으로 합의계약이라고도 한다. 매매 당사자들의 합의만으로도 계약이 성립되는 합의계약은 물품의 점유권 이전이나 소유권 이전을 통한 인도나 급부를 통하여 성립되는 요물계약과 대응되는 개념이다.

2) 쌍무계약

쌍무계약(雙務契約 ; bilateral contract)은 관련 당사자가 서로 대가적 의미를 가지는 채무를 부담하는 계약으로 매도인은 물품인도의무를 부담하고 매수인은 대금지급의무를 부담하는 계약이다. 다시 말해 계약의 성립과 동시에 매도인은 매수인에게 물품인도의무가 있고 매수인은 매도인에게 대금지급의무가 있다.

3) 유상계약

유상계약(有償契約 ; remunerative contract)은 계약당사자가 서로 대가의 관계에 있는 재산상의 급부를 할 것을 목적으로 이루어지는 계약으로 무상계약과 대응되는 개념이다. 매도인이 물품급부를 제공하는 것에 대하여 매수인이 금전적으로 반대급부를 제공하는 것이 유상계약이다. 유상계약은 계약성립으로 발생하는 채권관계의 내용이 당사자간 재산상의 변동이 있어야 하는 계약인 데 반하여 쌍무계약은 계약성립으로 발생하는 채무관계가 상호 독립적이라는 점에서 차이가 있다.

4) 불요식계약

불요식계약(不要式契約 ; informal contract)은 계약성립을 위한 의사표시를 함에 있어 특정한 요식에 의하지 않고 문서나 구두(oral)에 의한 명시계약(express contract)이나 묵시계약(implied contract)으로도 성립되는 계약을 의미한다. 따라서 별도의 계약서를 작성하지 않더라도 계약이 성립되지만 추후의 분쟁을 사전에 방지하기 위해서는 계약서를 작성하는 요식계약의 형태를 취하는 것이 보다 바람직하다.

3 무역계약의 기본조건

무역계약은 국제간의 상품에 대한 매매계약이기 때문에 추후에 분쟁이 발생될 소지가 있다. 이와 같은 상거래분쟁을 사전에 예방하기 위하여 계약내용에 대한 제반사항을 명확히 해둘 필요가 있는데 이를 무역계약조건이라 한다. 계약물품에 대한 기본적인 조건으로는 ① 품질조건(terms of quality), ② 수량조건(terms of quantity), ③ 가격조건(terms of price), ④ 선적조건(terms of shipment), ⑤ 결제조건(terms of payment), ⑥ 보험조건(terms of insurance), ⑦ 포장조건(terms of packing), ⑧ 분쟁해결조건(terms of dispute settlement) 등이 있다.

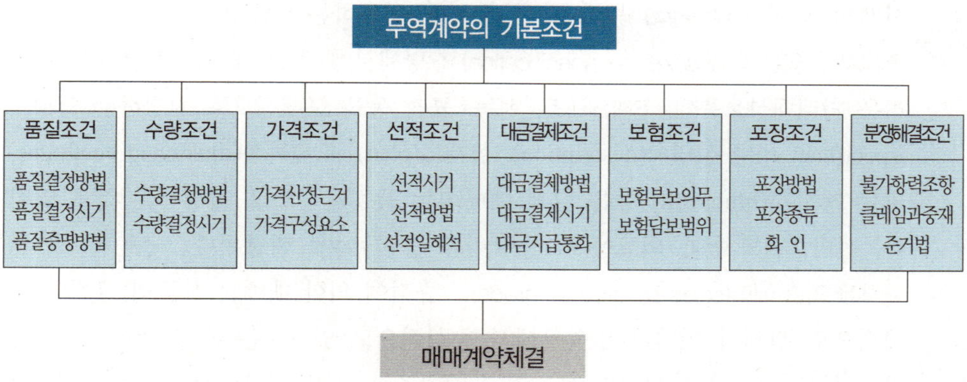

1) 품질조건(terms of quality)

품질조건은 대상물품의 품질에 관한 조건으로 무역계약시 ① 품질결정방법, ② 품질결정시기 및 ③ 품질증명방법 등에 대하여 명확히 합의하여야 한다.

(1) 품질결정방법

① **견본에 의한 매매(sales by sample)** : 견본에 의한 매매는 매매당사자가 제시한 견본의 품질을 실제 매매될 물품의 품질기준으로 결정하는 것을 말한다. 무역에서 가장 많이 사용하는 방법으로 공산품이나 저가제품 등에 많이 사용된다. 매매계약시 "품질은 견본과 완전히 일치할 것" 등의 엄격한 표현보다는 "품질은 견본과 유사할 것" 등과 같이 완곡한 표현을 사용하는 것이 있을지 모르는 분쟁예방에 도움이 된다. 따라서 "Quality to be fully equally to the sample(품

질은 견본과 완전히 일치할 것)"이나 "Quality should be the same as the sample (품질은 견본과 동등하여야 할 것)" 등의 표현보다는 "Quality to be similar to the sample (품질은 견본과 유사할 것)"이나 "Quality should be about equal to the sample(품질은 견본과 거의 일치할 것)" 등과 같은 표현을 사용하는 것이 바람직하다.

② 상표에 의한 매매(sales by trademark or brand) : 상표에 의한 매매는 별도의 견본을 제시하지 않고 국제적으로 널리 알려진 유명 상표(trade mark) 또는 통명(brand)을 실제 매매될 물품의 품질기준으로 정하는 것을 말한다. 이들 유명상표의 제품은 상표만으로 품질을 인정받기 때문에 상표명으로 품질수준을 결정할 수 있다. 예컨대 카메라의 니콘(Nikon), 만년필의 파카(Parker), 손목시계의 오메가(Omega) 등과 같은 상표를 이용하는 방법이다.

③ 명세서에 의한 매매(sales by specification) : 명세서에 의한 매매는 견본제시가 어려운 거래대상물품의 소재, 구조, 성능, 규격 등을 구체적으로 설명하는 명세서(specification)나 설명서(description), 설계도(plan), 도해목록(illustrated catalogue) 또는 청사진(blueprint) 등을 실제 매매되는 품질기준으로 결정하는 것을 말한다. 선박, 철도차량, 의료용구, 중장비류 등이 이에 해당된다.

④ 규격에 의한 매매(sales by type or grade) : 규격에 의한 매매는 상품의 규격이 국제적으로 정해져 있거나 수출국에서 공식적으로 인정하는 것일 경우 이들 규격이나 등급을 실제 매매될 물품의 품질기준으로 결정하는 것을 말한다. 국제표준화기구(International Standardized Organization : ISO), 한국의 KS(Korean Standard), 일본의 JIS(Japan Industrial Standard), 영국의 BSS(British Standard Specification) 등을 품질기준으로 하는 것이 이에 해당된다.

⑤ 점검에 의한 매매(sales by inspection) : 점검에 의한 매매는 매도인의 물품에 대하여 매수인이 품질수준을 직접 확인한 후 매매계약을 체결하는 방법이다. 점검매매가 주로 이용되는 경우로는 현품인도조건(Cash on Delivery : COD), 서류인도조건(Cash Against Document : CAD), 보세창고도거래(Bonded Warehouse Transaction : BWT), 점검매매조건부청약(offer on approval), 반품허용조건부청약(offer on sale or return) 등이다.

⑥ 표준품에 의한 매매(sales by standard) : 표준품에 의한 매매는 일정한 규격이나 견본제공이 곤란한 수확예정인 농·수산품 등의 1차 산품과 벌채예정의 원목 등과 같은 물품의 경우 당해 연도의 표준품을 실제 거래물품의 품질기준으로

결정하는 것을 말한다.

㉠ 평균중등품질조건(Fair Average Quality : FAQ) 면화, 곡물, 차 등과 같은 곡물류의 매매에 사용하는 품질조건으로 인도물품의 품질을 선적지에서 당해 연도에 출하된 수확물 중에서 중간의 품질을 표준으로 하여 거래물품의 품질수준을 결정하는 방법이다.

㉡ 판매적격품질조건(Good Merchantable Quality : GMQ) 목재, 원목, 냉동어류 및 광석류 등과 같이 물품의 잠재적 하자나 내부의 부패상태를 알 수 없는 경우, 상관습에 비추어 수입지에서 판매가 가능한 상태일 것을 전제조건으로 하여 거래물품의 품질수준을 결정하는 방법이다.

㉢ 보통품질조건(Usual Standard Quality : U.S.Q) 주로 원사거래에 이용되는 품질조건으로 공인검사기관 또는 공인표준기관에 의하여 정해진 보통품질을 표준품의 품질수준으로 결정하는 방법이다.

표 5-1 품질결정방법

종 류	내 용	예
견본에 의한 매매	매매당사자가 제시한 견본의 품질을 실제 매매될 물품의 품질기준으로 결정하는 것	공산품 저가제품
상표에 의한 매매	별도의 견본을 제시하지 않고 국제적으로 널리 알려진 유명 상표(trade mark) 또는 통명(brand)에 의하여 실제 매매될 물품의 품질수준을 결정하는 것	Nikon카메라 Omega손목시계 등의 유명상표
명세서에 의한 매매	견본제시가 어려운 거래대상물품의 소재, 구조, 성능, 규격 등을 구체적으로 설명하는 명세서(specification)나 설명서(description), 설계도(plan), 도해목록(illustrated catalogue) 또는 청사진(blueprint) 등을 실제 매매되는 품질기준으로 결정하는 것	선박, 철도차량, 의료용구, 중장비류 등의 고가 기계류
규격에 의한 매매	상품의 규격이 국제적으로 정해져 있거나 수출국에서 공식적으로 인정하는 것일 경우 이들 규격이나 등급을 실제 매매될 물품의 품질기준으로 결정하는 것	ISO, KS, JIS, BSS 등의 표시물품
점검에 의한 매매	매도인의 물품에 대하여 매수인이 품질수준을 직접 확인한 후 매매계약을 체결하는 방법	COD, CAD, BWT거래 등
표준품에 의한 매매	일정한 규격이나 견본제공이 곤란한 수확예정인 농·수산품 등의 1차 산품과 벌채예정의 원목 등과 같은 물품의 경우 당해 연도의 표준품을 실제 거래물품의 품질기준으로 결정하는 것	

종 류		내 용	예
	평균중등품질 조건(FAQ)	인도물품의 품질을 선적지에서 당해 연도에 출하된 수확물 중에서 중간의 품질을 표준으로 하여 거래물품의 품질수준을 결정하는 것	면화, 곡물, 차 등의 곡물류
	판매적격품질 조건(GMQ)	물품의 잠재적 하자나 내부의 부패상태를 알 수 없는 경우, 상관습에 비추어 수입지에서 판매가 가능한 상태일 것을 전제조건으로 하여 거래물품의 품질수준을 결정하는 것	원목, 목재, 냉동어류, 광석류 등
	보통표준품질 조건(USQ)	공인검사기관 또는 공인표준기관에 의하여 정해진 보통품질을 표준품의 품질수준으로 결정하는 것	원사, 인삼, 오징어 등

(2) 품질결정시기

무역거래에서는 해당 물품이 장거리 운송되는 경우가 많기 때문에 운송과정 중 여러 가지 요인들에 의하여 선적시기의 품질과 양륙시기의 품질이 다를 수 있다. 따라서 품질상위로 인한 분쟁을 미연에 방지하기 위하여 품질의 결정시기를 사전에 약정해야 한다.

① **선적품질조건**(shipped quality terms) : 선적품질조건은 계약시 약정한 물품에 대한 품질의 일치여부를 선적시점의 품질에 의하여 결정하는 방법으로 주로 일반 공산품에 널리 사용된다. 선적품질조건에서 매도인은 거래물품의 품질을 선적할 때까지만 책임지고 선적 이후 물품의 품질변질에 대해서는 책임을 지지 않는다. 곡물거래에서 이용되는 Tale Quale(TQ)이 대표적인 선적품질조건이다.

인코텀즈(Incoterms® 2010)상의 선적지인도규칙인 EXW, FCA, FAS, FOB, CFR, CIF, CPT, CIP 및 표준품에 의한 매매 중 평균중등품질조건(FAQ)이 선적품질조건에 해당된다.

② **양륙품질조건**(landed quality terms) : 양륙품질조건은 계약시 약정한 물품에 대한 품질의 일치여부를 양륙시점의 품질에 의하여 결정하는 방법이다. 양륙품질조건에서 매도인은 도착지의 양륙시점까지 거래물품의 품질을 책임져야 한다. 따라서 매도인은 물품의 선적은 물론 운송 중에 변질된 물품에 대해 책임

을 져야 한다. 주로 호밀(rye)거래에 사용되는 Rye Terms(RT)가 대표적인 양륙품질조건이다.

인코텀즈(Incoterms® 2010)상의 양륙지인도규칙인 DAT, DAP, DDP 및 표준품에 의한 매매 중 판매적격품질조건(G.M.Q)이 양륙품질조건에 해당된다.

③ **조건부선적품질조건(conditional shipped quality terms)** : 조건부선적품질조건은 약정한 물품에 대한 품질의 일치여부를 선적시점의 품질에 의하여 결정하되 선적 이후 운송도중에 발생하는 일부손해를 매도인이 추가적으로 부담하는 조건으로 선적품질조건과 양륙품질조건을 절충한 조건이다. Sea Damaged(SD)가 대표적인 조건부선적품질조건이다. 이 조건은 선적품질조건이지만 선적 이후의 해상운송 중에 발생하는 해수(seawater), 응고(condensation) 등에 의한 품질손해를 매도인이 추가적으로 부담한다.

(3) 품질증명방법

품질증명방법은 인도된 물품이 계약시의 품질과 일치하는지의 여부를 증명하는 방법을 말한다. 원칙적으로 품질의 입증과 관련하여 선적품질조건의 경우에는 매도인이, 양륙품질조건의 경우에는 매수인이 입증의 책임을 져야 한다.

선적품질조건의 경우 매도인이 선적지에서 권위 있는 검사기관이 감정인(surveyor)의 검사증명서(certificate of inspection) 혹은 품질증명서(certificate of quality)를 발급받아 매수인에게 제공함으로써 품질의 일치를 입증하여야 한다. 한편, 양륙품질조건의 경우 매수인이 도착된 물품의 품질상위나 운송 중의 변질 등에 대하여 권위 있는 검사기관이 감정인(surveyor)으로부터 감정보고서(surveyor's report)를 발급받아 이를 증명하고 매도인에 대해 손해배상을 청구할 수 있다.

2) 수량조건(terms of quantity)

수출입물품의 수량과 관련하여 당사자는 ① 수량결정방법, ② 수량결정시기, ③ 수량증명방법 등에 대해 약정하여야 한다.

(1) 수량결정방법

① **수량단위(quantity unit)** : 물품의 수량을 결정할 때 사용되는 단위로는 중량, 용적, 개수, 길이 등이 있다. 이들을 표로 나타내면 다음과 같다.

표 5-2 수량단위의 종류별 내용

구분		단위
중 량		• Long ton(English ton : Gross ton : LT = 2,240lbs = 1,016.1kgs(영국식) • Short ton(American ton : Net ton : S/T = 2,000lbs = 907.2kgs(미국식) • Metric ton(French ton : Kilo ton : M/T = 2,204lbs = 1,000kgs(대륙식) • Gross Weight(총중량 : 물품의 무게와 포장의 무게를 합한 총중량 • Net Weight(순중량 : 포장의 무게를 제외한 순물품의 무게)
용적	목재단위	• Cubic Meter : CBM, Cubic Feet : cft • Sufer Feet(sf) = 1 square foot(평방피트) × 1 inch
	액체화물	• Barrel : 31.5gallons(미국), 36gallons(영국) • Gallon(gal) : American gallon(wine gallon) = 4,456 liters = 4 quarts English gallon(imperial gallon) = 3,785 liters = 4 quarts • Quart(qt) : 1/4gallon = 2 pints = 0.95 liter(미국) = 1.14 liter(영국) • Liter(lit) : 1,000 cc • Pint : 0.47 liter(미국) = 0.57 liter(영국)
	곡 물	• Bushel = 8 gallons = 35 liters(미국) = 36 liters(영국)
	선 박	• Measurement ton(용적톤 : M/T) = 1CBM(m3) = 40입방피트 = 480sf
개 수		• Dozen : 12pcs • Gross : 144pcs(12pcs × 12pcs), Small Gross = 120pcs(12 × 10pcs) • Great Gross : 1,728pcs(12 × 12 × 12pcs)
길 이		• Meter, Yard, Inch, Foot
포 장		• TEU : Twenty Feet Equivalent Unit • Case(상자), Bale(곤포), Bag(포대), Sack(마대), Keg(나무통), Drum(드럼 통), Bundle(다발) 등

② **과부족용인규정(More or Less Clause : M/L Clause)** : 과부족용인조건은 장기간의 운송 중 감량이 예상되어 정확한 계약수량을 선적하기 힘든 광물, 곡물 및 원유 등과 같은 산화물(bulk cargo)의 경우 매매계약시 과부족(surplus or deficiency) 한계를 정하여 그 범위 내에서 인도가 이루어지면 수량부족에 대한 클레임을 제기하지 않기로 약정하는 수량표시방법을 말한다. 계약체결시 과부족용인조항을 합의할 경우 물품의 성질에 따라 수량과부족을 얼마만큼의 비율을 허용할 것인가를 명시할 필요가 있다.

㉠ 과부족용인규정이 있는 경우

ⓐ 과부족용인규정의 삽입 : 당사자간에 계약서상에 물품에 대한 과부족 허용범위 및 과부족 선택권자를 명시할 수 있다. 과부족 선택권자는 운

송계약 체결의무가 있는 당사자가 선택하는 것이 일반적이다. 이에 따라 CIF규칙에서는 매도인이 선택하고(seller's option), FOB규칙에서는 매수인 선택(buyer's option)으로 하는 것이 일반적이다.

* "Quantity shall be subject to a variation of 3% more or less at seller's option(수량은 매도인의 재량 하에 3%의 과부족을 허용할 조건으로 한다)"
* "Seller has the option of delivering 3% more or less on the quantity contracted(매도인은 계약수량에 관한 3%의 과부족수량을 인도할 선택권한을 가진다)"
* "Seller has the option of shipment with a variation of 3% more or less on the quantity contracted, unless otherwise agreed(매도인은 별도로 합의하지 않는 한 계약수량에 관한 3%의 과부족 수량을 선적할 권한을 가진다)"

ⓑ 개산수량조건 : 개산수량조건(approximate quantity terms)은 과부족용인조항을 설정하지 않고 계약물품의 수량이나 단가 앞에 "약"의 의미인 "about"나 "대략"의 의미인 "approximately" 등과 같은 유사한 용어들을 사용하여 과부족의 용인을 신축적으로 운용하는 것을 말한다.

신용장방식의 거래에서 수량 앞에 "about"나 "approximately"라는 단어가 사용될 경우 10%의 수량과부족은 허용되지만 금액이나 단가의 과부족은 허용되지 않는다. 한편 금액이나 단가 앞에 "about"나 "approximately"라는 단어가 사용될 경우 10%의 금액 또는 단가의 과부족은 허용되지만 수량의 과부족은 허용되지 않는다. 결국 "about"이나 "approximately"의 단어가 수량 앞에 사용되면 수량만 10%의 과부족이 용인되고, 단가 앞에 사용되면 단가만, 그리고 금액 앞에 사용되면 금액만 10%의 과부족이 용인된다.

하지만 추심거래(D/P 및 D/A) 등의 무신용장 방식의 거래에서는 별도의 합의가 없는 한 과부족 인정문제에 대해 논란의 여지가 있기 때문에 계약서상에 계약수량을 명확하게 합의하거나 과부족한도를 미리 합의하여 설정할 필요가 있다.

표 5-3 수량표기 방법

<table>
<tr><th>과부족용인</th><th>표시방법</th><th>대상화물</th><th colspan="2">내 용</th><th>비 고</th></tr>
<tr><td>과부족용인 규정이 있는 경우</td><td>계약서에 과부족 용인규정 명시</td><td>포장화물 개체화물 산화물</td><td>모든 거래</td><td>명시된대로 허용된 수량과부족 인정</td><td></td></tr>
<tr><td colspan="2" rowspan="3">계약수량 앞에 about, approximately 명시</td><td rowspan="3">포장화물 개체화물 산화물</td><td rowspan="2">신용장거래</td><td rowspan="2">10%의 수량과부족 허용</td><td>금액 및 단가의 과부족은 안됨</td></tr>
<tr><td>금액 및 단가 앞에 "약"을 명시하는 경우 금액 또는 단가에만 10%의 과부족 허용</td></tr>
<tr><td>기타 거래</td><td>수량과부족 허용범위 없음</td><td></td></tr>
<tr><td rowspan="4">과부족용인 규정이 없는 경우</td><td rowspan="4">계약수량을 명확하게 명시</td><td rowspan="2">산화물</td><td>신용장거래</td><td>5% 수량과부족 허용</td><td>어음금액이 신용장금액을 초과할 수 없음</td></tr>
<tr><td>기타 거래</td><td>수량과부족 허용범위 없음</td><td></td></tr>
<tr><td rowspan="2">포장화물 개체화물</td><td>신용장거래</td><td>계약수량과 단가대로 정확할 것</td><td>신용장금액의 5% 범위 내에서 감액가능</td></tr>
<tr><td>기타 거래</td><td>수량과부족 허용범위 없음</td><td></td></tr>
</table>

㉡ 과부족용인규정이 없는 경우 : 과부족용인규정이 없는 경우란 계약물품 앞에 과부족의 허용범위나 "약"의 의미인 "about"나 "대략"의 의미인 "approximately" 등의 표현이 없는 경우를 말한다. 이 경우 포장화물이나 개체화물의 경우에는 정확히 계약수량대로 인도하여야 한다. 하지만 곡물, 광물 등의 산화물(bulk cargo)은 그 성질상 요구하는 정확한 수량을 인도하는 것이 사실상 불가능하다.

이에 따라 산화물이 신용장방식으로 거래되는 경우 계약물품의 수량과 관련한 과부족용인조항이 없거나 또는 수량 앞에 "about"나 "approximately" 등의 표현이 없이 정확한 수량을 표기하고 있더라도 5%의 수량과부족이 허용된다. 이 경우 어음발행 총액은 신용장금액을 초과해서는 안 되지만 5%의 부족은 허용된다.

한편, 개수로 수량을 표시할 수 있는 포장화물이나 개체화물의 수량 앞에 계약수량을 명확히 표기한 경우 분할선적을 금지하고 있더라도 수량이 전부 선적되고 단가도 감액되어서는 안된다. 하지만 어음발행총액은 신용장금액의 5% 범위 내에서 감액이 허용된다.

하지만 추심거래(D/P 및 D/A) 등의 무신용장 방식의 거래에서는 별도의 합의가 없는 한 과부족 인정문제에 대해 논란의 여지가 있기 때문에 과부족한도를 계약서에 미리 명확하게 설정할 필요가 있다.

(2) 수량결정시기

품질결정시기와 마찬가지로 수량결정시기는 선적수량조건(shipped quantity terms)과 양륙수량조건(landed quantity terms)중 어느 시기로 할 것인가를 검토하여야 한다.

① **선적수량조건(shipped quantity terms)** : 선적수량조건은 계약된 수량의 일치여부를 선적시점에서 검량한 수량에 의하여 결정하는 방법이다. 이는 선적시점에서 계약에 합의된 수량과 일치되면 운송 중에 감량이 되더라도 매도인은 책임을 부담하지 않는 조건으로 일반 공산품에 이용된다. 선적지인도규칙에 해당되는 EXW, FCA, FAS, CFR, CIF, CPT, CIF규칙이 원칙적으로 선적수량조건에 해당된다.

② **양륙수량조건(landed quantity terms)** : 양륙수량조건은 계약된 수량의 일치여부를 목적항의 양륙지점에서 검량한 수량에 의하여 결정하는 방법이다. 이는 운송 중의 감량 등의 요인으로 목적지에 인도된 물품의 수량이 계약수량과 일치되지 않을 경우에는 매도인이 책임을 부담하는 조건으로 주로 산화물에 이용된다. 일반적으로 도착지인도규칙에 해당되는 DAP, DPU, DDP규칙이 양륙수량조건에 해당된다.

3) 가격조건(terms of price)

수출입물품의 가격과 관련하여 당사자는 ① 가격산정근거, ② 가격구성요소 등에 대해 약정하여야 한다.

(1) 가격산정근거

무역거래에서 물품의 가격을 결정하는 큰 기준은 다음과 같다.

① 비용의 분기점(비용의 배분 : allocation of costs)
② 위험의 분기점(위험의 이전 : transfer of risks)

매매가격을 결정할 때 생산원가(제조원가, 이익, 포장비, 검사비 등), 수출지의 부대비용(내륙운송비, 수출통관 관련 부대비용, 선적관련 비용 등), 해상 및 항공 등의 운송비, 수입지의 부대비용(양륙비, 수입통관 관련 부대비용, 수입지 내륙운송비) 등의 비용(costs)과 운송과정에서의 위험(risks)을 누가 어디까지 부담할 것인가를 고려하여야 한다.

국제매매가격은 수출업자와 수입업자가 부담해야 할 여러 가지의 원가요소와 물품의 인도장소 등을 감안하여 정하게 된다. 하지만 매매당사자간에 이러한 점을 고려하여 매 거래시마다 계약서상에 구체적으로 나열하여 정한다는 것은 불편한 일이기 때문에 실제 거래에서는 국제적으로 무역거래관습상 형성된 정형무역거래조건(trade terms)에 의하여 매매가격이 산출되고 있다.

이에 따라 국제무역거래상의 분쟁요소를 방지하고 무역의 확대를 도모하기 위해 1936년 국제상업회의소(International Chamber of Commerce : ICC)가 무역거래조건의 해석에 관한 국제규칙(International Rules for the Interpretation of Trade Terms)을 제정하였다. 이 통일규칙을 "INCOTERMS"[3)]라고 하는데, 무역관습의 변화에 따라 1953년, 1967년, 1976년, 1980년, 1990년, 2000년, 2010년, 그리고 2020년에 개정되어 현재 11가지 거래규칙을 사용하고 있다.

INCOTERMS는 국제적으로 법적인 구속력을 가진 국제조약이 아니라 단순히 민간단체인 국제상업회의소(ICC)가 제정한 국제규칙이기 때문에 매매당사자들의 합의에 의해서만 이용될 수 있다. 따라서 당사자들이 다른 상관습에 대해 합의만 하면 인코텀즈(Incoterms)대신 사용할 수 있다.

(2) 가격구성요소

① **수출가격의 구성요소** : 수출물품의 단가(unit price)는 제조원가(manufacturing cost)에 기업이윤(profit), 그리고 포장비(packing charges), 각종 검사 및 증명료와 인허가비용, 수출국 내의 내륙운송비(inland freight), 창고비용(godown) 또는 보관료(storage), 터미널화물처리비(terminal handling charge), 혼적 및 분류작업비(CFS charge), 수출통관비용(export clearance cost), 선적비용(shipping charges) 및 적부비용(stowing charges), 해상운임(ocean freight), 보험료(insurance premium), 그 밖의 수출에 수반되는 각종 행정 및 통신비용 등을 포함하여 정하게 된다.

3) 이 용어는 International Commercial Terms를 조합한 것이다.

② **수입가격의 구성항목** : 수입물품의 단가(unit price)는 해상운임(ocean freight), 보험료(insurance premium), 양화비용(unloading charges), 항구세(port duties)와 부두사용료(wharfage charge), 수입통관비용(import clearance cost) 및 수입관세(import duties), 수입국 내에서의 창고료와 보관료(storage godown rent) 및 각종 행정비용, 그 밖에 수출입에 수반되는 이자(interests), 외환비용, 수출입수수료(commis- sions)등의 여러 가지 영업비용들이 포함된다.

수출입물품의 단가는 매도인과 매수인이 어느 지점까지 비용과 위험을 부담하는가에 따라 달라지게 된다. 인코텀즈(Incoterms® 2020)에 규정되어 있는 11가지 규칙들에 따라 매도인과 매수인의 비용과 위험의 분기점이 결정된다. 인코텀즈에 대해서는 제5장에서 자세하게 다루도록 한다.

표 5-4 INCOTERMS® 2020의 규칙별 가격구성요소

구 분			한 가지 이상의 모든 운송방식							해상 및 내륙수로운송			
			EXW	FCA	CPT	CIP	DAP	DPU	DDP	FAS	FOB	CFR	CIF
생산원가		제조원가	○	○	○	○	○	○	○	○	○	○	○
생산원가		이익	○	○	○	○	○	○	○	○	○	○	○
생산원가		포장비	○	○	○	○	○	○	○	○	○	○	○
생산원가		검사비	○	○	○	○	○	○	○	○	○	○	○
부대비용	수출지	내륙운송비		○	○	○	○	○	○	○	○	○	○
부대비용	수출지	최초운송인인도		○	○	○	○	○	○	○	○	○	○
부대비용	수출지	수출통관 제비용		○	○	○	○	○	○	○	○	○	○
부대비용	수출지	수출제세 공과금		○	○	○	○	○	○	○	○	○	○
부대비용	수출지	부선사용료		△	○	○	○	○	○	○	○	○	○
부대비용	수출지	운송서류 제공비용		○	○	○	○	○	○		○	○	○
부대비용	수출지	본선적재비용			○	○	○	○	○		○	○	○
부대비용	운송	운임(해상·항공·육상 등)			○	○	○	○	○			○	○
부대비용	운송	화물보험료				○	○	○	○				○
부대비용	수입지	양륙비			◎	◎	◎◇	○	◎◇			◎	◎
부대비용	수입지	수입관세							○				
부대비용	수입지	수입통관 제비용							○				
부대비용	수입지	수입제세 공과금							○				
부대비용	수입지	내륙운송비			△	△	☆	☆					

주 : 1) ○표시는 매도인이 부담, 공란은 매수인이 부담
2) △표시는 필요에 따라 매도인이 부담

3) ◎표시는 정기선운송이 운임에 양륙비가 포함된 경우로 매도인 부담
4) ◇표시는 항구가 목적지인 경우에는 매수인 부담, 항구 또는 공항을 통과한 후 그 밖의 장소가 목적지일 경우 수입항 양륙비는 매수인 부담
5) ☆표시는 항구 또는 공항이 목적지일 경우 매수인 부담, 항구 또는 공항을 통과한 후 그 밖의 장소가 목적지일 경우에는 매도인 부담

4) 선적조건(terms of shipment)

(1) 선적시기

① **최종일선적조건** : 선적시기를 최종선적일로 약정하는 방법으로 늦어도 정해진 날짜까지 선적을 해야 하는 조건이다. 일반적으로 수출업자는 정해진 최종일까지 모두 선적을 완료해야 하는 최종일선적조건이 가장 많이 사용되고 있다. 예를 들어 선적일이 "Shipment should be made not later than September 30, 20xx(선적은 20xx년 9월 30일까지 선적될 것)"일 경우 수출업자는 20xx년 9월 30일까지만 선적하면 된다.

② **특정월선적조건** : 특정월을 지정하는 방법은 단월조건(單月條件)과 연월조건(連月條件)이 있다. 단월조건은 선적기간을 어느 특정월로 약정하는 방법으로 선적시기는 해당월의 1일부터 말일까지이다. 예를 들어 "November Shipment(11월 선적)" 혹은 "Shipment during November(11월 중 선적)"조건인 경우 11월 1일부터 11월 30일 사이에 선적이 이루어져야 함을 의미한다.

연월조건은 선적기간을 어느 특정월에서 다른 특정월까지 약정하는 방법으로 선적시기는 어느 특정월의 1일부터 다른 특정월의 말일까지이다. 예를 들어 "Shipment during February, March and April(2월, 3월, 4월 중 선적)"조건인 경우 2월에서 4월 중 물품을 분할로 선적할 수 있음을 나타내는 조건으로, 선적의 횟수와 수량에 대해서 명확한 합의가 필요하다.

③ **특정기간선적조건** : 특정월의 전반(first half), 후반(second half), 상순(beginning), 중순(middle), 하순(end), ~경(on or about) 등으로 선적기간을 약정하는 방법이다. "Shipment shall be made at the first half(second half, end) of October, 20xx[선적은 20xx년 상순(중순, 하순)에 이루어져야 한다]"등으로 표기할 수 있다.

④ **조건부선적조건** : 특정조건이 이행되는 시점을 기준으로 선적기일을 지정하는 방법이다. 무역업에서 오퍼를 할 경우 "Shipment : Within 60 days after receipt of your L/C(신용장 수령 후 60일 이내)" 등으로 표현하는 경우가 많

은데, 해석상의 오류가 발생될 가능성이 있을 수 있기 때문에 "Shipment : Within 60 days from the date of contract(계약체결일로부터 60일 이내)" 등과 같이 합의하는 것이 바람직하다.

⑤ **즉시선적조건** : 즉시선적조건은 특정월이나 기간으로 명시하지 않고 "immediate shipment", "prompt shipment", "shipment as soon as possible", "shipment without delay" 등과 같은 표현을 사용하여 막연하게 즉시 선적하도록 요구하는 방법이다. 신용장통일규칙(UCP 600 제3조))에서도 "신속히(prompt), 즉시(immediately), 가능한 한 빨리(as soon as possible)" 등의 표현은 사용하지 말아야 하며 만일 사용될 경우 은행은 무시하도록 규정하고 있다.

⑥ **선적일 및 기간** : 신용장거래에서 일자와 관련된 용어로 선적기간을 결정하기 위하여 사용된 경우 "to", "until", "till", "from", "between"이라는 단어는 언급된 일자 및 일자들을 포함하며, "before"및 "after"라는 단어는 언급된 일자를 제외한다. 하지만, 만기일을 결정하기 위하여 사용된 경우 "from" 및 "after"라는 단어는 언급된 일자를 제외한다.

어느 달의 전반(first half)과 후반(second half)은 그 달의 1일부터 15일, 그리고 16일부터 말일까지 포함하는 것으로 해석된다. 어느 달의 상순(beginning), 중순(middle) 또는 하순(end)은 각기 그 달의 1일부터 10일, 11일부터 20일, 그리고 21일부터 말일까지를 포함하는 것으로 해석된다.

또한 선적시기와 관련하여 "Shipment shall be effected on or about July 20, 20xx(선적은 20xx년 7월 20일 경에 이루어져야 한다"와 같이 "on or about"이나 이와 유사한 표현이 사용될 경우 선적일은 지정일자인 7월 20일로부터 5일 전후까지의 기간 내에 선적이 이행되는 것으로 해석되며 전후 양 말일은 포함된다. 따라서 매도인은 7월 15일에서 25일 사이에 선적할 수 있다.

(2) 선적방법

① **전량선적** : 전량선적(single shipment, full shipment)은 약정기간 동안에 계약물품을 한 번에 전부 선적하는 것을 말한다. 예를 들어 "Partial shipments are not allowed(분할선적은 허용되지 않는다)" 혹은 "Partial shipments are prohibited (분할선적은 금지된다)" 로 되어 있는 경우 수출업자는 계약물품을 분할 선적할 수 없고 반드시 한 번에 전량 선적해야 한다.

② **분할선적** : 분할선적(partial shipments)이란 계약물품을 정해진 선적기일 이내

에 한 번에 선적하지 않고 2회 이상 나누어서 선적하는 것을 말한다. 거래 당사자들 간에 계약물품에 대한 분할선적 여부에 대해 사전에 약정해야 하는데, 분할선적이 허용될 경우에 수출업자는 약정조건에 따라 나누어 선적할 수 있다. 예를 들어 "Partial shipments are allowed(분할선적은 허용된다)" 혹은 "Partial shipments are not prohibited(분할선적은 금지되지 않는다)" 로 되어 있는 경우 수출업자는 계약물품을 분할하여 선적할 수 있다. 신용장상에 분할선적을 금지한다는 명시가 없으면 분할선적을 허용하는 것으로 간주된다.

③ **할부선적** : 할부선적(installment shipments)은 계약물품의 분할횟수, 수량 및 분할분의 선적시기 등을 구체적으로 합의하여 정해진 방법에 따라 선적하는 것을 말한다. 두 번 이상 나누어 선적한다는 점에서는 분할선적과 동일하지만 분할선적의 경우 각 선적분마다 선적수량과 시기를 수출업자가 자율적으로 정하는 반면, 할부선적은 양 당사자에 의해 정해진 분할횟수, 수량 및 선적시기에 따라 선적한다는 점에서 다르다. 예를 들어 "June, July and August shipments equally divided(7월, 8월 및 9월 선적을 동등하게 할 것)"와 같이 균등분할선적조건의 경우 매도인은 임의대로 나누어서 선적할 수 없고 조건대로 균등하게 분할선적하여야 한다. 만일 6월의 할부선적분은 계약대로 이행하였지만 7월의 할부선적분을 이행하지 못했을 경우 7월 할부선적분은 물론 8월의 선적분에 대해서도 계약의 효력이 상실된다.

④ **환적** : 환적(transshipment)이란 선적항이나 선적지를 출발하여 목적항이나 목적지로 운송 도중 제3의 항구나 지점에서 화물을 운송도중 다른 선박이나 운송기관에 옮겨 싣는 것을 의미한다. 목적항까지의 직항선[4]이 없거나 여러 운송수단을 동시에 사용하는 복합운송인 경우에 환적을 허용하는 경우가 많다. 예를 들어 "Transshipment is allowed(not prohibited)"인 경우에는 환적이 허용되고, "Transshipment is not allowed(prohibited)"인 경우에는 환적이 허용되지 않는다. 신용장상에 환적을 금지한다는 문언이 없는 경우에는 환적이 허용되는 것으로 간주된다. 따라서 분쟁을 예방하기 위해 환적의 허용여부를 사전에 합의하는 것이 바람직하다.

한편, 신용장상에 환적을 금지하고 있다 하더라도 "Transshipment will (may) take place[환적이 행해질 것임(행해질 수 있음)]" 등의 문언이 명시되어 있는

4) 직항선(direct vessel)은 선적항에서 양륙항까지 운송 도중 제3의 항구에 기항하지 않고 정해진 항로를 따라 목적항까지 직접 운송하는 선박을 말한다.

경우 다음의 서류는 예외적으로 은행이 수리한다. 다만, 이 경우 전운송이 동일한 운송서류에 의하여 커버되어야 한다.

㉠ 복합운송으로 운송되는 경우

㉡ 해상운송에서 컨테이너, 트레일러 및/또는 래쉬선(lash)선에 선적되는 경우

㉢ 항공운송으로 운송되는 경우

㉣ 도로, 철도 또는 내륙수로 운송인 경우

❁ 표 5-5 선적시기 및 방법

구 분	항 목	내 용
선적시기	최종일선적조건	Shipment shall be made not later than May 20, 20xx.
	단월선적조건	Shipment shall be made during September 20xx.
	연월선적조건	Shipment shall be made from May to June, 20xx.
	조건부선적조건	Shipment shall be made within three months after seller's receipt of credit.
	특정기간선적조건	Shipment shall be made on or about May 10, 20xx.
	즉시선적조건	Shipment should be made as soon as possible.
선적방법	분할선적	Partial shipments are allowed (not prohibited). Partial shipments are not allowed (prohibited).
	할부선적	June and July shipments equally divided.
	환적	Transshipment is allowed (not prohibited). Transshipment is not allowed (prohibited).

(3) 선적일의 해석기준

선적일은 일반적으로 운송서류(transport documents)의 일자를 기준으로 하여 약정된 기간 내에 선적이 이행되었는지를 판단하게 된다. 해상선적선하증권(marine on board bill of lading)의 경우 본선적재일(on board date)과 발행일(date of issue)이 동시에 기재되기 때문에 선적일의 기준과 해석에 문제가 된다. 신용장통일규칙(UCP 600 제20조)에서는 "선하증권의 발행일은 선적일로 본다. 다만, 선하증권이 선적일을 표시하고 있는 본선적재표기를 포함하고 있는 경우에는 그러하지 아니하며, 이 경우 본선적재표기상에 명기된 일자를 선적일로 본다"라고 규정하고 있다.

표 5-6 운송서류별 선적일자의 해석기준

운송서류	선적일자의 해석
해상/해양선하증권	본선적재일 또는 선적일
비유통 해상화물운송장	발행일 또는 본선적재일
용선계약 선하증권	발행일 또는 본선적재일
복합운송서류	발행일, 스탬프 및 표기에 의하여 발송, 수탁 또는 본선선적일을 표기하고 있는 경우에는 그 일자
항공운송서류	발행일, 선적일에 대해 표기하고 있는 경우에는 표기에 명기된 그 일자
도로, 철도, 내수로 운송서류	운송서류상에 물품수령스템프가 있을 경우에는 수령스템프 일자, 없을 경우에는 발행일
우편수령증	발송지에서의 스템프일자
특사이용시	접수일 또는 수령일

5) 대금결제조건(terms of payment)

수출입 당사자는 계약을 체결할 때 대금결제조건으로 ① 대금지급방법, ② 대금지급시기 및 ③ 대금지급통화에 대해 합의하여야 한다.

(1) 대금결제방법

일반적으로 무역대금에 대한 지급방식으로는 ① 현금방식에 의한 결제, ② 송금방식에 의한 결제, ③ 추심방식에 의한 결제, ④ 신용장방식에 의한 결제, ⑤ 전자결제방식에 의한 결제, ⑥ 특수방식에 의한 결제 등으로 구분된다.

① **현금방식에 의한 결제** : 수출입대금을 어음의 발행 없이 현금으로 지급하는 방식에는 현금선지급(Cash In Advance ; CIA), 주문시현금지급(cash with order ; CWO), 현품인도지급(Cash On Delivery ; COD), 서류상환지급(Cash Against Documents : CAD) 등이 있다.

② **송금방식에 의한 결제** : 송금(remittance)방식은 수입업자가 수출업자 앞으로 은행을 통하여 송금환이나 송금수표의 형태로 대금을 송금하여 주는 방식을 말한다. 송금은 송금시기에 따라 ① 사전송금방식, ② 동시지급방식, ③ 사후송금방식으로 구분되고, 송금수단의 형태에 따라 전신송금환(Telegraphic Transfer ; T/T), 우편송금환(Mail Transfer ; M/T) 및 송금수표(Demand Draft ; D/D)로 구분된다.

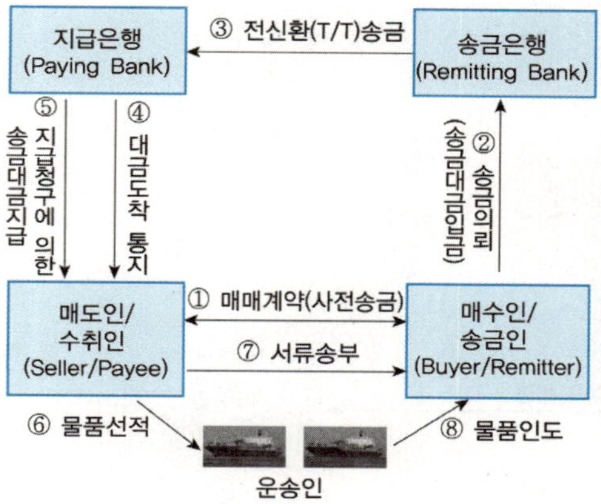

[그림 5-1] 사전송금방식

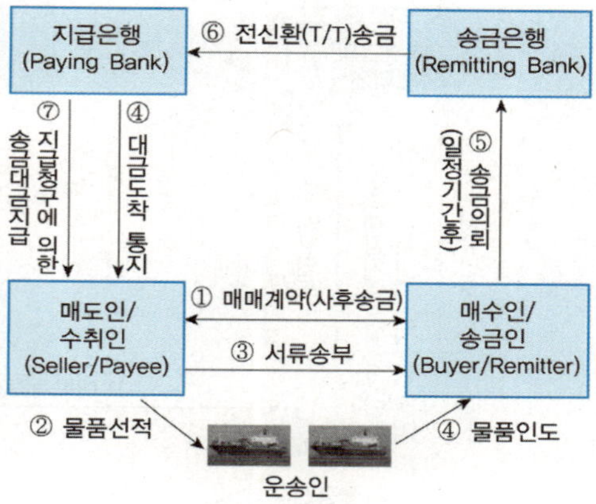

[그림 5-2] 사후송금방식

송금방식에는 또한 현품인도지급(Cash On Delivery ; COD), 서류상환지급(Cash Against Documents : CAD) 등이 있다.

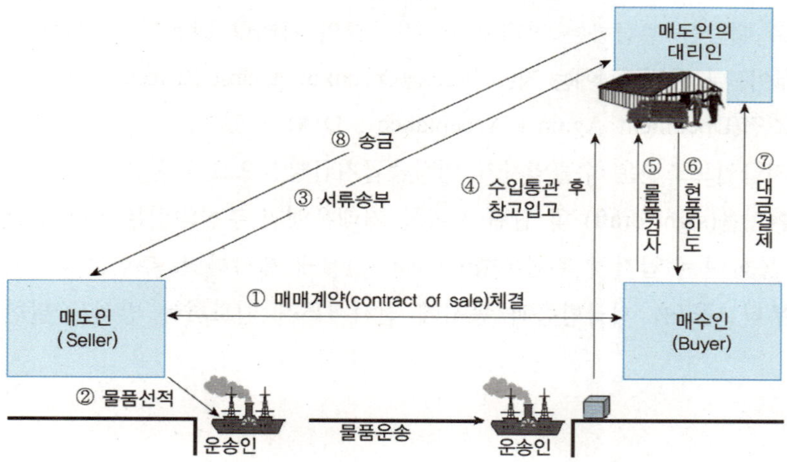

[그림 5-3] 현품인도지급(COD)방식

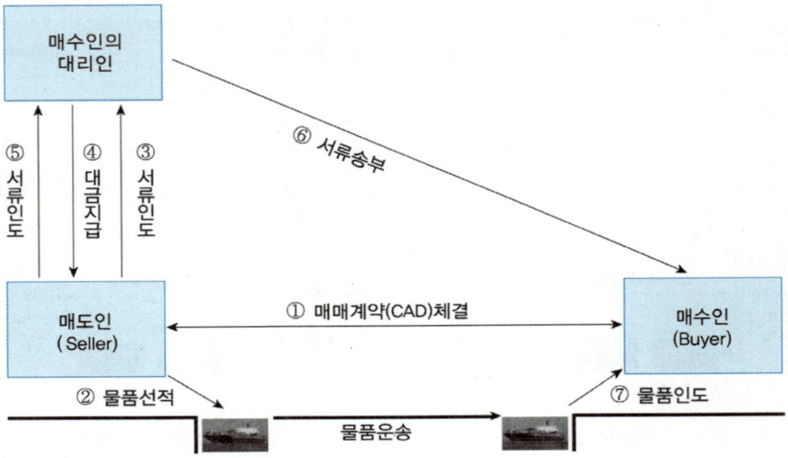

[그림 5-4] 서류상환지급(CAD)방식

③ **추심방식에 의한 결제** : 추심방식에 의한 결제는 은행의 지급보증이 없이 전적으로 당사자간의 신용을 기초로 수출업자가 물품을 선적한 후 화환서류를 근거로 대금을 추심하는 거래로 본·지사간의 거래나 신용이 확실한 거래처간에 이루어진다. 추심방식에는 지급인도조건(Document Against Payment : D/P)과 인수인도조건(Document Against Acceptance : D/A)이 있다.

지급인도조건은 수출업자가 일람출급지급방식으로 물품을 선적하고 일람출급환어음(sight draft) 및 관련 서류를 거래은행인 추심의뢰은행(remitting bank)을 통하여 수입지의 추심은행(collecting)에게 제시하면, 추심은행은 수입업자로부터 대금을 지급받음과 동시에 선적서류를 인도하는 방식을 말한다.

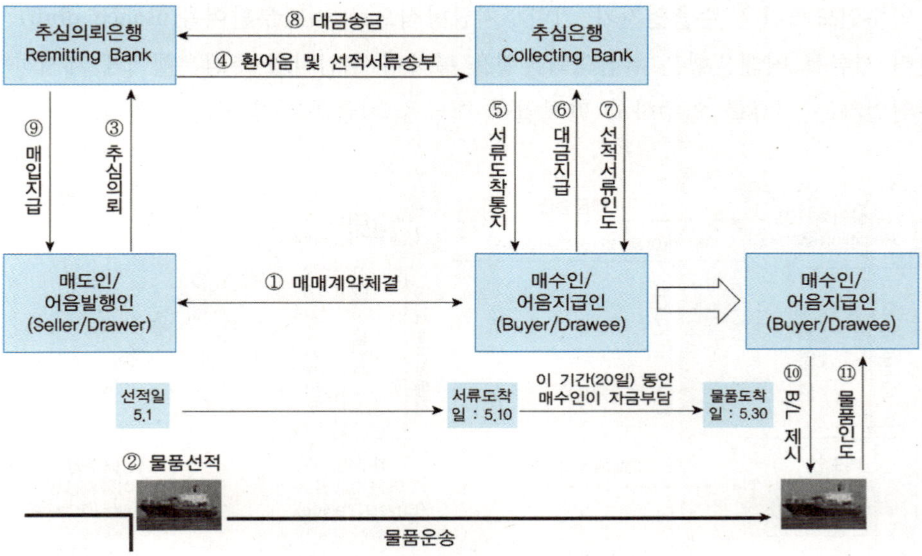

[그림 5-5] 지급인도(D/P at sight)조건

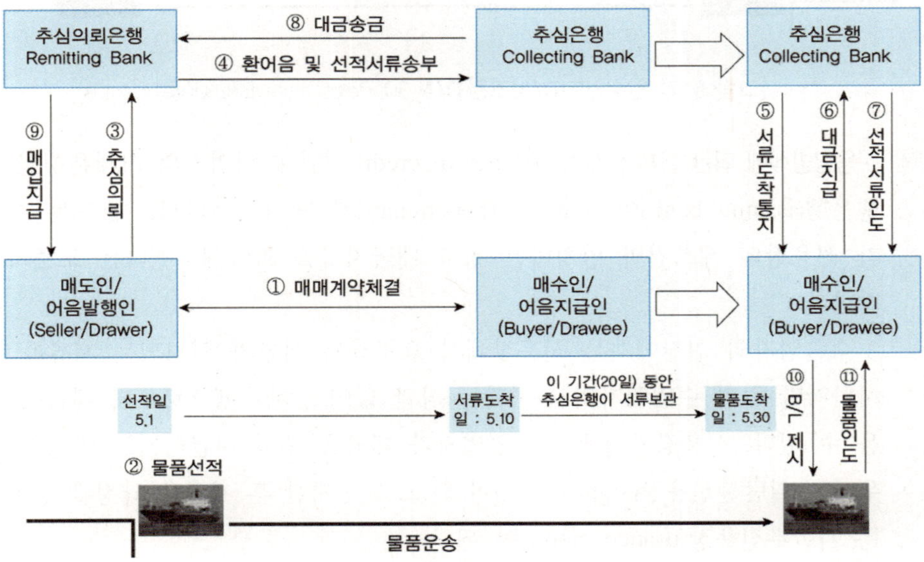

[그림 5-6] 지급인도(D/P usance)조건(D/P 30 days after B/L date)

인수인도조건은 수출업자가 기한부지급방식으로 기한부환어음(usance draft) 및 관련 서류를 거래은행은 추심의뢰은행을 통하여 수입지의 추심은행에게 제시하면, 수입업자는 서류를 인수하고 만기일에 대금을 지급하는 방식을 말한다.

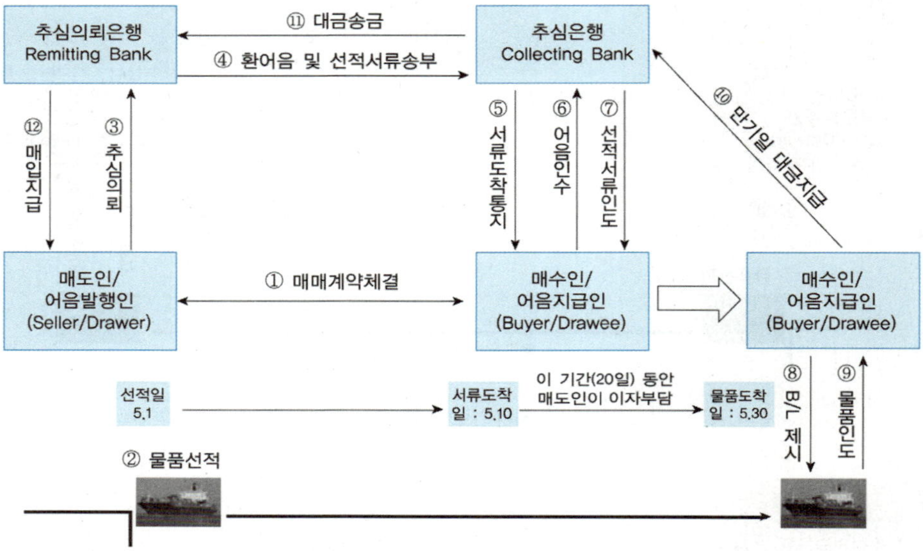

[그림 5-7] 인수인도(D/A)조건(D/A 30 days after B/L date)

④ **신용장방식에 의한 결제** : 신용장(letter of credit)이란 수입업자의 거래은행인 발행은행(issuing bank)이 수출업자(beneficiary)가 제시한 환어음 및/또는 서류가 신용장의 제조건과 일치하는 경우 대금지급을 확약해주겠다는 보증서를 말한다.

수출업자의 입장에서는 신용장에서 요구하는 서류와 일치되는 서류를 제시하기만 하면 수입업자의 능력과는 상관 없이 발행은행으로부터 대금을 받을 수 있다. 신용장방식에서 수입업자가 대금을 즉시 지급하기로 약정할 경우에는 일람불신용장(sight credit)이 되고, 일정기한 후 지급을 약정할 경우에는 기한부신용장(usance credit)이 된다.

⑤ **전자결제방식에 의한 결제** : 전자결제(electronic payment)방식은 매수인이 무역의 대상인 물품, 용역 또는 전자적 형태의 무체물의 대가를 전자적인 수단을 통하여 지급하거나 결제하는 것을 의미한다. 국제무역에 이용될 수 있는 전자결제방식으로는 전자수표(electronic check), 전자자금이체(electronic fund transfer), 무역카드(TradeCard), 전자신용장(electronic letter of credit) 등이 있으며, 기업과 소비자간(B2C)거래의 소액결제에 활용되는 신용카드(credit card), 직불카드(debit card), 전자화폐(electronic money) 등이 있다.

⑥ 특수방식에 의한 결제

㉠ 국제팩토링(international factoring)방식 : 대리인의 역할을 하는 팩토링회사(factor)가 수출업자와 수입업자 사이에 개입하여 수입업자에 대한 신용조사 및 신용위험의 인수, 수출업자에 대한 금융제공, 대금회수, 기타 업무처리의 대행 등의 서비스를 제공하는 것으로 수출업자에게는 수출대금의 지급을 보증하고, 수입업자에게는 신용을 공여하는 무신용장방식의 무역거래기법이다.

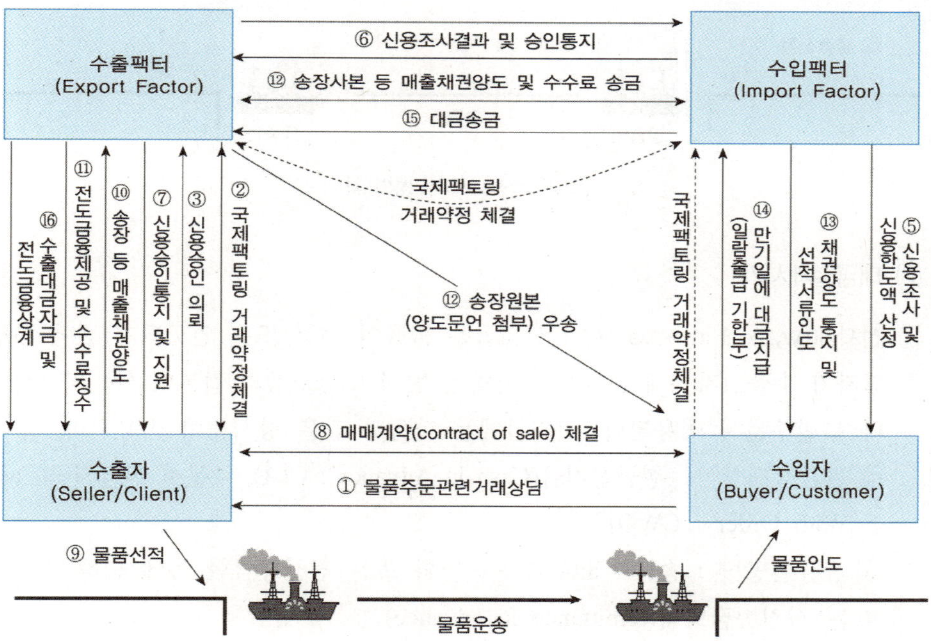

[그림 5-8] 국제팩토링방식

㉡ 포페이팅(forfaiting)방식 : 포페이터(forfaitor)가 물품이나 서비스의 연불수출거래에 따른 환어음 또는 약속어음을 수출업자 또는 이전의 소지인에게 상환청구권을 행사하지 않는 조건(without recourse)으로 고정이자율로 할인·매입하는 수출무역금융의 한 형태이다.

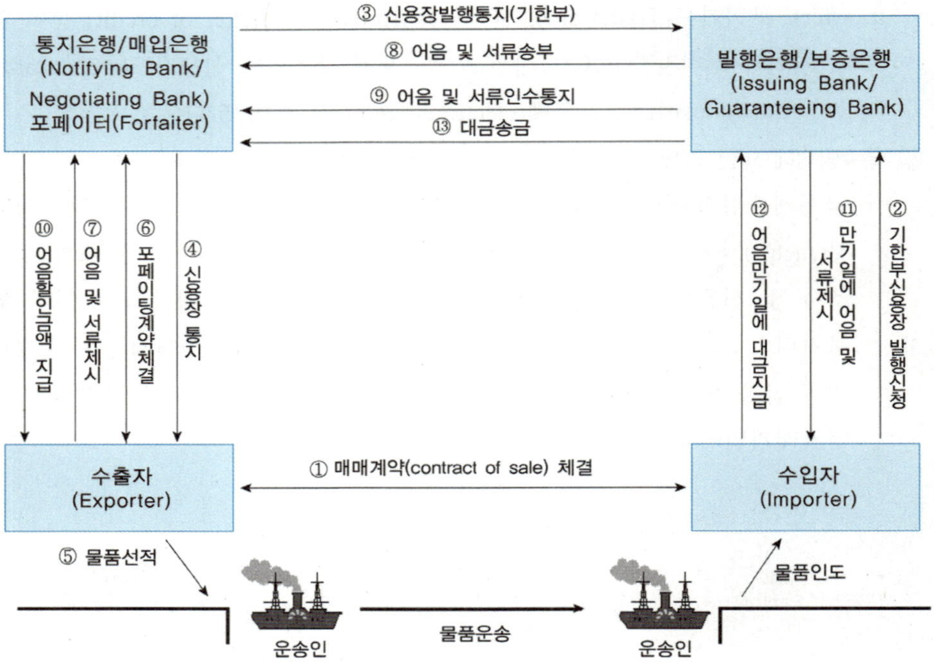

[그림 5-9] 포페이팅방식

(2) 대금결제시기

① 선지급(payment in advance) : 선지급은 물품이 선적 또는 인도되기 전에 수입업자가 수출업자에게 대금을 송금하는 방식으로 소량의 견본대금을 지급하거나 특별주문시 이용된다. 선지급에는 다음과 같은 방식들이 이용된다.

㉠ 현금결제방식 : 현금선지급(Cash in Advance : CIA), 주문시 현금지급(Cash With Order : CWO)

㉡ 송금환방식 : 송금수표나 우편송금환 또는 전신송금환 등에 의해 송금되는 사전송금방식(remittance in advance)

㉢ 환어음방식 : 발행은행이 수출업자에게 수출대금의 선지급을 허용하는 선대신용장(red clause L/C)

② 동시지급(concurrent payment) : 동시지급은 물품이 인도되거나 물품을 화체화한 서류의 인도와 동시에 대금이 지급되는 방식으로 다음과 같은 방식들이 이용된다.

㉠ 현금결제방식 : 현품인도지급(Cash On Delivery : COD), 서류상환지급(Cash Against Document : CAD)

ⓒ 송금환방식 : 현품인도지급(COD), 서류상환지급(CAD)
ⓒ 환어음방식 : 신용장방식에서의 일람출급신용장(sight L/C), 추심방식에서의 지급인도조건(D/P)

③ 후지급(deferred payment) : 후지급(연지급)은 물품의 선적이나 서류의 인도 후 일정기간이 경과된 후에 대금지급이 이루어지는 방식으로 다음과 같은 방식들이 이용된다.

㉠ 송금환방식 : 송금수표나 우편송금환 또는 전신송금환 등에 의해 송금되는 사후송금
㉡ 환어음방식 : 신용장방식에서의 기한부신용장(usance L/C), 추심방식에서의 인수인도조선(D/A)
㉢ 기타 : 청산계정(Open Account), 위탁판매

표 5-7 대금지급방법 및 지급시기

대금결제방법		대금결제시기		
		선지급	동시지급	후지급
송금환	전신환(T/T) 우편환(M/T) 송금수표(D/D)	사전송금방식	현품인도지급(COD) 서류상환지급(CAD)	사후송금방식
환어음	추심방식		지급인도조건(D/P)	인수인도조건(D/A)
	신용장	선대신용장 (Red Clause L/C)	일람출급신용장 (at sight L/C)	기한부신용장 (Usance L/C)
기타				청산계정 위탁판매 외상판매

(3) 대금지급통화

당사자간에 계약체결시 결제통화를 어느 나라의 통화로 할 것인지를 결정하여야 한다. 같은 통화라고 하더라도 국가마다 통화가치가 다를 수 있다. 예를 들어 달러(dollar)가 미국(US$, USD)뿐만 아니라 홍콩(H.K.$), 싱가포르(S.$), 캐나다(C.$), 호주(A.$) 등 여러 국가에서 사용되고 있기 때문에 국가별 통화단위를 정확하게 합의하여야 한다.

6) 보험조건(Terms of Insurance)

보험조건(terms of insurance)은 물품의 운송과 관련하여 발생되는 사고에 대하여 피보험자가 보험자로부터 손해에 대한 보상을 받기 위하여 누가 어떠한 보험조건으로 부보해야 하는지를 결정하는 조건이다. 물품이 선박으로 운송될 경우에는 해상화물보험(해상적화보험 : marine cargo insurance)에 부보하여야 하고, 물품이 항공으로 운송될 경우에는 항공화물보험(항공적화보험 : Air Cargo Insurance)에 부보하여야 한다.

(1) 보험부보의무

협회화물보험[Institute Cargo Clause : ICC(협회적화보험)]은 화물의 운송구간에 있어서 우발적인 사고에 의해 발생하는 손해를 보험자가 보상할 것을 목적으로 하는 보험을 말한다. 협회화물보험계약은 운송에 수반한 우발적 사고를 보험사고로 하여 보험자가 손해보상을 약속하고 그 대가로서 보험계약자는 보험료를 지급할 것을 약속하는 당사자 간의 낙성계약이다.

보험계약자(policy holder)란 보험자와 보험계약을 체결하고 보험료를 지급할 의무를 부담하는 자를 말하며, 피보험자(insured, assured)는 피보험이익이 귀속되는 주체로서 보험사고의 발생에 의하여 손해를 입는 경우 보험자에게 직접 손해보상을 청구할 수 있는 자를 말한다.

국제물품매매계약과 관련한 화물보험에 있어서는 보험계약자와 피보험자가 상이한 경우가 있다. 따라서 매매계약 체결시에는 보험자와의 보험계약을 체결하는 보험계약자와 피보험이익을 가지게 될 피보험자에 대한 관계를 분명히 할 필요가 있다.

보험부보의무의 약정은 인코텀즈(Incoterms® 2010)의 거래규칙에 따라 결정된다. CIF나 CIP규칙에서와 같이 부보의무는 매도인에게 있으나 물품운송의 위험은 매수인이 부담하는 경우 보험계약자는 매도인이 되지만 피보험자는 매수인이 된다. CIF규칙의 경우 매도인이 선적이전까지의 자신의 위험과 선적 이후 매수인의 위험을 포함하여 우선 매도인을 피보험자로 하는 보험을 부보한다. 이후 매도인이 보험증권(insurance policy)의 이면에 배서하여 매수인에게 인도함으로써 매수인이 보험상의 권리를 양수받게 되어 피보험이익을 얻을 수 있게 된다.

EXW, FCA, FAS, FOB, CFR, CPT규칙의 경우 매수인이, DAP, DPU, DDP규칙들의 경우에는 매도인이 각각 자신을 피보험자로 하여 부험을 부보할 수 있다. 하지만 이 경우 상대방을 위한 보험부보의무가 없기 때문에 보험을 부보할지의 여부는 자신들이 판단하여 결정하게 된다.

(2) 보험담보범위

① **협회화물보험약관(협회적화약관)** : 적화보험은 1912년 '런던보험업자협회'(Insti- tute of London Underwriters:ILU)가 제정한 정형화된 협회화물약관[협회적화약관 ; Institute Cargo Clauses(ICC)]에 따라 1962년 구약관인 분손부담보조건(Free from Particular Average : F.P.A.), 분손담보조건(With Average : W.A.), 전위험담보조건(All Risks : A/R)이 제정되었으며, 1982년 개편되어 FPA와 유사한 ICC(C), WA와 유사한 ICC(B), A/R와 유사한 ICC(A) 등의 신약관이 채택되었다. 이 신약관은 다시 2009년 다시 개정이 이루어졌으나 기본 틀은 1982년 신약관과 마찬가지로 ICC(A), ICC(B), ICC(C)체제를 유지하고 있다. 따라서 현행 실무업계에서 사용되는 협회화물약관은 구협회화물약관(A/R. WA, FPA)과 신협회약관인 ICC(A), ICC(B), ICC(C)를 모두 사용하고 있다. 아울러 무역계약시 이들 보험조건들 중의 하나와 협회전쟁약관(Institute War Clause)이나 협회동맹파업약관(Institute Strikes Clause)도 포함시켜 부보할 수 있다.

표 5-8 보험조건

<table>
<tr><td rowspan="4">보험 조건</td><td rowspan="3">부보 범위</td><td colspan="3">다음의 협회화물약관[협회적화약관(Institute Cargo Clauses)] 중 하나를 선택하고, 전쟁 및 동맹파업위험, 기타 위험에 대하여 추가담보가 필요한 경우에는 추가보험료를 납부하고 특약하여야 함.</td></tr>
<tr><td>2009년 협회화물약관</td><td>1982년 협회적화약관</td><td>1962년 구협회적화약관</td></tr>
<tr><td>ICC(A)
ICC(B)
ICC(C)</td><td>ICC(A)
ICC(B)
ICC(C)</td><td>ICC(A/R) : 전위험담보(All Risk)
ICC(W/A) : 분손담보(With Average)
ICC(FPA) : 분손부담보 / 단독해손부담보
(Free from Particuclar Average)</td></tr>
<tr><td>부보 금액</td><td colspan="3">계약당사자간에 특별한 약정이 없는 한 송장가액의 110%로 부보함.</td></tr>
</table>

② **부보금액의 결정** : 보험금액(insured amount)이란 보험계약 당사자간의 합의에 의하여 보험자가 지급해야 할 손해보상의 최고한도액을 말한다. 이는 보험계약을 체결할 때 당사자 간의 약정에 의하여 정하여지는데, 매매계약에 따라 거래물품에 대하여 위험을 부담하는 당사자가 보험자와 보험계약을 체결하는

경우에 그 보험금액과 부보의 범위를 결정하면 된다.

하지만, CIF나 CIP규칙과 같이 보험계약자와 피보험자가 상이한 경우에는 부보금액에 대한 별도의 약정이 필요한 경우가 있다. 보험금액은 보험사고가 발생할 경우 보험자(insurer)가 지급해야 할 금액을 말한다. 일반적으로 상업송장(commercial invoice)금액에 10%를 가산한 110%의 금액에 대해 CIP규칙은[ICC(A)]약관으로, CIF규칙은 [ICC(C)]약관으로 부보한다.

7) 포장조건(terms of packaging)

(1) 포장방법

포장(packaging)이란 물품의 운송, 보관, 하역, 진열, 판매 등을 하는데 있어 그 물품의 외형과 내용을 보호하고 상품가치를 유지하기 위해 재료나 용기로 둘러싸는 기술작업 및 상태를 말한다. 따라서 물품의 형태나 특성에 따라 포장되는 재료나 방법은 각각 다를 수 있다.

포장의 기본적인 기능은 포장의 보호성, 상품성, 편리성, 배송성 및 판매촉진성에 있다. 예전에는 포장의 기능 및 중요성을 보호성에 두어 왔고 또한 그것으로 충분하였으나, 오늘날에는 그것이 더욱 확대되어 판매촉진 기능에 중점을 두고 있다. 생산된 물품 그 자체만으로는 상품이라 하기는 어렵기 때문에 포장이 내용물과 일체를 이룸으로써 비로소 상품이 되는 것이므로 포장의 상품성도 중요한 기능이다.

포장방법으로는 물품의 최소 소매단위를 개별적으로 포장하는 개장(個裝, unit pac- kaging), 물품의 이동을 편리하게 하기 위해 일정한 양을 묶어 재포장하는 내장(內裝, inner packaging), 운송 도중 파손이나 도난을 방지하고 하역에 편리하도록 몇 개의 내장을 목재나 종이상자(carton) 등으로 최종적으로 다시 포장하는 외장(外裝, outer packaging)이 있다. 외장에는 포장물이 목적지에 정확히 수송되도록 화인(shipping mark) 표시를 하여야 한다.

(2) 포장종류

수출물품의 일반적인 포장은 종이상자(carton)이지만, 물품의 특성과 종류에 따라 다르기 때문에 표준화된 포장은 불가능하다. 다만 원격지 물품운송의 안전을 위하여 견고하면서도 경제성이 있고 취급하기가 용이한 포장을 해야 한다. 포장에 소요되는 가격도 종류에 따라 차이가 나기 때문에 이를 감안하여 수출가격을 산정해야 한다.

표 5-9 포장의 종류

포장종류	내 용
개장 (unit packaging)	물품을 직접 싸기 위한 포장으로서 대개는 제조공정의 마지막 단계에서 제품에 시장(施裝)된다. 이는 단순히 제품의 보호라는 기술적인 요구만을 충족시키는 것이 아니고, 포장재료 또는 용기에 포장된 것이 진열되어 구매자의 구매의욕을 자극하는 세련된 디자인이라는 시각적인 목적도 지닌다. 개장에 사용되는 포장재료로는 금속·종이·플라스틱 및 나무 등이 있다.
내장 (inner packaging)	개장된 물품을 상자 등과 같은 용기에 넣는 포장으로 포장된 화물의 안쪽에 포장되는 것이다. 내장에는 일반내장과 특수내장이 있다. 일반내장은 약품·화장품·과자·문방구 및 도자기 등의 포장과 같이 종이포장지나 용기가 주로 쓰인다. 특수내장은 상품을 수분이나 습기로부터 보호하기 위한 방수방습포장, 금속제품의 수송·보관 중에 녹이 슬지 않도록 하기 위한 방청포장, 도자기·유리제품, 광학부품 및 전자제품 등과 같이 포장화물의 수송·하역 중에 받게 되는 진동이나 충격으로부터 내용물이 파손되지 않도록 보호하기 위한 완충포장이 있다.
외장 (outer packaging)	운송을 위한 포장으로서 각종 용기에 상품을 넣어 포장하는 것을 말한다. 종래에는 나무상자로 포장하는 것이 일반적이었으나 오늘날에는 목재자원절약과 포장합리화의 관점에서 골판지상자나 철사를 이용한 포장이 늘어나고 있으며, 합성수지의 개발·발전으로 플라스틱 용기가 널리 사용되고 있다. 이외에도 상품에 따라서 통, 액체약품을 넣기 위한 금속관, 병, 내산성이 있는 항아리, 가축수송용의 대나무 광주리, 산소 등을 넣는 봄베(bombe) 등이 있으며, 끈이나 로프 등으로 다발로 묶는 결속포장·자루포장방법 등도 있다.

(3) 화인

화인(shipping marks)은 운송관계자나 수화인 또는 수입업자가 쉽게 식별할 수 있도록 외장에 기재하는 특정의 기호(주화인), 목적항(지), 화물번호, 원산지 및 취급상의 주의, 포장번호, 목적항 등의 여러 가지 표시를 말한다. 보통 수입업자가 요구하는 경우에는 지시에 따라서 해야 하지만, 수입업자의 별도 요청이 없을 경우에는 수출업자가 임의적으로 하면 된다. 화인은 상업송장(commercial invoice), 선하증권(bill of lading) 및 기타 다른 서류에 동일하게 표시되어야 한다. 일반적으로 사용되는 화인은 [그림 5-10]과 같다. 실무적으로 화인은 ① 주화인(main mark), ② 목적항(지)표시(port mark), ③ 화물번호표시(case number mark), ④ 원산지표시(country of origin mark)가 주로 사용되고 필요한 경우 부화인(counter mark), 품질표시(quality mark), 중량 및 용적표시(weight and measurement mark) 및 주의표시(care mark) 등이 사용된다.

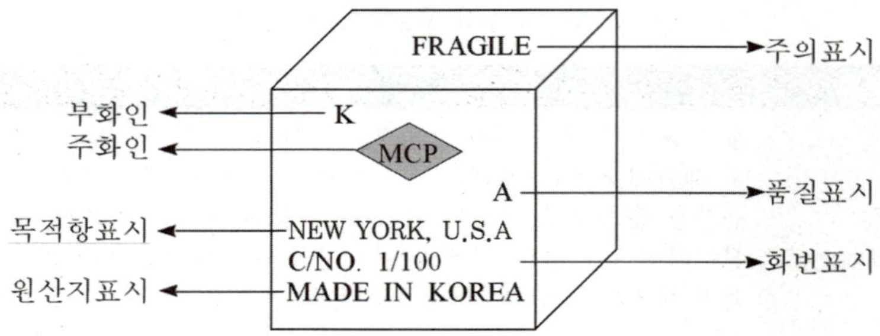

[그림 5-10] 화인의 종류

8) 분쟁해결조건(terms of dispute settlement)

분쟁해결조건은 계약당사자의 일방 또는 쌍방에 의한 계약불이행 또는 사기 등으로 분쟁이 발생할 경우 해결할 수 있는 방법을 약정하는 것이다. 이를 위해 ① 불가항력 조항, ② 클레임 및 중재 조항, ③ 준거법 조항이 포함된다.

(1) 불가항력 조항

불가항력(force majeure)이란 '관련 당사자의 통제를 넘어서는 모든 사건'을 말한다. 수출업자의 고의적인 과실이나 태만 등으로 야기되는 계약불이행에 대해서는 수출업자가 책임을 져야 하지만 전쟁, 천재지변 등과 같은 불가항력에 의한 계약불이행은 면책될 수 있다. 이에 대한 범위를 계약서에 명시할 필요가 있다.

"Force Majeure : The seller shall not be responsible for the delay of shipment due to force majeure including mobilization, war, strike, riots, civil commotion, hostilities, blockade, requisition of vessels, prohibition of export, fire, flood, earthquake, tempest, and any other contingencies which prevent shipment within the stipulated period. In the event of any of the aforesaid causes arising, documents proving its occurrence or existence shall be sent by the seller to the buyer without delay"

(**불가항력** : 매도인은 약정기간 내에 선적을 방해하는 동원, 전쟁, 소요, 폭동, 적대행위, 항만봉쇄, 선박징발, 수출금지, 화재, 홍수, 지진, 폭풍, 기타 예측하기 어려운 사건 등의 불가항력적인 사건이 발생했을 경우에는 선적지연에 대하여 책임을 지지 않는다. 전기한 제요인이 발생했을 때에는 매도인은 이것의 발생, 혹은 존재를 증명하는 서류를 지체 없이 매수인에게 송부하여야 한다.)

(2) 클레임과 중재조항

클레임(claim)이란 당사자가 약정된 계약을 위반함으로써 상대방이 단순한 불평(complaint)의 차원을 넘어 손해배상을 요구하는 것을 의미한다. 무역계약시 클레임 제기시한을 정하는 것이 바람직하며, 클레임의 정당성을 입증할 수 있는 공인된 감정인의 감정보고서(surveyor's report)를 첨부하도록 합의하여야 한다.

클레임은 가능한 한 당사자들 간에 우호적으로 해결되어야 하지만, 그렇지 못할 경우에는 중재(arbitration)에 의해 해결하도록 한다. 따라서 중재지역, 중재기관 및 중재법 등에 대한 약정을 해 두어야 한다.

대한상사중재원의 표준중재조항(Standard Arbitration Clause)

"Arbitration : All disputes, controversies, or differences which may arise between the parties, out of or in connection with the contract, or for the breach thereof, shall be finally settled by arbitration in Seoul, Korea in accordance with the Commercial Arbitration Rules of the Korean Commercial Arbitration Board and under the Laws of Korea. The award rendered by the arbitrator(s) shall be final and binding upon both parties concerned"

(**중재** : 이 계약으로부터 또는 이 계약과 관련하여 또는 이 계약의 불이행으로 말미암아 당사자간에 발생하는 모든 분쟁, 논쟁 또는 의견차이는 대한민국 서울특별시 대한상사중재원의 상사중재규칙 및 대한민국법에 따라 중재인에 의하여 최종결의로 해결한다. 중재인(들)에 의하여 내려지는 판정은 최종적인 것으로 당사자 쌍방에 대하여 구속력을 가진다).

(3) 준거법 조항

무역계약의 성립과 이행 및 해석에 관해 어느 나라의 법을 적용할 것인가에 대한 준거법(governing law)이 문제가 된다. 따라서 계약 당사자가 준거법을 어느 국가의 법으로 할 것인가를 약정해야 한다. 무역계약시 준거법에 관한 약정의 예는 다음과 같다.

"Governing Law : This contract shall be governed, construed and performed by the laws of the Republic of Korea"

(**준거법** : 이 계약은 대한민국법에 의하여 지배되고 해석되며 이행된다)

5.2 인코텀즈 2020(Incoterms® 2020)

1 인코텀즈의 개념

'인코텀스(INCOTERMS)'란 'International Commercial Terms'의 약자로 일반적으로 '무역거래조건의 해석에 관한 국제규칙'(International Rules for the Interpretation of Trade Terms)이라고 한다. 인코텀즈는 매매계약에 의한 물품의 인도와 관련하여 매도인과 매수인의 의무를 규정한 것으로 거래당사자간에 비용과 위험이 어떻게 배분되고 이전되는지에 대한 유권해석이라고 할 수 있다.

국제무역거래상의 분쟁요소를 방지하고 무역의 확대를 도모하기 위해 1936년 국제상업회의소(International Chamber of Commerce : ICC)는 '무역거래조건의 해석에 관한 국제규칙'을 제정하였다. 이 통일규칙을 "INCOTERMS"라고 하는데, 무역관습의 변화에 따라 1953년, 1967년, 1976년, 1980년, 1990년, 2000년, 2010년, 그리고 2020년에 개정 또는 보완되어 현재 11가지 거래규칙을 사용하고 있다. Incoterms® 2010부터 '국내 및 국제무역거래조건의 사용에 관한 국제상업회의소 규칙'(ICC rules for the use of domestic and international trade terms)이라는 부제를 달아 국내거래와 국제거래에 모두 이 규칙을 사용할 수 있도록 하였다. 국제매매가격은 수출업자와 수입업자가 해야 할 여러 가지의 원가요소와 물품의 인도장소 등을 감안하여 정하여진다.

2 인코텀즈 2020의 구성

1) 서문

Incoterms® 2020의 서문(introduction)은 Incoterms® 2020규칙의 사용 및 해석에 관한 종합적인 정보를 제공하는 것일 뿐 이 규칙의 일부분이 아니다. 서문에는 ① 인코텀즈 규칙의 역할(What the Incoterms® rules do), ② 인코텀즈 규칙이 하지 않는 역할(What the Incoterms® rules do NOT do), ③ 인코텀즈 규칙을 잘 편입시킬 수 있는 방법(How best to incorporate the Incoterms® rules), ④ 인코텀즈 2020규칙상 인도, 위험 및 비용(Delivery, risk and costs in the Incoterms® 2020 rules), ⑤ 인코텀즈 2020

규칙과 운송인(Incoterms® 2010 rules and the carrier), ⑥ 매매계약규칙 및 다른 계약들과의 관계(Rules for the contract of sale and their relationship to other contracts), ⑦ 11개 인코텀즈 2020 규칙의 올바른 사용법(The eleven Incoterms® rules- 'sea and inland waterway' and 'any mode(s) of transport': getting it right), ⑧ 인코텀즈 2020규칙 내 조항의 순서(Order with the Incoterms® rules), ⑨ 인코텀즈 2010과 인코텀즈 2020의 차이점(Differences between Incoterms® 2010 and Incoterms® 2020), ⑩ 인코텀즈규칙 변용시 유의점(Caution with variants of Incoterms® rule)의 내용을 담고 있다.

2) 거래규칙

인코텀즈 2020의 거래규칙은 운송방식을 기준으로 ① 한 가지 이상의 모든 운송방식에 사용되는 규칙 7가지와 ② 해상운송 및 내륙수로운송에만 사용되는 4가지 규칙을 포함하여 모두 11가지 규칙으로 구성되어 있다.

3) 사용자를 위한 설명문

인코텀즈 2010의 사용지침(Guide Note)이 인코텀즈 2020에는 사용자를 위한 설명문(Explanatory Notes of Users)으로 명칭이 변경되었다. 이 부문에서 각 인코텀즈 규칙의 기본적인 사항을 설명하고 사용자들이 거래에 적합한 인코텀즈 규칙을 정확하고 효율적으로 찾을 수 있도록 하였다. 이는 개별 인코텀즈 규칙의 해석이 필요할 때 지침을 제공한다.

4) 당사자별 의무사항

인코텀즈 2020은 각 거래규칙별로 지침서에 이어서 매도인과 매수인의 의무사항을 10개의 항목으로 분류하여 설명하고 있다. 매도인의 의무사항(A1～A10)과 매수인의 의무사항(B1～B10)들이 각 항목별로 대칭(mirror)으로 설명되어 있다.

❁ 표 5-10 Incoterms® 2020의 규칙

구 분	가격조건	약어
운송수단에 관계없이 사용되는 규칙	• 공장인도(Ex Works : insert named place of delivery)	EXW
	• 운송인인도(Free Carrier : insert named place of delivery)	FCA
	• 운송비지급인도(Carriage Paid To : insert named place of destination)	CPT
	• 운송비보험료지급인도(Carriage and Insurance Paid To : insert named place of destination)	CIP
	• 목적지인도(Delivered At Place : insert named place of destination)	DAP
	• 도착지양륙인도(Delivered At Place Unloaded : insert named place of destination)	DPU
	• 관세지급인도(Delivered Duty Paid) : insert named place of destination)	DDP
해상운송 및 내륙수로 운송에 사용되는 규칙	• 선측인도(Free Alongside Ship : insert named port of shipment)	FAS
	• 본선인도(Free on Board : insert named port of shipment)	FOB
	• 운임포함인도(Cost and Freight : insert named port of destination)	CFR
	• 운임보험료포함인도(Cost, Insurance and Freight : insert named port of destination)	CIF

❁ 표 5-11 Incoterms® 2020상 매매당사자의 의무 관련 항목

인코텀즈 2020(Incoterms® 2020)	
서문(introduction)	
EXW, FCA, CPT, CIP, DAP, DPU, DDP	FAS, FOB, CFR, CIF
사용자를 위한 설명문(Explanatory Notes for Users)	

A. 매도인의 의무(Seller's obligation)	B. 매수인의 의무(Buyer's obligation)
A1. General Obligations (일반의무)	B1. General Obligations (일반의무)
A2. Delivery (인도)	B2. Taking Delivery (인도의 수령)
A3. Transfer of Risks (위험의 이전)	B3. Transfer of Risks (위험의 이전)
A4. Carriage (운송)	B4. Carriage (운송)
A5. Insurance (보험)	B5. Insurance (보험)
A6. Delivery/Transport Document (인도/운송서류)	B6 Delivery/Transport Document (인도/운송서류)
A7. Export/Import clearance (수출/수입통관)	B7. Export/Import clearance (수출/수입통관)
A8. Checking/packaging/marking (점검/포장/화인표시)	B8. Checking/packaging/marking (점검/포장/화인표시)
A9. Allocation of costs (비용의 분배)	B9. Allocation of costs (비용의 분배)
A10. Notices (통지)	B10. Notices (통지)

5.3 Incoterms® 2020의 거래별 주요 원문

1 Rules for any mode or modes of transport

1. EXW(Ex Works) Incoterms® 2020 공장인도규칙
EXW(insert named place of delivery)

(1) 인도와 위험(delivery and risk)

'공장인도'는 매도인이 다음과 같이 한 때 매수인에게 물품을 인도하는 것을 의미한다.

▶ 매수인이 물품을 (공장이나 창고와 같은) 지정장소에서 매수인의 처분 하에 둘 때, 그리고

▶ 그 지정장소는 매도인의 영업구내일 수도 있고 아닐 수도 있다.

물품의 인도 전 매도인은 물품을 매수인이 지정한 수취용 차량에 적재할 의무가 없으며, 물품에 대한 수출통관이 요구되더라도 이를 수행할 필요가 없다.

(2) 운송방식(mode of transport)

본 규칙은 선택되는 어떤 운송방식이 있는 경우에 그것이 어떠한 단일 또는 복수의 운송방식인지를 불문하고 사용할 수 있다.

(3) 인도장소 또는 정확한 인도지점 (place of precise point of delivery)

당사자들은 단지 인도장소만 지정하면 된다. 그러나 당사자들은 또한 지정인도장소 내에 정확한 지점을 가급적 명확하게 명시하는 것이 좋다. 그러한 정확한 지정인도지점은 양당사자에게 언제 물품이 인도되는지와 언제 위험이 매수인에게 이전하는지 명확하게 하며, 또한 그러한 정확한 지점은 매수인의 비용부담의 기준점을 확정한다. 당사자들이 인도지점을 지정하지 않는 경우에는 매도인이 "그의 목적에 가장 적합한" 지점을 선택하기로 한 것으로 된다. 이는 매수인으로서는 매도인이 물품의 멸실 또는 손상이 발생한 지점이 아닌 그 직전의 지점을 선택할 수도 있는 위험이 있음을 의미한다. 따라서 매수인으로서는 인도가 이루어질 장소내에 정확한 지점을 선택하는 것이 가장 좋다.

(4) 매수인 유의사항

EXW는 매도인에게 최소의 일련의 의무를 지우는 인코텀즈규칙이다. 따라서 매수인의 관점에서 이 규칙은 아래와 같은 여러 가지 이유로 조심스럽게 사용하여야 한다.

(5) 적재위험(loading risks)

인도는 물품이 적재된 때가 아니라 매수인의 처분하에 놓인 때에 일어난다.

그리고 그때 위험이 이전한다. 그러나 매도인이 적재작업을 수행하는 동안에 발생하는 물품의 멸실 또는 손상의 위험을 적재에 물리적으로 참여하지 않은 매수인이 부담하는 것은 으레 그렇듯이 논란이 될 수 있다. 이러한 가능성 때문에 매도인이 물품을 적재하여야 하는 경우에 당자사들은 적재 중 물품의 멸실 또는 훼손의 위험을 누가 부담하는지를 미리 합의하에 두는 것이 바람직하다. 단순히 매도인이 그의 영업구내에서 필요한 적재장비를 가지고 있을 가능성이 더 많기 때문에 혹은 적용가능한 안전규칙이나 보안규칙에 의하여 권한 없는 인원이 매도인의 영어구내에 접근하는 것이 금지되기 때문에 매도인이 물품을 적재하는 것은 흔한 일이다. 매도인의 영업구내에서 일어나는 적재작업 중의 위험을 피하고자 하는 경우에 매수인은 FCA 규칙을 선택하는 것을 고려하여야 한다(FCA 규칙에서는 물품이 매도인의 영업구내에서 인도되는 경우에 매도인이 매수인에 대하여 적재의무를 부담하고 적재작업 중에 발생하는 물품의 멸실 또는 훼손의 위험은 매도인이 부담한다.)

(6) 수출통관(export clearance)

물품이 매도인의 영업구내에서 또는 정형적으로 매도인의 국가나 관세동맹지역내에 있는 다른 지정지점에서 매수인의 처분하에 놓인 때에 인도가 일어나므로, 매도인은 수출통관이나 운송 중에 물품이 통과할 제3국의 통관을 수행할 의무가 없다. 사실 EXW는 물품을 수출한 의사가 전혀 없는 국내거래에 적절하다. 수출통관에 관한 매도인의 참여는 물품수출을 위하여 매수인이 요청할 수 있는 서류와 정보를 취득하는 데 협력을 제공하는 것에 한정된다. 매수인이 물품을 수출하기를 원하나 수출통관을 하는 데 어려움이 예상되는 경우에, 매수인은 수출통관을 할 의무와 그에 관한 비용을 매도인이 부담하는 FCA 규칙을 선택하는 것이 더 좋다.

- 인도장소가 공장일 경우 : US$10,00/pc EXW Abc Factory, 155-40 Baejae-ro, Seo-gu, Daejeon, Korea, Incoterms® 2020.
- 인도장소가 광산일 경우 : US$10,00/pc EXW Abc Mine, 155 Baejae-ro, Seo-gu, Daejeon, Korea, Incoterms® 2020.
- 인도장소가 경작지일 경우 : US$10,00/pc EXW Abc Plantation, 100 Baejae-ro, Seo-gu, Daejeon Korea, Incoterms® 2020.

1. Delivery and risk -"Ex works' means that the seller delivers the goods to the buyer

- ▸ when it places the goods at the disposal of the buyer at a named place (like a factory or warehouse), and
- ▸ that named place may or may not be the seller's premises.

For delivery to occur, the seller does not need to load the goods on any collecting vehicle, nor does it need to clear the goods for export, where such clearance is applicable.

2. Mode of transport - This rule may be used irrespective of the mode or modes of transport, if any, selected.

3. place or precise point of delivery - The parties need only name the place of delivery. However, the parties are well advised also to specify as clearly as possible the precise point within the named place of delivery. A named precise point of delivery makes it clear to both parties when the goods are delivered and when risk transfers to the buyer; such precision also marks the point at which costs are for the buyer's account. If the parties do not name the point of delivery, then they are taken to have left it to the seller to select the point "that best suits its purpose". This means that the buyer may incur the risk that the seller may choose a point just before the point at which goods are lost or damaged. Best for the buyer therefore to select the precise point within a place where delivery will occur.

4. A note of caution to buyers - EXW is the incoterms® rule which imposes the least set of obligations on the seller. From the buyer's perspective, therefore, the rule should be used with care for different reasons as set out below.

5. Loading risk - Delivery happens - and risk transfers - when the goods are placed, not loaded, at the buyer's disposal. However, risk of loss of or damage to the goods occurring while the loading operation is carried out by the seller, as it may well be, might arguably lie with the buyer, who has not physically participated in the loading. Given this possibility, it would be advisable, where the seller is to load the goods, for the parties to agree in advance who is to bear the risk of any loss of or damage to the goods during loading. This is a common situation simply because the seller is more likely to have the necessary loading equipment at its own premises or because applicable safety or security rules prevent access to the seller's premises by unauthorised personnel. Where the buyer is keen to avoid any risk during loading at the seller's premises, then the buyer ought to consider choosing the FCA rule (under which, if the goods are delivered at the seller's premises, the seller owes the buyer an obligation to load, with the risk of loss of or damage to the goods during that operation remaining with the seller).

6. Export clearance - With delivery happening when the goods are at the buyer's disposal either at the seller's premises or at another named point typically within the seller's jurisdiction or within the same Customs Union, there is no obligation on the seller to organise export clearance or clearance within third countries through which the goods pass in transit. Indeed, EXW may be suitable for domestic trades, where there is no intention at all to export the goods. The seller's participation in export clearance is limited to providing assistance in obtaining such documents and information as the buyer may require for the purpose of exporting the goods. Where the buyer intends to export the goods and where it anticipates difficulty in obtaining export clearance, the buyer would be better advised to choose the FCA rule, under which the obligation and cost of obtaining export clearance lies with the seller.

공장인도규칙(Ex Works : EXW)이란 매도인이 지정장소 또는 그 지정장소 내에 합의지점이 있는 경우에는 그 지점에서 매수인의 수취용 차량(collecting vehicle)에 수출통관하지 않은 상태로 계약물품을 매수인의 임의처분 하에 놓아 두면 되고 그 때까지의 위험과 비용을 부담한다. 매도인은 매수인의 수취용 차량에 적재할 필요가 없으며, 물품 인도를 위한 지정장소 또는 합의지점은 매도인의 구내(premises)일 수도 있고 또는 기타 다른 장소(공장 창고 등)일 수도 있다.

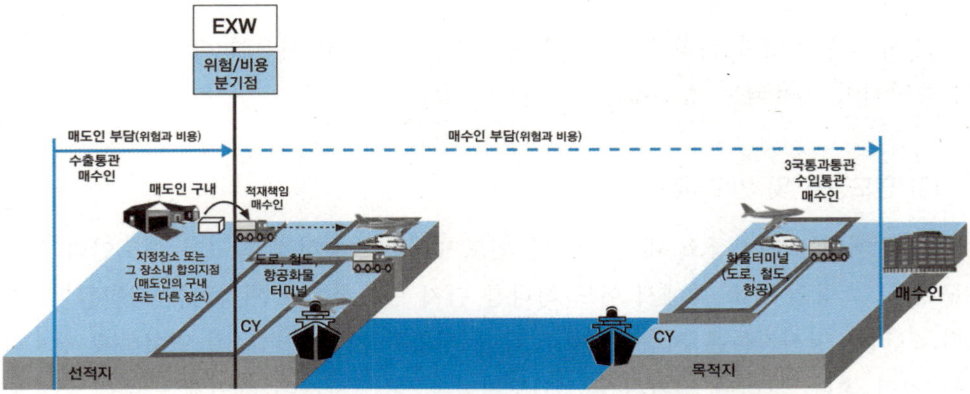

- 인도 및 위험이전시기 : 물품을 지정장소 또는 그 장소내 합의지점에서 매수인의 임의처분 하에 놓아둔 때
- 비용의 분기점 : 인도 및 위험이전시기와 동일
- 수출통관, 제3국통과통관 및 수입통관 : 매수인 책임
- 매도인이 물품적재에 유리한 입장에 있더라도 매수인의 수취용 차량에 적재의무 없음
- 매도인은 수출통관의무가 없고 단지 수출통관이행에 협조할 뿐임
- 매도인이 자신의 위험과 비용으로 적재하기 원하는 경우에는 FCA규칙이 적합함
- 물품인도를 위한 지정장소(공장이나 창고 등)는 매도인의 구내일수도 있고 다른 장소일 수도 있다.

2) FCA(Free Carrier) 운송인인도규칙

FCA(insert named place of delivery) Incoterms® 2020

(1) 인도와 위험(delivery and risk)

운송인인도규칙(FCA)은 매도인이 물품을 매수인에게 다음과 같은 두 가지 방법 중 어느 하나로 인도하는 것을 의미한다.

첫째, 지정장소가 매도인의 영업구내인 경우, 물품은 다음과 같이 된 때 인도된다.

- ▸ 물품이 매수인이 마련한 운송수단에 적재된 때

둘째, 지정장소가 그 밖의 장소인 경우, 물품은 다음과 같이 된 때 인도된다.

- ▸ 매도인의 운송수단에 적재되어서
- ▸ 지정장소에 도착하고
- ▸ 매도인의 운송수단에 적재된 채 양륙준비된 상태로
- ▸ 매수인이 지정한 운송인이나 기타 당사자의 처분하에 놓인 때

그러한 두 장소 중에서 인도장소로 선택되는 장소는 위험이 매수인에게 이전하는 곳 이자 또한 매수인이 비용을 부담하기 시작하는 시점이 된다.

(2) 운송방식(mode of transport)

본 규칙은 어떠한 운송방식이 선택되는지를 불문하고 사용할 수 있고 둘 이상의 운송방식이 이용되는 경우에는 사용할 수 있다.

(3) 인도장소 및 인도지점

FCA 매매는 지정장소 내에 정확한 인도지점을 명시하지 않고서 매도인의 영업구내나 그 밖의 장소 중에서 어느 하나를 단지 인도장소로 지정하여 체결될 수 있다. 그러나 당사자들은 지정인도장소 내에 정확한 지점도 가급적 명확하게 명시하는 것이 좋다. 그러한 정확한 지정인도지점은 양 당사자에게 언제 물품이 인도되는지와 언제 위험이 매수인에게 이전하는지 명확하게 하며, 또한 그러한 정확한 지점은 매수인의 비용부담의 기준점을 확정한다. 그러나 정확한 지점이 지정되지 않은 경우에는 매수인에게 문제가 생길 수 있다. 이러한 경우에 매도인은 "그의 목적에 가장 적합한" 지점을 선택할 권리를 갖는다. 즉 이러한 경우에 매도인은 "그의 목적에 가장 적합한" 지점을 선택할 권리를 갖는다. 즉 이러한 지점이 곧 인도지점이 되고 그곳에서부터 위험과 비용이 매수인에게 이전한다. 계약에서 이를 지정하지 않아서 정확한 인도지점이 정해지지 않은 경우에, 당사자들은 매도인이 "자신의 목적에 가장 적합한" 지점을 선택하도록 한 것으로 된다. 이는 매수인으로서는 매도인이 물품의 멸실 또는 훼손이 발생한 지점이 아닌 그 직전의 지점을 선택할 수도 있는 위험이 있음을 의미한다. 따라서 매수인으로서는 인도가 이루어질 장소 내에 정확한 지점을 선택하는 것이 가장 좋다

(4) '또는 그렇게 인도된 물품을 조달한다'

여기에 "조달한다"(procure)고 규정한 것은 꼭 이 분야에서 그런 것만은 아니지만 특히 일차산품거래(commodity trades)에서 일반적인 수차에 걸쳐 연속적으로 이루어지는 매매('연속매매', 'string sales')에 대응하기 위함이다.

(5) 수출/수입통관

FCA에서는 해당되는 경우에 매도인이 물품의 수출통관을 하여야 한다. 그러나 매도인은 물품의 수입을 위한 또는 제3국 통과를 위한 통관을 하거나 수입관세를 납부하거나 수입통관절차를 수행할 의무가 없다.

(6) FCA 매매에서 본선적재표기가 있는 선하증권

이미 언급하였듯이 FCA는 사용되는 운송방식이 어떠한지를 불문하고 사용할 수 있다. 이제는 매수인의 도로운송인이 라스베이거스에서 물품의 수거(pick up)한다고 할 때, 라스베이거스에서 운송인으로부터 본선적재표기가 있는 선하증권을 발급받기를 기대 하는 것이 오히려 일반적이지 않다. 라스베이거스는 항구가 아니어서 선박이 물품적재를 위하여 그곳으로 갈 수 없기 때문이다. 그럼에도 FCA Las Vegas 조건으로 매매하는 매도인은 때로는 (전형적으로 은행의 추심조건이나 신용장조건 때문에) 무엇보다도 물품이 라스베이거스에서 운송을 위하여 수령된 것으로 기재될 뿐만 아니라 그것이 로스앤젤레스에서 선적되었다고 기재된 본선적재표기가 있는 선하증권이 필요한 상황에 처하게 된다. 본선적재표기가 있는 선하증권을 필요로 하는 FCA 매도인의 이러한 가능성에 대응하기 위하여 인코텀즈 2020 FCA에서는 처음으로 다음과 같은 선택적 기제를 규정한다. 당사자들이 계약에서 합의한 경우에 매수인은 그의 운송인에게 본선적재표기가 있는 선하증권을 매도인에게 발행하도록 지시하여야 한다. 물론 운송인으로서는 물품이 로스앤젤레스에서 본선적재된 때에만 그러한 선하증권을 발행할 의무가 있고 또 그렇게 할 권리가 있기 때문에 매수인의 요청에 응할 수도 응하지 않을 수도 있다. 그러나 운송인이 매수인의 비용과 위험으로 매도인에게 선하증권을 발행하는 경우에는 매도인은 바로 그 선하증권을 매수인에게 제공하여야 하고 매수인은 운송인으로부터 물품을 수령하기 위하여 그 선하증권이 필요하다. 물론 당사자들의 합의에 의하여 매도인이 매수인에게 물품의 본선적재 사실이 아니라 단지 물품이 선적을 위하여 수령 되었다는 사실을 기재한 선하증권을 제시하는 경우에는 이러한 선택적 기제는 불필요하다. 또한 강조되어야 할 것으로 이러한 선택적 기제가 적용되는 경우에도 매도인은 매수인에 대하여 운송계약조건에 관한 어떠한 의무도 없다. 끝으로, 이러한 선택적 기제가 적용되는 경우에 내륙의 인도일자와 본선적재일자는 부득이 다를 수 있을 것이고, 이로 인하여 매도인에게 신용장상 어려움이 발생할 수 있다.

- 복합운송의 경우 : US$12,00/pc FCA 1826, Jungangdae-ro, Geumjeong-gu, Busan, Korea, Incoterms® 2020.
- 항공운송의 경우 : US$12,00/pc FCA Incheon Airport Cargo Terminal, 271, Gong-hang-ro Jung-gu, Incheon Korea, Incoterms® 2020.
- 해상운송의 경우 : US$12,00/pc FCA Busan Container Terminal, 179, Bukhang-ro, Nam-gu, Busan Korea, Incoterms® 2020.
- 해상운송의 경우 : US$ 12.00/pc FOB Busan Port, 330 Sinhangnam-ro, Gangseo-gu, Busan, Korea, Incoterms® 2020.
- 철도운송의 경우 : US$12,00/pc FCA Daejeon Station, 215 Jungang-ro, Dong-gu, Daejeon Korea, Incoterms® 2020.
- 도로운송의 경우 : US$12,00/pc FCA, 155-40 Baejae-ro, Seo-gu, Daejeon, Korea, Incoterms® 2020.

1. Delivery and risk - "Free Carrier(named place)" means that the seller delivers the goods to the buyer in one or other of two ways.

▶ Frist, when the named place is the seller's premises, the goods are delivered.
  ▸ when they are loaded on the means of transport arranged by the buyer.

▶ Second, when the named place is another place, the goods are delivered
  ▸ when, having been loaded on the seller's means of transport,
  ▸ they reach the named other place and
  ▸ are ready for unloading from that seller's means of transport and
  ▸ at the disposal of the carrier or of another person nominated by the buyer

Whichever of the two is chosen as the place of delivery, that place identifies where risk transfers to the buyer and the time from which costs are for the buyer's account.

2. Mode of transport - This rule may be used irrespective of the mode of transport selected and may also be used where more than one mode of transport is employed.

3. Place or point of delivery - A sale under FCA can be concluded naming only the place of delivery, either at the seller's premises or elsewhere, without specifying the precise point of delivery within that named place. However, the parties are well advised also to specify as clearly as possible the precise point within the named place of delivery. A named precise point of delivery makes it clear to both parties when the goods are delivered and when risk transfers to the buyer; such precision also marks the point at which costs are for the buyer's account. Where the precise point is not identified, however, this may cause problems for the buyer. The seller in this case has the right to select the point "that best suits its purpose": that point becomes the point of delivery, from which risk and costs transfer to the buyer. If the precise point of delivery is not identified by naming it in the contract, then parties are taken to have left it to the seller to select the point "that best suits its purpose". This means that the buyer may incur the risk that the seller may choose a point just before the point at which goods are lost or damaged. Best for the buyer therefore to select the precise point within a place where delivery will occur.

4. 'or procure goods so delivered' - The reference to "procure" here caters for multiple sales down a chain (string sales), particularly, although not exclusively, common in the commodity trades.

5. Export/import clearance - FCA requires the seller to clear the goods for export, where applicable, However, the seller has no obligation to clear the goods for import or for transit through third countries, to pay any import duty or to carry out any import customs formalities.

6. Bills of lading with an on-board notation in FCA sales - We have already seen that FCA is intended for use irrespective of the mode or modes of transport used. Now if goods are being picked up by the buyer's road-haulier in Las Vegas, it would be rather uncommon to expect a bill of lading with an on-board notation to be issued by the carrier from Las Vegas, which is not a port and which a vessel cannot reach for goods to be placed on board. Nonetheless, sellers selling FCA Las Vegas do sometimes find themselves in a situation where they need a bill of lading with an on-board notation(typically because of a bank collection or a letter of credit requirement), albeit necessarily stating that the goods have been placed on board in Los Angeles as well as stating that they were received for carriage in Las Vegas. To cater for this possibility of an FCA seller needing a bill of lading with an on-board notation, FCA incoterms 2020® has, for the first time, provided the following optional mechanism. If the parties have so agreed in the contract, the buyer must instruct its carrier to issue a bill of lading with an on-board notation to the seller. The carrier may or may not, of course, accede to the buyer's request, given that the carrier is only bound and entitled to issue such a bill of lading once the goods are on board in Los Angeles. However, if and when the bill of lading is issued to the seller by the carrier at the buyer's cost and risk, the seller must provide that same document to the buyer, who will need the bill of leading in order to obtain discharge of the goods from the carrier. This optional mechanism becomes unnecessary, of course, if the parties have agreed that the seller will present to the buyer a bill of lading stating simply that the goods have been received for shipment rather than that have been shipped on board. Moreover, it should be emphasised that even where this optional mechanism is adopted, the seller is under no obligation to the buyer as to the terms of the contract of carriage. Finally, when this optional mechanism is adopted, the dates of delivery inland and loading on board will necessarily be different, which may well create difficulties for the seller under a letter of credit.

운송인인도규칙(Free Carrier : FCA)이란 매도인이 물품을 지정장소에서, 또는 그 지정장소 내의 지정된 지점이 있는 경우에는 그 지점에서 매수인이 지정한 운송인 또는 기타의 자에게 인도하거나 또는 그렇게 인도된 물품을 조달하는 것을 의미한다. 인도장소가 매도인의 구내(seller's premises)인 경우 매수인이 제공한 운송수단 상에 물품을 적재한 때 인도가 이루어지고, 인도장소가 그 밖의 장소인 경우(운송인의 구내) 물품이 매도인의 운송수단에 적재되어 있는 상태로(양륙되지 않은 상태로) 매수인이 지정한 운송인 또는 그 밖의 당사자의 임의처분상태에 둘 때 인도가 이루어진다.

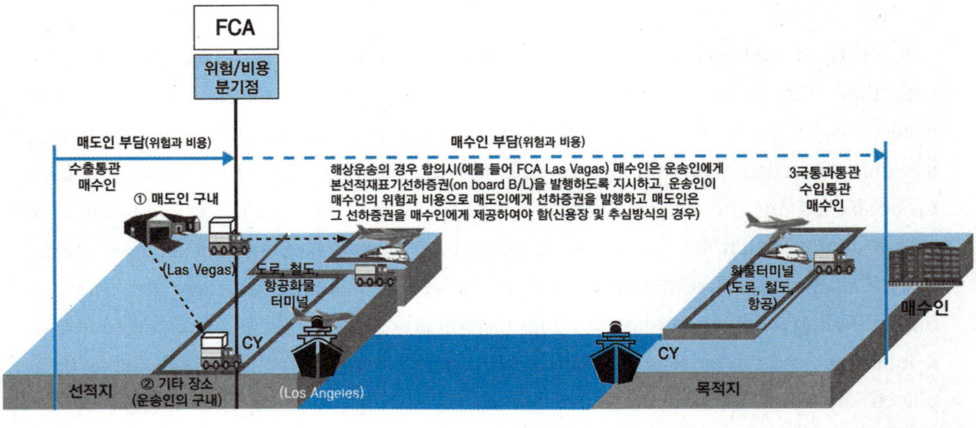

- 인도 및 위험이전시기 : 물품을 지정장소 또는 지정장소 내 합의지점에서 매수인이 지정한 운송인 또는 기타의 자에게 인도하거나 또는 그렇게 인도된 물품을 조달한 때
  ① 매도인의 구내 : 매수인이 지정한 운송수단 상에 물품이 적재된 때
  ② 그 밖의 장소 : 매도인의 도착운송수단 상에서 매수인이 지정한 운송인 또는 기타의 자에게 인도한 때
- 비용의 분기점 : 인도 및 위험이전시기와 동일
- 수출통관 : 매도인, 통과 · 수입통관 : 매수인
- 해상운송시 : 매수인이 운송인에게 본선적재표기 선하증권 발행지시, 매도인이 운송서류를 매수인에게 제공

3) CPT(Carriage Paid To) 운송비지급인도규칙
CPT(insert named place of destination) Incoterms® 2020

(1) 인도와 위험(delivery and risk)

"운송비지급인도"는 매도인이 다음과 같이 매수인에게 물품을 인도하는 것을 - 그리고 위험을 이전하는 것을 - 의미한다.

▶ 매도인과 계약을 체결한 운송인에게

▶ 물품을 교부함으로써

▶ 또는 그렇게 인도된 물품을 조달함으로써.

▶ 매도인은 사용되는 운송수단에 적합한 방법으로 그에 적합한 장소에서 운송인에게 물품의 물리적 점유를 이전함으로써 물품을 인도할 수 있다.

물품이 이러한 방법으로 매수인에게 인도되면 매도인은 그 물품이 목적지에 양호한 상태로 그리고 명시된 수량 또는 그 전량이 도착할 것을 보장하지 않는다. 왜냐하면 물품이 운송인에게 교부됨으로써 매수인에게 인도된 때 위험은 매도인으로부터 매수인에게 이전하기 때문이다. 그러나 매도인은 물품을 인도지로부터 합의된 목적지까지 운송하는 계약을 체결하여야 한다. 따라서 예컨대 (항구인) 사우샘프턴이나 (항구가 아닌) 윈체스터까지 운송하기 위하여 (항구가 아닌) 라스베이거스에서 운송인에게 물품이 교부된다. 이러한 각각의 경우에 위험을 매수인에게 이전시키는 인도는 라스베이거스에서 일어나고 매도인은 사우샘프턴이나 윈체스터로 향하는 운송계약을 체결하여야 한다.

(2) 운송방식(mode of transport)

본 규칙은 어떠한 운송방식이 선택되는지를 불문하고 사용할 수 있고 둘 이상의 운송방식이 이용되는 경우에도 사용할 수 있다.

(3) 인도장소(또는 인도지점)와 목적지

CPT에서는 두 곳이 중요하다. 물품이 (위험이전을 위하여) 인도되는 장소 또는 지점(있는 경우)이 그 하나이고, 물품의 목적지로서 합의된 장소 또는 지점이 다른 하나이다(매도인은 이 지점까지 운송계약을 체결하기로 약속하기 때문이다).

(4) 정확한 인도장소 또는 인도지점 지정

당사자들은 매매계약에서 가급적 정확하게 두 장소 (인도장소 및 목적지) 또는 그러한 두 장소 내의 실제 지점들을 지정하는 것이 좋다. 인도장소나 인도지점(있는 경우)을 가급적 정확하게 지정하는 것은 복수의 운송인이 참여하여 인도지부터 목적지까지 사이에 각자 상이한 운송구간을 담당하는 일반적인 상황에 대응하기 위하여 중요하다. 이러한 상황에서 당사자들이 특정한 인도장소나 인도지점을 합의하지 않는 경우에[본 규칙이 규정하는] 보충적 입장은, 위험은 물품이 매도인이 전적으로 선택하고 그에 대하여 매수인이 전혀 통제할 수 없는 지점에서 제1운송인에게 인도된 때 이전한다는 것이다. 그 후의 어느 단계에서 (예컨대 바다나 강의 항구로부터 멀리 있는 내륙의 어느 지점에서) 위험이 이전되길 원한다면, 당사자들은 이를 매매계약에 명시하고 물품이 실제로 멸실 또는 훼손되는 경우에 그렇게 하는 것의 결과가 어떻게 되는지를 신중하게 생각할 필요가 있다.

(5) 가능한 정확한 목적지 지정

당사자들은 또한 매매계약에서 합의된 목적지 내의 지점을 가급적 정확하게 지정하는 것이 좋다. 그 지점까지 매도인은 운송계약을 체결하여야 하고 그 지점까지 발생하는 운송비용을 매도인이 부담하기 때문이다.

(6) '또는 그렇게 인도된 물품을 조달한다'

여기에 "조달한다"(procure)고 규정한 것은 꼭 이 분야에서 그런 것만은 아니지만 특히 일차산품거래(commodity trades)에서 일반적인 수차에 걸쳐 연속적으로 이루어지는 매매('연속매매', 'string sales')에 대응하기 위함이다.

(7) 목적지의 양륙비용

매도인이 자신의 운송계약상 지정목적지에서 양하에 관하여 비용이 발생한 경우에 매도인은 당사자간에 달리 합의되지 않은 한 그러한 비용을 매수인으로부터 별도로 상환받을 권리가 없다.

(8) 수출 · 수입통관

CPT에서는 해당되는 경우에 매도인이 물품의 수출통관을 하여야 한다. 그러나 매도인은 물품의 수입을 위한 또는 제3국 통과를 위한 통관을 하거나 수입관세를 납부하거나 수입통관절차를 수행할 의무가 없다.

- 복합운송 : US$14.00/pc CPT The Liberty Warehouse, 260 Conover St. Brooklyn, NY 11231, NY USA, Incoterms® 2020.
- 항공운송 : US$14.00/pc CPT Swissport Cargo Service, 618 South Access Road, Chicago, USA, Incoterms® 2020.
- 해상운송 : US$14.00/pc CPT New York Port, 70 Hamilton Ave. Brooklyn New York, USA, Incoterms® 2020.
- 철도운송 : US$14.00/pc CPT New York Station Terminal, 7th Ave & West 32nd St, New York City, NY 10001, Incoterms® 2020.
- 도로운송 : US$14.00/pc CPT Abc Cargo Terminal, 40-42 Street & 625 8th Ave. New York, NY 10018, Incoterms® 2020.

1. Delivery and risk - "Carriage Paid To" means that the seller delivers the goods - and transfers the risk - to the buyer

▶ by handing them over to the carrier
▶ contracted by the seller
▶ or by procuring the goods so delivered.
▶ The seller may do so by giving the carrier physical possession of the goods in the manner and at the place appropriate to the means of transport used.

Once the goods have been delivered to the buyer in this way, the seller does not guarantee that the goods will reach the place of destination in sound condition, in the stated quantity or indeed at all. This is because risk transfers from seller to buyer when the goods are delivered to the buyer by handing them over to the carrier; the seller must nonetheless contract for the carriage of the goods from delivery to the agreed destination. Thus, for example, goods are handed over to a carrier in Las Vegas (which is not a port) for carriage to Southampton (a port) or to Winchester (which is not a port). In either case, delivery transferring risk to the buyer happens in Las Vegas, and the seller must make a contract of carriage to either Southampton or Winchester.

2. Mode of transport - This rule may be used irrespective of the mode of transport selected and may also be used where more than one mode of transport is employed.

3. Places (or points) of delivery and destination - In CPT, two locations are important: the place or point (if any) at which the goods are delivered (for the transfer of risk) and the place or point agreed as the destination of the goods (as the point to which the seller promises to contract for carriage).

4. Identifying the place or point of delivery with precision - The parties are well advised to identify both places, or indeed points within those places, as precisely as possible in the contract of sale. Identifying the place or point (if any) of delivery as precisely as possible is important to cater for the common situation where several carriers are engaged, each for different legs of the transit from delivery to destination. Where this happens and the parties do not agree on a specific place or point of delivery, the default position is that risk transfers when the goods have been delivered to the first carrier at a point entirely of the seller's choosing and over which the buyer has co control. Should the parties wish the risk to transfer at a later stage (e.g. at a sea or river port or at an airport), or indeed an earlier one (e.g. an inland point some way away from a sea or river port), they need to specify this in their contract of sale and to carefully think through the consequences of so doing in case the goods are lost or damaged.

5. Identifying the destination as precisely as possible - The parties are also well advised to identify as precisely as possible in the contract of sale the point within the agreed place of destination, as this is the point to which the seller must contract for carriage and this is the point to which the costs of carriage fall on the seller.

6. **'or procuring the goods so delivered'** - The reference to "procure" here caters for multiple sales down a chain (string sales), particularly common in the commodity trades.

7. Costs of unloading at destination - If the seller incurs costs under its contract of carriage related to unloading at the named place of destination, the seller is not entitled to recover such costs separately from the buyer unless otherwise agreed between the parties.

8. Export/import clearance - CPT requires the seller to clear the goods for export, where applicable. However, the seller has no obligation to clear the goods for import or for transit through third countries, or to pay any import duty or to carry out any import customs formalities.

운송비지급인도규칙(Carriage Paid To : CPT)이란 매도인이 인도장소 또는 인도장소 내의 합의된 인도지점이 있을 경우 그 지점에서 매도인이 지정한 운송인에게 물품을 인도하거나, 또는 그렇게 인도된 물품을 조달할 때 매도인의 인도의무는 완료되지만, 지정목적지까지 또는 합의가 있는 경우 그 지정목적지의 어느 지점까지 물품운송에 필요한 운송계약을 체결하고 운송비를 지급하여야 하는 것을 의미한다.

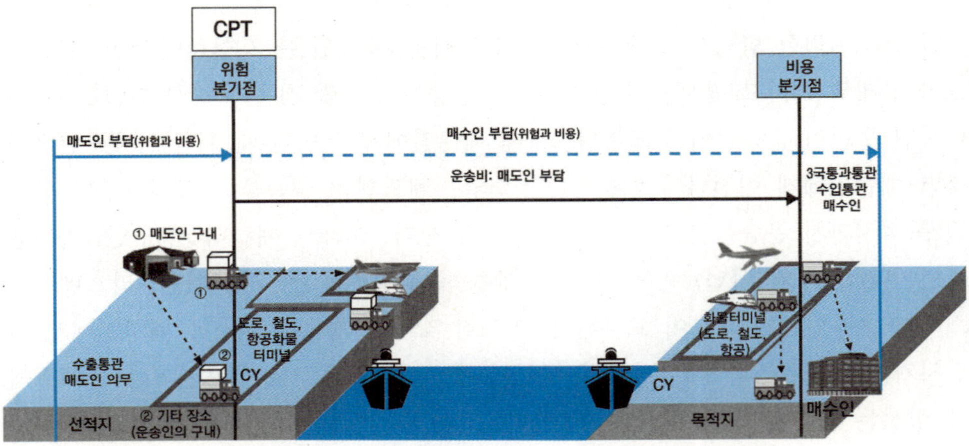

- 인도 및 위험이전시기 : 물품을 인도장소로부터 또는 그 인도장소에 합의된 인도지점이 있는 경우에는 그 지점에서 운송계약을 체결한 운송인에게 교부하거나 또는 그렇게 인도된 물품을 조달한 때
- 비용의 이전시기 : 수입국의 지정목적지 또는 지정목적지 내 합의지점까지 운송계약을 체결하고 운송비지급
- 수출통관 : 매도인부담, 수입통관 : 매수인부담
- 위험의 이전시기와 비용의 이전시기가 다름

4) CIP(Carriage and Insurance Paid To) 운송비보험료지급인도규칙 CIP(named place of destination) Incoterms® 2020

1) 사용자를 위한 설명문(explanatory notes for users)

(1) 인도와 위험(delivery and risk)

"운송비, 보험료지급인도"는 매도인이 다음과 같이 매수인에게 물품을 인도하는 것을- 그리고 위험을 이전하는 것을- 의미한다.

▶ 매도인과 계약을 체결한 운송인에게
▶ 물품을 교부함으로써
▶ 또는 그렇게 인도된 물품을 조달함으로써.
▶ 매도인은 사용되는 운송수단에 적합한 방법으로 그에 적합한 장소에서 운송인에게 물품의 물리적 점유를 이전함으로써 물품을 인도할 수 있다.

물품이 이러한 방법으로 매수인에게 인도되면, 매도인은 그 물품이 목적지에 양호한 상태로 그리고 명시된 수량 또는 그 전량이 도착할 것을 보장하지 않는다. 왜냐하면 물품이 운송인에게 교부됨으로써 매수인에게 인도된 때 위험은 매도인으로부터 매수인에게 이전하기 때문이다. 그러나 매도인은 물품을 인도지로부터 합의된 목적지까지 운송하는 계약을 체결하여야 한다. 따라서 예컨대 (항구인) 사우샘프턴이나 (항구가 아닌) 윈체스터까지 운송하기 위하여 (항구가 아닌) 라스베이거스에서 운송인에게 물품이 교부된다. 이러한 각각의 경우에 위험을 매수인에게 이전시키는 인도는 라스베이거스에서 일어나고 매도인은 사우샘프턴이나 윈체스터로 향하는 운송계약을 체결하여야 한다.

(2) 운송방식(mode of transport)

본 규칙은 어떠한 운송방식이 선택되는지를 불문하고 사용할 수 있고 둘 이상의 운송방식이 이용되는 경우에도 사용할 수 있다.

(3) 인도장소(또는 인도지점)와 목적지

CIP에서는 두 곳이 중요하다. 물품이 (위험이전을 위하여) 인도되는 장소 또는 지점이 그 하나이고, 물품의 목적지로서 합의된 장소 또는 지점이 다른 하나이다.

(매도인은 이 지점까지 운송계약을 체결하기로 약속하기 때문이다.)

(4) 보험

매도인은 또한 인도지점부터 적어도 목적지점까지 매수인의 물품의 멸실 또는 훼손 위험에 대하여 보험계약을 체결하여야 한다. 이는 목적지 국가가 자국의 보험자에게 부보하도록 요구하는 경우에는 어려움을 야기할 수 있다. 이러한 경우에 당사자들은 CPT로 매매하는 것을 고려하여야 한다. 또한 매수인은 인코텀즈 2020 CIP 하에서 매도이능ㄴ 협회적하약관의 C-약관에 의한 제한적인 담보조건이 아니라 협회적하약관의 A-약관이나 그와 유사한 약관에 따른 광범위한 담보조건으로 부보하여야 한다는 것을 유의하여야 한다. 그러나 당사자들은 여전히 더 낮은 수준의 담보조건으로 부보하기로 합의할 수 있다.

(5) 정확한 인도장소 또는 인도지점 지정

당사자들은 매매계약에서 가급적 정확하게 두 장소(인도장소 및 목적지) 또는 그러한 두 장소 내의 실제 지점들을 지정하는 것이 좋다. 인도장소나 인도지점(있는 경우)을 가급적 정확하게 지정하는 것은 복수의 운송인이 참여하여 인도지부터 목적지까지 사이에 각자 상이한 운송구간을 담당하는 일반적인 상황에 대응하기 위하여 중요하다. 이러한 상황에서 당사자들이 특정한 인도장소나 인도지점을 합의하지 않는 경우에 [본 규칙이 규정하는] 보충적 입장은, 위험은 물품이 매도인이 전적으로 선택하고 그에 대하여 매수인이 전혀 통제할 수 없는 지점에서 제1운송인에게 인도된 때 이전한다는 것이다. 그 후의 어느 단계에서 (예컨대 바다나 강의 항구에서 또는 공항에서) 또는 그 전의 어느 단계에서 (예컨대 바다나 강의 항구로부터 멀리 있는 내륙의 어느 지점에서) 위험이 이전되길 원한다면, 당사자들은 이를 매매계약에 명시하고 물품이 실제로 멸실 또는 훼손되는 경우에 그렇게 하는 것의 결과가 어떻게 되는지를 신중하게 생각할 필요가 있다.

(6) 가능한 정확한 목적지 지정

당사자들은 매매계약에서 합의된 목적지 내의 지점을 가능한 정확하게 지정하는 것이 좋다. 그 지점까지 매도인은 운송계약과 보험계약을 체결하여야 하고 그 지점까지 발생하는 운송비용과 보험비용을 매도인이 부담하기 때문이다.

(7) '또는 그렇게 인도된 물품을 조달함'

여기에 "조달한다"(procure)고 규정한 것은 특히 일차산품거래 (commodity trades)에서 일반적인 수차에 걸쳐 연속적으로 이루어지는 매매('연속매매', 'string sales')에 대응하기 위함이다.

(8) 목적지의 양륙비용

매도인이 자신의 운송계약상 지정목적지에서 양하에 관하여 비용이 발생한 경우에 매도인은 당사자간에 달리 합의되지 않은 한 그러한 비용을 매수인으로부터 별도로 상환받을 권리가 없다.

(9) 수출 · 수입통관

CIP에서는 해당되는 경우에 매도인이 물품의 수출통관을 하여야 한다. 그러나 매도인은 물품의 수입을 위한 또는 제3국 통과를 위한 통관을 하거나 수입관세를 납부하거나 수입통관절차를 수행할 의무가 없다.

- 복합운송 : US$15.00/pc CIP The Liberty Warehouse, 260 Conover St. Brooklyn, NY 11231, NY USA, Incoterms® 2020.
- 항공운송 : US$15.00/pc CIP Swissport Cargo Service, 618 South Access Road, Chicago, USA, Incoterms® 2020.
- 해상운송 : US$15.00/pc CIP New York Port, 70 Hamilton Ave. Brooklyn New York, USA, Incoterms® 2020.
- 철도운송 : US$15.00/pc CIP New York Station Terminal, 7th Ave 32nd St, New York City, NY 10001, Incoterms® 2020.
- 도로운송 : US$15.00/pc CIP Abc Cargo Terminal, 40-42 Street & 625 8th Ave. New York, NY 10018, Incoterms® 2020.

1. Delivery and risk - "Carriage and Insurance Paid To" means that the seller delivers the goods - and transfers the risk - to the buyer

- ▶ by handing them over to the carrier
- ▶ contracted by the seller
- ▶ or by procuring the goods so delivered.
- ▶ The seller may do so by giving the carrier physical possession of the goods in the manner and at the place appropriate to the means of transport used.

Once the goods have been delivered to the buyer in this way, the seller does not guarantee that the goods will reach the place of destination in sound condition, in the stated quantity or indeed at all. This is because risk transfers from seller to buyer when the goods are delivered to the buyer by handing them over to the carrier; the seller must nonetheless contract for the carriage of the goods from delivery to the agreed destination. Thus, for example, goods are handed over to a carrier in Las Vegas (which is not a port) for carriage to Southampton (a port) or to Winchester (which is not a port). In either case, delivery transferring risk to the buyer happens in Las Vegas, and the seller must make a contract of carriage to either Southampton or Winchester.

2. Mode of transport - This rule may be used irrespective of the mode of transport selected and may also be used where more than one mode of transport is employed.

3. Places (or points) of delivery and destination - In CIP two locations are important: the place or point at which the goods are delivered (for the transfer of risk) and the place or point agreed as the destination of the goods (as the point to which the seller promises to contract for carriage).

4. Insurance - The seller must also contract for insurance cover against the buyer's risk of loss of or damage to the goods from the point of delivery to at least the point of destination. This may cause difficulty where the destination country requires insurance cover to be purchased locally: in this case the parties should consider selling and buying under CPT. The buyer should also note that under the CIP Incoterms® 2020 rule the seller is required to obtain extensive insurance cover complying with Institute Cargo Clauses (A) or similar clause, rather than with the more limited cover under Institute Cargo Clauses (C). It is, however, still open to the parties to agree on a lower level of cover.

5. Identifying the place or point of delivery with precision - The parties are well advised to identify both places, or indeed points within those places, as precisely as possible in the contract of sale. Identifying the place or point (if any) of delivery as precisely as possible is important to cater for the common situation where several carriers are engaged, each for different legs of the transit from delivery to destination. Where this happens and the parties do not agree on a specific place or point of delivery, the default position is that risk transfers when the goods have been delivered to the first carrier at a point entirely of the seller's choosing and over which the buyer has no control. Should the parties wish the risk to transfer at a later stage(e.g. at a sea or river port or at an airport), or indeed an early one (e.g. an inland point some way away from a sea or river port), they need to specify this in their contract of sale and to carefully think through the consequences of so doing in case the goods are lost or damaged.

6. Identifying the destination as precisely as possible - The parties are also well advised to identify as precisely as possible in the contract of sale the point within the agreed place of destination, as this is the point to which the seller must contract for carriage and insurance and this is the point to which the costs of carriage and insurance fall on the seller.

7. 'or procuring the goods so delivered' - The reference to "procure" here caters for multiple sales down a chain (string sales), particularly common in the commodity trades.

8. Costs of unloading at destination - If the seller incurs costs under its contract of carriage related to unloading at the named place of destination, the seller is not entitled to recover such costs separately from the buyer unless otherwise agreed between the parties.

9. Export/import clearance - CIP requires the seller to clear the goods for export, where applicable. However, the seller has no obligation to clear the goods for import or for transit through third countries, or to pay any import duty or to carry out any import customs formalities.

운송비보험료지급인도규칙(Carriage and Insurance Paid To : CIP)이란 인도장소 또는 인도장소 내의 합의된 인도지점이 있을 경우 그 지점에서 매도인이 지정한 운송인[5]에게 물품을 인도하거나, 또는 그렇게 인도된 물품을 조달할 때 매도인의 인도의무는 완료되지만, 지정목적지까지 또는 합의가 있는 경우 그 지정목적지의 어느 지점까지 물품운송에 필요한 운송계약을 체결하고 운송비를 지급함은 물론 운송 중 물품의 멸실 또는 손상에 대한 매수인의 위험에 대하여 보험계약을 체결하고 보험료를 지급하여야 하는 것을 의미한다.

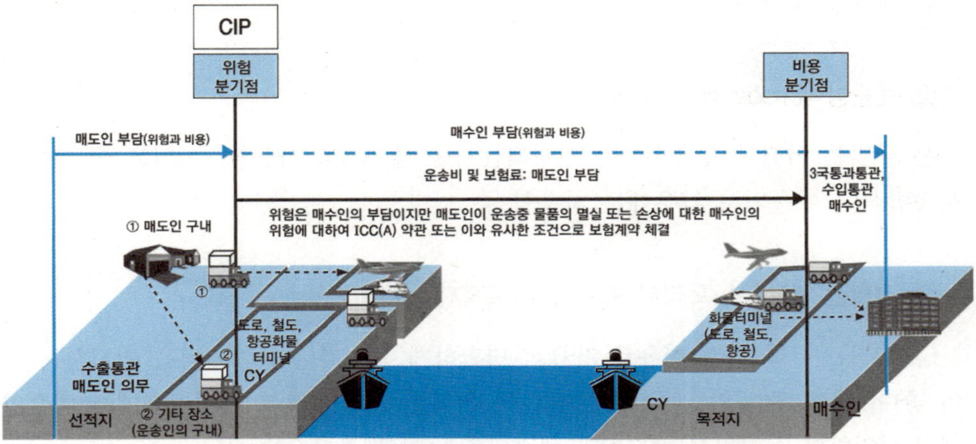

- 인도 및 위험이전시기 : 물품을 인도장소로부터 또는 그 인도장소에 합의된 인도지점이 있는 경우에는 그 지점에서 운송계약을 체결한 운송인에게 교부하거나 또는 그렇게 인도된 물품을 조달한 때
- 비용의 이전시기 : 수입국의 지정목적지 또는 지정목적지 내 합의지점까지 운송계약을 체결하고 운송비지급
- 수출통관 : 매도인부담, 수입통관 : 매수인부담
- 위험의 이전시기와 비용의 이전시기가 다름
- 매도인이 운송 중 물품의 손실 및 손상에 대한 매수인의 위험에 대하여 최대담보조건[ICC(A)]으로 보험 부보

5) DAP(Delivered At Place) 목적지인도규칙
DAP(insert named place of destination) Incoterms® 2020

(1) 인도와 위험(delivery and risk)

"도착지인도"는 다음과 같이 된 때 매도인이 매수인에게 물품을 인도하는 것을-그리고 위험을 이전하는 것을-의미한다.

- ▶ 물품이 지정목적지에서 또는
- ▶ 지정목적지 내에 어떠한 지점이 합의된 경우에는 그 지점에서
- ▶ 도착운동수단에 실어둔 채 양륙준비된 상태로

5) 운송인(carrier)은 FCA, CIP규칙과 마찬가지로 운송계약을 체결하는 해상운송인, 도로운송인, 철도운송인 또는 복합운송인을 말한다. 운송인이라고 하는 의미는 매도인이 지명한 운송인은 물론 기타 당사자까지 모두 포함되는 개념이다.

▶ 매수인의 처분하에 놓인 때

매도인은 물품을 지정목적지까지 또는 지정목적지 내의 합의된 지점까지 가져가는 데 수반되는 모든 위험을 부담한다. 따라서 본 인코텀즈규칙에서 인도와 목적지의 도착은 같은 것이다.

(2) 운송방식(mode of transport)

본 규칙은 어떠한 운송방식이 선택되는지를 불문하고 사용할 수 있고 둘 이상의 운송방식이 이용되는 경우에는 사용할 수 있다.

(3) 정확한 인도장소/목적지 또는 인도/목적지점 지정

당사자들은 `몇 가지 이유로 가급적 명확하게 목적지나 목적지점을 명시하는 것이 좋다. 첫째, 물품의 멸실 또는 훼손의 위험은 그러한 인도/목적지점에서 매수인에게 이전한다. - 따라서 매도인과 매수인은 그러한 결정적인 이전이 일어나는 지점에 대하여 명확하게 해두는 것이 가장 좋다. 둘째, 그러한 인도장소/목적지 또는 인도/목적지점 전의 비용은 매도인이 부담하고 그 후의 비용은 매수인이 부담한다. 셋째, 매도인은 물품을 합의된 인도장소/목적지 또는 인도/목적지점까지 운송하는 계약을 체결하거나 그러한 운송을 마련하여야 한다. 그렇게 하지 않는 경우에 매도인은 인코텀즈 DAP규칙상 그의 의무를 위반한 것이 되고 매수인에 대하여 그에 따른 손해배상책임을 지게 된다. 따라서 예컨대 매도인은 추가적인 후속운송(on-carriage)을 운송인이 매수인에게 부과하는 추가비용에 대하여 책임을 지게 된다.

(4) '또는 그렇게 인도된 물품을 조달함'

여기에 "조달한다"(procure)고 규정한 것은 특히 일차산품거래(commodity trades)에서 일반적인 수차에 걸쳐 연속적으로 이루어지는 매매('연속매매', 'string sales')에 대응하기 위함이다.

(5) 양륙비용

매도인은 도착운송수단으로부터 물품을 양하(unload)할 필요가 없다. 그러나 매도인이 자신의 운송계약상 인도장소/목적지에서 양륙에 관하여 비용이 발생한 경

우에 매도인은 당사자 간에 달리 합의되지 않은 한 그러한 비용을 매수인으로부터 별도로 상환받을 권리가 없다.

(6) 수출/수입통관

DAP에서는 해당되는 경우에 매도인은 물품의 수출통관 및 제3국 통과를 위한 통관(수입국 제외)을 하여야 한다. 그러나 매도인은 물품의 수입을 위한 수입관세를 납부하거나 수입통관절차를 수행할 의무가 없다. 따라서 매수인이 수입통관을 못하는 경우에는 물품은 목적지 국가의 항구나 내륙터미널에 묶이게 될 것이다. 그렇다면 물품이 목적지 국가의 입국항구(port of entry)에 묶여있는 동안에 발생하는 어떤 멸실의 위험은 누가 부담하는가? 그 답은 매수인이다. 즉 아직 인도가 일어나지 않았고, B3(a)는 내륙의 지정지점으로의 통과가 재개될 때까지 물품의 멸실 또는 훼손의 위험을 매수인이 부담하도록 하기 때문이다. 만일 이러한 시나리오를 피하기 위하여 물품의 수입통관을 하고 수입관세나 세금을 납부하고 수입통관절차를 수행하는 것을 매도인이 하도록 하고자 하는 경우에는 당사자들은 DDP를 사용하는 것을 고려할 수 있다.

- 복합운송 : US$ 19.00/pc DAP Abc Warehouse at 68516 Lincoln, NE, USA, Incoterms® 2020.
- 항공운송 : US$ 19.00/pc DAP Chicago Airport, IL, USA, Incoterms® 2020.
- 해상운송 : US$ 19.00/pc DAP Long Beach Port, 231 Windsor Way Long Beach, CA 90802, USA, Incoterms® 2020.
- 철도운송 : US$ 19.00/pc DAP New York Station Terminal, 7th Ave. Corner of West 30th Street, New York, Incoterms® 2020.
- 도로운송 : US$ 19.00/pc DAP Abc Warehouse at 1322 Omaha, NE, USA, Incoterms® 2020.

1. Delivery and risk - "Delivered at Place" means that the seller delivers the goods- and transfers risk - to the buyer

▶ when the goods are placed at the disposal of the buyer
▶ on the arriving means of transport ready for unloading
▶ at the named placed of destination or
▶ at the agreed point within that place, if any such point is agreed.

The seller bears all risks involved in bringing the goods to the named place of destination or to the agreed point within that place. In this Incoterms® rule, therefore, delivery and arrival at destination are the same.

2. Mode of transport - This rule may be used irrespective of the mode of transport selected and may also be used where more than one mode of transport is employed.

3. Identifying the place or point of delivery/destination precisely - the parties are well advised to specify the destination place or point as cleary as possible and this for several reasons. First, risk of loss of or damage to the goods transfers to the buyer at that point of delivery/destination - and it is best for the seller and the buyer to be clear about the point at which the critical transfer happens. Secondly, the costs before that place or point of delivery/destination are for the account of the seller and the costs after that place or point are for the account of the buyer. Thirdly, the seller must contract or arrange for the carriage of the goods to the agreed place or point of delivery /destination. If it fails to do so, the seller is in breach of its obligations under the Incoterms DAP® rule and will be liable to the buyer for any ensuing loss. Thus, for example, the seller would be responsible for any additional costs levied by the carrier to the buyer for any additional on-carriage

4. 'or procuring the goods so delivered' - The reference to "procure" here caters for multiple sales down a chain (string sales), particularly common in the commodity trades.

5. Unloading costs - The seller is not required to unload the goods from the arriving means of transportation. However, if the seller incurs costs under its contract of carriage related to unloading at the place of delivery/destination, the seller is not entitled to recover such costs separately from the buyer unless otherwise agreed between the parties.

6. Export/import clearance - DAP requires the seller to clear the goods for export, where applicable. However, the seller has no obligation to clear the goods for import or for post-delivery transit through third countries, to pay any import duty or to carry out any import customs formalities. As a result, if the buyer fails to organise import clearance, the goods will be held up at a port or inland terminal in the destination country. Who bears the risk of any loss that might occur while the goods are thus held up at the port of entry in the destination country? The answer is the buyer: delivery will not have occurred yet, B3(a) ensuring that the risk of loss of or damage to the goods is with the buyer until transit to a named inland point can be resumed. If, in order to avoid this scenario, the parties intend the seller to clear the goods for import, pay any import duty or tax and carry out any import customs formalities, the parties might consider using DDP.

목적지인도규칙(Delivered At Place : DAP)이란 지정목적지 또는 지정목적지 내의 합의지점이 있는 경우에는 그 지점에서 양륙을 위하여 준비된 도착운송수단상에서 물품을 매수인의 임의처분 상태로 두거나 또는 그렇게 인도된 물품을 조달한 때 매도인의 인도의무가 완료되는 것을 말한다. 매도인은 지정목적지 또는 지정목적지 내의 합의지점까지 운송계약을 체결하거나 그러한 운송을 마련하여야 하고, 물품이 인도될 때까지 물품의 멸실 또는 손상의 모든 위험을 부담한다.

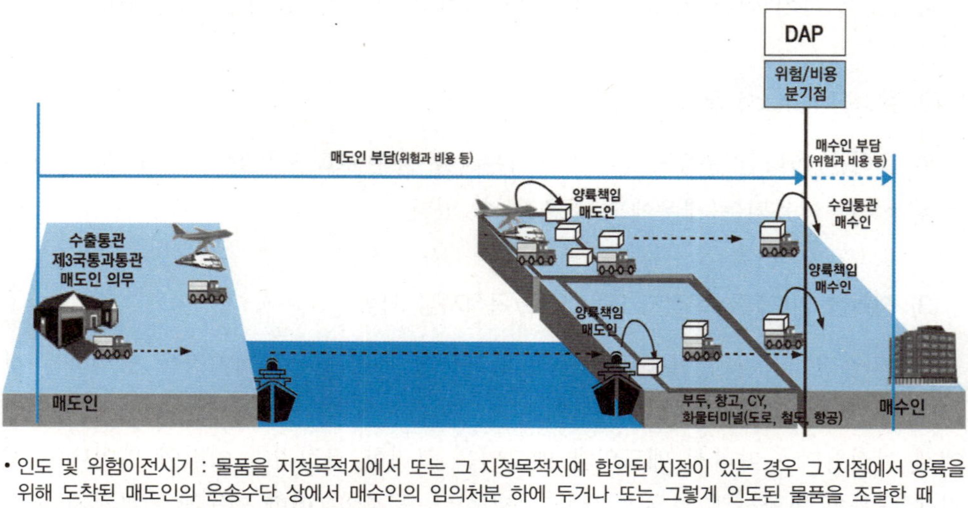

- 인도 및 위험이전시기 : 물품을 지정목적지에서 또는 그 지정목적지에 합의된 지점이 있는 경우 그 지점에서 양륙을 위해 도착된 매도인의 운송수단 상에서 매수인의 임의처분 하에 두거나 또는 그렇게 인도된 물품을 조달한 때
- 비용의 이전시기 : 위험의 이전시기와 동일
- 위험의 이전시기와 비용의 이전시기가 동일
- 수출통관 : 매도인부담, 수입통관 : 매수인부담
- 매도인이 지정목적지 또는 지정목적지 내의 합의지점까지 운송계약을 체결하거나 운송을 마련하여야 함

6) DPU(Delivered at Place Unloaded) 도착지양륙인도규칙 DPU(insert named place of destination) Incoterms® 2020

(1) 인도와 위험(delivery and risk)

"도착지양륙인도"는 다음과 같이 된 때 매도인이 매수인에게 물품을 인도하는 것을 - 그리고 위험을 이전하는 것을 - 의미한다.

- ▶ 물품이
- ▶ 지정목적지에서 또는
- ▶ 지정목적지 내에 어떠한 지점이 합의된 경우에는 그 지점에서
- ▶ 도착운송수단으로부터 양륙된 상태로
- ▶ 매수인의 처분하에 놓인 때.

매도인은 물품을 지정목적지까지 가져가서 그곳에서 물품을 양하하는 데 수반되는 모든 위험을 부담한다. 따라서 본 인코텀즈 규칙에서 인도와 목적지의 도착은 같은 것이다. DPU는 매도인이 목적지에서 물품을 양하하도록 하는 유일한 인코텀즈 규칙이다. 따라서 매도인은 자신이 그러한 지정장소에서 양륙을 할 수 있는 입장에 있는지를 확실히 하여야 한다. 당사자들은 매도인이 양륙의 위험과 비용을 부담하기를 원하지 않는 경우에는 DPU를 피하고 그 대신 DAP를 사용하여야 한다.

(2) 운송방식(mode of transport)

본 규칙은 어떠한 운송방식이 선택되는지를 불문하고 사용할 수 있고 둘 이상의 운송방식이 이용되는 경우에도 사용할 수 있다.

(3) 정확한 인도장소/목적지 또는 인도/목적지점 지정

당사자들은 몇 가지 이유로 가급적 명확하게 목적지나 목적지점을 명시하는 것이 좋다. 첫째, 물품의 멸실 또는 훼손의 위험은 그러한 인도/목적지점에서 매수인에게 이전하다 - 따라서 매도인과 매수인은 그러한 결정적인 이전이 일어나는 지점에 대하여 명확하게 해두는 것이 가장 좋다. 둘째, 그러한 인도장소/목적지 또는 인도/목적지점 전의 비용은 매도인이 부담하고 그 후의 비용은 매수인이 부담한다. 셋째. 매도인은 물품을 합의된 인도장소/목적지 또는 인도/목적지점까지 운송하는

계약을 체결하거나 그러한 운송을 마련하여야 한다. 그렇게 하지 않는 경우에 매도인은 본 규칙상 그의 의무를 위반한 것이 되고 매수인에 대하여 그에 따른 손해배상책임을 지게 된다. 따라서 예컨대 매도인은 추가적인 후속운송(on-carriage)을 위하여 운송인이 매수인에게 부과하는 추가비용에 대하여 책임을 지게 된다.

(4) '또는 그렇게 인도된 물품을 조달함'

여기에 "조달한다"(procure)고 규정한 것은 특히 일차산품거래(commodity trades)에서 일반적인 수차에 걸쳐 연속적으로 이루어지는 매매('연속매매', 'string sales')에 대응하기 위함이다.

(5) 수출/수입통관

DPU에서는 해당되는 경우에 매도인은 물품의 수출통관 및 제3국 통과를 위한 통관(수입국 제외)을 수행하여야 한다. 그러나 매도인은 물품의 수입을 위한 수입통관절차를 수행할 의무가 없다. 따라서 매수인이 수입통관을 못하는 경우에 물품은 목적지 국가의 항구나 내륙터미널에 묶이게 될 것이다. 그렇다면 물품이 목적지 국가의 입국항구(port of entry)나 내륙터미널에 묶여있는 동안에 발생하는 어떤 멸실의 위험은 누가 부담하는가? 그 답은 매수인이다. 즉 아직 인도가 일어나지 않았고, B3(a)는 내륙의 지정지점으로의 통과가 재개될 때까지 물품의 멸실 또는 훼손의 위험을 매수인이 부담하도록 하기 때문이다. 이러한 시나리오를 피하기 위하여 물품의 수입신고를 하고 수입관세나 세금을 납부하고 수입통관절차를 수행하는 것을 매도인이 하도록 하는 경우에 당사자들은 DDP를 사용하는 것을 고려할 수 있다.

- 복합운송 : US$ 19.00/pc DPU Abc Warehouse at 68516 Lincoln, NE, USA, Incoterms® 2020.
- 항공운송 : US$ 19.00/pc DPU Chicago Airport, IL, USA, Incoterms® 2020.
- 해상운송 : US$ 19.00/pc DPU Long Beach Port, 231 Windsor Way Long Beach, CA 90802, USA, Incoterms® 2020.
- 철도운송 : US$ 19.00/pc DPU New York Station Terminal, 7th Ave. Corner of West 30th Street, New York, Incoterms® 2020.

• 도로운송 : US$ 19.00/pc DPU Abc Warehouse at 1322 Omaha, NE, USA, Incoterms® 2020.

1. Delivery and risk - "Delivered at Place Unloaded" means that the seller delivers the goods − and transfers risk − to the buyer

▶ when the goods,

▶ once unloaded from the arriving means of transport,

▶ are placed at the disposal of the buyer

▶ at a named place of destination or

▶ at the agreed point within that place, if any such point is agreed.

The seller bears all risks involved in bringing the goods to and unloading them at the named place of destination. In this Incoterms® rule, therefore, the delivery and arrival at destination are the same. DPU is the only Incoterms® rule that requires the seller to unload goods at destination. The seller should therefore ensure that it is in a position to organise unloading at the named place. Should the parties intend the seller not to bear the risk and cost of unloading, the DPU rule should be avoided and DAP should be used instead.

2. Mode of transport - This rule may be used irrespective of the mode of transport selected and may also be used where more than one mode of transport is employed.

3. Identifying the place or point of delivery/destination precisely - The parties are well advised to specify the destination place or point as clearly as possible and this for several reasons. First, risk of loss of or damage to the goods transfers to the buyer at that point of delivery/destination - and it is best for the seller and the buyer to be clear about the point at which that critical transfer happens. Secondly, the costs before that place or point of delivery/destination are for the account of the seller and the costs after that place or point are for the account of the buyer. Thirdly, the seller must contract or arrange for the carriage of the goods to the agreed place or point of delivery/destination. If it fails to do so, the seller is in breach of its obligations under this rule and will be liable to the buyer for any ensuing loss. The seller would, for example, be responsible for any additional costs levied by the carrier to the buyer for any additional on-carriage.

4. 'or procuring the goods so delivered' - The reference to "procure" here caters for multiple sales down a chain (string sales), particularly common in the commodity trades.

5. Export/import clearance - DPU requires the seller to clear the goods for export, where applicable. However, the seller has no obligation to clear the goods for import or for post-delivery transit through third countries, to pay any import duty or to carry out any import customs formalities. As a result, if the buyer fails to organise import clearance, the goods will be held up at a port or inland terminal in the destination country. Who bears the risk of any loss that might occur while the goods are thus held up at the port of entry in the destination country? The answer is the buyer: delivery will not have occurred yet, B3(a) ensuring that the risk of loss of or damage to the goods is with the buyer until transit to a named inland point can be resumed. If, in order to avoid this scenario, the parties intend the seller to clear the goods for import, pay any import duty or tax and carry out any import customs formalities, the parties might consider using DDP.

도착지양륙인도규칙(Delivered at Place Unloaded : DPU)는 매도인이 지정목적지 또는 지정목적지 내의 합의된 지점이 있는 경우 그 지점에서 도착된 운송수단으로부터 물품을 양륙한 후 매수인의 임의처분상태로 두거나 또는 그렇게 인도된 물품을 조달할 때 인도의무가 완료되는 것을 말한다. 매도인은 지정목적지 또는 지정목적지 내의 합의된 지점까지 물품운송계약을 체결하거나 그러한 운송을 마련하여야 하며 물품양륙에 따른 모든 위험과 비용을 부담한다. 매도인 물품이 인도된 때까지 물품의 멸실 또는 손상의 모든 위험을 부담한다.

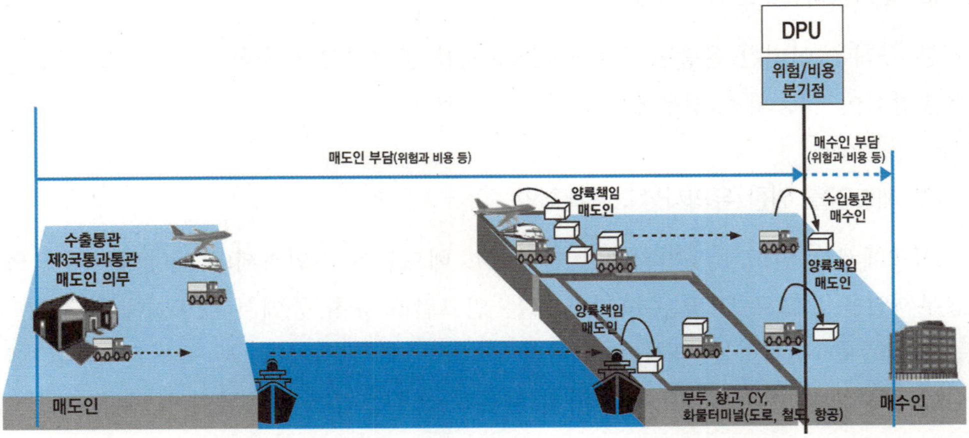

- 인도 및 위험이전시기 : 물품을 지정목적지에서 또는 그 지정목적지에 합의된 지점이 있는 경우 그 지점에서 도착된 운송수단으로부터 양륙하여 매수인의 임의처분 하에 두거나 또는 그렇게 인도된 물품을 조달한 때
- 비용의 이전시기 : 위험의 이전시기와 동일
- 위험의 이전시기와 비용의 이전시기가 동일
- 수출통관 : 매도인부담, 수입통관 : 매수인부담
- 매도인이 지정목적지 또는 지정목적지 내의 합의지점까지 운송계약을 체결하거나 운송을 마련하여야 함

7) DDP(Delivered Duty Paid) 관세지급인도규칙
DDP(insert named place of destination) Incoterms® 2020

(1) 인도와 위험(delivery and risk)

"관세지급인도"는 다음과 같이 된 때 매도인이 매수인에게 물품을 인도하는 것을 의미한다.

- ▶ 물품이 지정목적지에서 또는 지정목적지 내의 어떠한 지점이 합의된 경우에는 그러한 지점에서
- ▶ 수입통관 후
- ▶ 도착운송수단에 실어둔 채
- ▶ 양륙준비된 상태로
- ▶ 매수인의 처분하에 놓인 때

매도인은 물품을 지정목적지까지 또는 지정목적지 내의 합의된 지점까지 가져가는 데 수반되는 모든 위험을 부담한다. 따라서 본 인코텀즈 규칙에서 인도와 목적지의 도착은 같은 것이다.

(2) 운송방식(mode of transport)

본 규칙은 어떠한 운송방식이 선택되는지를 불문하고 사용할 수 있고 둘 이상의 운송방식이 이용되는 경우에도 사용할 수 있다.

(3) 매도인을 위한 유의사항 : 최대책임

DDP에서는 인도가 도착지에서 일어나고 매도인이 수입관세와 해당되는 세금의 납부책임을 지므로 DDP는 11개의 모든 인코텀즈 규칙 중에서 매도인에게 최고수준의 의무를 부과하는 규칙이다. 따라서 매도인의 관점에서, 본 규칙은 아래 7번 단락에서 보는 바와 같이 여러 가지 이유로 조심스럽게 사용하여야 한다.

(4) 정확한 인도장소/목적지 또는 인도/목적지점 지정

당사자들은 몇 가지 이유로 가급적 명확하게 목적지나 목적지점을 명시하는 것이 좋다. 첫째, 물품의 멸실 또는 훼손의 위험은 그러한 인도/목적지점에서 매수인

에게 이전한다 - 따라서 매도인과 매수인은 그러한 결정적인 이전이 일어나는 지점에 대하여 명확하게 해두는 것이 가장 좋다.

둘째, 수입통관비용을 포함하여 그러한 인도장소/ 목적지 또는 인도/목적지점 전의 비용은 매도인이 부담하고 수입비용을 제외한 그 후의 비용은 매수인이 부담한다. 셋째, 매도인은 물품을 합의된 인도장소/목적지 또는 인도/목적지점까지 운송하는 계약을 체결하거나 그러한 운송을 마련하여야 한다. 그렇게 하지 않는 경우에 매도인은 인코텀즈 DDP 규칙상 그의 의무를 위반한 것이 되고 매수인에 대하여 그에 따른 손해배상책임을 지게 된다. 따라서 예컨대 매도인은 추가적인 후속운송(on-carriage)을 위하여 운송인이 매수인에게 부과하는 추가비용에 대하여 책임을 지게 된다.

(5) '또는 그렇게 인도된 물품을 조달함'

여기에 "조달한다"(procure)고 규정한 것은 특히 일차산품거래(commodity trades)에서 일반적인 수차에 걸쳐 연속적으로 이루어지는 매매('연속매매', 'string sales')에 대응하기 위함이다.

(6) 양륙비용

매도인은 자신의 운송계약상 인도장소/목적지에서 양하에 관하여 비용이 발생한 경우에 당사자간에 달리 합의되지 않은 한 그러한 비용을 매수인으로부터 별도로 상환받을 권리가 없다.

(7) 수출/수입통관

위의 3번 단락에서 보듯이, DDP에서는 해당되는 경우에 매도인이 물품의 수출통관 및 수입통관을 하여야 하고 또한 수입관세를 납부하거나 모든 통관절차를 수행하여야 한다. 따라서 매도인은 수입통관을 완료할 수 없어서 차라리 이러한 부분을 수입국에 있는 매수인의 손에 맡기고자 하는 경우에 인도는 여전히 목적지에서 일어나지만 수입통관은 매수인이 하도록 되어 있는 DAP나 DPU를 선택하는 것을 고려하여야 한다. 세금문제가 개재될 수 있는데 이러한 세금은 매수인으로부터 상환받을 수 없다. A9(d)를 보라.

- 복합운송의 경우 : US$ 20.00/pc DDP Abc Warehouse at 68516 Lincoln, NE, USA, Incoterms® 2020.
- 항공운송의 경우 : US$ 20.00/pc DDP Chicago Airport, IL, USA, Incoterms 2020.
- 해상운송의 경우 : US$ 20.00/pc DDP Long Beach Port, 231 Windsor Way Long Beach, CA 90802, USA, Incoterms® 2020.
- 철도운송의 경우 : US$ 20.00/pc DDP New York Station Terminal, 7th Ave. Corner of West 30th Street, New York, Incoterms® 2020.
- 도로운송의 경우 : US$ 20.00/pc DDP Abc Warehouse at 1322 Omaha, NE, USA, Incoterms® 2020.

1. Delivery and risk - "Delivered Duty Paid" means that the seller delivers the goods to the buyer

▶ when the goods are placed at the disposal of the buyer,
▶ cleared for import,
▶ on the arriving means of transport,
▶ ready for unloading,
▶ at the named place of destination or at the agreed point within that place, if any such point is agreed.

The seller bears all risks involved in bringing the goods to the named place of destination or to the agreed point within that place. In this Incoterms® rule, therefore, delivery and arrival at destination are the same.

2. Mode of transport - This rule may be used irrespective of the mode of transport selected and may also be used where more than one mode of transport is employed.

3. A note of caution to sellers: maximum responsibility - DDP, with delivery happening at destination and with the sellers being responsible for the payment of import duty and applicable taxes is the Incoterms® rule imposing on the seller the maximum level of obligation of all eleven Incoterms® rules. From the seller's perspective, therefore, the rule should be used with care for different reasons as set out in paragraph 7.

4. Identifying the place or point of delivery/destination precisely - The parties are well advised to specify the destination place or point as clearly as possible and this for several reasons. First, risk of loss of or damage to the goods transfers to the buyer at that point of delivery/destination - and it is best for the seller and the buyer to be clear about the point at which that critical transfer happens. Secondly, the costs before that place or point of delivery/destination are for the account of the seller, including the costs of import clearance, and the costs after that place or point, other than the costs of import, are for the account of the buyer. Thirdly, the seller must contract or arrange for the carriage of the goods to the agreed place or point of delivery/destination. If it fails to do so, the seller is in breach of its obligations under the Incoterms® rule DDP and will be liable to the buyer for any ensuing loss. Thus, for example, the seller would be responsible for any additional costs levied by the carrier to the buyer for any additional on-carriage.

5. 'or procuring the goods so delivered' - The reference to "procure" here caters for multiple sales down a chain (string sales), particularly common in the commodity trades.

6. Unloading costs - If the seller incurs costs under its contract of carriage related to unloading at the place of delivery/destination, the seller is not entitled to recover such costs separately from the buyer unless otherwise agreed between the parties.

7. Export/import clearance - As set out in paragraph 3, DDP requires the seller to clear the goods for export, where applicable, as well as for import and to pay any import duty or to carry out any customs formalities. Thus if the seller is unable to obtain import clearance and would rather leave that side of things in the buyer's hands in the country of import, then the seller should consider choosing DAP or DPU, under which rules delivery still happens at destination, but with import clearance being left to the buyer. There may be tax implications and this tax may not be recoverable from the buyer; see A9(d).

관세지급인도규칙(Delivered Duty Paid : DDP)란 지정목적지 또는 지정목적지 내의 합의지점이 있는 경우에는 그 지점에서 양륙을 위하여 준비된 도착운송수단상에서 수입통관된 물품을 매수인의 임의처분 상태로 두거나 또는 그렇게 인도된 물품을 조달한 때 매도인의 인도의무가 완료되는 것을 말한다. 매도인은 지정목적지 또는 지정목적지 내의 합의지점까지 운송계약을 체결하거나 그러한 운송을 마련하여야 한다. 매도인은 물품이 인도될 때까지 물품의 멸실 또는 손상의 모든 위험을 부담한다.

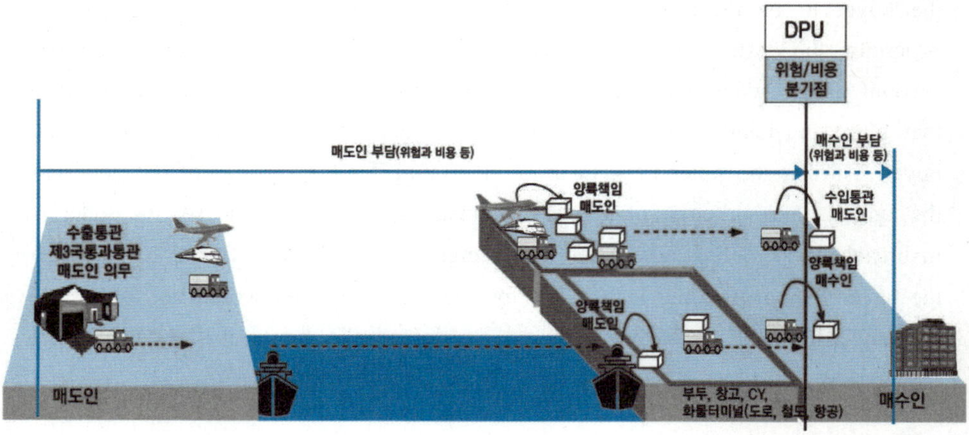

- 인도 및 위험이전시기 : 물품을 지정목적지에서 또는 그 지정목적지에 합의된 지점이 있는 경우 그 지점에서 양륙을 위해 도착된 매도인의 운송수단 상에서 매수인의 임의처분 하에 두거나 또는 그렇게 인도된 물품을 조달한 때
- 비용의 이전시기 : 위험의 이전시기와 동일
- 위험의 이전시기와 비용의 이전시기가 동일
- 수출통관, 수입통관 : 매도인부담
- 매도인이 지정목적지 또는 지정목적지 내의 합의지점까지 운송계약을 체결하거나 운송을 마련하여야 함

2 Rules for sea and inland waterway transport

1) FAS(Free Alongside Ship) 선측인도규칙

FAS(insert named port of shipment) Incoterms® 2020

(1) 인도와 위험

"도" "선측인도"는 다음과 같이 된 때 매도인이 물품을 매수인에게 인도하는 것을 의미한다.

▶ 지정선적항에서

▶ 매수인이 지정한 선박의

▶ 선측에 (예컨대 부두 또는 바지 (barge)에) 물품이 놓인 때

▶ 또는 이미 그렇게 인도된 물품을 조달한 때

물품의 멸실 또는 훼손의 위험은 물품이 선측에 놓인 때 이전하고, 매수인은 그 순간부터 향후의 모든 비용을 부담한다.

(2) 운송방식

본 규칙은 당사자들이 물품을 선축에 둠으로써 인도하기로 하는 해상운송이나 내수로운송에만 사용되어야 한다. 따라서 FAS 규칙은 물품이 선측에 놓이기 전에 운송인에게 교부되는 경우, 예컨대 물품이 컨테이너터미널에서 운송인에게 교부되는 경우에는 적절하지 않다. 이러한 경우에 당사자들은 FAS 규칙 대신에 FCA 규칙을 사용하는 것을 고려하여야 한다.

(3) 정확한 적재지점 지정

당사자들은 지정선적항에서 물품이 부두나 바지(barge)로부터 선박으로 이동하는 적재지점을 가급적 명확하게 명시하는 것이 좋다. 그 지점까지의 비용과 위험은 매도인이 부담하고, 이러한 비용과 그와 관련된 처리비용(handling charges)은 항구의 관행에 따라 다르기 때문이다.

(4) '또는 그렇게 인도된 물품을 조달함'

매도인은 물품을 선측에서 인도하거나 선적을 위하여 이미 그렇게 인도된 물품을 조달하여야 한다. 여기에 "조달한다"(procure)고 규정한 것은 특히 일차산품거래(commodity trades)에서 일반적인 수차에 걸쳐 연속적으로 이루어지는 매매("연속매매", 'strings sales')에 대응하기 위함이다.

(5) 수출/수입통관

FAS에서는 해당되는 경우에 매도인이 물품의 수출통관을 하여야 한다. 그러나 매도인은 물품의 수입을 위한 또는 제 3국 통과를 위한 통관을 하거나 수입관세를 납부하거나 수입통관절차를 수행할 의무가 없다.

- US$ 10.00/pc FAS Busan Port, 330 Sinhangnam-ro, Gangseo-gu, Busan, Korea, Incoterms® 2020.

1. Delivery and risk - "Free Alongside Ship" means that the seller delivers the goods to the buyer

- ▶ when the goods are placed alongside the ship (e.g. on a quay or a barge)
- ▶ nominated by the buyer
- ▶ at the named port of shipment
- ▶ or when the seller procures goods already so delivered.

The risk of loss of or damage to the goods transfers when the goods are alongside the ship, and the buyer bears all costs from that moment onwards.

2. Mode of transport - This rule is to be used only for sea or inland waterway transport where the parties intend to deliver the goods by placing the goods alongside a vessel. Thus, the FAS rule is not appropriate where goods are handed over to the carrier before they are alongside the vessel, for example where goods are handed over to a carrier at a container terminal. Where this is the case, parties should consider using the FCA rule rather than the FAS rule.

3. Identifying the loading point precisely - The parties are well advised to specify as clearly as possible the loading point at the named port of shipment where the goods are to be transferred from the quay or barge to the ship, as the costs and risks to that point are for the account of the seller and these costs and associated handling charges may vary according to the practice of the port.

4. 'or procuring the goods so delivered' - The seller is required either to deliver the goods alongside the ship or to procure goods already so delivered for shipment. The reference to "procure" here caters for multiple sales down a chain (string sales), particularly common in the commodity trades.

5. Export/import clearance - FAS requires the seller to clear the goods for export, where applicable. However, the seller has no obligation to clear the goods for import or for transit through third counties, to pay any import duty or to carry out any import customs formalities.

선측인도규칙(Free Alongside Ship : FAS)이란 물품이 지정된 선적항에서 매수인이 정한 본선의 선측[예를 들어 부두 또는 부선(barge)상]에 놓일 때, 혹은 그렇게 인도된 물품을 조달(procure)한 때 매도인이 인도의무를 완료하는 것을 의미한다. 물품이 본선의 선측에 놓여질 때 물품의 멸실 또는 손상의 위험이 매도인으로부터 매수인에게 이전되며 매수인은 그 시점으로부터 모든 위험과 비용을 부담한다. 매도인은 합의된 기일 또는 기간 내에 항구의 관습적인 방법으로 인도한다.

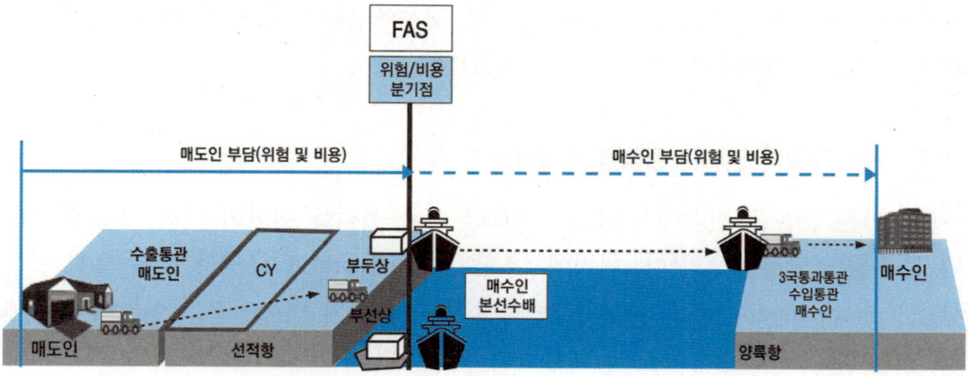

- 인도 및 위험의 이전시기 : 지정선적항 또는 지정선적항에서 매수인이 지정하는 적재지점이 있는 경우에는 그 적재지점에서 매수인이 지정하는 본선의 선측에 물품을 놓아두거나 또는 그렇게 인도된 물품을 조달한 때
- 비용의 이전시기 : 위험의 이전시기와 동일
- 본선수배의무 : 매수인
- 수출통관의무 : 매도인, 수입통관의무 : 매수인

2) FOB(Free On Board) 본선인도규칙

FOB(insert named port of shipment) Incoterms® 2020

(1) 인도와 위험

"본선인도"는 매도인이 다음과 같이 물품을 매수인에게 인도하는 것을 의미한다.

▶ 지정선적항에서

▶ 매수인이 지정한

▶ 선박에 적재함

▶ 또는 이미 그렇게 인도된 물품을 조달함.

물품의 멸실 또는 훼손의 위험은 물품이 선박에 적재된 때 이전하고, 매수인은 그 순간부터 향후의 모든 비용을 부담한다.

(2) 운송방식

본 규칙은 당사자들이 물품을 선박에 적재함으로써 인도하기로 하는 해상운송이나 내수로운송에만 사용되어야 한다. 따라서 FOB 규칙은 물품이 선박에 적재되기 전에 운송인에게 교부되는 경우, 예컨대 물품이 컨테이너터미널에서 운송인에게 교부되는 경우에는 적절하지 않다. 이러한 경우에 당사자들은 FOB 규칙 대신에 FCA 규칙을 사용하는 것을 고려하여야 한다.

(3) '또는 그렇게 인도된 물품을 조달함'

매도인은 물품을 선박에 적재하여 인도하거나 선적을 위하여 이미 그렇게 인도된 물품을 조달하여야 한다. 여기에 '조달한다'(procure)고 규정한 것은 특히 일차산품거래(commodity trades)에서 일반적인 수차에 걸쳐 연속적으로 이루어지는 매매('연속매매', 'string sales')에 대응하기 위함이다.

(4) 수출/수입통관

FOB에서는 해당되는 경우에 매도인이 물품의 수출통관을 하여야 한다. 그러나 매도인은 물품의 수입을 위한 또는 제3국 통과를 위한 통관을 하거나 수입관세를 납부하거나 수입통관절차를 수행할 의무가 없다.

- US$ 12.00/pc FOB Busan Port, 330 Sinhangnam-ro, Gangseo-gu, Busan, Korea, Incoterms® 2020

1. Delivery and risk - "Free On Board" means that the seller delivers the goods to the buyer

▶ on board the vessel
▶ nominated by the buyer
▶ at the named port of shipment
▶ or procures the goods already so delivered.

The risk of loss of or damage to the goods transfers when the goods are on board the vessel, and the buyer bears all costs from that moment onwards.

2. Mode of transport - This rule is to be used only for sea or inland waterway transport where the parties intend to deliver the goods by placing the goods on board a vessel. Thus, the FOB rule is not appropriate where goods are handed over to the carrier before they are on board the vessel, for example where goods are handed over to a carrier at a container terminal. Where this is the case, parties should consider using the FCA rule rather than the FOB rule.

3. 'or procuring the goods so delivered' – The seller is required either to deliver the goods on board the vessel or to procure goods already so delivered for shipment. The reference to 'procure' here caters for multiple sales down a chain (string sales), particularly common in the commodity trades.

4. Export/import clearance – FOB requires the seller to clear the goods for export, where applicable. However, the seller has no obligation to clear the goods for import or for transit through third countries, to pay any import duty or to carry out any import customs formalities.

본선인도규칙(Free On Board : FOB)이란 매도인이 지정선적항 또는 지정선적항에서 매수인이 지정하는 적재지점이 있는 경우에는 그 지점에서 매수인이 지정한 본선에 적재하거나 또는 그렇게 인도된 물품을 조달하는 것을 의미한다. 물품이 본선상에 있을 때 물품의 멸실 또는 손상의 위험이 매도인으로부터 매수인에게 이전되며 매수인은 그 시점으로부터 모든 비용을 부담한다.

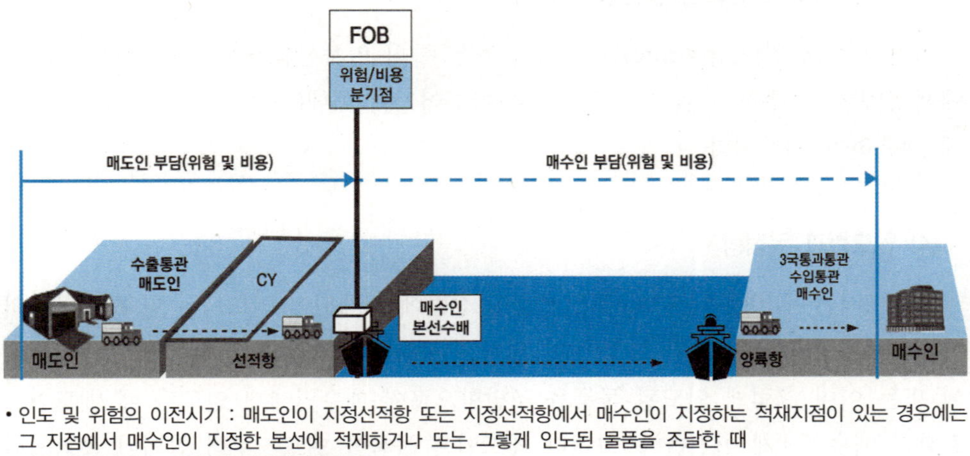

- 인도 및 위험의 이전시기 : 매도인이 지정선적항 또는 지정선적항에서 매수인이 지정하는 적재지점이 있는 경우에는 그 지점에서 매수인이 지정한 본선에 적재하거나 또는 그렇게 인도된 물품을 조달한 때
- 비용의 이전시기 : 위험의 이전시기와 동일
- 본선수배의무 : 매수인
- 수출통관의무 : 매도인, 수입통관의무 : 매수인
- 터미널에 인도되는 컨테이너화물의 경우에는 부적합 – FCA규칙이 적합

3) CFR(Cost and Freight) 운임포함인도규칙
CFR(insert named port of destination) Incoterms® 2020

(1) 인도와 위험

"운임포함인도"는 매도인이 물품을 매수인에게 다음과 같이 인도하는 것을 의미한다. <선박에 적재함> 또는 이미 그렇게 인도된 물품을 조달함 물품의 멸실 또는 훼손의 위험은 물품이 선박에 적재된 때 이전하고, 그에 따라 매도인은 명시된 수량의 물품이 실제로 목적지에 양호한 상태로 도착하는지를 불문하고 또는 사실 물품이 전혀 도착하지 않더라도 그의 물품인도의무를 이행한 것으로 된다. CFR에서 매도인은 매수인에 대하여 부보의무가 없다. 따라서 매수인은 스스로 부보하는 것이 좋다.

(2) 운송방식

본 규칙은 해상운소이나 내수로 운송에만 사용되어야 한다 물품이 컨테이너터미널에서 운송인에게 교부되는 경우에 일반적으로 그러하듯이 둘 이상의 운송방식이 사용되는 경우에 사용하기 적절한 규칙은 CFR이 아니라 CPT이다.

(3) '또는 그렇게 인도된 물품을 조달함'

여기에 "조달한다"(procure)고 규정한 것은 특히 일차산품거래(commodity trades)에서 일반적인 수차에 걸쳐 연속적으로 이루어지는 매매('연속매매', 'string sales')에 대응하기 위함이다.

(4) 인도항과 목적항

CFR에서는 두 항구가 중요하다. 물품이 선박에 적재되어 인도되는 항구와 물품의 목적항으로 합의된 항구가 그것이다. 위험은 물품이 선적항에서 선박에 적재됨으로써 또는 이미 그렇게 인도된 물품을 조달함으로써 매수인에게 인도된 때 매도인으로부터 매수인에게 이전한다. 그러나 매도인은 물품을 인도지부터 합의된 목적지까지 운송하는 계약을 체결하여야 한다. 따라서 예컨대 물품은 (항구인) 사우샘프턴까지 운송을 위하여 (항구인) 상하이에서 선박에 적재된다. 그러면 물품이 상하이에서 적재된 때 여기서 인도가 일어나고, 그 시점에 위험이 매수인에게 이전한다. 그리고 매도인은 상하이에서 사우샘프턴으로 항하는 운송계약을 체결하여야 한다.

(5) 선적항은 반드시 지정되어야 하는가?

계약에서 항상 목정항을 명시할 것이지만, 위험이 매수인에게 이전하는 장소인 선적항은 명시하지 않을 수도 있다. 예컨대 매수인이 매매대금에서 운임요소가 합리적인지 확인하고자 하는 경우에 그러하듯이 선적항이 특히 매수인의 관심사항인 경우에 당사자들은 계약에서 선적항을 가급적 정확하게 특정하는 것이 좋다.

(6) 양륙항 내 목적지점 지정

당사자들은 지정목적항 내의 지점을 가급적 정확하게 지정하는 것이 좋다. 그 지저맊지 비용을 매도인이 부담하기 때문이다. 매도인은 물품을 인도자로부터 지정목적하까지 또는 그 지정목정항 내의 지점으로서 매매계약에서 합의된 지점까지 물품을 운송하는 단일 또는 복수가 계약을 체결하여야 한다

(7) 복수의 운송인

예컨대 먼저 홍콩에서 상하이까지 피더선(feeder vessel)을 운항하는 운송인이 담당하고 이어서 상하이에서 사우샘프턴까지 항해선박 (ocean vessel)이 담당하는 경우와 같이, 상이한 해상운송구간을 각기 담당하는 복수의 운송인이 운송을 수행하는 것도 가능하다. 이때 과연 위험은 매도인으로부터 매수인에게 홍콩에서 이전하는지 아니면 상하이에서 이전하는지 의문이 발생한다. 즉 인도는 어디서 일어나는가? 당사자들이 매매계약 자체에서 이를 잘 합의하였을 수도 있다. 그러나 그러한 합의가 없는 경우에는 [본 규칙의 규정하는] 보충적 입장은, 위험은 물품이 제 1운송인에게 인도된 때 즉 홍콩에서 이전하고, 따라서 매수인이 멸실 또는 훼손의 위험을 부담하는 기간이 증가한다는 것이다. 당사자들은 그 뒤의 어느 단계에서 (여기는 상하이) 위험이 이전하기를 원한다면 이를 매매계약에 명시하여야 한다.

(8) 양륙비용

매도인은 자신의 운송계약상 목적항 내의 명시된 지점에서 양륙에 관하여 비용이 발생한 경우에 당사자간의 합의되지 않은 한 그러한 비용을 매수인으로부터 별도로 상환받을 권리가 없다.

(9) 수출/수입통관

CFR에서는 해당되는 경우에 매도인이 물품의 수출통관을 하여야 한다. 그러나 매도인은 물품의 수입을 위한 또는 제3국 통과를 위한 통관을 하거나 수입관세를 납부하거나 수입통관절차를 수행할 의무가 없다.

- US$ 15.00/pc CFR Long Beach Port, 231 Windsor Way Long Beach, CA 90802 USA, Incoterms® 2020.

1. Delivery and risk - "Cost and Freight" means that the seller delivers the goods to the buyer.

▶ on board the vessel

▶ or procures the goods already so delivered.

The risk of loss of or damage to the goods transfers when the goods are on board the vessel, such that the seller is taken to have performed its obligation to deliver the goods whether or not the goods actually arrive at their destination in sound condition, in the stated quantity or, indeed, at all. In CFR, the seller owes no obligation to the buyer to purchase insurance cover: the buyer would be well-advised therefore to purchase some cover for itself.

2. Mode of transport - This rule is to be used only for sea or inland waterway transport. Where more than one mode of transport is to be used, which will commonly be the case where goods are handed over to a carrier at a container terminal, the appropriate rule to use is CPT rather than CFR.

3. 'or procuring the goods so delivered' - The reference to "procure" here caters for multiple sales down a chain (string sales), particularly common in the commodity trades.

4. Ports of delivery and destination - in CFR, two ports are important: the port where the goods are delivered on board the vessel and the port agreed as the destination of the goods. Risk transfers from seller to buyer when the goods are delivered to the buyer by placing them on board the vessel at the shipment port or by procuring the goods already so delivered. However, the seller must contract for the carriage of the goods from delivery to the agreed destination. Thus, for example, goods are placed on board a vessel in Shanghai (which is a port) for carriage to Southampton (also a port). Delivery here happens when the goods are on board in Shanghai, with risk transferring to the buyer at that time; and the seller must make a contract of carriage from Shanghai to Southampton.

5. Must the shipment port be named? - While the contract will always specify a destination port, it might not specify the port of shipment, which is where risk transfers to the buyer. If the shipment port is of particular interest to the buyer, as it may be, for example, where the buyer wishes to ascertain that the freight element of the price is reasonable, the parties are well advised to identify it as precisely as possible in the contract.

6. Identifying the destination point at the discharge port - The parties are well advised to identify as precisely as possible the point at the named port of destination, as the costs to that point are for the account of the seller. The seller must make a contract or contracts of carriage that cover(s) the transit of the goods from delivery to the named port or to the agreed point within that port where such a point has been agreed in the contract of sale..

7. Multiple carriers - It is possible that carriage is effected through several carriers for different legs of the sea transport, for example, first by a carrier operating a feeder vessel from Hong Kong to Shanghai, and then onto an ocean vessel from Shanghai to Southampton. The question which arises here is whether risk transfers from seller to buyer at Hong Kong or at Shanghai: where does delivery take place? The parties may well have agreed this in the sale contract itself. Where, however, there is no such agreement, the default position is that risk transfers when the goods have been delivered to the first carrier, i.e. Hong Kong, thus increasing the period during which the buyer incurs the risk of loss or damage. Should the parties wish the risk to transfer at later stage (here, Shanghai) they need to specify this in their contract of sale.

8. Unloading costs- If the seller incurs costs under its contract of carriage related to unloading at the specified point at the port of destination, the seller is not entitled to recover such costs separately from the buyer unless otherwise agreed between the parties.

9. Export/Import clearance- CFR requires the seller to clear the goods for export, where applicable. However, the seller has no obligation to clear the goods for import or for transit through third countries, to pay any import duty or to carry out any import customs formalities.

운임포함인도규칙(Cost and Freight : CFR)이란 매도인이 본선상에 물품을 적재하거나 또는 그렇게 인도된 물품을 조달할 때 인도의무가 완료된다. 물품이 본선상에 있을 때 물품의 멸실 또는 손상의 위험이 이전되지만, 매도인은 운송계약을 체결하고 지정 목적항 또는 목적항의 합의지점까지 물품을 운송하는데 필요한 비용 및 운임을 지급하여야 한다.

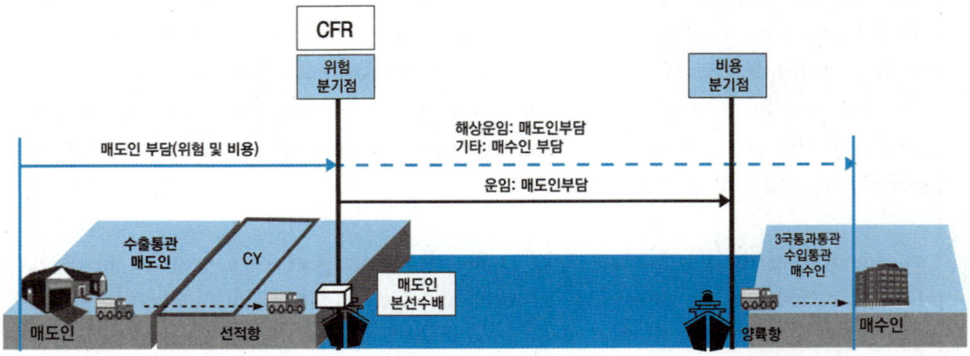

- 위험의 이전시기(인도시기) : 지정선적항에서 매수인이 지명한 본선상에 물품을 인도하거나 또는 그렇게 인도된 물품을 조달한 때
- 비용의 이전시기 : 지정 목적항
- 위험의 이전시기와 비용의 이전시기가 다름
- 본선수배의무 : 매도인
- 수출통관의무 : 매도인, 수입통관의무 : 매수인
- 터미널에서 인도되는 컨테이너화물의 경우에는 부적합–CPT규칙이 적합

4) CIF(Cost Insurance and Freight) 운임보험료포함인도규칙
CIF(insert named port of destination) Incoterms® 2020

(1) 인도와 위험

"운임·보험료포함인도"는 매도인이 물품을 매수인에게 다음과 같이 인도하는 것을 의미한다.

- ▶ 선박에 적재함
- ▶ 또는 이미 그렇게 인도된 물품을 조달함

물품의 멸실 또는 훼손의 위험은 물품이 선박에 적재된 때 이전하고, 그에 따라 매도인은 명시된 수량의 물품이 실제로 목적지에 양호한 상태로 도착하는지를 불문하고 또는 사실 물품이 전혀 도착하지 않더라도 그의 물품인도의무를 이행한 것으로 된다.

(2) 운송방식

본 규칙은 해상운송이나 내수로운송에만 사용되어야 한다. 물품이 컨테이너터미널에서 운송인에게 교부되는 경우에 일반적으로 그러하듯이 둘 이상의 운송방식이 사용되는 경우에 사용하기 적절한 규칙은 CIF가 아니라 CIP이다.

(3) '또는 그렇게 인도된 물품을 조달함'

여기에 "조달한다"(procure)고 규정한 것은 특히 일차산품거래(commodity trades)에서 일반적인 수차에 걸쳐 연속적으로 이루어지는 매매('연속매매', 'string sales')에 대응하기 위함이다.

(4) 인도항과 목적항

CIF에서는 두 항구가 중요하다. 물품이 선박에 적재되어 인도되는 항구와 물품의 목적항으로 합의된 항구가 그것이다. 위험은 물품이 선적항에서 선박에 적재됨으로써 또는 이미 그렇게 인도된 물품을 조달함으로써 매수인에게 인도된 때 매도인으로부터 매수인에게 이전한다. 그러나 매도인은 물품을 인도지부터 합의된 목적지까지 운송하는 계약을 체결하여야 한다. 따라서 예컨대 물품은 (항구인) 사우샘프턴까지 운송을 위하여 (항구인) 상하이에서 선박에 적재된다. 그러면 물품이 상하이에서 선적된 때 여기서 인도가 일어나고, 그 시점에 위험이 매수인에게 이전한다. 그리고 매도인은 상하이에서 사우샘프턴으로 향하는 운송계약을 체결하여야 한다.

(5) 선적항은 반드시 지정되어야 하는가?

계약에서 항상 목적항을 명시할 것이지만 위험이 매수인에게 이전하는 장소인 선적항은 명시하지 않을 수도 있다. 예컨대 매수인이 매매대금에서 운임요소 또는 보험요소가 합리적인지 확인하고자 하는 경우에 그러하듯이 선적항이 특히 매수인의 관심사항인 경우에 당사자들은 계약에서 선적항을 가급적 정확하게 지정하는 것이 좋다.

(6) 양륙항 내 목적지점 지정

당사자들은 지정목적항 내의 지점을 가급적 정확하게 지정하는 것이 좋다. 그 지점까지 비용을 매도인이 부담하기 때문이다. 매도인은 물품을 인도지로부터 지정목적항가지 또는 매매계약에서 그러한 지점이 합의된 경우에는 지정목적항 내의 지점까지 운송하는 단일 또는 복수의 계약을 체결하여야 한다.

(7) 복수의 운송인

예컨대 먼저 홍콩에서 상하이까지 피더선(feeder vessel)을 운항하는 운송인이 담당하고 이어서 상하이에서 사우샘프턴까지 항해선박(ocean vessel)이 담당하는 경우와 같이, 상이한 해상운송구간을 각기 담당하는 복수의 운송인이 운송을 수행하는 것도 가능하다. 이때 과연 위험은 매도인으로부터 매수인에게 홍콩에서 이전하는지 아니면 상하이에서 이전하는지 의문이 발생한다. 즉 인도는 어디서 일어나는가? 당사자들이 매매계약 자체에서 이를 잘 합의하였을 수도 있다. 그러나 그러한 합의가 없는 경우에, [본 규칙이 규정하는] 보충적 입장은, 위험은 물품이 제1운송인에게 인도된 때 즉 홍콩에서 이전하고, 따라서 매수인이 멸실 또는 훼손의 위험을 부담하는 기간이 증가한다는 것이다. 당사자들은 그 뒤의 어느 단계에서 (여기서는 상하이) 위험이 이전하기를 원한다면 이를 매매계약서 명시하여야 한다.

(8) 보험

매도인은 또한 선적항부터 적어도 목적항까지 매수인의 물품의 멸실 또는 훼손 위험에 대하여 보험계약을 체결하여야 한다. 이는 목적지 국가가 자국의 보험자에게 부보하도록 요구하는 경우에는 어려움을 야기할 수 있다. 이러한 경우에 당사자들은 CFR로 매매하는 것을 고려하여야 한다. 또한 매수인은 인코텀즈 2020 CIF 하에서 매도인은 협회적하약관의 A-약관에 의한 보다 광범위한 담보조건이 아니라 협회적하약관의 C-약관이나 그와 유사한 약관에 따른 제한적인 담보조건으로 부보하여야 한다는 것을 유의하여야 한다. 그러나 당사자들은 여전히 더 높은 수준의 담보조건으로 부보하기로 합의할 수 있다.

(9) 양륙비용

매도인은 자신의 운송계약상 목적항 내의 명시된 지점에서 양하에 관하여 비용이 발생한 경우에 당사자간에 달리 합의되지 않은 한 그러한 비용을 매수인으로부터 별도로 상환받을 권리가 없다.

(10) 수출/수입통관

CIF에서는 해당되는 경우에 매도인이 물품의 수출통관을 하여야 한다. 그러나 매도인은 물품의 수입을 위한 또는 제3국 통과를 위한 통관을 하거나 수입관세를 납부하거나 수입통관절차를 수행할 의무가 없다.

- US$ 20.00/pc CIF Long Beach Port, 231 Windsor Way Long Beach, CA 90802 USA, Incoterms® 2010.

1. Delivery and risk -"Cost Insurance and Freight" means that the seller delivers the goods to the buyer

▶ on board the vessel

▶ or procures the goods already so delivered.

The risk of loss of or damage to the goods transfers when the goods are on board the vessel, such that the seller is taken to have performed its obligation to deliver the goods whether or not the goods actually arrive at their destination in sound condition, in the stated quantity or, indeed, at all.

2. Mode of transport - This rule is to be used only for sea or inland waterway transport. Where more than one mode of transport is to be used, which will commonly be the case where goods are handed over to a carrier at a container terminal, the appropriate rule to use is CIP rather than CIF.

3. 'or procuring the goods so delivered' - The reference to "procure" here caters for multiple sales down a chain (string sales), particularly common in the commodity trades.

4. Ports of delivery and destination - In CIF, two ports are important: the port where the goods are delivered on board the vessel and the port agreed as the destination of the goods. Risk transfers from seller to buyer when the goods are delivered to the buyer by placing them on board the vessel at the shipment port or by procuring the goods already so delivered. However, the seller must contract for the carriage of the goods from delivery to the agreed destination. Thus, for example, goods are placed on board a vessel in Shanghai (which is a port) for carriage to Southampton (also a port). Delivery here happens when the goods are on board in Shanghai, with risk transferring to the buyer at that time; and the seller must make a contract of carriage from Shanghai to Southampton.

5. Must the shipment port be named? - While the contract will always specify a destination port, it might not specify the port of shipment, which is where risk transfers to the buyer. If the shipment port is of particular interest to the buyer, as it may be, for example, where the buyer wishes to ascertain that the freight or the insurance element of the price is reasonable, the parties are well advised to identify it as precisely as possible in the contract.

6. Identifying the destination point at the discharge port - The parties are well advised to identify as precisely as possible the point at the named port of destination, as the costs to that point are for the account of the seller. The seller must make a contract or contracts of carriage that cover the transit of the goods from delivery to the named port or to the agreed point within that port where such a point has been agreed in the contract of sale.

7. Multiple carriers - It is possible that carriage is effected through several carriers for different legs of the sea transport, for example, first by a carrier operating a feeder vessel from Hong Kong to Shanghai, and then onto an ocean vessel from Shanghai to Southampton. The question which arises here is whether risk transfers from seller to buyer at Hong Kong or at Shanghai: where does delivery take place? The parties may well have agreed this in the sale contract itself. Where, however, there is no such agreement, the default position is that risk transfers when the goods have been delivered to the first carrier, i.e. Hong Kong, thus increasing the period during which the buyer incurs the risk of loss or damage. Should the parties wish the risk to transfer at a later stage (here, Shanghai) they need to specify this in their contract of sale.

8. Insurance - The seller must also contract for insurance cover against the buyer's risk of loss of or damage to the goods from the port of shipment to at least the port of destination. This may cause difficulty where the destination country requires insurance cover to be purchased locally: in this case the parties should consider selling and buying under CFR. The buyer should also note that under the CIF Incoterms® 2020 rule the seller is required to obtain limited insurance cover complying with Institute Cargo Clauses (C) or similar clause, rather than with the more extensive cover under Institute Cargo Clauses (A). It is, however, still open to the parties to agree on a higher level of cover.

9. Unloading costs - If the seller incurs costs under its contract of carriage related to unloading at the specified point at the port of destination, the seller is not entitled to recover such costs separately from the buyer unless otherwise agreed between the parties.

10. Export/Import clearance - CIF requires the seller to clear the goods for export, where applicable. However, the seller has no obligation to clear the goods for import or for transit through third countries, to pay any import duty or to carry out any import customs formalities.

운임보험료포함인도규칙(Cost, Insurance and Freight : CIF)이란 매도인이 본선상에 물품을 적재하거나 또는 그렇게 인도된 물품을 조달할 때 인도하는 것을 말한다. 물품이 본선상에 인도될 때 물품의 멸실 또는 손상의 위험이 이전되지만, 매도인은 운송계약을 체결하고 지정 목적항 또는 목적항의 합의지점까지 물품을 운송하는데 필요한 비용 및 운임을 지급하여야 한다. 매도인은 또한 운송 중 물품의 멸실 또는 손상에 대한 매수인의 위험에 대하여 최소담보조건[ICC(C)]으로 보험담보계약을 체결한다.

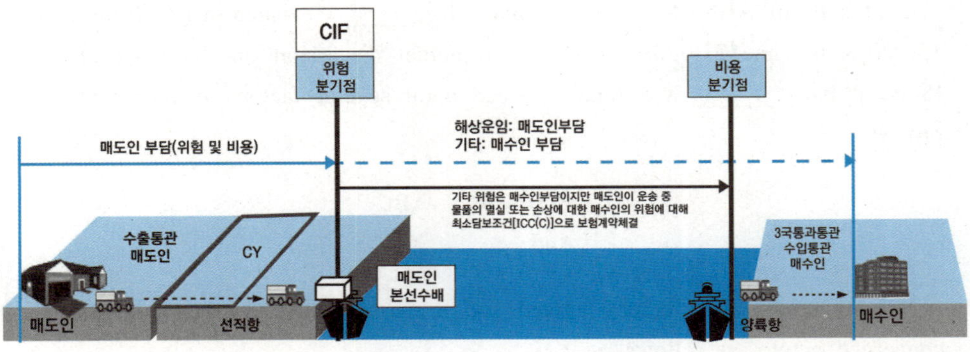

- 위험의 이전시기(인도시기) : 지정선적항에서 매수인이 지명한 본선상에 물품을 인도하거나 또는 그렇게 인도된 물품을 조달한 때
- 비용의 이전시기 : 지정 목적항
- 위험의 이전시기와 비용의 이전시기가 다름
- 본선수배의무 : 매도인
- 수출통관 : 매도인, 수입통관 : 매수인
- 터미널에서 인도되는 컨테이너화물의 경우에는 부적합 – CIP규칙이 적합

5.4 주요 무역계약서

1 양해각서(Memorandum of Understanding ; MOU)

양해각서는 계약을 시행하기 전 원활한 업무 진행을 위해 당사자 간의 계약에 대한 약속을 주고받는 것으로 정식 계약을 할 때 상황에 따라 본문 내용이 달라질 수 있다. 따라서 양해각서는 상호 구속적으로 작성하지 않으며 부담이 되지 않는 범위 내에서 작성하는 것을 원칙으로 한다.

양해각서를 체결한 진행자는 신의를 가지고 상대방과 협상을 진행해야 하지만 그렇다고 해서 양해각서 자체에 법적인 구속력이 있는 것은 아니다. 법률적 구속력이 있는 계약서와는 달리 사전 업무협약이라는 특성을 지닌 양해각서는 경우에 따라 업무제휴서, 사업제휴서, 업무제휴 협약서 등으로 부르기도 한다.

MEMORANDUM OF UNDERSTANDING

On behalf of ABC, Mr.________ and Mr._________ visited XYZ, from June 15, 20xx to June 21, 20xx, and had a mutual discussion on the basis of the Proposal No.________ and finally agreed upon several factors to carry out the project.

Between ABC
And XYZ

Now therefore, it is hereby agreed and declared by and between the parties concerned hereto, as follows,

1. ABC is willing to set up a company to manufacture clothes in _______ under XYZ's cooperation such as machinery supplying, technical transfer assistance and marketing.
2. ABC shall get an industrial license within maximum thirty(30)days after applying it for the prompt progress of this project. The commercial production shall be started within the end of 20xx.

3. ABC and XYZ agreed that the company will be named as_____.
4. ABC shall sell all their products except rejected clothes through XYZ for the minimum period of ten(10) years.
5. ABC shall issue a letter of credit for machineries and equipments regarding this clothes manufacturing project within four(4) months after signing MOU.
6. XYZ shall dispatch the drafts of marketing agreement, technical assistance agreement and machinery contract soon by D.H.L. The production capacity shall be considered as 2,000 pairs a day on the basis of eight(8) working hours a day.

In witness whereof, the parties concerned hereto have caused this MOU to be executed original in duplicates by their duly authorized representative on June 21, 20xx.

Party ABC　　　　　　　　　　Party XYZ
WITNESS :

내용해설

비록 MOU의 형식이라고 하더라도 구체적인 내용을 명시적으로 합의하는 경우는 정식의 매매계약서와 동일한 효력이 있다. MOU체결 이후 XYZ는 Machineries and Equipments의 생산에 들어갈 것이므로 MOU체결 이후 4개월 이내에 ABC가 신용장(L/C)을 개설하지 않을 경우에 ABC는 XYZ에게 인과관계가 입증되는 범위 내의 손해배상이 불가피하다고 해석된다. 또한 MOU의 당사자 이외에 제3자의 확인이나 증명이 필요한 경우에는 WTNESS 또는 ATTEST 란을 만들어 작성하도록 하는 것이 바람직하다.

용어해설

- on behalf of ABC : ABC를 기초로 하여
- carry out : 실행하다, 수행하다·production capacity : 생산능력
- on the basis of eight(8) working hours a day : 1일 8시간 근무를 기준으로 하여

2 정형무역계약서(전면)

DAEHAN TRADING CO., LTD
W.T.P.O. BOX 1010
TEL: 02-6000-5353 FAX: 02-6000-5161

SALES CONTRACT NO.123

DATE : June 10, 20xx

Messrs, M.C.P INC.
NEW YORK, U.S.A.

Dear Sirs,
We as Seller confirm having sold you as Buyer the following goods on the terms and conditions as stated below.

DESCRIPTION	QUANTITY	PRICE/YARD	AMOUNT
Printed Synthetic Febric 44 x about 500yards 100% Acrylic Fast Color	10,000yards	CIF New York US$1.72/yard	US$17,200.00

Payment : Under an irrevocable L/C at sight in our favor
Shipment : May 10. 20xx
Origin : Republic of Korea
Insurance : Seller should cover marine insurance for CIF price plus 10%
Packing : 500 yards in a carton box
Destination : New York, U.S.A.

Documents required :
- Commercial Invoice in triplicate
- Packing List in triplicate
- Full set of clean on board ocean bills of lading
- Marine insurance policy in duplicate
- Country of origin
- Inspection certificate

P&V
NEW YORK, U.S.A
BOX NO.: 1/20
MADE IN KOREA

Buyer
M.C.P INC.
(Signed)

David Jones
President

Seller
DAEHAN TRADING CO., LTD
(Signed)

Gil-Dong Hong
President

3 일반무역거래협정서(이면)

개별계약서는 매 거래 건별로 오퍼나 주문을 확정한 후 수출입 본 계약서를 작성하는 것으로 일반적으로 거래 상대방과 첫 거래를 할 때나 거래 초기단계에서 이용된다. 개별계약서는 표면과 이면으로 구분되어 있는데, 표면약정에는 거래 건별로 확정해야 하는 개별약정사항으로 당해 거래물품의 품질수준, 수량 및 가격 등 거래물품에 대한 사항과 개별거래별로 계약이행을 위한 선적일자, 결제방법 및 보험조건 등이 포함된다.

이면약정사항은 '무역거래일반조건(General Terms and Conditions)'으로서 무역계약의 당사자가 대리인이 아니라 본인 대 본인(Principal to Principal basis contract)이라는 점과 표면약정사항인 품질, 수량, 가격 및 선적조건 등 개별약정사항을 해석하는 기준을 정한다. 또한 계약불이행과 관련된 조항으로 불가항력조항, 클레임조항, 중재조항 및 준거법조항 등이 포함된다.

Agreement on General Terms and Conditions of Business

This Agreement entered into between Daehan Trading Co., Ltd., Seoul, Korea, (hereinafter called the Seller) and M.C.P. Inc., New York, USA,(hereinafter called the Buyer), witnesses as follows;

1. **Business** : Both Seller and Buyer act as Principals and not as Agents.
2. **Goods** : Goods in business, their unit to be quoted, and their mode of packing shall be stated in the attached list.
3. **Quotations and Offers** : Unless otherwise specified in e-mails or letters, all quotations and offers submitted by either party to this Agreement shall be in U.S. Dollars on the basis of CIF New York.
4. **Firm Offers** : All offers shall be subject to a reply within the period stated in respective e-mails. When 'immediately reply' is used, it shall mean that a reply is to be received by the seller within three days from and including the date of the dispatch of a firm offer. In either case, however, sundays and all official holidays are excepted.
5. **Orders** : Any business closed by e-mail shall be confirmed in writing without delay, and orders thus confirmed shall not be cancelled unless by mutual consent.
6. **Credit** : Irrevocable letter of Credit shall be issued in favor of the seller within ten(10) days from the date of contract. Credit shall be made available twenty-one(21) days beyond the contracted time of shipment.

7. **Payment** : Drafts shall be drawn under irrevocable Letter of Credit at sight, documents attached, for full invoice value.

8. **Shipment** : All goods sold in accordance with this Agreement shall be shipped within the stipulated time. The date of Bill of Lading shall be taken as conclusive proof of the date of shipment. Unless expressly agreed upon, the port of shipment shall be at the Seller's option.

9. **Marine Insurance** : All shipments shall be covered ICC(A) Clause for a sum equal to the amount of the invoice plus ten(10) percent, if no other conditions are particularly agreed upon. All policies shall be made out in U.S. Dollars and payable in New York.

10. **Quality** : The Seller shall guarantee all shipment to confirm to samples, types, or descriptions, with regard to quality and condition.

11. **Damage in Transit** : The seller shall ship all goods in good condition, and the buyer shall assume all risks of damage, deterioration or breakage during transportation.

12. **Claims** : Claims, if any, shall be submitted by e-mail within fourteen(14) days after arrival of goods at destination. Certificates recognized by surveyors shall be sent by mail without delay. All claims which can not be amicably settled between the Seller and the Buyer shall be submitted to Arbitration in Seoul. The arbitrators are consisted of three members. The decision of the arbitrators shall be final, and the losing party shall bear expenses thereof.

13. **Force Majeure** : The Seller shall not be responsible for the delay of shipment in all cases of force majeure, including mobilization, war, riots, civil commotion, hostilities, blockade, requisition of vessels, prohibition of export, fires, floods, earthquakes, tempest, and any other contingencies, which prevent shipment within the stipulated period. In the event of any of the aforesaid causes rising, documents proving its occurrence or existence shall be sent by the Seller to the Buyer without delay.

14. **Delayed Shipment** : In all cases of force majeure provided in Article 13, the period of shipment stipulated shall be extended for a period of twenty-one(21) days. In case shipment within the extended period should still be prevented by a continuance of the causes mentioned in Article 13 or the consequences of any of them, it shall be at the Buyer's option either to allow the late shipment of goods or to cancel the order by giving the Seller the notice of cancellation by e-mail.

15. **Shipping Notice** : Shipment effected against the contract of sale shall be immediately e-mailed.

16. **Shipment Samples** : In case shipment samples be required, the Seller shall forward them to the Buyer prior to shipment.

17. **Marking** : All shipments shall be marked as arranged otherwise.

18. **Expenses** : Both parties shall bear all their expenses relating to communication, traveling and other incidental expenses.

19. **Trade Terms** : Unless specially stated, the trade terms under this contract shall be governed and interpreted by the latest Incoterms(Incoterms 2010).

20. **Governing Law** : This agreement shall be governed as to matters including validity, construc- tion and performance under and by the United Nations Convention on Contract for the international Sae of Good 1980.

In witness whereof, Daehan Trading Co., Ltd., has hereunto set their hand on the 1st of March 20xx, and M.C.P. Inc., has hereto set their hand on the 30th of March 20xx. This Agreement shall be valid on and from the 1st of April 20xx, and any of the Articles in the Agreement shall not be changed or modified unless by mutual consent.

(Buyer) M.C.P. Inc.	(Seller) Daehan Trading Co., Ltd.
(signed)	(signed)
President	President

일반거래조건협정서

본 협정서는 한국 서울특별시의 대한무역주식회사(이하 매도인이라 칭함) 및 미국 뉴욕의 M.C.P.사(이하 매수인이라 칭함)간에 체결된 것으로 다음의 사항을 증명한다.

1. **거래** : 매도인·매수인의 쌍방은 본인으로서 거래하며 대리인으로서 행동하는 것이 아니다.
2. **물품** : 거래물품, 제시단위 및 포장형태를 별첨목록에 기재한다.
3. **견적 및 청약** : 전자우편 또는 서신에 별도의 규정이 없는 한 본 협정 당사자에 의한 견적 및 청약은 모두 뉴욕항 운임·보험료포함인도조건에 의한 미화를 기준으로 한다.
4. **확정청약** : 확정청약은 모두 개개의 전자우편에 제시되어 있는 기간 내의 회답을 조건으로 간주한다. '즉답'이라는 용어가 사용될 때에는 회답이 확정청약의 발송일을 포함하는 3일 이내에 매도인에게 수신되는 것을 말한다. 다만 어떠한 경우에도 일요일 및 공휴일은 제외한다.
5. **주문** : 전자우편에 의해 결정된 거래는 지체 없이 서면에 의해 확인하는 것으로 하고 이렇게 확인된 주문은 당사자 쌍방의 동의에 의하지 않는 한 취소할 수 없는 것으로 한다.
6. **신용장** : 계약체결일자로부터 10일 이내에 은행취소불능신용장이 매도인 앞으로 발행되도록 한다. 신용장은 그 유효기간을 선적약정 선적기일보다 21일간 길게 하는 것으로 한다.
7. **대금결제** : 환어음은 신용장에 의거하여 일람출급으로 선적서류를 첨부하여 송장금액 전액에 대하여 발행되는 것으로 한다.
8. **선적** : 본 협정에 의하여 매매되는 물품은 모두 약정기간 내에 선적되는 것으로 한다. 선하증권의 일자는 선적일을 최종적으로 입증하는 것으로 간주한다. 별도의 약정이 없는 한 선적항은 매도인이 자유로이 선정한다.
9. **해상보험** : 특히 다른 조건을 약정하지 않는 한 모든 화물은 송장금액에 10%를 가산한 것에 ICC(A)약관 조건의 보험을 부보하는 것으로 한다. 모든 보험증권은 미화로써 표시되며 또한 뉴욕에서 지급되는 것으로 한다.

10. **품질** : 매도인은 모든 선적화물의 품질 및 상태에 관하여 견본, 규격 혹은 명세와 일치할 것을 보증한다.

11. **운송중의 손상** : 매도인은 모든 물품을 양호한 상태로 선적하고 매수인은 운송 도중 손상·변질 혹은 파손에 관한 모든 위험을 부담하는 것으로 한다.

12. **클레임** : 클레임이 있을 때에는 물품이 목적지에 도착한 후 14일 이내에 전자우편으로써 행하고 검사인이 확증한 증명서를 지체 없이 우편으로 제시토록 한다. 매도인과 매수인간에서 화해할 수 없는 클레임은 모두 서울에서 중재에 붙여지고 그 중재인은 3명으로 구성된다. 중재인들의 결정은 최종적이며 패소자는 그 중재비용을 부담토록 한다.

13. **불가항력** : 매도인은 약정기간 내에 선적을 방해하는 동원, 전쟁, 소요, 폭동, 적대행위, 항만봉쇄, 선박징발, 수출금지, 화재, 홍수, 지진, 폭풍, 기타 예측하기 어려운 사건 등의 불가항력적인 사건이 발생했을 경우에는 선적지연에 대하여 책임을 지지 않는다. 전기한 제요인이 발생했을 때에는 매도인은 이것의 발생, 혹은 존재를 증명하는 서류를 지체 없이 매수인에게 송부하여야 한다.

14. **선적지연** : 본 협정서 제13조에 규정한 불가항력일 경우에는 약정된 선적기간을 21일간 연장하는 것으로 한다. 유예기간내의 선적이 제13조에 기재된 제 요인이 계속 혹은 그 결과에 의하여 아직 방해되고 있을 경우에는 지연화물의 선적을 용인하든가 아니면 전자우편으로서 해약통지를 매도인에게 행함으로써 주문을 취소할 것인가 하는 것은 매수인이 자유로이 결정토록 한다.

15. **선적통지** : 매매계약에 대하여 행한 선적은 즉시 전자우편으로 통지한다.

16. **적송품 견본** : 적송품의 견본을 필요로 할 때에는 매도인은 그와 같은 견본을 선적 전에 매수인에게 송부토록 한다.

17. **화인** : 모든 선적화물에는 별도로 약정한대로 화인을 표시한다.

18. **비용** : 매도인과 매수인은 각가자 지출한 통신, 교통 및 기타 부대비용을 각각 부담으로 하는 것으로 한다.

19. **정형거래조건** : 특별히 명기되지 않는 한, 이 계약에 따른 정형거래조건은 인코텀즈 최신판(Incoterms 2010)에 의하여 적용되고 해석된다.

20. **준거법** : 이 계약서는 유효기간, 해석, 이행을 포함하는 사항에 관하여 1980년 국제물품매매계약에 관한 UN협약에 의하여 적용된다.

상기 사항의 증거로서 대한무역주식회사는 20xx년 3월 20일에 서명하고 또 M.C.P. 사는 20xx년 3월 30일에 서명하였다. 본 협정서는 20xx년 4월 1일부터 효력을 발생하며 본 협정서의 조항 어느 것이든 당사자 쌍방의 의견이 일치하지 않는 한 변경 혹은 수정되지 아니한다.

(매수인) M.C.P. 주식회사	(매도인) 대한무역주식회사
(서명)______________	(서명)______________
대표이사	대표이사

4 매매계약서(Sales Contract) 예시

Sales Contract

Han Kook Co., Ltd., as Seller, hereby confirms having sold to Brown Co., Ltd., as Buyer, the following goods by this sales contract made on July 30, 20xx and on the terms and conditions hereinafter set forth.

ITEM NO.	COMMODITY & SPECIFICATION	QUANTITY	UNIT PRICE	AMOUNT
TOTAL AMOUNT				

- □ Time of Shipment : July 30, 20xx
- □ Port of Shipment : Busan Port, Korea
- □ Port of Destination : New York, U.S.A.
- □ Payment

AT SIGHT	By an irrevocable letter of credit payable at sight
USANCE	By an irrevocable, confirmed and unconditional letter of credit
D/P	By documents against payment
D/A	By bill(s) of exchange drawn on Buyer due [60] days from B/L date
D/D	By a D/D(Demand Draft) within [10] days after the date of B/L
T/T	By a T/T(Telegraph Transfer) within [10] days after the date of B/L
M/T	By a M/T(Mail Transfer) within [10] days after the date of B/L

- □ Insurance : Seller to cover the [CIF] price plus [ ]% against All Risks, War and SRCC Risks
- □ Packing : Export standard packing
- □ Marking : PCU
- □ Special Terms & Conditions :
- □ This Contract is subject to the general and conditions set forth on back hereof :

	Seller	Buyer
By	: Han Kook Co., Ltd	Brown Co., Ltd.
Address	: 513, Youngdong dae-ro, Kangnam-gu, Seoul Korea	140, West 51st Street, N.Y., U.S.A
Name	: Shin K. Lee	Tom B. Baker
Title	: Manager	Manager

General Terms and Conditions

Article 1. Quantity

Quantity set forth in this Contract is subject to a variation of ten [10] percent more or less at Seller's option.

Article 2. Shipment :

Date of bill of lading shall be accepted as a conclusive date of shipment.
[ ] days grace in shipping shall be allowed. Partial shipment and/or transshipment shall be permitted unless otherwise stated in this Contract. Seller shall not be responsible for any delay of shipment, should Buyer fail to provide timely letter of credit in conformity with this Contract or in case the sailing of the steamer designated by Buyer be deferred beyond the prearranged date of shipment.

Article 3. Packaging

Packing shall be at Seller's option. In case special instructions are necessary, Buyer should notify Seller thereof in time to enable Seller to comply with the same and all additional cost thereby incurred shall be borne by Buyer. Shipping Mark shall be made as shown in the oblong of the front page of this Contract.

Article 4. Insurance

In case of CIF or CIP basis, [10] % of the invoice amount shall be insured, unless otherwise agreed; any additional insurance required by Buyer to be at his own expense; unless otherwise stated, insurance to be covered for marine insurance only FPA or ICC (C) Clause. Seller may, if he deems it necessary, insure against additional risks at Buyer's expense.

Article 5. Increased costs

If Seller's costs of performance are increased after the date of this Contract by reason of increased freight rates, taxes or other governmental charges or insurance rates, or if any variation in rates of exchange increases Seller's costs or reduces Seller's return, Buyer agrees to compensate Seller for such increased cost or loss of income. Further, if at any time Buyer requests shipment later than agreed and Seller agrees thereto, Seller may, upon completion of manufacture, store the Goods and charge all expenses thereby incurred to Buyer, plus reasonable storage charges when Seller stores the Goods in its own facilities.

Article 6. Payment

AT SIGHT L/C : An irrevocable letter of credit, without recourse, available against Seller's sight drafts shall be established through a prime bank satisfactory to Seller within [15] days after the date of this Contract and be kept valid at least [15] days after the date of last shipment. The amount of such letter of credit shall be sufficient to cover the Contract amount and additional charges and/or expenses to be borne by Buyer.

USANCE : For the payment of the Contract Price specified hereof the Buyer shall provide the Seller with the irrevocable, confirmed and unconditional letter of credit (hereinafter called "L/C") in the amount of USD [ ] at [ ] months usance basis(after the date of draft issued by the Seller or bill of lading) in favor of the Seller to be issued within [ ] days from the signing date of the Contract under the agreed terms and conditions by the Seller and Buyer.

D/P : After shipment, the Seller shall deliver a sight bill(s) of exchange drawn on the Buyer together with the required documents to the Buyer through a bank. The Buyer shall effect the payment immediately upon the first presentation of the bill(s) of exchange and the required documents, i.e. D/P.

D/A : After shipment, the Seller shall deliver bill(s) of exchange drawn on the Buyer, payable [ ] days after [ ], together with the required documents to the Buyer through a bank for acceptance. The Buyer shall accept the bill(s) of exchange immediately upon the first presentation of the bill of exchange and the required documents and shall effect the payment on the maturity date of the bill(s) of exchange.

D/D : The Buyer shall pay the invoice value of the goods by means of D/D (Demand Draft) within [ ] days after the receipt of the required documents; within [ ] days after the date of the Bill of Lading.

T/T : The Buyer shall pay the invoice value of the goods to the Seller's account with the bank designated by the Seller by means of T/T(Telegraph Transfer) within [ ] days after the receipt of the required documents; within [ ] days after the date of the Bill of Lading.

M/T : The Buyer shall pay the invoice value of the goods by the Seller by means of M/T(Mail Transfer) within [ ] days after the receipt of the required documents; within [ ] days after the date of the Bill of Lading

Article 7. Inspection

The inspection of the Goods shall be done according to the export regulation of the Republic of Korea and/or by the manufacturer(s) which shall be considered as final. Should any specific inspector be designated by Buyer, all additional charges incurred thereby shall be at Buyer's account and shall be added to the invoice amount, for which the letter of credit shall be amended accordingly.

Article 8. Warranty

The Goods shall conform to the specification set forth in this Contract and free from defects in material and workmanship for [   ] months from the date of shipment. The extent of Seller's liability under this warranty shall be limited to the repair or replacement as herein provided of any defective Goods or parts thereof. Provided, however, this warranty does not extend to any of the said Goods which have been : (a) subjected to misuse, neglect, accident or abuse, (b) improperly repaired, installed, transported, altered or modified in any way by any other party than Seller or (c) used in violation of instructions furnished by Seller. Except for the express limited warranties set forth in this article, seller makes no other warranty to buyer, express or implied, and herby expressly disclaims any warranty of merchantability or fitness for a particular purpose. In no event shall Seller be liable to Buyer under this Contract or otherwise for any lost profits or for indirect, incidental or consequential damages for any reason.

Article 9. Claims

Any claim by Buyer of whatever nature arising under this Contract shall be made by facsimile or cable within [   ] days after arrival of the Goods at the destination specified in the bills of lading. Full particulars of such claim shall be made in writing, and forwarded by registered mail to Seller within [   ] days after such fax or cabling. Buyer must submit with particulars the inspection report sworn by a reputable surveyor acceptable to the Seller when the quality or quantity of the Goods delivered is in dispute. Failure to make such claim within such period shall constitute acceptance of shipment and agreement of Buyer that such shipment fully complies with applicable terms and conditions.

Article 10. Remedy

Buyer shall, without limitation, be in default of this Contract, if Buyer shall become insolvent, bankrupt or fail to make any payment to Seller including the establishment of the letter of credit within the due period. In the event of Buyer's default, Seller may without prior notice thereof to Buyer exercise any of the following remedies among others :

(a) terminate this Contract;

(b) terminate this Contract as to the portion of the Goods in default only and resell them and recover from Buyer the difference between the price forth in this Contract and the price obtained upon resale, plus any incidental loss or expense; or

(c) terminate the Contract as to any unshipped balance and recover from Buyer as liquidated damages, a sum of five (5) percent of the price of the unshipped balance. Further, it is agreed that the rights and remedies herein reserved to Seller shall be cumulative and in addition to any other or further rights and remedies available at law.

Article 11. Force Majeure

Neither party shall be liable for its failure to perform its obligations hereunder if such failure is the direct result of circumstances beyond that party's reasonable control, including but not limited to, prohibition of exportation, suspension of issuance of export license or other government restriction, act of God, war, blockade, revolution, insurrection, mobilization, strike, lockout or any labor dispute, civil commotion, riot, plague or other epidemic, fire, typhoon, flood.

Article 12. Patents

Trade Marks, Designs, etc. : Buyer is to hold Seller harmless from liability for any infringement with regard to patent, trade mark, copyright, design, pattern, etc., originated or chosen by Buyer.

Article 13. Governing Law

This Contract shall be governed under the laws of Korea.

Article 14. Arbitration

Any dispute arising out of or in connection with this contract shall be finally settled by arbitration in Seoul in accordance with the Arbitration Rules of the Korean Commercial Arbitration Board.

Article 15. Language

This Agreement may be executed in English and in other languages (including Korean). In the event of any difference or inconsistency among different versions of this Agreement, the English version shall prevail over in all respect.

Article 16. Trade Terms

All trade terms provided in the Contract shall be interpreted in accordance with the latest INCOTERMS 2010 of International Chamber of Commerce.

물품 매매계약서

한국무역주식회사(이하 매도인)와 Brown Co., Ltd.(이하 매수인)은 20xx년 7월 30일 다음과 같이 계약을 체결한다.

품목번호	상품 및 명세	수량	단가	금액
합 계				

ㅁ 선적시기 : [20xx 년 7월 30일]
ㅁ 선 적 항 : [대한민국 부산]항
ㅁ 도 착 항 : [미국 뉴욕]항
ㅁ 대금지급

AT SIGHT	일람불취소불능 신용장
USANCE	기한부 취소불능확인 신용장
D/P	인수도지급
D/A	선적일로부터 [60일] 만기 환어음
D/D	요구불어음
T/T	선적일로부터 [10일] 이내 전신환
M/T	우편환

ㅁ 보 험 : 매수인이 [CIF]가격의 [110%]부보(ALL risks War an SRCC risks)
ㅁ 포 장 : [Export Standard Packing]
ㅁ Marking : [PCU]
ㅁ 특약사항
ㅁ 기타 본 계약과 관련된 사항은 아래의 일반조건에 따른다.

	매도인	매수인
회사명	: 한국무역주식회사	브라운주식회사
주소	: 서울시 강남구 영동대로 513번지	140, West 51st Street, New York, N.Y., U.S.A
Name	: 이 신 규	Tom B. Baker
Title	: 과장	과장

일반거래조건

제 1 조(수량)

본 계약에 정한 수량은 매도인의 선택에 따라 [ ]% 범위 내에서 증감할 수 있다.

제2조(선적)

선하증권에 기재된 일자가 (B/L date)가 선적일이 된다. 선적에는 [ ] 일의 준비기간이 허용되어야 한다. 계약에 별도 규정이 없는 경우 분할선적 및 환적이 허용된다. 매수인이 지정한 선박의 항해가 사전 결정된 선적일보다 늦어진 경우 매도인은 선적지연에 대해 책임이 없다.

제3조(포장)

포장에 관한 사항은 당사자 간 합의에 따라 정한다. 만약, 매수인이 특별한 지시를 하는 경우, 매수인은 매도인이 동 지시를 따르는데 충분한 시간을 갖도록 적절한 시간을 두고 매도인에게 통보하며 이로 인하여 발생되는 추가 비용은 매수인이 부담한다.

제4조(보험)

CIF와 CIP 조건일 경우, 별도 합의가 없는 한 청구서 (계약)금액의 [10]%를 부보한다. 매수인이 요청하는 추가보험은 매수인의 부담이다. 별도로 정하지 않는 한 보험은 해상보험만 FPA 또는 ICC (c)조항에 따라 커버한다. 매도인은 필요한 경우, 매수인의 비용으로 추가보험을 부보할 수 있다.

제5조(비용증가)

매도인의 원가가 본 계약체결일 이후에 운임인상, 세금 기타 정부 부과금 또는 보험료로 상승되거나, 환율변동이 매도인의 원가를 상승시키거나 매도인의 수익을 감소시키는 경우, 매수인은 매도인의 이러한 원가상승이나 수익감소를 보상하기로 한다. 또한 매수인이 선적연기를 요청하고 매도인이 이에 동의하는 경우 매도인은 생산완료 후 제품을 보관할 수 있으며 이에 따른 모든 비용은 매수인의 부담으로 한다. 상품이 매도인의 시설에 보관되는 경우 적절한 보관료가 추가된다.

제6조(대금지급)

일람불신용장(AT SIGHT L/C) 무상환 일람불 취소불능 신용장이 본 계약일로부터 [ ]일 이내에 매도인이 동의하는 일류은행을 통해 개설되고, 동 신용장은 최종선적일로부터 최소한 [ ]일 동안 발효되어야 한다. 신용장금액은 계약금액 및 매수인이 부담할 추가 비용을 커버해야 한다.

기한부신용장(USANCE) 계약금액을 지급하기 위하여 매수인은 매도인에게 본 계약 체결일로부터 [ ]일 이내에 (어음발행일 또는 선적일기준) [ ]월의 기한부 취소불능확인 신용장을 액면금액 [ ], 수혜자를 매도인으로 하여 매도인과 매수인이 합의한 조건으로 개설한다.

지급인도조건(D/P) 선적 후, 매도인은 매수인 앞으로 발행한 일람불어음 및 필요 (선적)서류를 은행을 통하여 매수인에게 제시한다. 매수인은 동 어음과 필요서류를 제시 받은 즉시 대금을 지급하여야 한다.

인수인도조건(D/A) 선적 후, 매도인은 필요 (선적)서류와 함께 매수인 앞으로 발행한 만기가 [ ]로부터 [ ]일인 환어음을 은행을 통하여 매수인에게 인수제시한다. 매수인은 동 환어음 및 서류의 제시가 있으면 즉시 환어음에 인수서명 (날인)하고 어음의 만기에 결제하여야 한다.

요구불어음(D/D) 매수인은 필요 (선적서류를) 받은 때로부터 [ ]일 이내에 (또는 B/L 상의 선적일로부터 [ ]일 이내에) 상품대금을 요구불어음(D/D)으로 지급한다.

전신환(T/T) 매수인은 필요 (선적서류를) 받은 때로부터 [ ] 일 이내에 (또는 B/L 상의 선적일로부터 [ ] 일 내에) 상품대금을 전신환(T/T)으로 (매도인이 지정한 은행의 매도인 구좌로) 송금한다.

우편환(M/T) 매수인은 필요 (선적서류를) 받은 때로부터 [ ] 일 이내에 (또는 B/L 상의 선적일로부터 [ ] 일 내에) 상품대금을 우편환(M/T)으로 지급한다.

제7조(상품검사)

상품검사는 대한민국 수출관련규정에 따르거나 제조업자가 하고 동 검사는 최종적이다. 매수인이 특별검사인을 지정하는 경우 이로 인한 추가비용은 매수인의 부담으로 하여 매도인의 청구서에 포함되고 신용장금액도 따라서 변경된다.

제8조(품질보증)

상품은 본 계약에 규정된 명세에 부합해야 하며 선적일로부터 [ ]개 월간 소재 및 제조공정에 하자 없음을 보장한다. 매도인의 본 보증에 따른 책임한도는 하자상품 또는 그 부품의 수리 또는 교환에 그친다. 본 보증은 (a) 상품이 오용되거나, 허술히 다뤄지거나, 사고가 나거나, 또는 남용된 경우 (b) 매도인 이외의 자가 부적절히 수리, 설치, 운반, 변경한 경우 (c) 매도인의 지시사항을 위반하여 사용된 경우에는 적용되지 아니한다. 본 조항에 규정된 명시적 보증을 제외하고는 매도인은 매수인에 대하여 명시적이든 묵시적이든 다른 어떤 보증도 하지 아니하며 상품성보장 및 특정목적 적합성보장은 하지 않음을 선언한다. 어떤 경우에도 매도인은 매수인에게 본 계약상 또는 기타 사유로 영업이익상실, 간접적·우연적·결과적 손해에 대한 책임이 없다.

제9조(클레임)

본 계약 하에서 발생하는 매수인의 모든 클레임은 선하증권에 기재된 도착항에 상품이 도착한 날로부터 [ ] 일 이내에 fax나 cable로 제기한다. 클레임의 상세한 내역은 서면으로 작성하여 위 fax나 cable 일자로부터 [ ] 내에 등기우편으로 매도인에게 제출한다. 매수인은 상품의 수량과 품질에 관한 다툼이 있는 경우 위 클레임상세와 함께 매도인이 인정한 검사인이 작성한 검사보고서를 제출한다. 위 기한 내에 위 클레임을 제기하지 못할 경우는 선적품의 인수로 되고 동 선적이 해당 조건을 충족시키고 있음을 매수인이 동의한 것이 된다.

제10조(계약의 해지 등)

매수인이 지급불능, 파산 또는 적시의 신용장개설을 포함하여 매도인에 대한 지급을 하지 않는 경우, 매도인은 매수인에 대한 사전 통보없이 다음의 권리를 행사할 수 있다.

① 본 계약의 해지(해제)

② 불이행 부분에 대하여 계약을 해제하고 이를 재매도하여 매수인으로부터는 계약금액과 재매도가액과의 차액을 징구

③ 미선적부분에 대하여 계약을 해제하고 매수인으로부터 미선적 금액의 [ ] %를 손해배상액으로 징구

제11조(불가항력)

당사자 일방은 그 의무불이행이 수출면허의 정지 기타 정부제한, 천재지변, 전쟁, 해상봉쇄, 혁명, 내란, 동원, 파업, 직장폐쇄 또는 기타 노동분규, 민란, 소요, 질병 또는 기타 역병, 화재, 태풍, 홍수의 경우에는 그 의무 불이행에 대하여 책임지지 아니한다.

제12조(지적재산권)

매수인은 매수인이 선정하거나 매수인으로부터 연원한 특허, 상표, 저작권, 디자인, 패턴등과 관련된 일체의 침해책임으로부터 매도인을 면책시켜야 한다.

제13조(준거법)

본 계약은 한국법에 따른다.

제14조(중재)

본 계약 및 그 불이행과 관련하여 발생되는 모든 분쟁은 대한민국 서울에서 대한상사중재원의 중재규칙에 따라 중재로 해결한다. 중재인이 내린 판정은 최종적인 것으로 관련당사자 쌍방을 구속한다.

제15조(언어)

이 계약서는 영어와 기타의 다른 언어로 작성될 수 있다. 서로 다른 언어로 작성된 계약서 간에 차이 또는 불일치가 있는 경우, 영문 계약서가 모든 면에서 우선한다.

제16조(기타)

본 계약의 모든 무역용어는 국제상업회의소의 INCOTERMS 2010에 따라 해석한다.

5 판매특약점계약서(Distributorship Agreement)

DISTRIBUTORSHIP AGREEMENT

This Agreement is made and entered into this January 1, 20xx by and between Korea Trading Co., Ltd. a corporation duly organized and existing under the laws of the Republic of Korea and having its principal office at ________ (hereinafter referred to as "Manufacturer") and America Trading Co., Ltd. a corporation duly organized and existing under the laws of the state of New York, U.S.A. having its principal office at ________ (hereinafter referred to as "Distributor").

WITNESSETH :

WHEREAS, Manufacturer wishes to appoint Distributor as an exclusive distributor for the products (as hereinafter defined) in the territory of the United States of America,

WHEREAS, Distributor wishes to accept such appointment as an exclusive distributor.

IN CONSIDERATION OF the mutual covenants contained herein, the parties hereto agree as follows :

Article 1. Definitions

In this Agreement except where the context otherwise requires, the following terms and expressions shall have the meanings respectively defined as follows ;

1.1 "Products" means those products which are mentioned in the attached Annex.

1.2 "Territory" means the United States of America.

Article 2. Appointment and Acceptance

2.1 During the term and subject to the conditions hereinafter set forth, Manufacturer hereby appoints Distributor as an exclusive distributor for the products in the Territory, and Distributor accepts such appointment. During the term of this Agreement, Manufacturer shall not, either directly or indirectly, sell the products in the Territory without the prior consent of Distributor.

2.2 Distributor shall not purchase, import, export, sell, distribute, advertise or otherwise deal in products competitive with or similar to the products in the Territory.

Article 3. Orders and Shipment

3.1 In placing orders with Manufacturer, Distributor shall clearly describe the products and quantity required, and shall include precise instructions for packaging, invoicing and shipping.
The orders shall not be binding unless and until they are accepted by Manu- facturer in its discretion. Manufacturer agrees to supply Distributor with products to enable fulfillment of the minimum purchases as set forth in Article 5 hereof. Manufacturer agrees to extend its best efforts to accept all orders as submitted by Distributor in excess of said minimum purchases.

3.2 Manufacturer shall be responsible for packaging the products in such manner to ensure except for perils of the sea safe and undamaged delivery.

Article 4. Price and Payment

4.1 The prices of the products shall be determined in accordance with the price lists attached hereto and made a part hereof, which price list may be changed from time to time by the Manufacturer with 30 days prior notice.

4.2 Within 30 days after receipt of Manufacturer's confirmation of order, Distributor shall issue an irrevocable Letter of Credit in favor of Manu- facturer.

4.3 Currency of Payment shall be in United States Dollars.

Article 5. Minimum Purchase

5.1 Distributor guarantees minimum purchases of the products from Manufacturer in the following amount, on FOB Busan, Korea basis :
(1) First year : U$100,000
(2) Second year : U$250,000
(3) Third year : U$450,000

For the purpose of this Article, the products shall be considered purchased when shipped by manufacturer.

5.2 When Distributor has fulfilled the minimum purchase guarantee as stipulated in Article 5.1, this Agreement shall be automatically be extended by successive three years period subject to Article 13, provided, however, that each successive period shall require a 10% increase of the minimum purchase volume.

5.3 If Distributor fails to purchase the minimum amount as stipulated in Article 5.1 and 5.2, Manufacturer may terminate this Agreement by a written notice as hereinafter provided for in Article 14.1(2) within one month after the expiration of the three years period of this Agreement, but Distributor shall have no other liability in connection therewith.

Article 6. Technical Assistance

6.1 Manufacturer engages themselves to supply Distributor with necessary Technical Assistance by means of informative and illustrated materials and to send all advertising materials suitable for promotion and advertising of the products.

6.2 Manufacturer shall train a reasonable number of technical personnel either in Korea or on site in the Territory by consent of both sides if it becomes necessary due to introduction of any new Products or generally in order to achieve better installation and maintenance standards. Costs for round trips, meals, lodging, and other expenses of the dispatched personnel of Distributor or Manufacturer for training shall be borne by Distributor.

6.3 The above Technical Assistance shall be implemented in English Language.

Article 7. Spare Parts

7.1 Distributor shall keep a sufficient level of spare parts in order to provide an efficient After Sales Services. Manufacturer shall also advise Distributor of the required spare parts and any stock will be discussed and mutually agreed before orders are placed.

7.2 Manufacturer shall supply Distributor with spare parts for the products so long as Distributor continues to purchase the products pursuant to the terms and conditions of this Agreement and for two years after the last shipment of the products to Distributor. The price of the Spare Parts shall be consented by both parties. And at Manufacturer's option, Distributor may purchase standard spare parts from Manufacturer's suppliers directly for two years after the last shipment.

Article 8. Inspection and Warranty

8.1 Right after the receipt of the products, Distributor shall inspect or shall cause its qualified agent to insure that the quality standards, as agreed to by the parties in writing, have been met. If any of the products or any part of a product is found not to be in compliance with the quality standards, Manufacturer shall supply Distributor free of charge replacement for the products or the part of a product not meeting the quality standards, and/or shall indemnify the Distributor against any loss and damage suffered by the Distributor.

8.2 Manufacturer warrants that the products at the time of shipment shall be free from defects in material and workmanship. This warranty does not extend to any of the said products which have been : (1) subject to misuse, neglect, accident or abuse, (2) improperly repaired, or altered or modified in any way, and (3) used in violation of instructions furnished by Manufacturer.

8.3 Claims by Distributor in regard to any defect in the products must be in writing and be dispatched by Distributor with full particulars within one(1) year after receipt of the products.

Article 9. Distributor's Responsibility

9.1 Distributor shall maintain adequate stocks of the products throughout the Territory to meet its customers' demand in time. Distributor shall maintain adequate stocks of replacement parts, facilities and qualified mechanics throughout the Territory and shall provide reasonable after sale services to its customers.

9.2 Distributor shall undertake for its own account, advertisement, and sales promotions of the products and devote its best efforts toward obtaining the largest sales volume of the products in the Territory.

9.3 Whenever Manufacturer shall render to Distributor any complaints as to products from any dealer or customer in the Territory, Distributor shall immediately make an investigation and take a proper action.

Article 10. Report

Distributor shall make quarterly reports to Manufacturer on the sales of the products, the inventory of the products and parts thereof, general market conditions and others as Manufacturer requires.

Article 11. Trademarks

11.1 Distributor recognizes that any of trademarks, trade names, designs, copyrights and other proprietary rights, used on or embodied in the products

("Proprietary Rights") shall remain the exclusive property of Manufacturer. Distributor shall not have or acquire any right, title or interest in proprietary rights : provided, however, that Distributor may with the consent of Manufacturer indicate that it is an authorized distributor of the products. Upon termination of this Agreement for any cause, Distributor shall cease holding itself out as a distributor of the products and cease using in any way Manufacturer's name or its proprietary rights or any material similar thereto.

11.2 Distributor shall not alter, deface, remove, cover or mutilate in any manner the trademark, serial or model numbers, brand or Manufacturer's name attached or affixed to any of the products, without the consent of Manufacturer.

Article 12. Status of Distributor

12.1 This Agreement does not in any way create the relationship of principal and agent between Manufacturer and Distributor : and under no circumstances shall Distributor be considered to be the agent of Manufacturer. Distributor shall not act or attempt to act, or represent itself, directly or by implication, as an agent of Manufacturer or in any manner assume or create, or attempt to assume or create, any obligation, liability, representation, warranty or guarantee on behalf of, or in the name of Manufacturer.

12.2 Distributor shall at all times comply with all applicable laws, regulations, and orders of any government of the Territory or political subdivisions thereof relating to or in any way affecting this Agreement and Distri- butor's performance hereunder, including the obtaining of any required licenses, permits or approvals.

12.3 Distributor shall not disclose to any third party, without the prior written consent of Manufacturer, or use for any purpose other than the performance of its obligations under this Agreement, any confidential information concerning the products or business affairs of Manufacturer (including, but not limited to, prices, discounts or product specifications) which it receives directly or indirectly from Manufacturer, or which it acquires or develops in the course of its transactions with Manufacturer.

Article 13. Term

13.1 This Agreement shall become effective upon signing and shall continue in full force and effect for a period of three years from the date hereof, unless earlier terminated pursuant to Article 14, and shall thereafter be automatically extended for successive three year periods of time unless, three months prior to the expiration of the term or any extension thereof, a notice of intention to finally terminate is given in writing by one party to the other.

13.2 Upon the extension of this Agreement in accordance with Article 13.1, the minimum purchase amount for each period shall be renewed and a new minimum purchase amount shall be mutually agreed upon in writing by the parties within two(2) months after commencement of each new period.

Article 14. Termination

14.1 This Agreement may be terminated at the option of Manufacturer, effective upon thirty(30) days prior written notice of termination given to Distributor, in the event of the happening of the following events :

(1) Should Distributor becomes bankrupt or insolvent, or have its business placed in the hands of a receiver, assignee or trustee, whether by voluntary act or otherwise : or

(2) Should Distributor fail to meet the minimum annual purchase requirements or otherwise fail to meet promptly any of its obligations pursuant to this Agree- ment : or

(3) Should Distributor be acquired by, or should itself acquire, in whole or in part a manufacturer of the products which in the reasonable judgement of Manufacturer competes to material extent with the products ; or

(4) Should Distributor attempts to assign this Agreement or any rights hereunder without Manufacturer's prior written consent ; or

(5) If Distributor ceases to function as a going concern or to conduct its operations in the normal course of business.

14.2 All monies owed to Manufacturer upon termination shall become immediately due and payable and no cancellation or termination of this Agreement shall serve to release Distributor or its successors or assignee from any obligations under this Agreement.

Article 15. Force Majeure

Neither party shall be liable to the other party for nonperformance or delay in performance of any of its obligations under the Agreement due to war, revolution, riot, strike or other labor dispute, fire, flood, acts of government or any other causes reasonably beyond its control. Upon the occurrence of such a force majeure condition, the affected party shall immediately notify the other party of any further developments with evidence proving its occurrence. Immediately after such condition is removed, the affected party shall perform such obligation with all due speed.

Article 16. Governing Law

This Agreement shall be interpreted and governed by the laws of the Republic of Korea.

Article 17. Arbitration

All disputes, controversies or differences which may arise between the parties out of or in relation to or in connection with this Agreement or for the breach thereof shall be finally settled by arbitration in Seoul, Korea in accordance with the Commercial Arbitration Rules of the Korean Commercial Arbitration Board and under the law of Korea. The award rendered by the arbitrator(s) shall be final and binding upon both parties concerned.

Article 18. Miscellaneous Provisions

18.1 Notices

Any notice required or permitted to be given hereunder shall be in writing, and may be given by personal service, registered airmail, or by cable, facsimile or telex if confirmed on the same day in writing by registered airmail.

18.2 Entire Agreement-Amendments

This Agreement constitutes the entire understanding of Manufacturer and Distributor with respect to the subject matter hereof. No amendment, modifi- cation or alteration of any term of this Agreement shall be binding on either party unless the same shall be made in writing and executed by or on behalf of the parties hereto.

18.3 Assignment and Succession

This Agreement shall inure to the benefit of and be binding upon the parties hereto and their respective successors. No assignment of this Agreement shall be valid without the prior written consent of the other party hereto.

18.4 Waiver

All waivers hereunder must be in writing, and the failure of any party at any time to require the other party's performance of any obligations under this Agreement shall not affect the right subsequently to require performance of the obligation. Any waiver of any breach of any provision of this Agreement shall not be construed as a waiver of any continuing or succeeding breach of such provision or a waiver or modification of the provision.

18.5 Severability

If any one or more of the provisions contained in this Agreement shall be declared invalid, illegal or unenforceable in any respect, under any applicable law, the validity, legality and enforceability of the remaining provisions contained herein shall not in any way be affected and in such case the parties hereto oblige themselves to reach the intended purpose of the invalid provision by a new, valid and legal stipulation.

18.6 Headings

The section headings herein are included for purposes of convenience only any shall not affect the construction or interpretation of any of the provision of this Agreement. IN WITNESS WHEREOF, the parties hereto have caused this Agreement to be executed by their respective duly authorized officers.

Manufacturer,	Distributor
Korea Trading Co., Ltd.	America Trading Co., Ltd.
(signed)	(signed)

판매특약점계약서

이 계약은 대한민국법에 의해 설립되고, 주된 영업소가 __________인 한국무역주식회사 (이하 "제조업자"라 칭함)와 미합중국 뉴욕주 뉴욕주법에 의해 설립되고 주된 영업소가 __________인 아메리카무역주식회사 (이하 "판매권자"라 칭함)간에 20xx년 1월 1일에 체결되었다.

제조업자는 판매권자를 미합중국 내에서(후에 기술하는) 제품을 독점판매하는 자로 선정하기를 희망하고, 판매권자는 독점판매권자로서 선정되기를 원하여 당사자들은 다음과 같이 상호 약정한다.

제1조 (정의)

이 계약에 달리 정의되어 있지 않는 한 다음의 용어와 같은 표현은 각각 다음과 같은 의미를 가진다.

1. "계약제품"이란 첨부에 언급한 제품들을 말한다.
2. "계약지역"이란 미합중국을 말한다.

제2조 (독점판매업자의 선정과 승낙)

1. 제조업자는 계약기간 동안 이 계약에 명시되어 있는 조건에 따라 판매권자를 미국지역 내에 계약제품을 판매하는 독점판매권자로서 선정하고 판매권자는 동 선정을 승낙한다. 또 계약기간 동안 제조업자는 판매권자의 사전 동의 없이는 직접 또는 간접적으로 계약지역에 제품을 판매하지 못한다.
2. 판매권자는 계약지역 내에서 계약제품과 경쟁제품 또는 유사제품의 구매, 수입, 수출, 판매, 유통, 광고 또는 기타 거래를 하지 못한다.

제3조 (주문과 선적)

1. 판매권자는 제조업자에게 주문을 함에 있어서 필요한 제품과 수량을 명백히 기재하여야 하며, 또 포장, 송장, 선적에 관한 정확한 지시를 그 주문 속에 포함시켜야 한다. 주문은 제조업자의 재량에 따른 승낙이 없거나 또 주문이 승낙될 때까지 구속력을 갖지 아니한다. 제조업자는 이 계약 제5조에 규정한 최소구매수량의 구입을 이행할 수 있도록 판매권자에게 제품을 공급하여야 한다. 제조업자는 위의 최소구매수량을 초과하여 판매권자가 제시하는 모든 주문을 승낙할 수 있도록 최선의 노력을 경주한다.
2. 제조업자는 해난으로 인한 경우를 제외하고는 제품이 안전하고 손상되지 않은 채로 인도될 수 있는 정도의 포장의무를 부담한다.

제4조 (가격과 대금지급)

1. 계약제품의 가격은 이 계약에 첨부된 가격표에 의하여 결정되며, 동 가격표는 이 계약의 일부를 구성하며, 동 가격표는 제조업자의 30일 전 사전통지를 통하여 변경될 수 있다.
2. 제조업자의 주문확인서를 접수한 후 30일 이내, 판매업자는 제조업자를 수익자로 하는 취소불능신용장을 발행하여야 한다.
3. 지급통화는 미국통화로 한다.

제5조 (최소구매량)

1. 판매권자는 제조업자로부터 대한민국 부산항 본선인도규칙으로 다음 금액상당에 해당하는 최소한의 구매를 할 것을 보증한다.
   (1) 1차년도 U$100,000
   (2) 2차년도 U$250,000
   (3) 3차년도 U$450,000
   이 조항의 적용에 있어서는 제조업자 계약제품을 선적할 때에는 동 제품이 구매된 것으로 간주한다.
2. 판매권자가 제1항에서 규정된 최소구매량을 구매한 경우 이 계약은 제13조의 적용을 조건으로 하여 계속 3년간 자동적으로 연장된다. 다만 계속되는 계약기간 동

안 최소구매량은 10%씩 증가되어야 하는 것으로 한다.

3. 판매권자가 제5조 제1항에 규정된 최소구매량을 구매하지 않을 경우에 제조업자는 이 계약의 3년 기간 만료 후 1개월 이내에 제14조 제1항 제2호에 규정된 서면통지를 함으로써 이 계약을 종료시킬 수 있으며, 이와 관련하여 판매권자는 어떠한 의무를 지지 않는다.

제6조 (기술지원)

1. 제조업자는 판매권자에게 정보자료 및 설명자료로 필요한 기술지원을 제공하며 또 계약제품의 판매촉진 및 광고에 적합한 모든 자료를 제공한다.
2. 제조업자는 신제품의 안내와 보다 나은 설비의 설치, 설비의 작동유지를 위하여 필요한 경우에는 양 당사자의 동의 하에한국이나 계약지역에서 적당한 수의 기술요원을 교육시킨다. 판매권자 또는 제조업자가 파견한 연수관련요원의 왕복여행비, 숙박비 및 기타 비용은 판매권자가 부담한다.
3. 위의 기술지원에 사용하는 언어는 영어로 한다.

제7조 (부속품)

1. 판매권자는 효과적인 사후판매서비스를 제공하기 위하여 충분한 양의 부속품을 유지하여야 한다. 제조업자는 판매권자에게 필요한 부속품을 공급하여야 하고 주문에 앞서 재고에 관하여 협의 및 상호 합의하여야한다.
2. 제조업자는 판매권자가 이 계약조건에 따라 계약제품을 구매하는 한, 판매권자에게 계약제품의 부속품을 제공하여야 하며, 판매권자에게 최종선적일로부터 2년 동안의 부속품의 가격은 당사자 합의에 따른다. 제조업자의 선택에 따라 판매권자는 최종선적일 후 2년 동안 제조업자의 공급업자로부터 직접 표준 부속품을 구매할 수 있다.

제8조 (검사와 보증)

1. 판매권자는 계약제품 수령 후 즉시 검사하거나 또는 그 대리인을 통하여 당사자가 서면으로 합의한 품질기준인지의 여부를 확인하여야 한다. 계약제품 또는 계약제품의 일부가 품질기준에 적합하지 않을 경우, 제조업자는 판매권자에게 품질기준에 맞지 않는 계약제품이나 계약제품의 일부를 무상으로 대체 공급하여야 하며, 또는 판매권가가 입은 손실이나 손해에 대하여 배상하여야 한다.
2. 제조업자는 선적시 계약제품이 재료나 제조상의 하자가 없음을 보증한다. 이 보증은 계약제품을 오용, 부주의, 사고, 남용, 부적절한 개수, 변경사용, 제조업자의 지시에 반한 사용의 경우에까지 확대 적용되지 않는다.
3. 계약제품의 하자에 관한 판매권자의 손해배상청구는 계약제품 수령 후 1년 이내에 상세한 명세가 기재된 서면으로 하여야 한다.

제9조 (판매권자의 책임)

1. 판매권자는 고객의 요구를 적시에 충족시키기 위하여 적절한 재고를 유지하여야 한다. 또한 판매권자는 전 계약지역을 커버하는 대체부품의 재고확보와 설비완비, 기계수리공을 보유하고 있어야 하며, 고객에게 적절한 사후판매서비스를 제공하여야 한다.
2. 판매권자는 자신의 비용으로 계약제품의 광고와 판매촉진활동을 하여야 하며, 계약지역 내에서 계약제품의 판매량을 극대화하기 위하여 최선을 다하여야 한다.
3. 제조업자가 계약지역 내의 도매상이나 고객으로부터 제기된 계약제품에 대한 불평처리를 판매권자에게 의뢰하는 경우에는 판매권자는 즉시 조사와 함께 적절한 조치를 취하여야 한다.

제10조 (보고)

판매권자는 제조업자에게 제품 판매량, 재고품, 부품, 시장의 일반동향 및 기타 제조업자가 필요로 하는 사항을 매 3개월마다 보고하여야 한다.

제11조 (상표)

1. 판매권자는 계약제품과 관련한 상표, 상호, 디자인, 저작권, 기타 지적소유권(이하 "지적소유권"이라 한다)은 제조업자의 독점적 소유인 것을 인정한다. 다만, 판매권자는 제조업자의 동의하에 자신이 적합한 계약제품 판매권자로서 자격을 상실하며 어느 경우에도 제조업자의 명의나 지적소유권 또는 이와 유사한 자료를 사용 할 수 없다.
2. 판매권자는 제조업자의 동의 없이는 계약제품에 부여되거나 부착된 상표, 일련번호, 모델번호, 상표, 제조업자의 상호 등을 변경하거나, 외관을 손상시키거나, 제거하거나, 덮어 가리거나, 일부 삭제해서는 안된다.

제12조 (판매권자의 지위)

1. 이 계약에 있어서는 어느 경우에도 제조업자나 판매권자 사이에 본인과 대리인의 관계가 발생하지 아니한다. 즉, 어떠한 상황 아래에서도 판매권자는 제조업자의 대리인으로 간주되지 아니한다. 판매권자는 직접 또는 간접적으로 제조업자의 대리인으로서 행위하거나, 행위하려 하거나, 대리해서는 안되며, 혹은 어떤 방식으로도 제조업자의 명의로 또는 제조업자를 대리하여, 어떠한 의무, 책임, 대리, 담보, 보증 등을 부담 또는 설정하거나 혹은 부담하려 하거나, 설정하려 해서는 안된다.
2. 판매권자는 필요한 인가, 허가 또는 승인의 획득을 포함하여, 이 계약과 이 계약에 의한 판매권자의 이행 등과 관련하거나 영향을 미칠 수 있는 모든 적용법규와 계약지역 또는 정치적 분할지역, 정부의 명령을 항시 준수하여야

한다.

3. 판매권자는 제조업자의 사전 서면동의 없이 제조업자로부터 직접, 또는 간접적으로 얻었거나, 제조업자와 거래하는 과정에서 알게 되었거나, 밝혀진 제품 또는 제조업자의 업무에 관한 모든 비밀정보(가격, 할인, 판매조건, 고객, 업무 제품과 제품사양 등을 포함하며, 이에 한정되지 아니한다)를 제3자에게 공개하거나 또는 이 계약상의 의무이행 이외의 다른 목적에 사용하여서는 아니된다.

제13조 (계약기간)

1. 이 계약은 서명일로부터 발효되며, 제14조에 따라 조기에 종료되지 않는 한, 계약일로부터 3년간 계속하여 유효하며, 일방이 계약의 만료나 연장된 계약의 만료일전 3개월 이내에 종료의사표시를 상대방에게 서면으로 통지하지 않는 한, 연속하여 3년간 자동적으로 연장된다.
2. 본 조 제1항에 따라 이 계약이 연장되는 경우, 양 당사자는 연간 최소 구매수량을 재조정하며, 새로운 최소구매량은 계약기간이 새로이 개시되는 일자로부터 2개월 이내에 상호 합의한다.

제14조 (계약종료)

1. 다음에 해당하는 경우, 제조업자는 그 선택에 따라 판매권자에게 30일 전에 서면으로 계약종결을 통지함으로써 계약을 해지할 수 있다.
 (1) 판매권자가 파산하거나, 지급불능인 경우, 자발적이든 아니든 간에 관리인, 관재인, 수탁자에게 영업관리를 위탁한 경우, 또는
 (2) 판매권자가 연간 최소구매량을 달성하지 못하거나, 이 계약에 따른 의무를 이행하지 못하는 경우, 또는
 (3) 제조업자의 합리적인 판매에 비추어 보아, 판매권자가 계약제품과 경쟁상태에 있는 제품의 제조업자와 전부 또는 일부 관계를 맺고 있는 경우, 또는
 (4) 판매권자가 제조업자의 사전동의 없이 계약 전부 또는 계약상의 권리의 일부를 양도하려는 경우, 또는
 (5) 판매권자가 계속기업으로서의 기능 또는 정상적인 영업활동을 중지하는 경우
2. 계약이 종료된 경우에는 판매권자의 제조업자에 대한 금전채무는 즉시 지급되어야 하며, 이 계약이 해제 또는 종료되었다고 하더라도 판매권자나 그 승계인 또는 양수인이 이 계약상의 의무를 면하는 것은 아니다.

제15조 (불가항력)

어느 당사자도 전쟁, 혁명, 폭동, 파업 또는 기타 노동쟁의, 화재, 홍수, 정부조

치, 기타 당사자가 통제할 수 없는 사유로 계약조건을 불이행하거나 이행을 지연하는 경우에는 상대방에 대하여 그로 인한 책임을 부담하지 않는다. 이와 같은 불가항력적인 사유가 발생한 경우에는 그로 인하여 이행을 하지 못한 당사자는 상대방에게 진전상황을 그 발생증빙서와 함께 즉시 통보하여야 한다. 불가항력적 사유가 해소된 경우에는 그 즉시 신속하게 계약상의 의무를 이행하여야 한다.

제16조 (준거법)

이 계약은 대한민국법에 따라 해석되고 규율된다.

제17조 (중재)

이 계약으로부터, 이 계약과 관련하여 또는 이 계약의 불이행으로 말미암아 당사자간에 발생하는 모든 분쟁, 논쟁 또는 의견차이는 대한민국 서울특별시 대한상사중재원의 상사중재규칙 및 대한민국법에 따라 중재에 의하여 최종적으로 해결한다. 중재인(들)에 의하여 내려지는 판정은 최종적인 것으로 당사자 쌍방에 대하여 구속력을 가진다.

제18조 (잡칙)

1. 통지

   모든 통지는 서면으로 하여야 하며, 직접 수교하거나 항공등기우편 또는 동일자 항공등기우편으로 확인된 전신, 모사전보, 텔렉스로 발송하여야 한다.

2. 완전합의 변경

   이 계약은 계약주체에 관하여 제조업자와 판매권자간의 완전합의를 구성하며, 계약조건의 변경, 수정은 양 당사자간의 정당한 권한을 가진 대리인의 서명이 있는 서면에 의하지 아니하고는 할 수 없다.

3. 양도 및 승계

   이 계약은 양 당사자 및 그들의 각 승계인에 대하여 구속력을 가지며, 계약의 양도는 상대방의 사전 동의 없이는 무효하다.

4. 권리포기

   모든 권리포기는 서면에 의하여 하며, 상대방에게 계약상의 어떠한 의무의 이행을 촉구하지 않았다 하여 추후 그 의무의 이행을 요구할 수 있는 권리에 영향을 미치지 아니한다. 이 계약상의 어느 조항의 위반에 대한 권리의 포기는 추후 계속되는 그 조항의 위반에 대한 권리포기 또는 그 조항의 변경으로 간주되지 아니한다.

5. 계약조항의 독립

   이 계약의 하나 또는 그 이상의 조항이 준거법에 의하여 무효, 부적법 혹은 집행불능인 경우에도 이 계약의 잔여조항의 유효, 적법성, 집행가능성은 그로 인하여 아무런 영향을 받지 않으며 또는 이 경우에 양 당사자는 새로이 유효, 적법한 조항을 설정함으로써 무효조항의 본래 의도된 목적을 달성할 수 있도록 하여야 한다.

6. 오로지 편의상 붙여진 각 조의 제목들은 이 계약의 해석에 아무런 영향을 주지 않는다.

이 사실을 입증하기 위하여 양 당사자들은 각각 그들을 적법하게 대리하는 자에 의하여 이 계약서를 작성하였다.

제조업자	판매권자
한국무역주식회사	미국무역주식회사
(서명)	(서명)

CHAPTER 6

주문과 주문승낙 (Order and Acknowledgement)

6.1 주문과 주문승낙

1 주 문

무역매매계약이 성립되기 위한 방법으로 수출업자가 수입업자에게 제품을 판매할 목적으로 오퍼하는 경우와 수입업자가 먼저 수출업자에게 제품을 구매하기 위해 주문을 하는 방법이 있다.

2 주문승낙

어느 경우든 주문을 받은 상대방은 주문을 접수하는대로 주문에 대한 승낙의 의사표시를 하여야 한다. 만일 주문사항에 대해 변경하고자 하는 내용이나 첨가하고자 하는 내용이 있을 경우 상대방에게 다시 조회하여 조정토록 한다.

주문승낙에 관련된 내용으로는 '주문을 승낙한다는 내용과 감사표시', '주문내용을 다시 언급', '선적과 관련된 지시사항 및 결제방법의 언급', '주문에 대한 성실한 이행을 보장' 등이다.

6.2 주문과 승낙에 관한 상담사례

1 화장품의 주문과 주문승낙

1) 주 문

Dear Mr. Lee,

We are pleased to place a trial order with you as follows;

H. S.	Item No.	Description	Content	Q'ty	U/PRC CIP Beirut	Amount
3304.991000	270090001	Cleansing Lotion	125ml	120	@U$3.00	U$360,00
	270090002	Cleansing Foam	125ml	120	@U$2.27	U$272.40
	270090004	Scrub Foam	125ml	120	@U$2.30	U$276.00
	270090011	Skin Softener	125ml	120	@U$2.90	U$348.00
	270090016	Massage Cream	100gr	120	@U$4.30	U$516.00
	270090026	Toning Lotion	126ml	120	@U$2.90	U$348.00
	270090031	Moisturizing Cream	50ml	120	@U$3.49	U$418.00
	270090032	Sapolan Cream	40ml	120	@U$6.33	U$759.60
	270090033	Enriched Night Cr.	50ml	120	@U$3.43	U$411.60
TOTAL :		1,080pcs				U$3,709.60

In order to cover this order, we will instruct The Banque de Liban Et D'outre Mer in Beirut, Lebanon to issue an irrevocable L/C at sight in your favor for the amount of U$3,709.60.

Very truly yours,

내용해설

레바논의 수입업자가 한국의 수출업자에게 화장품에 대한 시험주문을 의뢰하면서 발행은행을 통하여 신용장을 발행하겠다는 내용이다.

용어해설

- place a trial order with ... : ...에게 시험주문하다.
- issue an irrevocable L/C at sight : 일람출급취소불능신용장을 발행하다.

2) 주문승낙

Dear Mr. Aziz,

We received your order of May 12 and we thank you for your cooperation and assistance rendered to us. As you know well, we always try to meet the reasonable wishes of our customers.

We would like to accept your order and the products can be arranged for shipment by air as soon as possible after receipt of your L/C. As the products are extremely sold well in many countries, we don't have any doubt that they will prove suitable for your market.

We will inform you once your order is ready for shipment and shall be pleased to assist you to the best of our ability at all times.

We hope that your trial order will lead to a fruitful business relationship and repeat orders in the near future.

Yours faithfully,

내용해설

수출업자는 수입업자의 주문에 대해 감사의 표시를 전하고 제품이 자주 잘 팔리기 때문에 수입국 시장에서의 성공가능성을 전한다. 일단 주문품이 준비되면 통지할 것이며 최선을 다해 도와줄 것임을 약속하고 있다.

용어해설

- your cooperation and assistance rendered to us : 당사에게 베풀어주신 귀사의 협조와 도움
- meet the reasonable wishes of ... : ...의 적절한 희망을 충족시키다
- be arranged for shipment by air : 항공선적을 위해 준비되다
- we are pleased to assist you to the best of our ability at all times : 당사는 항상(언제나) 당사의 최선을 다하여 귀사를 도와드리게 되어 기쁩니다.

3) 회화

Aziz: We'd like to place an order with you for the products we talked about in your company.
Lee : Okay, how many products do you want each?
Aziz: We want 120 pieces each for 9 items.
Lee : Well, the quantity is too small for us to send.
Aziz: This is just our trial order and if they are satisfactory, we'll place further orders.
Lee : We can accept your order. As we have been successful in German market for more than a decade, we're sure that you'll contact us soon for your additional order.
Aziz: We really hope so. By the way, can you send the products by air?
Lee : That shouldn't be any problem. But, make sure that you have to pay for the airfreight.
Aziz: We'll pay for it. Anyway, we'll issue a L/C in your favor in a few days.
Lee : We'll send the products by air as soon as we receive the L/C.
Aziz: Thank you. We want to receive the flight schedule from you.

아지즈 : 귀사에서 논의했던 제품에 대해서 주문하고 싶습니다.
이 : 예, 각 제품에 대해 얼마나 원하십니까?
아지즈 : 9가지 제품에 대해 각각 120개씩 원합니다.
이 : 수량이 보내기에 너무 적습니다.
아지즈 : 단지 당사의 시험주문입니다. 만일 제품이 만족스럽다면 추가주문을 할 것입니다.
이 : 귀사 주문을 수락할 수 있습니다. 당사는 10년 이상 독일시장에서 성공적이었기 때문에 귀사가 곧 추가주문을 위해 당사를 접촉하게 되리라고 확신합니다.
아지즈 : 정말 그렇게 되기를 바랍니다. 그런데, 항공으로 제품을 송부하실 수 있습니까?
이 : 문제없습니다. 하지만 항공운임을 부담하셔야 합니다.
아지즈 : 부담토록 하겠습니다. 어쨌든, 며칠 내로 귀사를 수익자로 하여 신용장을 발행하겠습니다. 만족스럽게 주문을 처리해 주십시오.
이 : 신용장을 수령하자마자 항공으로 제품을 송부토록 하겠습니다.
아지즈 : 감사합니다. 귀사로부터 비행기 스케줄을 받고 싶습니다.

용어해설

- too small to send : 송부하기에 너무나 적다.(too ... to)
- a trial order : 시험주문
- for more than a decade : 10년 이상 동안
- pay for the airfreight : 항공운임을 지급(부담)하다.
- L/C in you favor : 귀사를 수익자로 하는 신용장
- execute this order : 이 주문을 처리하다.
- flight schedule : 비행기 스케줄

2 주문과 선적기일 연장조건으로 주문승낙

1) 주 문

Gentlemen :

Thank you for your accepting our counter offer asking you to reduce the prices of computers by 5% each and you will find every particulars in our order sheet attached to this e-mail.

We place this order on the clear understanding that the products should reach us by the end of September as our customers urgently want them by that time at least.

As indicated in the order sheet, please execute this order in strict compliance with the terms of the L/C.

Very truly yours,

내용해설

수입업자는 5%의 가격인하에 대한 반대오퍼(counter offer)를 수락한 수출업자의 이메일에 감사를 표시하며 이메일로 주문서를 보낸다. 주문서에 제시된 대로 신용장의 거래조건과 엄격히 일치하도록 이행해달라는 내용이다.

용어해설

- you will find every particulars : 귀사는 모든 세부사항들을 보게 될 것이다.
- on the clear understanding that ... : ...를 명확히 이해하는 조건으로
- in strict compliance with the terms of the L/C : 신용장 거래조건과 엄격히 일치하게

2) 납기일 연장 조건으로 주문승낙

Gentlemen :

We thank you for your order of computers developed lately for export and we would like to mention that every models you requested are in stock except the model No. 121.

We ran out of stock for that model now and we are afraid we can not guarantee delivery for that item within the time suggested because the components for the products have been held up in Japan and may not arrive in time.

The minimum period necessary for the products to be prepared for shipment is two months and we are anxious to meet your delivery date. We shall, of course, do our best to complete the shipment by the date stipulated. However a delay of the shipment seems to be unavoidable.

Therefore, if you are kind enough to extend the delivery date by one month, we can accept your order.

Otherwise, we can not but to send the model No. 121 later, which will be unsatisfactory to you.

Your confirmation on this matter would be appreciated.

Very truly yours,

내용해설

제품의 주문에 감사하나 요청한 제품 중 모델 121번에 대해 현재 재고가 부족하여 납기일의 준수에 문제가 있음을 통보한다. 따라서 만일 납기일을 1개월 연장해 준다면 주문을 수락할 수 있다는 내용이다.

용어해설

- computers developed lately for export : 최근에 개발된 컴퓨터
- run out of stock : 재고가 부족하다, 재고가 소진되다.
- the minimum period necessary for the products to be prepared for shipment : 선적을 위해 제품이 준비되어야 하는 필요한 최소기간
- we are anxious to meet your delivery date : 당사는 귀사의 인도일을 충족시키기를 원한다.
- extend the delivery date by one month : 인도기일(시간)을 1개월 연장하다.
- seems to be unavoidable : 피할 수 없는 것으로 보인다.
- be held up : 지연되다.

3) 납기일 연장승낙

Gentlemen :

Thank you for your e-mail dated August 24 and we are pleased to inform you that we accepted your request to extend the delivery date.

As we contracted with our local distributors according to your previous delivery schedule, we had a hard time persuading them to accept your revised delivery date. A further delay in delivery, therefore, will cause a serious problem as they will refuse to accept the products.

We want this initial order to be the first step for our pleasant business relationship and we hope you will arrange for an immediate shipment.

Sincerely yours,

내용해설

수입업자는 수출업자가 요청한 인도기일 연장을 수락한다. 수입업자는 수출업자의 이전 인도스케줄에 따라 국내 유통업자들과 계약을 체결했기 때문에 변경된 인도일을 수락하도록 설득하는데 어려웠음을 통보한다. 이 초도주문이 유쾌한 비즈니스 관계를 시초가 될 것이므로 즉각적인 선적을 준비하도록 부탁한다.

용어해설

- extend the delivery date : 인도일을 연장하다.
- we had a hard time persuading them to accept ... : 당사는 그들이 ...을 수락하도록 설득하는 데 힘들었다.
- arrange immediate shipment : 즉시 선적을 준비하다.

4) 회 화

Right: Thank you for your accepting our counter offer.

Park : We had a hard time in persuading senior executives to reduce the prices of computers by 5%.

Right: We'd like to place an order for 5 different models as you see in the order sheet.

Park : Well, when do you want to receive the products?

Right: At least, we have to receive them before the 10th of September.

Park : We have almost all of the products in stock now but we don't have any stock for the item No. 121.

Right: Can't you arrange that item within the period we are suggesting? We'll issue an irrevocable L/C at sight pretty soon.

Park : Why don't you extend the delivery date by two months? Then, every products can be ready for shipment together.

Right: Can you guarantee your delivery date if I accept your suggestion?

Park : There shouldn't be any problem to meet the delivery date.

Right: Okay, I can accept it.

Park : Thank you for your cooperation.

라이트 : 당사의 반대오퍼를 수락해 주셔서 감사합니다.

박 : 컴퓨터 가격을 5% 인하하기 위해 고위 간부들을 설득하는 데 어려움을 겪었습니다.

라이트 : 당사 주문서에서 보시는 대로 5가지 다른 제품을 주문하고자 합니다.

박 : 언제 제품을 받기를 원하십니까?

라이트 : 적어도, 9월 10일 이전에는 받아야 합니다.

박 : 지금 대부분의 제품에 대한 재고를 가지고 있습니다. 하지만 121번 제품은 재고가 없습니다.

라이트 : 당사가 제시하는 기간 내에 그 제품을 준비하실 수 없습니까? 곧 신용장을 발행하려고 합니다.

박 : 납기일을 2개월 연장해 주시지요. 그러면 모든 제품들은 함께 선적할 준비가 될 것입니다.

라이트 : 귀사의 제안을 수락할 경우 납기일을 보증하실 수 있습니까?

박 : 납기일을 맞추는 데 문제가 없을 것입니다.

라이트 : 알겠습니다. 수락하겠습니다.

박 : 협조해주셔서 감사합니다.

용어해설

- have a hard time in ...ing : ...하는 데 어려움을 겪다, ...하는 데 어려움이 있다.
- senior executives : 고위 간부들
- an order sheet : 주문서
- extend delivery date : 선적일을 연장하다.

3 제품주문과 대체품 권유

1) 주 문

Dear Sirs,

We have the pleasure of attaching our order sheet to this e-mail and we believe that you will find every particulars in our order correct.

We already instructed our bank, The British Bank of the Middle East, to issue an irrevocable L/C in your favor for the value of U$70,694 and it will reach you through their correspondent bank, The Hongkong and Shanghai Banking Corporation Limited in Seoul, within this week.

We placed an order with you on the condition that the quality must be up to the sample and the color should be identical to that of the sample

Please inform us of the ETD at the port of shipment as well as ETA at Duabi.

If your shipment turns out satisfactory, you can expect our regular repeat orders.

Very truly yours,

내용해설

수입업자가 수출업자에게 메일로 주문서를 첨부하면서 신용장을 발행하도록 거래은행에 지시하였음을 알려주고 있다. 송부해준 견본과 품질과 색상이 유사할 조건으로 주문한다는 내용을 언급하면서 신용장에 명시된 규정과 엄밀히 일치하게 이행해주도록 부탁한다. 아울러 출항예정일과 도착예정일을 통보해달라고 하고 선적이 만족스러울 경우 정기적인 재주문을 할 수 있음을 전달한다.

용어해설

- find every particulars correct : 모든 세부사항들이 정확함을 발견하다.
- it will reach you through their correspondent bank : 신용장이 환거래은행을 통하여 귀사에게 도착할 것이다.
- be up to the sample : 견본에 부응하다.(일치하다)
- ETD : 출항예정일(Expected Time of Departure)
- ETA : 도착예정일(Expected Time of Arrival)
- regular repeat orders : 정기적인 재주문들

2) 주문에 대한 대체품 권유

Dear Sirs,

Thank you very much for your order No. 2001 asking us to ship the products not later than July 20.

We looked into your order sheet and we are sorry to inform you that the item No.11 is no longer in production as domestic demand for this item has been reduced to the extent that we can not meet our break-even point.

We would like to recommend the new model No.101 which gives an attractive appearance and adds a greater decorative value maintaining every functions of the old model. We have received many repeat orders from other distributors since they were put on the market three months ago and this is a clear evidence that they will get a widespread popularity in the near future.

We will send you some samples and let us know if you can take this new model instead of No.11 so that we can ship them together with other products.

We look forward to hearing from you as soon as possible

Sincerely yours,

내용해설

주문번호 11번은 더 이상 생산이 불가능하여 기능이 동일하나 형태가 매력적이고 더 나은 장식적 가치가 있는 신규 모델 101번을 추천하고 있다. 신규제품의 수요가 많아 조만간에 인기가 있을 것으로 보인다며 견본을 보내면 대신 이 모델을 수용할 수 있는지를 알려달라는 내용이다.

용어해설

- attached to your e-mail : 귀사 e-mail에 첨부된
- be no longer in production : 더 이상 생산되지 않다.
- to the extent that we can not meet our break-even point : 당사의 손익분기점을 충족할 수 없는 정도까지
- since they were put on the market : 그들 제품들이 시장에 출시된 이후
- get a widespread popularity : 다양한(상당한) 인기를 얻다.

3) 회 화

Kim : We looked into your order sheet and we can't send the item No.11 as it is not produced any more.

Brown: Well, our customers look forward to receiving that item.

Kim : We'd like to recommend our brand new model.

Brown: What about design and quality comparing with those of the old one?

Kim : It gives more attractive appearance while maintaining every functions of the old one.

Brown: We'd better get some samples first and let our customers see if the new one is all right.

Kim : That shouldn't be any problem to send. We'll start arranging other products now. Is it OK?

Brown: Please go ahead. The products have to be delivered by the end of next month. As for the new product, we'll let you know right away whether we can accept it or not.

김 : 당사는 귀사의 주문서를 검토하였습니다. 하지만 제품 #11번은 더 이상 생산되지 않기 때문에 송부할 수 없습니다.

브라운 : 당사 고객들은 그 제품을 받기를 기대하고 있습니다.

김 : 당사의 새로운 최신 모델을 추천합니다.

브라운 : 예전 제품과 비교하여 디자인과 품질은 어떻습니까?

김 : 예전 제품의 모든 기능을 유지하는 반면 새 모델은 더 매력적인 외향을 가지고 있습니다.

브라운 : 우선 견본을 가지고 당사 고객들에게 제품이 괜찮은지 볼 수 있도록 하는 게 낫겠습니다.

김 : 송부해 드리는 것은 문제없습니다. 지금 다른 제품을 준비하기 시작해도 괜찮겠죠?

브라운 : 그렇게 하십시오. 제품이 다음 달 말까지 인도되어야 합니다. 새로운 제품에 대해서 당사가 수락할 수 있는지에 대해 바로 알려드리도록 하겠습니다.

용어해설

- in your favor : 귀사를 수익자로 하여
- look into : 검토하다, 조사하다.
- a brand new model : 새로운 모델, 최신 모델
- had better ... : ...하는 편이 낫다.
- start ...ing : ...을 시작하다.
- go ahead : 계속하다, 진행하다.

4 대체품 권유

Dear Sirs,

Thank you for your order of November 11 for 5,000 pcs of Soon brand skin care products. We are very sorry to inform you, however, that we can not fill your order as we can no longer produce that item.

The new brand of cosmetics developed last year is winning popularity around the world. The key to success lies in high-quality natural ingredients that effectively improve skin elasticity.

The new brand is much superior in design and quality to the old one and it maintains an affordable price range to boost consumers' satisfaction.

We believe this brand will interest you and really hope you can take advantage of this opportunity.

Yours sincerely,

내용해설

수출업자는 수입업자가 주문한 제품이 더 이상 생산되지 않기 때문에 주문을 수락할 수 없음을 전한다. 작년에 개발된 새로운 브랜드 기초화장품이 세계에서 인기를 얻고 있는데 성공요인이 피부탄력을 향상시키는 고품질의 천연원료에 있다고 말한다. 새로운 브랜드는 예전 브랜드보다 디자인과 품질 면에서 우수하고 소비자의 만족을 향상시키도록 적절한 가격을 유지하고 있음을 전한다.

용어해설

- we are very sorry to inform you, however, that ... : 하지만, 귀사에게 ...를 알려주게 됨을 매우 죄송스럽게 생각하다.
- fill your order : 귀사의 주문을 받아들이다
- we can no longer produce that item : 당사는 더 이상 그 제품을 생산할 수 없다.

- the new brand is winning popularity around the world : 새로운 브랜드는 세계에서 인기를 얻고 있다.
- the key to success lies in ... : 성공의 요인은 ...에 있다.
- improve skin elasticity : 피부탄력을 향상시키다.
- it maintains an affordable price range to boost consumers' satisfaction : 그것은 소비자의 만족을 향상시키기 위해서 적절한 가격대를 유지하고 있다.

5 가격인상조건으로 주문승낙

Dear Sirs,

Thank you for your order of ginseng drinks and we are glad to hear that this product has been welcomed by the customers in Middle Eastern countries.

While we highly appreciate your effort to introduce our products, we are unable to accept your order at the price requested. From next month, the price of the products will rise by 20%. We regret this, but the price increase is inevitable in view of the rising costs of raw & sub-materials.

We would like to suggest you to accept our 10% price increase, then we will do our best to ship the products by the date stipulated.

We really hope you can understand our situation and give us your favorable reply as soon as possible

Very truly yours,

내용해설

수출업자는 인삼드링크 제품의 가격이 조만간에 20%가량 인상될 것임을 통보하고 이에 따라 수출품에 대해 10%인상된 가격을 수업자가 허락해야 거래가 가능함을 제시하고 있다.

용어해설

- your order at the price requested : 요청하신 가격수준에서의 귀사 주문
- Middle Eastern countries : 중동 국가들
- the price will rise by 20% : 가격이 20% 가량 상승될 것이다.
- in view of the rising costs of law & sub-materials : 상승하는 원료 및 부재료 가격을 고려할 경우
- by the date stipulated : 약정된 날까지

6 제조불가로 인한 주문거절

Gentlemen :

We thank you very much for your order of high quality semiconductors and we fully understand that this is a promising business considering your marketing ability.

After a careful consideration of your requirements, however, we have come to the conclusion that we are unable to accept the order.

To meet your specifications, we have to expand our production facilities which need a lot of investment costs. Moreover, we need at least three months to install new production facilities.

We are really sorry not to be able to accept your order this time and if we have any chance to do business with you sometime later, we will do our best to serve you.

Yours very truly.

내용해설

반도체 제품에 대한 주문과 관련하여 수출업자는 이 사업이 유망하다는 것을 인정하지만 제품 생산을 위해서 새로운 생산시설을 설치해야 하는데 이 경우 소요금액이 많고 시일이 오래 걸려 결국 주문을 수락할 수 없음을 통보한다.

용어해설

- after a careful consideration : 신중하게 고려한 결과
- on your requirements : 요구에 관하여
- come to the conclusion that ... : ...이라는 결론에 도달하다.
- to meet your specifications : 귀사의 명세사항들을 충족시키기 위해서
- production facility : 생산시설
- install new production facilities: 새로운 생산시설을 설치하다.

6.3 주문과 주문승낙 관련 기타 표현

1) Opening Clauses

- We are pleased to place an order with you for 1,000 pieces of leather handbags.
- We have a pleasure of sending you an order for 500sets of television based on your quotation dated July 20, 20xx.
- We have a pleasure in informing you that your order No.121 has been completed.
- Thank you for your order No. 100 of leather handbags, which we confirm your order.
- We acknowledge with thanks your order of October 20, 20xx.
- It is a pleasure to receive your order for 500 cameras and to hear of your success in disposing of the last consignment.
- We are pleased to acknowledge your order of July 31 accepting our counter offer.

2) Main Clauses

- As we pointed out in our mail, the quality must be up to the sample we sent and the weight and color of the products should be identical to that of the sample.
- While we appreciate the good quality of your products, we find the prices of these materials rather high.
- The coffee we bought from the same source last year was not of the quality we had expected for the price quoted.
- We can't guarantee delivery by next month as we received your order too late.
- The consignment consists of 5 cartons each weighing 20kgs.
- As soon as we receive details of forwarding charges from our agents, we will send you our invoice and the shipping documents.

- Much to our regret, your order has been held up at the docks by the strike of stevedores.
- Owing to delays in the delivery of raw materials, we fear that we may be unable to execute your order before the shipment date.
- As soon as we are in a position to supply this line of products, we will get in touch with you.
- You may be rest assured that your cosmetics will be ready for shipment by May 30, 20xx.
- All these items are in stock and we can guarantee shipment within the shipment date.
- After careful consideration on your order, however, we have come to the conclusion that it would be better for us to decline your order in this case.
- Regarding item No.5 of your order, we regret that we don't manufacture that item.
- As our factory is at present fully occupied with orders, we regret to decline your order.
- We regret having to inform you that none of these lines are in stock at present.
- The recent exceptional demand for this line makes it impossible to promise delivery of any further orders before November 30, 20xx.
- The recent strike of transport workers here has caused delays in the dispatch of a number of our export orders and we regret that yours, too, is temporarily held up.

3) Closing Clauses

- Your attention to this order would be appreciated.
- If this initial order is satisfactorily executed, we shall place further orders with you.
- We would like to place our order with you, but must ask you to consider making us a more favorable offer.
- We assure you that your orders will be given a prompt attention and look

forward to hearing from you again.

- We regret that we can't meet your delivery date and hope you can understand our situation.
- We assure you of our best attention to this order.
- We shall be grateful if you will ship the goods by the end of November 30, 20xx.
- We assure you that this order and further orders shall have our immediate attention.
- As requested, we will inform you of the date of dispatch immediately upon completing shipment.
- We trust that they will be to your satisfaction and hope to be favored with your bulk orders.
- We hope this order will lead to a pleasant business relationship in the near future.
- We apologize for this unfortunate delay and we are doing our utmost to get your order away.
- We trust you will execute this initial order in strict accordance with the instructions we have given in our order sheet.
- Once this initial shipment turns out satisfactory to us, we are sure to place substantial orders with you.

연 습 문 제

1. 귀사가 주문하신 그 제품은 당사에서 더 이상 생산되지 않기 때문에 대신 다른 유사한 대체품을 수락하기를 제안합니다.

   해설 더 이상 생산하지 않다 : be no longer in production, be not produced any more, 다른 유사한 대체품 : other similar substitute, 수락하기를 제안하다 : propose to accept

2. 당사의 주문서에 제시된대로 품질은 귀사가 당사에게 보내준 견본과 부합되어야 하며, 상품의 색상도 견본의 그것과 일치하여야 합니다.

   해설 제시된대로 : as indicated, 견본과 부합되다 : be up to the sample, 일치하다 : be identical to, 견본의 그것과 : that of sample.

3. 귀사 주문에 감사합니다만, 귀사가 당사에 주문한 제품이 현재 재고가 없고, 7월 말까지 이용 가능하지 않을 것이기 때문에 주문을 받을 수가 없습니다.

   해설 귀사가 당사에 주문한 제품 : the products you placed an order with us, 재고가 없다 : be out of stock, 이용가능하지 않다 : not be available, 주문을 받다 : fill your order, receive your order, accept your order

4. 만일 이번 시험주문이 당사에게 만족스럽다면 향후 정기적인 주문을 귀사에게 할 수 있음을 알려드립니다.

   해설 시험주문 : a trial order, 만족스럽다면 : if it is satisfactory, 향후 : in the future, 정기적인 주문 : regular orders

5. 주문서를 e-mail에 첨부하오니 기재된 모든 사항이 맞는지 확인하시고 서명하여 하나를 다시 당사에게 송부하여 주십시오.

   해설 주문서 : an order sheet, 첨부하다 : attach, 모든 사항 :every particulars, 서명하다 : sign,

6. 귀사 주문번호 12에 대해 감사드리며 제품의 선적은 신용장에 명시된 선적기일 이내에 선적될 것입니다.

   해설 귀사 주문번호 : your order No. 명시하다 : specify, 선적기일 이내 : within the shipping date

7. 만일 귀사가 선적일을 준수하실 수 있다면 이번 주 말까지 발행은행을 통하여 일람불취소불능신용장을 발행하도록 하겠습니다.

   해설 선적일을 준수하다 : meet the delivery date, 이번 주 말까지 : by the end of this week, 발행은행 : an issuing bank, 일람불취소불능신용장 : an irrevocable L/C at sight

7 CHAPTER 신용장 (Letter of Credit)

7.1 신용장의 정의와 당사자

1 신용장의 정의

신용장통일규칙(UCP 600) 제2조에 따르면 "신용장(Letter of Credit : L/C)이란 그 명칭이나 표현에 관계없이 취소불능이며 일치하는 제시를 지급이행할 발행은행의 확약을 구성하는 모든 약정"을 의미한다. 즉 신용장이란 "발행의뢰인인 수입업자의 요청에 따라 발행의뢰인의 거래은행인 발행은행이 수출업자를 수익자로 하여 신용장을 발행하고, 수익자, 배서인(endorser) 또는 선의의 소지인(bonafide holder)이 신용장의 제조건, 신용장통일규칙, 국제표준은행관행(International Standard Banking Practice ; ISBP)의 적용가능한 규정에 일치하는 환어음을 제시하면 매입(negotiation)하거나, 지정은행이 제시하는 환어음 및/또는 서류에 대해 지급이행(지급, 연지급 또는 인수)을 확약하는 비유통약속증서"이다. 즉 신용장이란 수익자에 대한 발행은행의 조건부 지급확약이다.

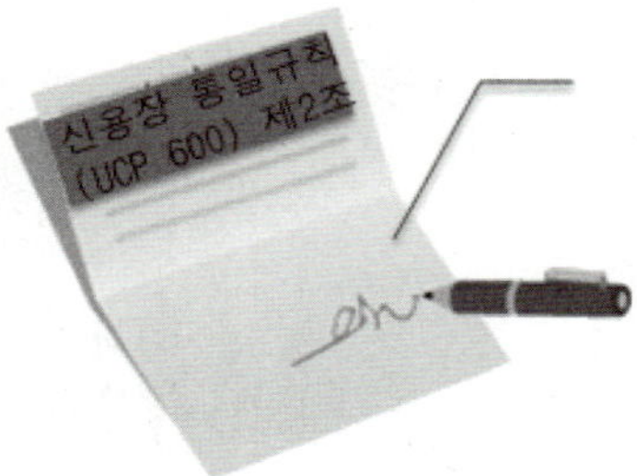

Credit means any arrangement, however named or described, that is irrevocable and thereby constitutes a definite undertaking of the issuing bank to honour a complying presentation.

→ 신용장이라 함은 그 명칭이나 표현에 관계없이 취소불능이며 일치하는 제시를 지급이행할 발행은행의 확약을 구성하는 모든 약정을 말함

2 신용장의 특성

1) 신용장의 독립성과 추상성

(1) 신용장의 독립성

신용장의 독립성(independence)이란 매매당사자간의 근거계약과 신용장과는 아무런 상관이 없다는 의미이다. 신용장은 매매계약을 근거로 하여 발행되지만, 일단 발행되면 신용장은 그 근거가 되는 매매계약과는 완전히 독립적이며 별도의 법률성을 가지는 것이 신용장의 독립성이다.

신용장통일규칙(UCP600) 제4조에서 "신용장은 그 성질상 그것이 근거가 될 수 있는 매매계약 및 기타 계약과는 독립된 거래이다(A credit by its nature is a separate transaction from the sale or other contract on which it may be based)"라고 규정하고 있다. 은행은 계약에 관한 어떠한 참조사항이 신용장에 포함되어 있다 하더라도 그러한 계약과는 아무런 상관이 없으며 이에 구속되지 아니한다.

(2) 신용장의 추상성

신용장의 추상성(abstraction)은 수출업자와 수입업자는 구체적인 물품을 가지고 거래하는 것이지만 은행은 물품을 대표하는 서류만을 가지고 모든 것을 판단한다는 것을 의미한다. 다시 말해 매매계약서에 언급된 물품이 무엇이든지 간에 혹은 실제로 선적된 물품이 어떻든지 은행은 신용장상에서 요구하는 서류만 가지고 대금지급여부를 판단하는 것이 신용장의 추상성이다.

신용장통일규칙(UCP600) 제5조에서 "은행은 서류를 취급하는 것이며 그 서류와 관련되는 물품, 용역 또는 이행을 취급하는 것은 아니다(Banks deal with documents and not with goods, services or performance to which the documents may relate)라고 규정하고 있다.

3 신용장의 당사자

신용장거래에 관여하는 자들을 신용장의 당사자(parties)라 하는데, 신용장거래에 있어서 각 당사자의 위치와 기능에 따라 다음과 같이 구분된다.

1) 기본당사자

(1) 발행은행(Issuing Bank)

발행은행은 신용장 발행의뢰인인 수입업자의 요청 또는 발행은행 자신을 위하여 수익자인 수출업자 앞으로 신용장을 발행하여 주는 은행을 말한다. 발행은행은 수익자(beneficiary), 배서인(endorser) 또는 선의의 소지인(bona-fide holder)이 신용장 제조건, 신용장통일규칙 및 국제표준은행관행(ISBP)의 적용가능한 규정에 일치하는 환어음을 제시하면 매입하거나(negotiate), 지정은행(nominated bank)[6]이 제시하는 환어음 및/또는 서류에 대해 지급이행(honour : 지급, 연지급 또는 인수)을 확약하는 은행이다. 발행은행은 개설은행(opening bank), 어음지급인(drawee), 신용공여인(grantor) 및 발행인(issuer) 등으로도 불린다.

(2) 확인은행(Confirming Bank)

확인은행은 발행은행의 수권 또는 요청에 의해서 신용장에 확인을 한 은행으로 발행은행의 확약과는 별도로 신용장에 의해 발행된 환어음의 지급, 인수 또는 매입을 추가로 확약하는 은행이다. '확인(confirmation)'이란 발행은행이 지급 또는 인수를 확약한 신용장에 대하여 제3의 은행이 발행은행의 수권이나 요청에 따라 상환청구를 하지 않을 조건(무소구권)으로 수익자에게 지급, 인수 또는 매입을 확약하는 것을 말한다. 일반적으로 신용장을 통지하는 통지은행(advising bank)이 확인은행의 역할을 동시에 부여받는 경우가 대부분이다. 확인은행은 통상적으로 수익

6) 지정은행(Nominated Bank)은 신용장이 사용될 수 있는 은행 또는 은행에서 사용될 수 있는 신용장의 경우에는 모든 은행을 말한다(UCP 600 제2조 제12문). 지정은행은 발행은행으로부터 위탁받은 은행으로서 매입은행(Negotiating Bank), 지급은행(Paying Bank), 인수은행(Accepting Bank), 있는 경우 확인은행(Confirming Bank, if any)을 말한다.

자와 같은 국가에 위치하게 된다.

(3) 수익자(Beneficiary)

수익자는 신용장 발행을 통하여 이익을 얻게 되는 당사자로 신용장조건과 일치하는 서류를 지정은행, 발행은행 또는 확인은행(있는 경우)에 제시하고 신용장에 의한 확약의 이행을 요청하는 수출업자를 말한다. 수익자는 수출업자(exporter), 매도인(seller), 신용장의 사용자(user), 환어음을 발행하는 어음발행인(drawer), 신용장의 수신인(addressee), 물품을 선적하는 송화인(shipper or con- signor)이라는 용어로도 불린다.

2) 기타 당사자

(1) 발행의뢰인(Applicant)

발행의뢰인은 수익자와의 매매계약을 근거로 자신의 국가 또는 외국에 소재하는 거래은행인 발행은행에 신용장의 발행을 요청하는 당사자를 말한다. 발행의뢰인은 일반적으로 수입업자가 되지만 수입업자의 거래처인 제3자가 될 수도 있다. 발행의뢰인은 수입업자(importer), 매수인(buyer), 수화인(consignee), 지급인(drawee), 여신수령인(grantee), 신용제공인(accreditor)으로도 불린다.

(2) 통지은행(Advising Bank)

통지은행은 발행은행이 발행한 신용장을 수출업자인 수익자에게 단순히 통지해주는 은행을 말한다. 통지은행은 통지해주는 신용장에 대해 어떠한 책임을 지거나 약정을 하는 것은 아니지만, 외관상으로 진위여부에 상당한 주의를 기울여야 한다. 통지은행은 일반적으로 수익자가 소재하는 발행은행의 지점이거나 환거래은행(correspondent bank)이 된다. 통지은행은 'Notifying Bank', 'Transmitting Bank' 등으로 불리고, 필요한 경우 확인을 추가하여 확인은행의 역할을 할 수도 있고 지급은행(paying bank) 또는 인수은행(accepting bank)의 역할을 하기도 한다.

(3) 매입은행(Negotiating Bank)

수익자는 선적 후 발행은행이나 상환은행 등 신용장상에 명기된 지급인 앞으로 환어음을 발행하고 신용장에서 요구하는 선적서류를 준비하여 거래은행에 환어음의 매입(negotiation)을 의뢰하게 되는데, 이 때 환어음을 매입하는 은행을 매입은행(negotiating bank)이라고 한다. 매입은행은 우선 자기 자금으로 매입을 해주고 발행은행으로부터 대금을 돌려받는데, 상환받을 수 있는 기간까지의 환가료(exchange commission)를 공제한다. 특히 환어음의 매입이 수출업자의 거래은행 이외의 특정은행으로 지정되어 있는 매입제한신용장(restricted credit)일 경우 매입을 의뢰받은 수익자의 거래은행은 매입 후 매입제한은행에 재매입(renegotiation)을 의뢰하게 된다.

매입은 수출지의 은행이 수익자가 제시하는 서류(환어음 및/또는 서류)를 할인가격(신용장금액에서 이자 및 수수료 등을 공제한 금액)으로 구매하는 것을 말한다. 즉 매입은 지정은행(확인은행, 지급은행, 인수은행 및 매입은행 등)이 자신(지정은행)이 아닌 은행을 지급인(일반적으로 발행은행)으로 하여 발행된 환어음에 서류가 첨부되어 제시된 경우에는 그 환어음 및/또는 서류를 구매하고, 환어음 없이 서류만 제시된 경우에는 그 서류만 구매하는 것이다. 지정은행은 환어음 및/또는 서류에 대하여 선지급한 후에 구매할 수도 있으며 선지급하지 않고 선지급하겠다는 약정만으로 구매할 수도 있다. 매입은 발행은행으로부터 대금을 지급받기 전에 미리 선대(융자)하는 선적 후 금융에 해당된다.

(4) 지급은행(Paying Bank)

지급(payment)이란 발행은행의 요청에 따라 지정된 수출지의 특정은행(예치환거래은행)이나 발행은행 자신이 수익자가 제시하는 서류를 받고 약정된 신용장 금액을 액면가액으로 지급하는 것을 말한다. 지급은행은 발행은행으로부터 수익자가 발행한 환어음 및/또는 서류에 대하여 직접 대금을 지급하도록 수권받은 은행을 말한다. 이에 따라 발행은행 자신이나 발행은행의 예치환거래은행(depositary correspondent bank) 또는 발행은행이 결제대금을 위탁시켜 둔 지정은행이 지급은행이 된다. 지급신용장(payment credit)하에서 수익자가 발행은행이나 발행은행이 지정하는 은행에 직접 서류를 제시하면 지급하고, 인수신용장(acceptance credit)하에서는 인수은행(accepting bank)이 수익자가 발행한 기한부환어음(usance drafts)을 인수하고 그 어음의 만기일에 지급함으로써 지급은행의 역할을 담당한다. 지급은행은 지급행위에 대해 책임을 부담하지 않고 단순히 대리인의 역할만 수행한다.

(5) 인수은행(Accepting Bank)

인수(acceptance)란 발행은행의 요청에 따라 지정된 수출지의 은행이 수익자 또는 매입은행에 대하여 수익자가 발행한 기한부신용장의 어음을 어음 만기일에 자행에 제시하면 대금을 지급하겠다고 하는 의사표시를 말한다. 발행은행이 자신의 해외지점이나 예치환거래은행(주로 통지은행)을 인수은행으로 지정하고 그 은행을 지급인으로 하여 수익자가 발행한 기한부 환어음을 인수하는 것을 명시하고 있는 신용장을 인수신용장(acceptance credit)이라고 한다.

인수은행은 인수신용장 하에서 수익자가 선적 후 신용장조건과 일치하는 서류가 첨부된 기한부 환어음(usance drafts)을 발행하여 은행에 제시할 경우, 이 기한부 환어음을 인수하도록 권한을 부여받은 은행을 말한다. 따라서 인수은행은 자신의 은행 앞으로 발행된 기한부 환어음을 인수한 경우에는 그 어음의 결제일에 반드시 지급할 의무가 생기므로 어음의 만기일에는 지급은행이 된다.

(6) 상환은행(Reimbursing Bank)

일반적인 신용장거래에서 매입은행이 수익자로부터 제시된 환어음과 선적서류를 매입하여 이를 발행은행에 송부하여 대금을 상환받는다. 하지만 신용장의 결제통화가 제3국의 통화인 경우 매입은행이 선적서류는 발행은행 앞으로 송부하고, 환어음은 제3의 은행으로 송부하여 대금을 상환받는 경우가 있다. 상환은행은 수익자가 발행한 환어음을 매입한 매입은행에게 어음대금을 상환하도록 발행은행의 수권을 받고 상환을 해주는 은행을 말한다. 상환은행은 발행은행은 물론 매입은행과도 환거래계약을 체결하고 있어 단순하게 발행은행과 매입은행의 계정을 정리해주는 역할을 한다.

(7) 양도은행(Transferring Bank)

양도은행은 양도가능신용장(transferable credit)하에서 제1수익자(first benefi- ciary)가 제2수익자(second beneficiary)에게 신용장을 양도하고 이에 따라 지급, 인수 또는 매입을 하도록 발행은행으로부터 수권받은 은행을 말한다.

4 신용장의 결제과정

신용장방식에 의한 결제과정은 다음과 같다.

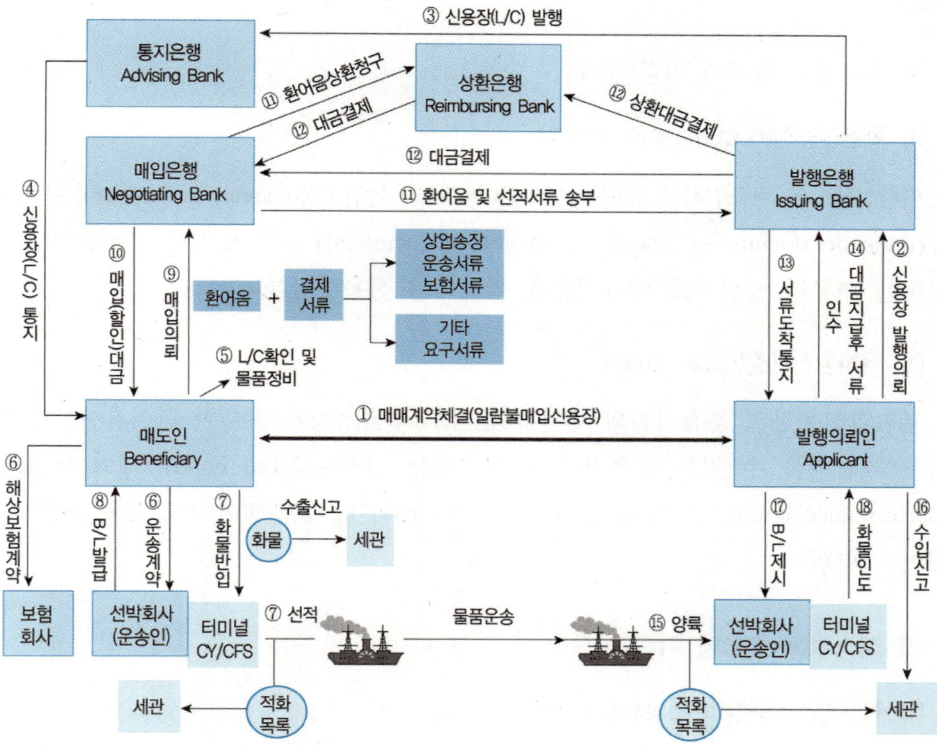

[그림 7-1] 신용장(L/C)거래의 절차도

7.2 신용장의 종류 및 구성

1 신용장의 종류

1) 요구서류 유무에 따른 분류

(1) 화환신용장(documentary credit)

화환신용장은 수출업자가 발행한 환어음(drafts)과 상업송장(commercial invoice), 운송서류(transport documents), 보험서류(insurance document) 그리고 기타 신용장에서 요구하는 서류와 상환으로 대금지급을 확약하는 신용장이다.

(2) 무화환신용장(clean credit)

무화환신용장은 운송서류의 제시가 없어도 수출업자가 발행한 환어음만으로 대금을 지급받을 수 있는 신용장이다. 여기에는 입찰보증(bid bond), 계약이행보증(performance bond), 보증신용장(stand-by credit)과 같이 은행이 지급만을 보증하는 것이 포함된다.

2) 취소가능 여부에 따른 분류

(1) 취소가능신용장(revocable credit)

취소가능신용장이란 신용장에 "취소가능(revocable)"이라는 문구가 있는 신용장으로 발행은행이 수익자에게 미리 통지하지 않고 언제든지 일방적으로 신용장을 취소하거나 그 조건을 변경할 수 있는 신용장이다. UCP 600에서는 취소가능신용장을 인정하지 않고 있다. UCP 600 제3조에서 "신용장은 취소불능이라는 표시가 없는 경우에도 취소불능이다(A credit is irrevocable even if there is no indication to that effect)"라고 규정하고 있다. 한편 제2조에서 "신용장은 그 명칭이나 표현에 관계없이 취소불능이며 일치하는 제시를 지급이행할 발행은행의 확약을 구성하는 모든 약정을 의미한다"라고 규정하고 있어 명칭이나 표기방법에 관계없이 모든 신용장이 취소불능임을 명확하게 하고 있다.

(2) 취소불능신용장(irrevocable credit)

취소불능신용장이란 신용장 발행은행이 발행한 신용장이 수익자에게 통지된 경우 신용장 유효기간 내에는 수익자, 발행은행 또는 확인은행(있는 경우) 전원의 합의가 없이는 취소하거나 변경할 수 없는 신용장을 말한다. UCP 600 제2조에서 신용장은 그 명칭이나 표현에 관계없이 취소불능이라고 규정하고 있어 어떠한 경우에도 취소불능신용장만을 허용하고 있다. 다시 말해 신용장상에 ① "취소가능(revocable)"이라고 표기된 경우, ② "취소불능(irrevocable)"으로 표기된 경우, 또는 ③ 신용장 종류에 대해 아무런 언급이 없는 경우 등 어떠한 경우에도 모두 취소불능으로 간주된다.

3) 확인유무에 따른 분류

(1) 확인신용장(confirmed credit)

확인신용장이란 발행은행의 요청에 의하여 발행은행 이외의 제3의 은행이 수익자가 발행하는 환어음의 인수, 지급 또는 매입을 추가적으로 확약하고 있는 신용장을 말한다. 발행은행은 통상 수출국에 소재하는 발행은행의 본·지점이나 예치환거래은행(depositary correspondent bank)을 확인은행으로 지정하게 된다. 확인은행의 확인(confirmation)은 발행은행의 지급확인에 대한 보증이 아니라 발행은행과는 별개의 독립된 지급확약이다. 따라서 수익자는 발행은행과 확인은행으로부터 이중으로 지급확약을 받게 되는 것이다.

2) 무확인신용장(unconfirmed credit)

무확인신용장은 발행은행 이외의 제3은행의 확약문언이 없는 신용장을 말한다.

4) 사용방법에 따른 분류

(1) 지급신용장(payment credit)

지급신용장은 신용장에 의한 환어음의 매입여부에 대하여 명시가 없고 신용장조건에 맞게 발행된 서류가 신용장 발행은행 또는 발행은행이 지정한 지정은행에 제시되면 지급할 것을 확약한 신용장을 말한다. 지급신용장은 지급시기에 따라 일람지급신용장(sight payment credit)과 연지급신용장(deferred payment credit)으로 구분된다.

① 일람지급신용장(sight payment credit) : 환어음의 발행지시가 없고 서류의 제시만을 요구하고 있는 신용장으로 환어음 없이 선적서류제시 즉시 지급되는 무어음 신용장이다.

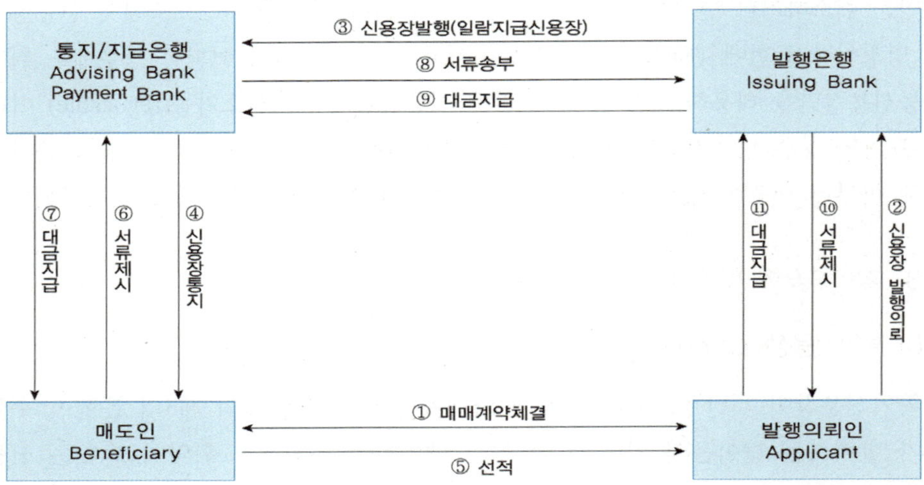

[그림 7-2] 일람지급신용장거래의 절차도

② 연지급신용장(deferred payment credit) : 기한부환어음의 발행지시가 없고 서류의 제시만을 요구하고 있는 신용장으로 환어음 없이 선적서류제시 후 일정기간이 경과한 후 대금지급이 이루어지는 무어음 신용장이다.

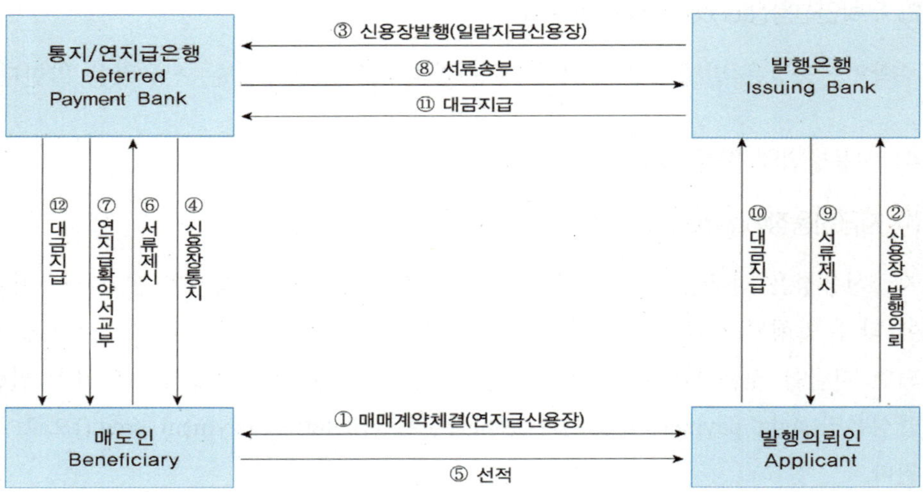

[그림 7-3] 연지급신용장거래의 절차도

(2) 인수신용장(acceptance credit)

인수신용장은 발행은행 또는 발행은행이 지정한 인수은행이 기한부환어음을 인수하고 어음의 만기일에 지급할 것을 약속하는 신용장이다. 기한부환어음을 인수한 인수은행은 환어음의 만기일에 지급은행이 된다.

인수신용장은 기한부기간 동안 이자부담의 주체가 누가 되느냐에 따라 다음과 같이 구분된다.

① 무역인수신용장(shipper's usance credit) : 수출업자인 수익자가 유전스(usance)기간(어음기간) 동안의 이자를 수입업자에게 제공하여 주는 것을 말한다. 발행은행을 어음지급인(drawee)으로 하여 발행은행에 환어음과 운송서류가 내도되면 수입업자로 하여금 운송서류의 인수여부를 결정하도록 하여 동 "인수사실 및 만기일"을 매입은행에게 통지하고 만기일에 대금을 결제하는 방식이다. 수익자는 원리금을 만기일에 지급받거나 은행에 할인을 요청하여 조기에 대금을 지급받을 수도 있다. 따라서 수익자는 만기일에 대금을 영수하거나 거래은행에 할인을 요청하여 기간이자를 공제한 금액을 조기에 수취할 수도 있다. 신용장 기재문언은 "Usance interest is for the account of beneficiary" 등과 같이 표기된다.

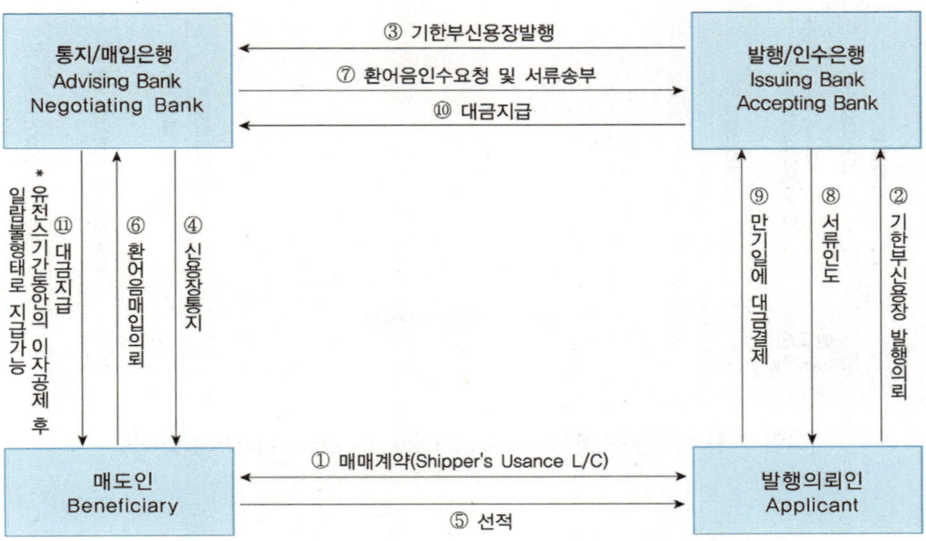

[그림 7-4] 무역인수신용장(shipper's usance)거래의 절차도

② 은행인수신용장(banker's usance credit) : 은행인수신용장은 어음인수은행이 Usance 기간 동안 신용을 공여하는 형태의 신용장을 말한다. 환어음의 인수장소에 따라 발행은행의 해외 환거래은행이 어음인수의 주체가 되는 해외은행인수신용장(overseas banker's usance credit)과 수입지 국내의 발행은행이 어음인수의 주체가 되는 국내은행인수신용장(domestic banker's usance credit)으로 구분된다. 해외인수신용장의 경우 인수은행은 매입은행으로부터의 지급청구에 대하여 매입은행을 통하여 수익자에게 어음대금 전액을 일람지급(at sight)과 동일하게 지급한다. 국내인수신용장의 경우 발행은행 등이 매입은행으로부터 선적서류 및 기한부어음이 도착하면 동 어음을 인수함과 동시에 매입은행 앞으로 대금을 지급하고 수입상으로부터는 어음의 만기일에 대금을 회수한다. 수익자는 매입은행을 통하여 일람출급으로 어음대금 전액을 지급받을 수 있다. 은행인수신용장의 기재문언은 "Usance drafts must be negotiated on at sight basis and acceptance commission and discount charges are for the account of buyer" 등과 같이 기재된다.

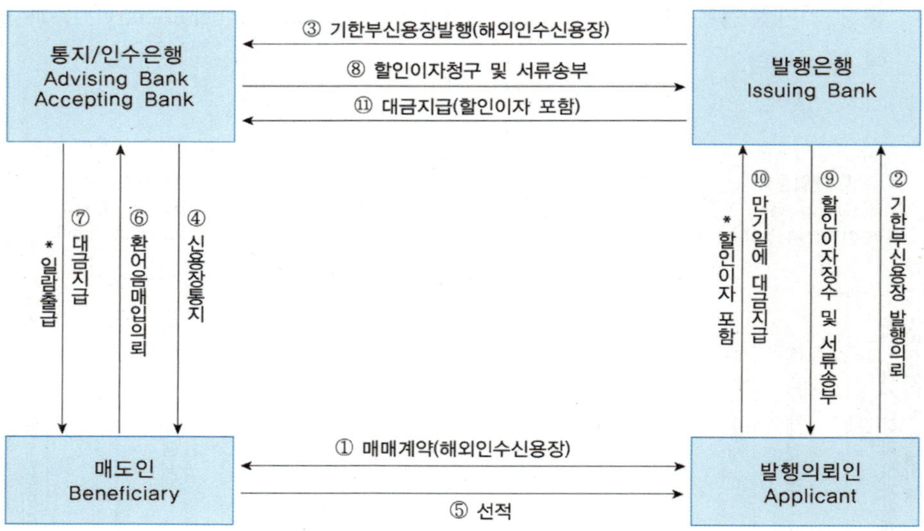

[그림 7-5] 해외인수신용장(overseas banker's usance)거래의 절차도

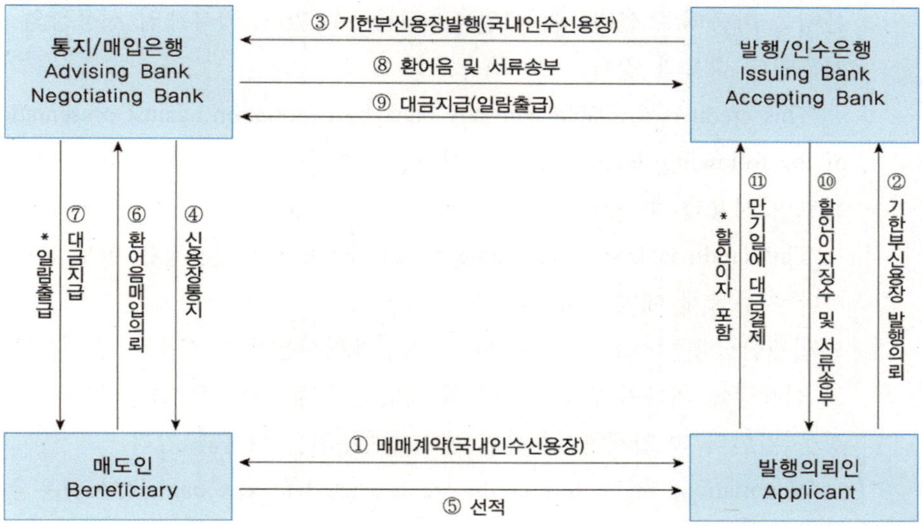

[그림 7-6] 국내인수신용장(domestic banker's usance)거래의 절차도

(3) 매입신용장(negotiation credit)

매입신용장은 신용장에 의해 발행되는 환어음이 매입될 것을 예상하여 발행은행이 환어음의 발행인(수익자), 배서인(endorser) 및 선의의 소지인(bona-fide holder)에게 지급을 약속하는 신용장이다. 수익자가 환어음을 매입은행에 매입의뢰하면 매입은행이 환어음의 선의의 소지인이 되어 자신의 자금으로 매입하고 지급인인 발행은행에 제시하여 지급을 받게 된다.

매입신용장은 대금지급시기에 따라 다음과 같이 분류된다.

① 일람출급매입신용장(sight negotiation credit) : 발행은행이 환어음의 발행인, 배서인 및 선의의 소지인에게 일람출급환어음이 제시되면 즉시 지급하겠다고 확약한 신용장이다.

② 기한부매입신용장(usance negotiation credit) : 발행은행이 환어음의 발행인, 배서인 및 선의의 소지인에게 기한부환어음이 제시된 후 만기일에 지급하겠다고 확약한 신용장이다.

매입신용장은 매입을 위한 특정은행의 지정여부에 따라 다음과 같이 구분된다.

㉠ 자유매입신용장(open credit, freely negotiable credit) : 신용장상에 환어음의 매입은행을 지정하거나 제한하지 않아 어떠한 은행도 자유롭게 매입할 수 있는 신용장이다. 따라서 수익자는 자신의 거래은행 등과 같이 원하는

은행을 마음대로 선택하여 매입을 의뢰할 수 있다. 자유매입 신용장의 표시문언은 다음과 같다.

"This credit is available with any bank by negotiation against presentation of the following documents."(이 신용장은 다음 서류들을 제시하여 매입함으로써 사용할 수 있다)

"This credit is freely negotiable by any bank."(이 신용장은 아무 은행에서나 자유롭게 매입할 수 있다)

ⓛ 매입제한신용장(restricted credit) : 매입제한신용장은 신용장 발행은행이 그 신용장에 의하여 발행된 어음의 매입을 특정은행으로 한정시키는 신용장을 말한다. 매입제한신용장의 매입제한문언은 다음과 같다.

"Negotiations under this credit are restricted to xxx bank."(이 신용장하에서 매입은 xxx은행에 제한된다)

"This credit is available through xxx bank only."(이 신용장은 xxx은행을 통해서만 이용이 가능하다)

❁ 표 7-1 매입신용장·지급신용장 및 인수신용장의 비교

<table>
<tr><th>구 분</th><th>지급
시기</th><th colspan="2">종 류</th></tr>
<tr><td rowspan="2">지급신용장
(Payment Credit)</td><td>일람불</td><td colspan="2">일람지급신용장 (sight payment credit)</td></tr>
<tr><td>기한부</td><td colspan="2">연지급신용장 (deferred payment credit)</td></tr>
<tr><td>인수신용장
(Acceptance Credit)</td><td>기한부</td><td colspan="2">인수신용장 (acceptance credit)</td></tr>
<tr><td rowspan="2">매입신용장
(Negotiation Credit)</td><td>일람불</td><td>일람출급매입신용장
sight negotiation credit</td><td>자유매입신용장(open credit)
매입제한신용장(restricted credit)</td></tr>
<tr><td>기한부</td><td>기한부매입신용장
usance negotiation credit</td><td>자유매입신용장(open credit)
매입제한신용장(restricted credit)</td></tr>
</table>

표 7-2 신용장의 종류

구분	분류	신용장의 종류
일반 신용장	요구서류 유무	• 화환신용장(documentary credit) • 무화환신용장(clean credit)
	취소가능 여부	• 취소가능신용장(revocable credit) • 취소불능신용장(irrevocable credit)
	확인 유무	• 확인신용장(confirmed credit) • 무확인신용장(unconfirmed credit)
	사용방법	• 지급신용장(payment credit) • 인수신용장(acceptance credit) • 매입신용장(negotiation credit)
	대금지급시기	• 일람불신용장(sight credit) • 기한부신용장(usance credit)
	상환청구 유무	• 상환청구가능신용장(with recourse credit) • 상환청구불능신용장(without recourse credit)
	양도허용 여부	• 양도가능신용장(transferable credit) • 양도불능신용장(non-transferable credit)
	국내외 거래 용도	• 내국신용장(local credit) • 원신용장(master credit)
특수 신용장	특수 목적과 용도	• 보증신용장(stand-by credit) • 전대신용장(red clause credit) • 회전신용장(revolving credit) • 구상무역신용장(back to back credit)

[서식 7-1] 매입신용장(negotiation credit)

(MT 700) ISSUE OF A DOCUMENTARY CREDIT
From : BANK OF AMERICA, NEW YORK
To : KOREA EXCHANGE BANK, SEOUL, KOREA

:27	Sequence of total : 1/1
:40A	form of documentary credit : IRREVOCABLE
:20	documentary credit number : MD1NY404NS00018
:31C	date of issue : 5/15/20xx
:31D	date and place of expiry : 8/10/20xx KOREA
:50	applicant : BROWN CO., Ltd. 310 FIFTH AVE. NEW YORK, NY10118, U.S.A.
:59	beneficiary : DAEHAN CO., LTD. CPO BOX 195, SEOUL, KOREA.
:32B	currency code amount : USD500,000
:39A	percent credit amount tolerance : 10/10
:41D	available with by name, address : ADVISING BANK BY NEGOTIATION
:42C	drafts at : SIGHT
:42A	drawee : BANK OF AMERICA, NEW YORK, NY 10015, U.S.A.
:43P	partial shipments : ALLOWED
:43T	transshipment : NOT ALLOWED
:44A	loading on board/dispatch/taking in charge : BUSAN, KOREA
:44B	for transportation to : NEW YORK, U.S.A.
:44C	latest date of shipment : 7/25/20xx
:45A	description of goods and/or services 2,000 SETS OF COMPUTERS. OTHER DETAILS ARE AS PER SALES NOTE NO. A01 DATED APRIL 10, 20xx CIF NEW YORK. INCOTERMS 2020
:46A	documents required +SIGNED COMMERCIAL INVOICE IN TRIPLICATE +PACKING LIST IN TRIPLICATE +FULL SET OF CLEAN ON BOARD OCEAN BILL OF LADING MADE OUT TO THE ORDER OF BANK OF AMERICA MARKED FREIGHT PREPAID AND NOTIFY ACCOUNTEE +MARINE INSURANCE POLICY OR CERTIFICATE IN DUPLICATE ENDORSED IN BLANK FOR 110PCT OF INVOICE VALUE. +INSURANCE POLICIES OR CERTIFICATES MUST EXPRESSLY STIPULATE THAT CLAIMS ARE PAYABLE IN THE CURRENCY OF THE DRAFTS AND MUST ALSO INDICATE A CLAIM SETTLING AGENT IN NEW YORK. INSURANCE MUST INDICATE CARGO INSURANCE CLAUSE(B)
:47A	additional conditions ALL DOCUMENTS MUST BEAR OUR CREDIT NUMBER T/T REIMBURSEMENT NOT ALLOWED
:48	period for negotiation : DOCUMENTS MUST BE PRESENTED WITHIN 10 DAYS AFTER THE DATE OF BILL OF LADING BUT WITHIN THE CREDIT VALIDITY
:53A	reimbursement bank : BANK OF AMERICA, NEW YORK, NY 10015, U.S.A.
:71B	charges : ALL BANKING COMMISSIONS AND CHARGES OUTSIDE U.S.A. ARE FOR ACCOUNT OF BENEFICIARY
:49	confirmation instructions : WITHOUT
:78	instructions to the paying/accepting/negotiating bank: DRAFTS AND ALL DOCUMENTS MUST BE SENT TO US BY COURIER SERVICE IN ONE LOT. DRAFTS DRAWN UNDER AND NEGOTIATED IN CONFORMITY WITH THE TERMS OF THIS CREDIT WILL BE DULY HONOURED ON PRESENTATION.
:72	sender to receiver information : THIS CREDIT IS SUBJECT TO UCP(2007 REVISION) ICC PUBLICATION NO.600

[서식 7-2] 지급신용장(payment credit)

(MT 700) ISSUE OF A DOCUMENTARY CREDIT
From : BANK OF AMERICA, NEW YORK
To : KOREA EXCHANGE BANK, SEOUL, KOREA

:27	Sequence of total : 1/1
:40A	form of documentary credit : IRREVOCABLE
:20	documentary credit number : MD1NY404NS00018
:31C	date of issue : 5/15/20xx
:31D	date and place of expiry : 8/10/20xx KOREA
:50	applicant : BROWN CO., Ltd. 310 FIFTH AVE. NEW YORK, NY10118, U.S.A.
:59	beneficiary : DAEHAN CO., LTD. CPO BOX 195, SEOUL, KOREA.
:32B	currency code amount : USD500,000
:39A	percent credit amount tolerance : 10/10
:41D	available with by name, address : ADVISING BANK BY PAYMENT
:42C	drafts at : SIGHT
:42A	drawee : BANK OF AMERICA, NEW YORK, NY 10015, U.S.A.
:43P	partial shipments : ALLOWED
:43T	transshipment : NOT ALLOWED
:44A	loading on board/dispatch/taking in charge : BUSAN, KOREA
:44B	for transportation to : NEW YORK, U.S.A.
:44C	latest date of shipment : 7/25/20xx
:45A	description of goods and/or services 2,000 SETS OF COMPUTERS. OTHER DETAILS ARE AS PER SALES NOTE NO. A01 DATED APRIL 10, 20xx CIF NEW YORK. INCOTERMS 2020
:46A	documents required +SIGNED COMMERCIAL INVOICE IN TRIPLICATE +PACKING LIST IN TRIPLICATE +FULL SET OF CLEAN ON BOARD OCEAN BILL OF LADING MADE OUT TO THE ORDER OF BANK OF AMERICA MARKED FREIGHT PREPAID AND NOTIFY ACCOUNTEE +MARINE INSURANCE POLICY OR CERTIFICATE IN DUPLICATE ENDORSED IN BLANK FOR 110PCT OF INVOICE VALUE. INSURANCE POLICIES OR CERTIFICATES MUST EXPRESSLY STIPULATE THAT CLAIMS ARE PAYABLE IN THE CURRENCY OF THE DRAFTS AND MUST ALSO INDICATE A CLAIM SETTLING AGENT IN NEW YORK. INSURANCE MUST INDICATE CARGO INSURANCE CLAUSE(B)
:47A	additional conditions ALL DOCUMENTS MUST BEAR OUR CREDIT NUMBER T/T REIMBURSEMENT NOT ALLOWED
:48	period for negotiation : DOCUMENTS MUST BE PRESENTED WITHIN 10 DAYS AFTER THE DATE OF BILL OF LADING BUT WITHIN THE CREDIT VALIDITY
:53A	reimbursement bank : BANK OF AMERICA, NEW YORK, NY10015, U.S.A.
:71B	charges : ALL BANKING COMMISSIONS AND CHARGES OUTSIDE U.S.A. ARE FOR ACCOUNT OF BENEFICIARY
:49	confirmation instructions : WITHOUT
:78	instructions to the paying/accepting/negotiating bank: PAYMENT WILL BE DULY MADE AGAINST DOCUMENTS PRESENTED IN CONFORMITY WITH THE TERMS OF CREDIT. ALL DOCUMENTS MUST BE SENT TO US BY COURIER SERVICE IN ONE LOT.
:72	sender to receiver information : THIS CREDIT IS SUBJECT TO UCP(2007 REVISION) ICC PUBLICATION NO.600

[서식 7-3] 인수신용장(acceptance credit)

(MT 700) ISSUE OF A DOCUMENTARY CREDIT
From : BANK OF AMERICA, NEW YORK
To : KOREA EXCHANGE BANK, SEOUL, KOREA

:27	Sequence of total : 1/1
:40A	form of documentary credit : IRREVOCABLE
:20	documentary credit number : MD1NY404NS00018
:31C	date of issue : 5/15/20xx
:31D	date and place of expiry : 8/10/20xx KOREA
:50	applicant : BROWN CO., Ltd. 310 FIFTH AVE. NEW YORK, NY10118, U.S.A.
:59	beneficiary : DAEHAN CO., LTD. CPO BOX 195, SEOUL, KOREA.
:32B	currency code amount : USD500,000
:39A	percent credit amount tolerance : 10/10
:41D	available with by name, address : ADVISING BANK BY ACCEPTANCE
:42C	drafts at : 30 DAYS AFTER SIGHT
:42A	drawee : BANK OF AMERICA, NEW YORK, NY 10015, U.S.A.
:43P	partial shipments : ALLOWED
:43T	transshipment : NOT ALLOWED
:44A	loading on board/dispatch/taking in charge : BUSAN, KOREA
:44B	for transportation to : NEW YORK, U.S.A.
:44C	latest date of shipment : 7/25/20xx
:45A	description of goods and/or services 2,000 SETS OF COMPUTERS. OTHER DETAILS ARE AS PER SALES NOTE NO. A01 DATED APRIL 10, 20xx CIF NEW YORK.
:46A	documents required +SIGNED COMMERCIAL INVOICE IN TRIPLICATE +PACKING LIST IN TRIPLICATE +FULL SET OF CLEAN ON BOARD OCEAN BILL OF LADING MADE OUT TO THE ORDER OF BANK OF AMERICA MARKED FREIGHT PREPAID AND NOTIFY ACCOUNTEE +MARINE INSURANCE POLICY OR CERTIFICATE IN DUPLICATE ENDORSED IN BLANK FOR 110PCT OF INVOICE VALUE. INSURANCE POLICIES OR CERTIFICATES MUST EXPRESSLY STIPULATE THAT CLAIMS ARE PAYABLE IN THE CURRENCY OF THE DRAFTS AND MUST ALSO INDICATE A CLAIM SETTLING AGENT IN NEW YORK. INSURANCE MUST INDICATE CARGO INSURANCE CLAUSE(B)
:47A	additional conditions ALL DOCUMENTS MUST BEAR OUR CREDIT NUMBER T/T REIMBURSEMENT NOT ALLOWED
:48	period for negotiation : DOCUMENTS MUST BE PRESENTED WITHIN 10 DAYS AFTER THE DATE OF BILL OF LADING BUT WITHIN THE CREDIT VALIDITY
:53A	reimbursement bank : BANK OF AMERICA, NEW YORK, NY 10015, U.S.A.
:71B	charges : ALL BANKING COMMISSIONS AND CHARGES OUTSIDE U.S.A. ARE FOR ACCOUNT OF BENEFICIARY
:49	confirmation instructions : WITHOUT
:78	instructions to the paying/accepting/negotiating bank: DRAFTS MUST BE SENT TO DRAWEE BANK FOR YOUR REIMBURSEMENT AND ALL DOCUMENTS MUST BE SENT TO US BY COURIER SERVICE IN ONE LOT. DRAFTS DRAWN IN CONFORMITY WITH THE TERMS OF THIS CREDIT WILL BE DULY ACCEPTED ON PRESENTATION AND HONOURED AT MATURITY
:72	sender to receiver information : THIS CREDIT IS SUBJECT TO UCP(2007 REVISION) ICC PUBLICATION NO.600

5) 대금지급시기에 따른 분류

표 7-3 대금지급시기에 따른 신용장의 분류

<table>
<tr><th>지급시기</th><th colspan="2">형 태</th><th>내 용</th></tr>
<tr><td rowspan="2">일람출급 신용장 (Sight Credit)</td><td rowspan="2">환어음 및 서류의 매입 허용여부</td><td>일람출급매입신용장 (sight negotiation credit)</td><td>• 일람출급매입자유신용장(sight open credit)
• 일람지급신용장(sight payment credit)</td></tr>
<tr><td>일람지급신용장 (sight payment credit)</td><td>원칙적으로 환어음이 필요 없이 선적서류의 제시로 지급</td></tr>
<tr><td rowspan="8">기한부 신용장 (Usance Credit)</td><td rowspan="3">환어음 지급기일</td><td>확정일 후 정기출급 (at 30 days after B/L date)</td><td>선적 후 30일부 정기출급 환어음</td></tr>
<tr><td>(환어음)발행일 후 정기출급 [at 30 days after date (of draft)]</td><td>환어음 발행 후 30일부 정기출급 환어음</td></tr>
<tr><td>일람 후 정기출급 (at 30 days after sight)</td><td>일람 후 30일부 정기출급 환어음</td></tr>
<tr><td rowspan="3">환어음 발행과 지급확약</td><td>기한부매입신용장 (usance negotiation credit)</td><td>환어음 발행</td></tr>
<tr><td>연지급신용장 (deferred payment credit)</td><td>환어음 필요 없음</td></tr>
<tr><td>인수신용장 (acceptance credit)</td><td>환어음 발행</td></tr>
<tr><td rowspan="2">신용공여 주체</td><td>무역인수신용장 (shipper's usance credit)</td><td>화주인 수익자가 수입업자를 위해 기한부어음의 만기일까지 지급을 유예해주는 신용장</td></tr>
<tr><td>은행인수신용장 (banker's usance credit)</td><td>어음인수 주체인 인수은행이 usance기간 동안의 이자를 부담하는 신용장으로 ① 발행은행의 해외 환거래은행이 주체가 되는 해외은행인수신용장과 ② 수입지의 발행은행이 주체가 되는 국내은행인수신용장으로 구분됨</td></tr>
<tr><td rowspan="2">할부 신용장 (Instalment Shipment Credit)</td><td colspan="2">할부지급신용장 (installment payment credit)</td><td>기한부신용장의 일종으로 신용장에서 지급만기일을 각각 달리 지정한 복수의 기한부어음을 요구하는 신용장</td></tr>
<tr><td colspan="2">할부선적신용장 (installment shipment credit)</td><td>일정한 기간 내에 수회에 걸쳐서 주기적으로 정해진 수량을 할부선적하도록 명시한 신용장</td></tr>
</table>

6) 상환청구유무에 따른 분류

(1) 상환청구가능신용장(with recourse credit)

상환청구가능신용장이란 수익자가 발행한 환어음을 매입한 매입은행, 배서인(endorser) 또는 선의의 소지인(bona-fide holder)이 환어음의 지급인(drawee)인 발행은행으로부터 대금지급을 받지 못하였을 경우 그 환어음의 발행인인 수익자에게 이미 매입된 환어음 금액을 돌려 달라는 상환청구(소구)가 가능한 신용장을 말한다. 신용장상에 "with recourse"의 명시적인 문언이 있거나 아무런 명시가 없는 경우에는 상환청구가능신용장으로 간주된다.

(2) 상환청구불능신용장(without recourse credit)

상환청구불능신용장이란 환어음의 발행인인 수익자에게 이미 매입된 환어음금액을 상환청구(소구)할 수 없도록 하고 있는 신용장을 말한다. "상환청구불능(without recourse)"이라는 명시적인 문구가 있는 경우에만 상환청구불능신용장으로 간주된다.

어음발행인에 대한 상환청구 유무는 그 나라의 어음법에 따른다. 한국의 경우 상환청구가능(with recourse) 및 상환청구불능(without recourse)에 관계없이 어음법 제9조에서 상환청구권을 인정하고 있기 때문에 상환청구불능신용장하에서도 상환청구가 가능하다. 하지만 영미법에서는 "without recourse"의 표시가 있는 것은 원칙적으로 상환청구권을 인정하지 않고 있다.

7) 양도허용여부에 따른 분류

(1) 양도가능신용장(transferable credit)

양도가능신용장이란 신용장상에 "transferable"이란 표시가 있어 최초의 수익자(first beneficiary)가 신용장 금액의 일부 혹은 전부를 제3자에게 양도할 수 있도록 허용하고 있는 신용장을 말한다. 양도가능신용장은 1회에 한하여 양도가 허용되며 분할선적이 금지되어 있지 않으면 최초의 수익자는 다수의 제2수익자(second beneficiary)에게 분할 양도할 수 있다.

신용장상에 "양도가능(transferable)"이라는 문구가 있어야 양도가 가능하다. 양도가능신용장은 수익자가 신용장금액의 전부 또는 일부를 제3자(제2수익자)에게 양도할 수 있는 권리를 부여한 신용장을 말한다.

양도가능신용장의 양도는 1회에 한한다. 다수의 제2수익자에게 분할양도되는 경우도 모두 1회의 양도로 간주된다. 분할어음 발행 또는 분할선적이 허용되는 한 신용장금액을 분할하여 다수의 제2수익자에게 양도될 수 있다. 하지만 제2수익자가 양도받은 신용장을 또 다시 제3자에게 재양도하는 것은 불가능하다.

신용장의 양도가 필요한 경우는 ① 무역을 직접적으로 수행할 수 없거나, ② 주문받은 물품 중 일부가 다른 수출업자가 생산하고, ③ 거래은행에 무역금융수혜를 위한 거래한도가 부족하거나, ④ 기타 업무수행 상의 번거로움을 피하기 위한 경우 등이다.

표 7-4 양도가능 사항

구 분	내 용
감액·단축	금액, 단가, 유효기일, 제시를 위한 기간, 최종선적일 또는 정해진 선적기간
보험비율의 증가	원신용장 또는 신용장통일규칙에 규정된 부보금액을 충족시키는 방법으로 부보되어야 하는 율

표 7-5 신용장 양도의 종류

구분	종 류	내 용
양도 방법	단순양도	제1수익자가 원신용장의 권리를 포기하여 별도 조건변경 없이 신용장을 제2수익자에게 양도하는 것
	조건변경 양도	제1수익자가 신용장 양도에 따른 중계차익 확보 등을 목적으로 원신용장의 금액, 단가, 유효기일 등을 감액 또는 단축하여 제2수익자에게 양도하는 것
양도 지역	국내양도	제1수익자 및 제2수익자가 동일한 국가 내에 소재
	국외양도	제1수익자 및 제2수익자가 다른 국가에 소재. 단, 국외양도에 대한 금지문언이 없고 선적항 및 가격조건이 양도되는 국가와 모순되지 않을 것
양도 금액	전액양도	원신용장 전체 금액을 하나의 제2수익자에게 양도
	분할양도	원신용장 금액 중 일부를 하나의 제2수익자에게 양도하거나, 원신용장 전체금액을 다수의 제2수익자에게 분할하여 양도

(2) 양도불능신용장(non-transferable credit)

양도불능신용장은 신용장상에 "transferable"이라는 문언이 없는 신용장을 말한다. 양도불능신용장은 어느 경우에서라도 최초의 수익자가 제3자에게 양도할 수 없다.

취소불능신용장(Irrevocable Credit)은 신용장이 일단 발행되어 수익자에게 통지된 이후 신용장의 유효기일 이내에 신용장의 관련 당사자 전원의 합의가 없이는 신용장을 취소하거나 조건의 변경을 할 수 없는 신용장을 말한다. UCP600에서는 신용장은 그 명칭이나 기술에 관계없이 취소불능이라고 정의함으로써 취소불능의 형태로만 발행된다고 규정하고 있다.

2 신용장의 구성

1) 신용장 자체에 관한 사항

① 발행은행(issuing bank) : 발행은행은 발행의뢰인의 의뢰에 의하여 신용장을 발행하는 은행으로 수입업자의 거래은행이 된다. 일반적으로 신용장의 발행자는 발행은행이고 수신자는 통지은행이 된다. 스위프트신용장에서의 "we"는 발행은행을 의미하고 "you"는 수익자(beneficiary)를 의미한다.

From : Bank of America, New York, U.S.A.

② 총 쪽수(sequence of total) : 발행된 신용장의 총 쪽수를 의미한다. 예를 들어 총 쪽수가 2쪽이면 1쪽은 1/2, 2쪽은 2/2로 표시된다. 신용장예시의 경우 총 1쪽으로 1/1로 표시된다.

:27 Sequence of total : 1/1 (총 쪽수 : 1)

③ 화환신용장의 종류(form of documentary credit) : 취소불능화환신용장(irrevocable documentary credit) 등과 같이 신용장의 종류를 표시한 것으로 대부분 "irrevocable"이란 문언이 기재되어 있다. 취소불능신용장은 당사자 전원[수익자, 발행은행, 확인은행(있는 경우)]의 합의가 있어야만 신용장의 취소나 조건변경이 가능하다. 신용장통일규칙(UCP 600)에서는 신용장상에 "취소불능(irrevocable)" 또는 "취소가능(revocable)"의 문언이 없더라도 취소불능신용장으로 간주된다.

:40A form of documentary credit : IRREVOCABLE (화환신용장의 종류 : 취소불능)

④ 화환신용장번호(documentary credit number) : 화환신용장번호는 발행은행이 신용장을 발행하면서 부여하는 고유번호이다. 일반적으로 신용장번호를 관련 서류상에 기재할 것을 요구하는 경우가 많다. 신용장번호는 한국은행이 정하는 "수출입승인서 및 신용장 등의 번호기재요강"에 따라 발행등록시 자동으로 정해진다.

:20 documentary credit number : M D1 NY 4 04 N S 0001 8
① ② ③ ④ ⑤ ⑥ ⑦ ⑧ ⑨

① 수입신용장의 표시번호 (M: Master L/C, L: Local L/C)
② 은행고유번호 (D1: 우리은행, 42: 신한은행..등)
③ 발행은행 지점번호 (D1NY : 우리은행/트윈타워), ④ 발행연도의 끝자리 수
⑤ 발행월 표시, ⑥ 수입용도 구분(N: Normal 일반재 내수용 물자 E: Export 수출용 원자재)
⑦ 대금결제방법(S: Sight L/C, U: Usance L/C, P: D/P, A: D/A, R: 단순송금방식)
⑧ 신용장 일련번호, ⑨ Check digit number: 은행별 확인번호

종류별		수입용도		수입결제방법	
대상	기호	수입용도	기호	수입용도	기호
수출승인번호	E	일반내수용	N	일람출급 L/C	S
수출신용장통지번호	A	수출용원자재	E	기한부 L/C (내국수입유전스포함)	U
내국신용장번호	L	정부용	G	기타 L/C(분할지급수입, 연계무역포함)	D
수출입승인서번호	C	가공무역용	B	D/P방식	P
수입승인번호	I	군납용원자재	A	D/A방식	A
수입신용장번호	M	기타 외화획득(중계무역 등)	S	송금방식	R
구매확인서번호	R	특수거래(임차수입, 연계무역, 외국인수수입)	X	무상거래(임차수입포함)	N

⑤ 발행일자(date of issue) : 발행은행이 신용장을 발행하는 일자로서 발행은행의 지급확약개시일이다.

:31C date of issue : 5/15/20xx (발행일 : 20xx년 5월 15일)

⑥ 신용장의 유효기일 및 장소(date and place of expiry) : 신용장의 유효기일 및 장소는 일람지급(sight payment), 연지급(deferred payment), 인수(acceptance) 및 매입(negotiation) 등을 위하여 제시되어야 할 최종일과 제시장소를 말한다.

신용장 유효기일의 의미는 동 기간 내에 지급확약의 효력이 있고 서류제시장소가 특정되었을 경우에는 그 특정은행에, 그 이외에는 수익자의 거래은행에 신용장상에서 요구하고 있는 서류의 제시(presentation)가 이루어져야 한다.

:31D date and place of expiry : 8/10/20xx, Korea (유효기일 및 장소 : 20xx년 8월 10일, 한국)

⑦ **발행의뢰인(applicant)** : 신용장발행의뢰인은 발행은행에게 신용장의 발행을 의뢰하는 수입업자를 말한다.

:50 applicant : BROWN CO., Ltd. 310 FIFTH AVE, NEW YORK, NY10118, U.S.A.

⑧ **수익자(beneficiary)** : 수익자는 신용장을 수령하는 수출업자로서 수익자의 상호와 주소를 기재한다.

:59 beneficiary : DAEHAN CO., LTD. CPO BOX 195, SEOUL, KOREA

⑨ **통지은행(advising bank)** : 통지은행은 발행은행에서 보내는 신용장을 단순히 통지하는 은행으로 수익자의 소재지에 있는 발행은행의 본·지점이나 환거래 계약을 체결한 은행이 된다.

To : KOREA EXCHANGE BANK, SEOUL, KOREA

⑩ **신용장 통화 및 금액(currency code, amount)** : 신용장 통화 및 금액은 발행은행이 수익자에게 실제로 지급하는 금액이 아니라 지급할 수 있는 최대의 사용한도액이며, 수익자의 환어음발행금액을 기준으로 실제 지급되는 금액이다. 통화는 문자로 기재되고 금액은 숫자로 기재된다.

:32B currency code, amount : USD500,000 (통화 및 금액 : USD500,000)

⑪ **신용장금액 과부족 요인비율(percent credit amount tolerance)** : 신용장금액 과부족 용인비율(percent credit amount tolerance)을 나타나는 것으로 신용장금액의

편차를 의미한다. 10/10은 표시된 금액을 기준으로 상한 10%, 하한 10%까지 허용되는 것을 의미한다.

:39A percent credit amount tolerance : 10/10 (신용장금액의 과부족 허용비율 : ±10)

2) 환어음에 관한 사항

⑫ **신용장 사용가능은행 및 사용방법(available with... by...)** : 신용장은 그것이 일람지급(by sight), 연지급(by deferred payment), 인수(by acceptance), 매입(by negotiation) 중 어느 것에 의하여 사용될 수 있는지를 명기하여야 한다. "Available with... by..."에서 "with" 다음에는 신용장을 사용할 수 있는 은행이 기입되는데 "New York Bank", "Advising Bank(통지은행)", "Issuing Bank(발행은행)", "Reimbursing Bank(상환은행)", "Any Bank(모든 은행)" 등과 같이 표시된다. 한편 "by" 다음에는 "by sight payment(일람지급)", "by deferred payment(연지급)", "by acceptance(인수)", "by negotiation(매입)" 중 하나를 선택하여 기재한다.

: 41D available with ... by ... : Any Bank by Negotiation (모든 은행에서 매입에 의해 사용가능함)

⑬ **환어음의 지급방식** : 환어음의 지급방식에 대해서는 "sight payment(일람지급)", "deferred payment(연지급)", "acceptance(인수)", "negotiation(매입)" 중에서 하나를 선택하여 표시함으로써 허용되는 신용장의 지급확약방식을 기재한다. 지급신용장(일람지급신용장 및 연지급신용장 포함)의 경우 환어음이 제시되지 않고 수익자에게만 대금지급을 확약하고 있기 때문에 ":42C drafts at" 및 "42A drawee"란에 아무런 표시를 하지 않는다.

:42C drafts at : SIGHT (환어음 : 일람지급)

환어음의 종류는 환어음의 지급기일에 따라 "at sight"로 표시되는 일람출급신용장(sight credit)과 "at xxx days after sight" 등으로 표시되는 기한부신용장(usance credit)으로 구분된다. 일람출급환어음은 환어음이 지급인에게 제시되는 즉시 지급되고, 기한부환어음은 일정기간이 경과된 후에 지급된다. 환어음금액은 신용장금액을 초과할 수 없다.

- draft at sight for 100% of invoice value .....(상업송장 가액의 100%에 대한 일람지급환어음)
- draft at 30 days after sight(B/L date or date of draft) for invoice value...[상업송장 가액에 대해 일람 후(선하증권 발행 후, 혹은 환어음 발행일 후) 30일부 지급조건부 환어음]

⑭ **환어음 지급인(drawee)** : 환어음 지급인은 "draft drawn on" 다음에 기재된다. 일반적으로 발행은행이나 지정은행 등 은행명이 기재된다.

:42A drawee : BANK OF AMERICA, NEW YORK, NY10015, U.S.A.

3) 운송에 관한 사항

⑮ **분할선적(partial shipments)** : 분할선적은 수익자가 물품의 선적으로 2회 이상 나누어 선적하는 것을 의미한다. 분할선적에 관한 아무런 표시가 없을 경우에는 분할선적이 허용되는 것으로 간주한다. 분할선적의 경우 마지막 선적분량이 신용장에서 규정하고 있는 선적일 이내에 선적되어야 한다.

Partial shipments : □ allowed, □ not prohibited (분할선적 : 허용됨)
Partial shipments : □ not allowed, □ prohibited (분할선적 : 허용안됨)

:43P partial shipments : ALLOWED (분할선적 : 허용됨)

⑯ **환적(transshipment)** : 환적은 선적항에서 양륙항까지 운송과정 중에 한 운송수단으로부터 다른 운송수단으로 물품을 옮겨 싣는 것을 의미한다.

Transshipment : □ allowed, □ not prohibited (환적 : 허용됨)
Transshipment : □ not allowed, □ prohibited (환적 : 허용 안 됨)

:43T transshipment : NOT ALLOWED

⑰ **선적지(place of shipment)** : 선적지는 물품이 선적되는 장소로서 "loading on board/dispatch/taking in charge from/at(...으로부터 본선적재/발송/수탁)" 다음

에 기재된다. "loading on board"는 해상운송서류, "dispatch"는 항공운송서류, 그리고 "taking in charge"는 복합운송서류가 요구될 때 해당 장소를 기재한다.

: 44A loading on board/dispatch/taking in charge : Busan, Korea (본선적재/발송/수탁 : 한국, 부산항)

⑱ 도착지(place of destination) : 목적지는 "for transportation to" 다음에 기재된다. 복합운송에서는 양륙항(port of discharge)과 구별되어 기재된다.

:44B for transportation to : New York, USA.

⑲ 최종선적일(latest date of shipment) : 선적기일은 물품의 최종선적, 즉 적재, 발송, 수탁 등을 위하여 최종적으로 허용되는 일자를 말한다. "not later than July 25, 20xx"일 경우 인도조건에 따라 7월 25일까지는 적재, 발송 또는 수탁을 완료하여야 한다는 의미이다. 만일 7월 25일이 공휴일이라고 하더라도 공휴일을 불문하고 적재, 발송, 수탁이 이루어져야 한다. SWIFT신용장에서는 선적기일의 의미로 "latest date of shipment" 등으로 표기된다.

:44C latest date of shipment : 7/25/20xx (최종선적일 : 20xx년 7월 25일)

4) 물품명세에 관한 사항

⑳ 물품 및/또는 용역의 명세(description of goods and/or services) : 물품명세(description of commodity)는 물품명 및 수량, 규격, 단가(unit price), 가격조건(price terms), 원산지(country of origin) 등을 다음과 같이 표기한다.

:45A description of goods and/or services : 2,000 pcs of computers as per sales note No. A01 dated April 10, 20xx CIF New York, U.S.A, Incoterms® 2010(물품 및/또는 용역의 명세 : 인코텀즈 2010에 의한 미국 뉴욕항까지의 운임보험료포함규칙으로 20xx년 4월 10일자 매매계약서 번호 A01에 따른 컴퓨터 2,000대)

5) 요구서류에 관한 사항

㉑ 상업송장(commercial invoice) : 상업송장은 수익자가 발행하는 서류로서 물품의 명세서, 가격계산서 및 대금청구서의 역할을 한다. 물품명세는 신용장의 물품명

세와 일치되어야 한다. 신용장상에서 상업송장상에 어떠한 내용을 명시할 것을 요구하는 경우에는 지시대로 상업송장에 기재하여야 한다. 일반적으로 "signed commercial invoice in triplicate"와 같이 통수를 표시한다. "duplicate(2통)" "tri- plicate(3통)", "quadruplicate(4통)", "quintuplicate(5통)", "sextuplicate(6통)", "septu- plicate(7통)", "octuplicate(8통)" 등과 같이 요구한다.

+signed commercial invoice in triplicate (서명된 상업송장 3통)

㉒ **포장명세서(packing list)** : 포장명세서는 선적화물의 포장 및 포장단위별 명세와 단위별 순중량(net weight), 총중량(gross weight), 용적(measurement), 화인(shipping mark) 및 포장의 일련번호 등을 기재한 명세서이다.

+packing list in triplicate (포장명세서 3통)

㉓ **운송서류(transport document)** : 운송서류는 물품의 선적, 발송, 수탁을 명시하는 인도의 증거서류를 포괄하여 부르는 것으로 해상선하증권(ocean bill of lading), 항공화물운송장(Air Waybill), 복합운송증권(combined transport document) 등과 같이 운송방식에 따라 요구되는 운송서류가 다르다. 여기에서는 해상선하증권을 요구하고 있다.

+Full set of clean on board ocean bill of lading made out to the order of Bank of America marked "Freight Prepaid" and notify "Accountee.
뱅크 오브 아메리카의 지시식으로 발행되고 운임 "선지급" 및 발행의뢰인을 착화통지처로 된 전통으로 구성된 무고장 해상선적선하증권.

- "Full set" : "전통"이란 선하증권의 원본 3통(first original, second original, third original)이 1조로 발행되었다면 3통 모두를 갖춘 것을 말한다. 3통은 각각 정식의 선하증권으로서 독립적인 효력을 가지기 때문에 한 통이 사용되면 나머지 두 통은 무효가 된다. 과거 매입은행이나 지정은행 등이 발행은행에 운송서류를 송부할 때 분실사고를 방지하기 위하여 원본 1통을 먼저 송부하고 나중에 나머지 원본들을 별도로 송부하는 관행이 있었다. 이러한 관행을 반영하여 선하증권 원본은 3통을 발행하고 있으나, 신용장통일규칙

(UCP600) 제20조 a항 iv호에서 "단일의 선하증권 원본 또는 2통 이상의 원본으로 발행된 경우에는 선하증권 상에 표시된대로 전통일 것"으로 규정되어 있어 한 통의 선하증권 원본을 발행할 수 있는 근거를 마련하였다.

■ "Clean" : "무사고"란 의미로 선적된 물품 및 포장이 파손되거나 부족함이 없고 외관상 완전한 상태로 선적되었음을 나타내는 것으로 사고문언(remarks)이 없는 것을 말한다. 일반적으로 신용장상에 표기된 물품명 및 수량 등이 동일하게 선하증권에 기재되어 있어야 은행이 서류를 수리한다.

■ "on board ocean bill of lading" : "해상선적선하증권"을 의미한다. 운송인이 선하증권을 발행하는 방법으로는 송화인으로부터 화물을 수취한 후 발행하는 "수취선하증권(received bill of lading)"과 물품이 본선에 선적된 후 발행하는 "선적선하증권(on board bill of lading)"으로 구분된다. 은행은 수취식으로 발생된 선하증권은 수리거절하고 선적선하증권만을 수리하기 때문에 선하증권에 "on board : July 25, 20xx" 등과 같이 선적된 날짜가 기재되어야 한다.

■ "Made out to the order of Bank of America" : "뱅크 오브 아메리카의 지시식"의 의미로 수화인(consignee)은 뱅크 오브 아메리카가 지시하는 상대방이 된다. 같은 의미로 "made out to our order"라고도 할 수 있다. 일반적으로 대금지급을 보증하고 있는 발행은행은 수입업자가 대금지급을 완료할 때까지 물품의 담보권을 확보하는 것이 자신에게 유리하기 때문에 발행은행의 지시식으로 선하증권을 발행하도록 요구하고 있다.

이 밖에 신용장상에 수화인을 표시하는 방법으로 단순 지시식(to order), 송화인의 지시식(to the order of shipper) 등으로 기재하도록 요구할 수 있다. 단순 지지식이거나 송화인의 지시식인 경우 수익자는 선하증권 원본의 배면에 무기명배서(blank endorsement)[7)]하여 운송서류를 양도한다.

■ "Freight prepaid" : "운임선급"의 의미로 송화인이 운송인에게 운송비를 사전에 지급해야 함을 의미한다. 인코텀즈 2020규칙 하에서 화주가 해상운임을 지급하는 경우는 CFR 규칙이나 CIF 규칙이다. 만일 FAS규칙이나 FOB

7) 백지배서(blank endorsement)란 배서인이 피배서인이 명기되어 있지 않은 백지상태로 배서하는 방식을 말한다. 예를 들어 송화인지시식(to the order of shipper)선하증권인 경우 배서인인 송화인이 양도받을 은행(매입은행 등)을 명기하지 않고 선하증권에 배서(뒷면에 서명)하는 것을 말한다.

규칙의 경우 해상운임은 수입업자가 부담해야 하기 때문에 운임후지급(freight to collect)이라고 표시되어야 한다.

- "Notify accountee" : "착화통지처"로 화물도착통지처를 의미한다. 화물이 목적항에 도착한 경우 운송인이 화물도착통지(arrival notice)를 보낼 상대방으로 통상 수입업자가 된다.

㉔ **보험서류**(insurance document) : CIF 또는 CIP 규칙인 경우 수익자는 반드시 신용장에 명시된 보험서류를 구비해야 한다. 보험서류는 다음과 같이 표기된다.

> +Insurance policy or certificate in duplicate, endorsed in blank for 110% of invoice value, expressly stipulating that claims are payable in New York U.S.A and it must include Institute Cargo Clause(C).
> 송장금액의 110%로 백지배서되고 보험금이 미국 뉴욕에서 지급될 수 있다고 명백히 표시되어 있으며 협회화물약관(협회적화약관)(C)조건으로 부보된 보험증권 또는 보험증명서 2통

보험서류는 물품이 운송되는 도중에 해난이나 기타의 위험으로 인하여 입게 될 손해에 대해 화주에 의해 부보된 보험에 대해 보험자가 발급하는 증거서류이다. 신용장에서 수리가능한 보험서류는 보험증권(insurance policy)과 보험증명서(insurance certificate)가 있다.

예시의 신용장에서 "endorsed in blank"는 백지배서를 요구한다는 의미이다. 백지배서는 유가증권의 소유권 양도시에 행해지는 법률적인 행위이다. 보험증권은 유가증권이 아님에도 불구하고 배서조항을 명시하여 유가증권과 같은 법률적 행위를 하도록 규정하였다.

부보금액은 송장금액에 대하여 110%를 부보하도록 부보범위를 정하고 있다. 원칙적으로 손해보험에서 초과보험은 인정되지 않으나 국제무역거래에서는 예외적으로 희망이익(estimated profit)과 최소한의 수출입비용이 인정되어 초과보험이 합법적으로 가능하다.

담보범위는 ICC(A), ICC(B), ICC(C)중에서 당사자간에 합의하여 정하게 되며, 특약보험의 가입여부도 마찬가지이다. 부보되는 통화는 신용장에 의하여 발행된 환어음의 통화와 일치하여야 한다.

㉕ **원산지증명서**(certificate of origin) : 원산지증명서는 수입통관 또는 수출대금의 결제시 구비되어야 하는 서류의 하나로 당해 물품이 당해국에서 생산, 제조 또는 가공되었다는 사실을 증명하는 서류이다.

+Certificate of origin in duplicate (원산지증명서 2통)

㉖ 검사증명서(inspection certificate) : 검사증명서는 수출물품이 매매계약이나 수출입국이 미리 정하고 있는 품질조건이나 규격에 합치하고 있다는 것을 수출국의 공적 검사기관이 검사하고 발행하는 서류이다.

㉗ 중량 및 용적증명서(certificate of weight and measurement) : 물품의 중량 및 용적에 대한 증명서를 요구할 경우 수익자는 이들에 대한 증명서를 발급하여 제출하여야 한다.

6) 추가조건에 관한 사항

추가조건에 관한 사항은 신용장에 따라 다르지만, 일반적으로 특별조건(special conditions)을 두어 신용장 표준양식에 기재되지 못한 사항에 대하여 요구하게 된다. 예를 들어 ㉘ 특별선박편의 지정(nomination)은 "Shipment must be effected by SNCD line only", ㉙ 신용장의 양도허용여부에 대해서는 "This credit is transferable", ㉚ 서류상에 신용장번호 기재사항의 지시는 "All documents must bear our credit number", ㉛ 전신환(Telegraphic Transfer : T/T)에 의한 상환은 금지된다는 지시는 "T/T reimbursement is not allowed"와 같이 요구할 수 있다.

7) 기타 사항에 관한 사항

㉜ 제시기일(period for presentation) : 제시기일은 수익자가 신용장에 의한 대금지급을 받기 위하여 은행에 서류를 제시해야 하는 기일이다. 신용장 예시에서는 "선하증권 발급 후(물품선적 후) 10일 이내에 서류가 제시되어야 하지만 서류가 신용장에서 규정하고 있는 만기일 이내에 제시되어야 한다"라고 규정되어 있어 실무적으로 유의할 필요가 있다.

:48 period for negotiation : Document must be presented within 10 days after the date of bill of lading but within the credit validity(제시기일 : 서류는 선하증권 발행일(선적일) 이후 10일 이내에, 하지만 신용장 유효기일 이내에 제시되어야 한다.

㉝ 확인지시(confirmation instructions) : 발행은행의 확인은 수출국에 소재하는 자신의 본·지점 혹은 제3은행의 확인의 유무에 대해 다음과 같이 표기한다.

:49 confirmation instructions : without (미확인신용장)
:49 confirmation instructions : confirmation (확인신용장)

㉞ 상환은행(reimbursing bank) : 신용장발행은행이 대금의 상환을 위해 제3의 은행에게 결제방법을 지시하는 것으로, 발행은행의 계정을 가지고 있는 상환은행에게 대금지급을 하도록 지시할 수 있다.

:53A reimbursement bank : Bank of America, New York, NY10015, U.S.A.

㉟ 은행수수료 부담(charges) : 은행수수료 부담 란에는 은행수수료를 어느 당사자가 부담할 것인가를 기재한다.

:71B charges : All banking commissions and charges outside U.S.A are for account of beneficiary (미국 이외에서 발생하는 모든 은행 수수수료와 비용은 수익자가 부담한다)

㊱ 지급, 인수, 매입은행에 대한 지시사항(서류의 송달방법) : 제시된 서류가 발행은행에 송달될 때 서류의 분실을 방지하기 위하여 두 번으로 나누어 송달할 것인가 아니면 한 번에 송부할 것인가를 기재할 수 있다.

:78 instructions to the paying/accepting/negotiating bank : Drafts must be sent to drawee bank for your reimbursement by courier service in one lot (지급은행/인수은행/매입은행에 대한 지시시항 : 환어음은 한 세트로 특송에 의한 방법으로 귀사의 상환을 위하여 지급은행으로 송부되어야 한다)

㊲ 지급, 인수, 매입은행에 대한 지시사항(지급확약문언) : 지급확약문언(engagement clause)과 관련하여 발행은행의 지급확약문언은 신용장의 종류에 따라 다르다.

매입신용장 : We hereby engage with drawers, endorsers and bona fide holders that drafts drawn under and negotiated in conformity with the terms of this credit will be duly honoured on presentation (당행은 이 신용장하에서 발행되고 신용장조건에 일치하여 매입된 환어음은 제시되는 대로 정히 지급이행될 것을 환어음 발행인, 배서인 그리고 선의의 소지인에게 약속한다)

일람지급신용장 : We hereby engage with you that payment will be duly made against documents presented in conformity with terms of this credit (당행은 이 신용장조건과 일치하는 서류가 제출되면 지급이 이루어질 것이라는 것을 귀사에게 약속한다)

인수신용장 : We hereby engage with you that drafts drawn in conformity with the terms of this credit will be duly accepted on presentation and duly honored at maturity (당행은 이 신용장조건과 일치하여 발행된 환어음은 제시되는 대로 정히 인수될 것이며, 만기일에 정히 지급될 것임을 귀사에게 약속한다)

㊳ 매입은행에 대한 지시사항(이중매입방지문언) : 이중매입방지문언은 신용장에 의하여 환어음을 매입하였을 때에는 같은 신용장을 가지고 이중으로 매입하는 것을 방지하기 위하여 신용장 원본의 뒷면에 매입사실을 기재하도록 명시하고 있는 문언을 말한다.

:78 instructions to the paying/accepting/negotiating bank : The amount and date of negoti- ation of each draft must be endorsed on the reverse hereof by the negotiating bank(각 환어음의 매입금액과 날짜는 매입은행에 의하여 신용장의 뒷면(배면)에 배서되어야 한다)

㊴ 추가정보(sender to receiver information) : 추가정보는 신용장통일규칙 준거문언이다. 신용장통일규칙은 임의규칙이기 때문에 이 규칙이 적용되기 위해서는 적용문언을 기재하여야 한다.

:72 sender to receiver information : This credit is subject to UCP(2007 revision) ICC publication No.600.(수신자에 대한 송신자 정보 : 이 신용장은 화환신용장을 위한 통일 관습과 관행(신용장통일규칙, 2007개정), 국제상업회의소 간행물 번호 600(UCP 600)에 따른다)

[서식 7-4] 스위프트(SWIFT)신용장 예시

(MT 700) ISSUE OF A DOCUMENTARY CREDIT
From : BANK OF AMERICA, NEW YORK, U.S.A. ①
To : KOREA EXCHANGE BANK, 181, EULJIRO 2-GA, JUNG-GU, C.P.O Box 2924, SEOUL, KOREA ⑨
:27 Sequence of total : 1/1 ②
:40A form of documentary credit : IRREVOCABLE ③
:20 documentary credit number : MD1NY404NS00018 ④
:31C date of issue : 5/15/20xx ⑤
:31D date and place of expiry : 8/10/20xx KOREA ⑥
:50 applicant : BROWN CO., Ltd. 310 FIFTH AVE. NEW YORK, NY10118, U.S.A.⑦
:59 beneficiary : DAEHAN CO., LTD. CPO BOX 195, SEOUL, KOREA. ⑧
:32B currency code amount : USD500,000 ⑩
:39A percent credit amount tolerance : 10/10 ⑪
:41D available with by name, address : ANY BANK BY NEGOTIATION ⑫
:42C drafts at : SIGHT ⑬
:42A drawee : BANK OF AMERICA, 150 BROADWAY, NEW YORK, NY 10038, U.S.A. ⑭
:43P partial shipments : ALLOWED ⑮
:43T transshipment : NOT ALLOWED ⑯
:44A loading on board/dispatch/taking in charge : BUSAN, KOREA ⑰
:44B for transportation to : NEW YORK, U.S.A. ⑱
:44C latest date of shipment : 7/25/20xx ⑲
:45A description of goods and/or services
2,000 PCS OF COMPUTERS AS PER SALES NOTE No. A01 DATED APRIL 10, 20xx CIF NEW YORK. INCOTERMS® 2020 ⑳
:46A documents required
+SIGNED COMMERCIAL INVOICE IN TRIPLICATE ㉑
+PACKING LIST IN TRIPLICATE ㉒
+FULL SET OF CLEAN ON BOARD OCEAN BILL OF LADING MADE OUT TO THE ORDER OF BANK OF AMERICA MARKED FREIGHT PREPAID AND NOTIFY ACCOUNTEE ㉓
+MARINE INSURANCE POLICY OR CERTIFICATE IN DUPLICATE, ENDORSED IN BLANK FOR 110PCT OF INVOICE VALUE, EXPRESSLY STIPULATING THAT CLAIMS ARE PAYABLE IN NEW YORK, USA AND IT MUST INCLUDE INSTITUTE CARGO CLAUSE(C) ㉔
+CERTIFICATE OF ORIGIN IN DUPLICATE ㉕
+INSPECTION CERTIFICATE IN DUPLICATE ㉖
+CERTIFICATE OF WEIGHT AND MEASUREMENT IN DUPLICATE ㉗
:47A additional conditions
SHIPMENT MUST BE EFFECTED BY SNCDV LINE ONLY ㉘
THIS CREDIT IS TRANSFERABLE ㉙
ALL DOCUMENTS MUST BEAR OUR CREDIT NUMBER ㉚
T/T REIMBURSEMENT NOT ALLOWED ㉛
:48 period for negotiation : DOCUMENTS MUST BE PRESENTED WITHIN 10 DAYS AFTER THE DATE OF BILL OF LADING BUT WITHIN THE CREDIT VALIDITY ㉜
:49 confirmation instructions : WITHOUT ㉝
:53A reimbursement bank : BANK OF AMERICA, NEW YORK, NY10015, U.S.A.㉞
:71B charges : ALL BANKING COMMISSIONS AND CHARGES OUTSIDE U.S.A. ARE FOR ACCOUNT OF BENEFICIARY ㉟
:78 instructions to the paying/accepting/negotiating bank: DRAFTS MUST BE SENT TO DRAWEE BANK FOR YOUR REIMBURSEMENT BY COURIER SERVICE IN ONE LOT.㊱ WE HEREBY ENGAGE WITH DRAWERS, ENDORSERS AND BONE FIDE HOLDERS THAT DRAFTS DRAWN UNDER AND NEGOTIATED IN CONFORMITY WITH THE TERMS OF THIS CREDIT WILL BE DULY HONORED ON PRESENTATION.㊲ THE AMOUNT AND DATE OF NEGOTIATION OF EACH DRAFTS MUST BE ENDORSED ON THE REVERSE HEREOF BY THE NEGOTIATING BANK ㊳
:72 sender to receiver information : THIS CREDIT IS SUBJECT TO UCP(2007 REVISION) ICC PUBLICATION NO.600 ㊴

[서식 7-5] 스위프트(SWIFT)신용장(AT SIGHT)

Application header block :	
: Input/Output Identifier	: I Outgoing Message
: Transaction Typer	: 700 issue of a documentary credit
: Transaction Priority	: n Normal
: From	: WOORI BANK, HUIHYUN-DONG, JUNG-GU, SEOUL, KOREA
: To	: BANK OF CHINA 20 NANJING EAST RD, HUANGPU, SHANGHAI, CHINA
Text Block :	
/27 : sequence of total	: 1/1
/40A : form of documentary credit	: IRREVOCABLE
/20 : documentary credit number	: M1234 606NS00018
/31C : date of issue	: 06/24/20xx
/31D : date and place of expiry	: 08/20/20xx HONG KONG
/50 : applicant	: KOREA TOYS CO., LTD. 159-1 SAMSUNGDONG KANGNAMGU, SEOUL, KOREA
/59 : beneficiary	: CHINA TOYS CO., LTD. 25 NANJRM 1000 CHAI WAN IND. CITY PHAING WEST RD, HUANGPU, SHANGHAI, CHINA
/32B : currency code amount	: USD 150,000.00
/39A : percent credit amount toterance	: 10/10
/41D : available with by name, address	: ANY BANK BY NEGOTIATION
/42C : drafts at	: AT SIGHT
/42A : drawee	: WOORI BANK, HUIHYUN-DONG, JUNG-GU, SEOUL, KOREA
/43P : partial shipment	: ALLOWED
/43T : transshipment	: NOT ALLOWED
/44A : on board/Disp/taking charge	: SHANGHAI, CHINA
/44B : for transportation to	: BUSAN, KOREA
/44C : latest date of shipment	: 08/10/20xx.
/45A : description of goods and/or services 700 PAIRS OF CHINESE GIANT BEAR TOYS FOB SHANHAI, CHINA	
/46A : documents required +SIGNED COMMERCIAL INVOICE IN QUINTUPLICATE +PACKING LIST IN TRIPLICATE +FULL SET OF CLEAN ON BOARD OCEAN BILL OF LANDING MADE OUT TO THE ORDER OF WOORI BANK MARKED FREIGHT COLLECT AND NOTIFY APPLICANT +CERTIFICATE OF ORIGIN +INSPECTION CERTIFICATE IN DUPLICATE	
/47A : additional conditions +ALL DOCUMENTS MUST BEAR OUR CREDIT NUMBER M1234 606NS00018 +T/T REIMBURSEMENT NOT ALLOWED +OUANTITY 10PCT MORE OR LESS ALLOWED +THIRD PARTY DOCUMENTS ACCEPTABLE	
/71B : charges	: ALL BANKING COMMISSIONS AND CHARGES INCLUDING REIMBURSEMENT CHARGES OUTSIDE KOREA ARE FOR ACCOUNT OF BENEFICIARY
/49 : confirmation instructions	: WITHOUT
/53A : reimbursement bank	: BANK OF CHINA 20 NANJING EAST RD, HUANGPU, SHANGHAI, CHINA
/78 : instructions to the pay/acc/neg bk DRAFTS MUST BE SENT TO DRAWEE BANK FOR YOUR REIMBURSEMENT AND ALL DOCUMENTS SHOULD BE SENT TO US BY COURIER SERVICE IN ONE LOT	
/72 : sender to receiver information	: THIS CREDIT IS SUBJECT TO UCP(2007 REVISION) ICC PUBLICATION NO. 600

[서식 7-6] 스위프트(SWIFT)신용장(USANCE)

Adivice Br. : 충무로 *Adivice Date : 20xx. 07. 24(FAX/A12)
Adivice of*Adivice No. : A-0663-902-03402
Issue of Documentary Credit*Credit No. : 128RN71218

* Beneficiary : TEL 3166-449 SEOUL TRADING CO., LTD. 25-5, CHUNGMURO 1-KA, SEOUL, KOREA	* Applicant : DUNHILL INC., LTD. 440, FIFTH AVE. NEW YORK N.Y. 440014, U.S.A.
* Amount : USD21,700.00	* Issuing Bank : TEL 0222-1346-1234

* Expiry Date : March 25, 20xx. BANK OF AMERICA
NEW YORK, U.S.A.
* Senders bank : 123456

Gentlemen :
At the request of the issuing bank, and without any engagement or responsibility on our part, we are pleased to inform you that we have received the following AUTHENTICATED teletransmission dated October 21, 20××.

:700 Issue of Documentary Credit
:27 Sequence of Total: 1/1
:40A Form of Documentary Credit: IRREVOCABLE
:20 Documentary Credit Number : 128RN71218
:31C Date of Issue: October 20, 20xx
:31D Date and Place of Expiry : December 20, 20xx
:50 Applicant: DUNHILL INC., LTD. B.P. 6342312 N.Y.
:59 Beneficiary: SEOUL TRADING CO., LTD.
25-5 CHUNGMU-RO 1 GA CHUNG-GU
SEOUL, KOREA
:32B Currency Code and Amount : USD 21,700.00
:39A Percentage Credit Amount tolerance: 10/10
:41A Available With·By·: KOEXKRSEXXX BY DEFERRED PAYMENT
:42P Deferred Payment Details: 90 DAYS AFTER ON BOARD DATE
:43P Partial Shipments : ALLOWED
:43T Transshipment : PROHIBITED
:44A Loading/Dispatch/Taking Charge at/from : BUSAN, KOREA
:44B For transportation to·: NEW YORK
:44C Latest Date of Shipment: December 05, 20xx
:45A Description of Goods and/or Services:
RAYON/POLY(61/39 PERCENT)7000 M AT TOTAL AMOUNT USD 21,700 CIF NEW YORK AS PER PROFORMA INVOICE NUMBER A-1 DATED JULY 2, 20xx.
:46A Documents Required
+COMMERCIAL INVOICE IN TRIPLICATE
+PACKING LIST IN TRIPLICATE
+FULL SET OF CLEAN OCEAN BILL OF LADING MADE OUT TO OUR ORDER MARKED FREIGHT PREPAID AND NOTIFY APPLICANT
+CERTIFICATE OF ORIGIN IN DUPLICATE
+INSURANCE POLICY OR CERTIFICATE IN DUPLICATE, ENDORSED IN BLANK FOR 110% OF THE INVOICE VALUE, EXPRESSLY STIPULATING THAT CLAIMS ARE PAYABLE IN NEW YORK, U.S.A.

Please note that we reserve the right to make such corrections to this advice as may be necessary upon receipt of the cable confirmation and assume no responsibility for any errors and / or omissions in the transmission and / or translation of the teletransmission, and for any forgery and/or alteration on the credit.
If the credit is available by negotiation, each presentation must be noted on the reverse of this advice by the bank where the credit is available.
THIS ADVICE IS SUBJECT TO THE UNIFORM CUSTOMS AND PRACTICE FOR DOCUMENTARY CREDITS(2007 REVISION, ICC PUBLICATION NO. 600)

7.3 신용장 관련 상담사례

1 신용장발행통지 및 회신

1) 신용장발행통지

Dear Sirs,

Thank you for the Sales Contract No. 2, and we found every particulars there correct.

We have instructed the National Bank of Dubai to issue an irrevocable L/C for U$35,000 in your favor and this will remain valid until June 20, 20xx. This credit will be confirmed by the advising bank, Hana Bank in Seoul and they will accept your draft drawn on them at 60 days after sight for the amount of your invoice.

Of course, we believe that you will execute our order in accordance with the terms in the L/C.

We are quite sure that there will be in rush of orders from our customers as long as your first shipment is satisfactory.

Very truly yours,

내용해설

수입업자는 매매계약서를 수령한 결과 모든 사항이 정확하다는 내용과 함께 National Bank of Dubai에게 신용장을 발행하도록 지시하였음을 통보한다. 신용장은 통지은행인 하나은행이 확인하는 확인신용장임이며 확인은행이 송장금액에 대해 일람후 60일부 환어음을 인수할 것임을 통보한다. 첫 선적이 만족스러울 경우 주문인 쇄도할 것임을 통보한다.

용어해설

- Sales Contract : 매매약서(賣買契約書)
- find every particulars there correct : 거기 모든 세부사항들이 정확함을 알다.
- your draft drawn on them : 그들을 지급인으로 하여 발행된 귀사 환어음
- at 60 days after sight : 일람 후 60일부(지급조건)

2) 회신

Dear Sirs,

We have received the L/C covering your order No. 101 through Hana Bank in Seoul.

The products which you have ordered are being prepared for shipment on time. We will expedite shipment to your satisfaction and we also will give careful consideration to the packaging of the products.

As soon as the shipment is executed, it will be advised to you by e-mail and we will send you the copies of shipping documents for your reference.

We will make our best effort to deliver the products you placed an order with us within the agreed delivery date.

Very truly yours,

내용해설

수출업자는 발행된 신용장을 통지은행(advising bank)이면서 동시에 확인은행(confirming bank)인 하나은행을 통해 받았으며 주문 물품이 적기에 선적을 위해 준비되고 있음을 알리고 있다. 아울러 물품선적이 이루어지면 선적사실을 알리고 관련 서류 사본을 송부할 것임을 통지하고 있다.

용어해설

- covering your order : 귀사의 주문을 담고 있는
- we will expedite shipment to your satisfaction : 당사는 귀사가 만족스러울 수 있도록 선적을 이행할 것이다.
- we will give careful consideration to the packaging of the products ; 당사는 제품의 포장에 세심한 배려를 기울일 것이다.
- make our best effort to deliver the products : 제품을 인도하기 위한 최선의 노력을 다한다.
- within the agreed delivery date : 합의된 인도일 이내에

3) 회화

Hong : Did you receive the Sales Contract we sent?
Carter: Yes, we received it and everything is satisfactory.
Hong : We are glad that we concluded our business contract promptly this time.
Carter: That's right. We issued a L/C today through our bank, The National Bank of Dubai.
Hong : When do you expect we can get that L/C?
Carter: You'll be advised from an advising bank in Seoul soon.
Hong : Thank you for your prompt arrangement. We'll instruct the manufac- turers here to arrange the products right on time so that we can ship your order within the shipment date.
Carter: We want you to keep your delivery date.
Hong : We'll send you a shipping advice after we execute your order.
Carter: If this first shipment turns out satisfactory, we can give you our repeat orders soon.

홍 : 당사가 보내 드린 매도계약서를 받으셨습니까?
카터 : 예, 받았으며 모든 것이 만족스럽습니다.
홍 : 이번에 거래가 빨리 이루어지게 되어 기쁩니다.
카터 : 맞습니다. 당사 거래은행인 The National Bank of Dubai를 통하여 오늘 신용장을 발행하였습니다.
홍 : 당사가 언제 받을 수 있겠습니까?
카터 : 곧 서울에 있는 통지은행을 통해 통보 받으실 것입니다.
홍 : 신속한 조치에 감사드립니다. 여기에 있는 제조업자들에게 기간 내에 제품을 정비하도록 하여 선적일 이내에 제품을 선적토록 하겠습니다.
카터 : 선적일을 준수해주시기 바랍니다.
홍 : 당사가 귀사 주문을 이행한 후 귀사에게 선적통보를 해 드리겠습니다.
카터 : 만일 이번 선적이 만족스럽다면 곧 귀사에게 추가주문을 할 수 있게 될 것입니다.

용어해설

- conclude our contract : 계약을 체결하다.
- in a few days : 며칠 내로
- a prompt arrangement : 신속한 조치
- arrange the products : 제품을 정비하다.
- shipping advice : 선적통보, 선적통지
- execute an order : 주문을 이행하다.
- a repeat order : 추가주문

2 신용장 조건변경의뢰와 회신

1) 노동파업으로 인한 선적기일과 유효기일 변경요청

Gentlemen :

Thank you for your L/C for 4,000 T.V sets issued by the National Bank of Dubai in U.A.E. We urged our producers to execute an early delivery of products to meet your requirements and it has been quite satisfactory so far.

There are nationwide labor strikes going on in major industrial sectors here, however, and a labor conflict has occurred in the factory also and the production of the products has been stopped for the time being.

Under these circumstances, it will be difficult for us to dispatch the products by the delivery date stipulated and we would like to ask you to extend the shipment date and expiry date until May 10 and May 25 respectively.

We would appreciate it if you would accept our profound apologies for the inconvenience you have been put to.

Very truly yours,

내용해설

신용장을 수령하여 공장 측에게 생산을 의뢰하여 양호한 진행상황을 보이고 있으나 현재 전국에서 발생하고 있는 노동파업이 공장에도 발생하여 생산이 중단되었음을 알리고 있다. 약정된 인도일에 제품을 송부하기 어렵기 때문에 선적일과 유효기일을 각각 5월 10일과 5월 25일까지 연장하도록 요청하고 있다.

용어해설

- it has been quite satisfactory so far : 지금까지는 꽤 만족스럽다.
- there are nationwide labor strikes going on : 전국적인 노동파업이 진행 중이다.
- extend the shipment date and expiry date : 선적일과 유효기일을 연장하다.
- for the inconvenience you have been put to : 귀사가 입은 불편함에 대해

2) 회신

Gentlemen :

We are surprised to learn that there are labor strikes going on in your country and never did we expect that the shipment would be delayed.

The reason why we accepted your offer in spite of higher prices than those of other competitors was that you assured us a punctual delivery.

Our expansion program will be completed in about five months, or sooner if possible. It'll take about two months to set up these equipments and delay of your shipment will not allow us to set it up in time.

As the delay is beyond your control, nothing we can do about it but to accept your request. But, please take an action to advance the shipment date and inform us of the situation going on there.

Yours very truly,

내용해설

수입업자는 수출국에서 노동파업이 진행되고 있다는 것을 듣고 선적이 지연될 것을 전혀 예측하지 못했다고 전한다. 다른 경쟁사들보다 가격이 비싸지만 정시 인도를 약속했기 때문에 수락했음을 상기시키며 장비를 설치하는 데 약 2개월이 소요되기 때문에 이번 납기연기요청은 받아들이지만 선적일을 앞당길 수 있도록 조치를 취해달하는 내용이다.

용어해설

- there are labor strikes going on : 노동파업이 진행 중이다.
- never did we expect that ... : 당사는 결코 ...를 기대(생각)하지 않았다.
- you assured us a punctual shipment : 귀사는 당사에게 정확한 선적을 약속하였다.
- nothing we can do about it but to ... : 당사는 ...하는 수밖에 없다.
- take an action to advance the shipment date : 선적일을 앞당기도록 조치를 취하다.

3) 회화

Wright : Can you tell me what's going on with our order?
Lee : We may have some problems to meet the shipping date.
Wright : What do you mean by that?
Lee : Labor conflicts have occurred mainly in big sized companies and surely there will be a labor strike at our factory sooner or later.
Wright : At any rate, the products have to be delivered as contracted. You may look for other supplier who can meet the delivery date.
Lee : Well, the labor strike won't be continued for more than two weeks at best and we want you to extend the shipping date and expiry date until May 10 and May 25 respectively.
Wright : We have our expansion program at our factory to produce small cars and we'll be in a serious problem if you delay the shipment.
Lee : We'll look for a direct vessel which does not call at any port so that you can receive the goods not too late.
Wright : The reason why we accepted your offer in spite of higher prices than those of other competitors was that you assured us a punctual delivery.
Lee : We'll do our best to execute your order to your satisfaction.
Wright : Anyway, please make every effort to make shipment within the extended shipment date.

라이트 : 당사 주문이 어떻게 되어 가는지 말씀해 주시겠습니까?
이 : 선적일을 맞추는 데 문제가 있을 것 같습니다.
라이트 : 무슨 말씀이십니까?
이 : 주로 대기업에서 노동분규가 발생하여 조만간에 당사에서도 노동파업이 발생할 것 같습니다.
라이트 : 어쨌든, 제품은 계약대로 인도되어야 합니다. 인도일을 맞출 수 있는 다른 공급자를 찾으시지요.
이 : 기껏해야 노동파업이 2주일을 넘지 않을 것 같습니다. 선적일과 유효기일을 각각 5월 10일과 5월 20일까지 연장해 주시기 바랍니다.
라이트 : 당사 공장에서 소형 자동차를 생산하기 위한 확장계획을 가지고 있으므로 만일 선적이 지연되면 심각한 문제가 발생될 것입니다.
이 : 어느 항구에도 기항하지 않는 직항선을 찾아 귀사가 제품을 너무 늦지 않게 인도할 수 있도록 하겠습니다.

라이트 : 다른 경쟁사들보다 높은 가격임에도 불구하고 당사가 귀사의 오퍼를 수락한 이유는 귀사가 정확한 인도일을 약속했기 때문입니다.
이 : 귀사가 만족하실 수 있도록 최선을 다해서 주문을 이행토록 하겠습니다.
라이트 : 어쨌든, 연장된 선적일 이내에 선적하도록 모든 노력을 기울여주시기 바랍니다.

용어해설

- what's going on with ... : ...이 어떻게 되어 가는지
- expiry date : 유효기일
- labor conflicts : 노동쟁의
- at any rate : 어쨌든(=in any case)
- at best : 기껏해야 • an expansion program : 확장계획
- a direct vessel : 직항선 • call at : 기항하다, 들른다

3 신용장 조건변경요청과 회신

1) 선적일 연장요청

Gentlemen :

Thank you for the irrevocable letter of credit No. Khl93648 covering 3,000 sets of computers and we have done our best to meet the delivery time stipulated in the L/C.

The sub-materials delivered had some breakdown problems and we passed them on to our subcontractors again. We instructed them to examine the whole lot again and they said they surely would deliver them by the 20th of September.

As you know, our quality control standards are very strict. Nothing leaves our factory unless it's 100% pre-tested. This situation makes us not be able to ship the products by Choyang Sun V-353s sailing on the 18th., and we will try to ship them by the next earliest direct vessel, Arirang V-3 scheduled to sail on the 28th.

We are very sorry to trouble you, but shall be obliged if you can extend the shipment date and validity by 20 days respectively.

We believe that it is worth waiting for the perfect products and hope that you will agree with our proposal.

Sincerely yours,

내용해설

공장의 모든 생산라인은 준비되어 있으나 하청업자들로부터 납품된 부재료들이 문제가 발생하여 반품시켜 완전한 제품을 납품하도록 요청하였기 때문에 선적이 지연되게 되어 선적일과 유효기일을 각각 20일씩 연장해달라고 요청하는 내용이다.

용어해설

- the sub-materials delivered : 인도된 부재료 cf) raw-materials : 원료
- breakdown problems : 분리되는 문제점들
- subcontractor : 하청업자
- our quality control standards : 당사의 품질관리기준
- the next earliest direct vessel available : 이용 가능한 가장 빠른 다음 선박
- it is worth while to wait for ... : ...를 위해 기다릴 만한 가치가 있다.

2) 회신

Gentlemen :

We have received your e-mail informing us that you cannot ship the products covering our order No.5 within the shipping date due to production problems and we instructed the Bank of New York to amend the L/C as follows;

Shipment date : September 30, 20xx

Expiry date : October 15, 20xx

As we have had such good dealings with you and we'd better wait for better products, we are glad to accept your offer to extend the shipment date and expiry date this time.

We want you to make every effort to make the shipment within the extended shipping date.

Please inform us of the shipping schedule as soon as possible.

Very truly yours,

내용해설

수출업자의 신용장 조건변경 요청에 대해 수입업자는 그동안의 거래관계를 고려하고 보다 나은 제품을 위하여 이번에 기꺼이 요청을 수락하고 은행을 통하여 조치하였음을 알리고 연장된 선적일 이내에 선적을 완료할 수 있도록 부탁하는 내용이다.

용어해설

- the products covering our order No.5 : 당사의 주문번호 5에 해당하는 물품
- due to production problems : 생산문제 때문에
- have such good dealings : 매우 좋은 거래관계를 가지다
- we'd better wait for ... : ...를 기다리는 편이 낫다
- within the extended shipping date : 연장된 선적일 이내에

3) 회화

Kim : Would you do me a favor?
Jones: What is it?
Kim : We have some production problems that we didn't expect at all.
Jones: Would you explain us in detail?
Kim : We can't accept the sub-materials that our subcontractors delivered as they are defected.
Jones: What do you want us to do, then?
Kim : Well, if you extend the shipping date as well as the expiry date by two weeks, we can supply you with every products you placed an order with us in perfect condition.
Jones: Are you sure that two-week extension for those is enough?
Kim : Yes, our partners confirmed that they could deliver the sub-materials again by the 20th.. and we maybe able to ship the products within the extended date by a direct vessel.
Jones: As you have been a satisfactory partner to us, we'll accept your request and an amendment notice will be notified to you soon.
Kim : Thank you for your cooperation.

김 : 부탁 좀 하나 해도 괜찮겠습니까?
존스 : 자세하게 설명해 주시겠습니까?
김 : 전혀 예측하지 못했던 생산문제가 발생하였습니다.
존스 : 보다 구체적으로 말씀해 주시겠습니까?
김 : 당사 하청업자들이 인도한 부재료들이 불량품들이기 때문에 수락할 수 없습니다.
존스 : 그러면 어떻게 해 드리기를 원하십니까?
김 : 선적일과 유효기일을 각각 2주씩 연장해 주신다면 귀사가 주문하신 제품을

완전한 상태로 공급할 수 있습니다.
존스 : 이들에 대해 2주 연장해 주면 충분하겠습니까?
김 : 예, 당사 하청업자들은 20일까지 제품을 다시 인도하기로 약속했으며, 당사는 연장된 기간 내에 물품을 직항선으로 선적할 수 있을 것입니다.
존스 : 귀사는 그 동안 당사와 만족스러운 파트너였기 때문에 귀사의 요청을 수락합니다. 조건변경통보는 곧 통보될 것입니다.
김 : 협조해 주셔서 감사합니다.

4 선적항 변경의뢰와 회신

1) 변경의뢰

Gentlemen :

Thank you for your L/C covering household products.

We are afraid to inform you that the discrepancy on the final destination port stipulated in the L/C is putting us to trouble in executing your order. We mutually agreed on CFR Dammam in our last contract but the L/C stipulates CPT Riyadh, Saudi Arabia.

As the shipment date is fast approaching, we request you to amend CPT Riyadh to CFR Dammam so that we can ship the products by the vessel nominated in the L/C within the time stipulated.

Your prompt attention to this matter would be appreciated.

Yours faithfully,

내용해설

가정용품 주문 건에 대해 신용장에 제시된 양륙항이 계약된 Dammam항이 아니라 Riyadh로 되어 있어 이에 대한 정정을 요청하는 서신이다.

용어해설

- the final destination port : 최종 선적항
- execute your order : 귀사 주문을 이행하다(수행하다).
- CFR : 운임포함규칙(Cost and Freight) ...(named port of destination)
- CPT : 운송비지급인도규칙(Carriage Paid To ...(named place of destination)
- fast approaching : 빨리 다가오고 있다.
- by the vessel nominated : 지정된 선박에 의해서

2) 회신(신용장 조항변경수락)

Gentlemen :

Thank you for your e-mail dated October 21 and we are very sorry to have caused you much inconvenience.

We instructed the issuing bank to include every terms and conditions in the credit and there must be a misunderstanding between us and the issuing bank.

According to your request, we have amended the destination port to CFR Dammam accordingly today and you will be advised of this amendment shortly through Hana Bank in Seoul.

We will try to do our best not to make the mistake like this in the future and we hope that you execute this important order in strict accordance with the articles in the L/C.

Yours very truly,

내용해설

신용장의 내용이 잘 못 기재된 것에 대해 사과하고 즉시 요청대로 발행은행을 통하여 내용을 정정했음을 통보하고 앞으로 재발방지에 대한 확언을 하고 있다.

용어해설

- we are very sorry to have caused you much inconvenience : 귀사에게 많은 불편함을 끼쳐드려 죄송하다.
- include every terms and conditions in the credit : 모든 거래조건을 신용장에 포함시키다.
- there must be a misunderstanding : 오해가 있었음이 틀림없다.
- in strict accordance with : 엄격히 일치하게

3) 회신(운임차액에 대해 별도 송금 제의)

Gentlemen :

We received your e-mail informing that there is a discrepancy in the destination port between our contract and the L/C.

There must be a crucial mistake on our part and please accept our sincere apology for the inconvenience this time.

However, it takes a few days for you to receive the L/C amended and it may also be hard for you to ship the products within the shipping date. As the products are in urgent need, we want you to expedite shipment as scheduled.

Instead, we will bear the additional inland transportation costs arising from Dammam to Riyadh and will send you additional costs directly if you let us know the amount and your account No.

Please give us your confirmation on it by e-mail immediately.

Yours very truly,

내용해설

신용장조항의 실수를 인정하지만 신용장을 정정할 경우 수출업자가 선적일을 맞추기가 어렵다고 판단하여 신용장 조항대로 선적을 하고 추가운임에 대해서는 별도로 수출업자의 거래은행과 계좌번호를 알려주면 직접 보내주겠다는 내용이다.

용어해설

- a discrepancy : (신용장상의 조항 등의)불일치, 모순
- accept our sincere apology : 진심어린 사과를 받아들이다.
- within the date stipulated in the L/C : 신용장상에 명기된 기일 내에
- be in urgent need : 긴급히 필요하다.
- send you additional costs directly : 귀사에게 추가 비용을 직접 보내다.
- put down to your account : 귀사 구좌에 입금하다.

4) 회화

Han : We found a discrepancy in the L/C.
Clinton : Really? There shouldn't be any discrepancy in the L/C.
Han : Well, the destination port in the L/C is different from that of the contract of sale. The L/C says Riyadh instead of Dammam.
Clinton : Is that so?
Han : We have only a few days left for shipment and please amend the L/C as soon as possible so that we can receive it within this week. Otherwise, we can't ship the products within the designated time.
Clinton : Well, we don't want you to delay the shipment anyway and of course we can instruct our bank to amend the L/C. But, it's better for us to send you additional costs to you.
Han : That's a good idea. Please remit U$3,000 to our account in the KEB Hana Bank in Seoul.
Clinton : We assure you that we'll take every precaution not to arise such an incident in the future.

한 : 신용장상에 불일치한 것을 발견했습니다.
클린턴 : 그렇습니까? 신용장에 불일치한 것이 없을 텐데요.
한 : 신용장상의 목적항이 매매계약서의 그것과 다릅니다. 신용장에 Damman 대신에 Riyadh가 기재되어 있습니다.
클린턴 : 그렇습니까?
한 : 선적일이 며칠밖에 남지 않았습니다. 당사가 이번 주까지 받을 수 있도록 가능한 한 빨리 신용장을 변경해 주십시오. 그렇지 않으면 제품을 기간 내에 선적할 수 없습니다.
클린턴 : 어쨌든, 귀사가 선적을 지연하기를 원하지 않습니다. 물론 은행에 지시하여 신용장을 정정할 수 있습니다만 귀사에게 추가비용을 송금하는 편이 낫겠습니다.
한 : 좋은 생각이십니다. 서울에 있는 KEB 하나은행의 이 계좌로 U$3,000을 송금해 주십시오.
클린턴 : 앞으로는 그러한 사건이 발생하지 않도록 모든 사전조치를 취할 것을 약속드립니다.

용어해설

- stipulate : 약정하다, 지정하다.
- have only a few days left for ... : ...를 위해서 단지 며칠만이 남았을 뿐이다.
- within the designated time : 약정된 시간 내에
- account No. : 은행의 계좌번호
- we assure you that ... : 당사는 ...를 확신하다.(보증하다).

5 신용장 발행독촉과 회신

1) 독촉장

Dear Mr. Carter,

We invite your attention to the fact that the L/C covering your purchase order No. 97012 for 70,000pcs of desks has not reached us in spite of our several requests.

Considering your business ability in that line of business with us for a long time, we accepted your request to produce the products in advance with your purchase order only, which was our exceptional concession.

The shipment date is fast approaching and we are ready to ship the products, but we still cannot go through legal formalities for export.

Please take this matter seriously as we do and we want you to issue the L/C immediately.

Yours faithfully,

내용해설

수출업자는 수입업자가 보내온 주문서(purchase order)만을 가지고 제품생산을 의뢰하여 생산 중에 있고 계약상의 선적일이 다가오고 있으나 신용장이 발행되지 않아 문제의 심각성을 지적하면서 조속히 신용장의 발행을 요청할 것을 요구하는 서신이다.

용어해설

- invite your attention to ... : ...에 귀사의 주의를 환기시키다.
- a purchase order : 주문서(P/O)
- considering your business ability : 귀사의 영업능력을 고려하여
- exceptional concession : 예외적인(특별한) 양보
- go through legal formalities : (수출을 위한)절차를 밟다.

2) 회신

Dear Mr. Lee,

We have received your e-mails requesting us to issue the L/C covering our order of desks and we apologize for not responding to your requests.

It has passed only a week since we handed the products imported on to the customers and it will take about two more weeks to get an order from them.

Every effort, of course, is being made to issue the L/C in question as soon as possible so that you can effect your shipment by an early direct vessel next month.

We are very sorry to cause you inconvenience and we assure you that any similar incident like this will not occur in the future.

Your kind cooperation would be appreciated.

Yours very truly,

내용해설

수입업자는 수출업자가 신용장발행을 독촉하는 이메일들을 접수하였으나 수입물품이 고객에게 전달된 지가 1주일밖에 되지 않았기 때문에 귀사가 다음 달 빠른 직항선에 선적할 수 있도록 가능한 한 빨리 신용장을 발행하겠다는 내용이다.

용어해설

- apologize for not responding... : ...에 대해 응답하지 않은 데 대해 죄송하다.
- It has passed only a week since... : ...한지 1주일밖에 지나지 않았다.
- hand the goods on to ... : 제품을 ...에게 건네주다.
- the L/C in question : 문제가 되고 있는 신용장
- by an early direct vessel next month : 다음 달 빠른 직항선으로

3) 회화

Lee : We haven't received any reply to our repeated requests to issue a L/C.

Carter: We're sorry about it. Your last shipment was delivered to our local customers late due to some problems.

Lee : We're talking about your L/C which was supposed to be issued last week.

Carter: We have to deposit 80% of invoice value to the bank when we issue a L/C and we are operating under an extremely tight budget. We'd like to issue it within next week

Lee : Almost all of the products are produced and the shipment date is approaching. You know, it's the first time for us to accept to produce the products in advance without receiving L/C.

Carter: Well, we'll extend the shipping date and expiry date respectively so that you can take time in arranging the goods for shipment.

Lee : We want the goods to be shipped as contracted and please issue a L/C right away.

Carter: Then, we'll issue a L/C within this week.

이 : 신용장을 발행하도록 계속된 당사의 요청에 대해 아직도 회신을 받지 못하였습니다.

카터 : 그것에 대해 죄송합니다. 귀사의 지난번 선적분이 약간의 문제로 인하여 현지 고객들에게 늦게 인도되었습니다.

이 : 당사는 지난주에 발행되기로 되어 있는 신용장을 말씀드리고 있는 것입니다.

카터 : 신용장을 발행하기 전에 은행에 송장금액의 80%를 적립해야 합니다. 당사는 매우 바듯한 예산하에 운영되고 있습니다. 다음 주 내로 발행토록 하겠습니다.

이 : 거의 모든 제품들이 생산되었고 선적일이 다가오고 있습니다. 아시다시피, 신용장을 받지 않고 미리 생산하도록 수락한 것은 당사로서는 처음입니다.

카터 : 선적일과 유효기일을 각각 연장하여 귀사가 선적을 위해 제품을 준비하는 데 시간을 가질 수 있도록 하겠습니다.

이 : 당사는 제품이 계약대로 선적되길 원하며 즉시 신용장을 발행해 주시기 바랍니다.

카터 : 그러면, 금주 내에 신용장을 발행하도록 하겠습니다.

용어해설

- our repeated requests : 당사의 계속적인 요청
- due to ... : ... 때문에
- be supposed to : ...하기로 되어 있다, 예정되어 있다.
- deposit : 적립하다.
- shipment date is approaching : 선적일이 다가오고 있다.

6 신용장 수령 통지

Gentlemen :

The Uri Bank in Seoul informed us today that they received an irrevocable Letter of Credit No. SHP033302 through National Westminster Bank in N.Y, U.S.A., and thank you for your prompt arrangement for the L/C.

Upon receipt of it, we will start arranging the products for shipment in time and they will be shipped by "UX" sailing on September 20.

By executing your honorable order to your satisfaction, we would like to continue to keep our close business relations with you as usual.

Yours faithfully,

용어해설

- informed us today : 당사에게 오늘 통보하다.
- a prompt arrangement : 신속한 조치
- upon receipt of it : 그것을 받자마자(=As soon as we receive it)
- start arranging the goods : 제품을 정비하기 시작하다.
- sailing : 출항하는
- as usual : 예전대로, 종전대로

7 신용장 결제조건에 대한 조건변경

Gentlemen :

The L/C we received said that the payment was to be made at 120 days after B/L date. However, we agreed to do business on at sight basis and it was expressly mentioned in your order sheet. Therefore, please amend the payment terms in the L/C as stated in your order sheet. Upon receipt of your L/C amended, we will make a complete shipment to give you a perfect satisfaction.

Yours truly,

8 통지은행의 신용장변경 통지

Gentlemen :

"AT THE REQUEST OF OUR CUSTOMER, WE AMEND THE L/C NO.17811 AS FOLLOWS ;"

SHIPMENT DATE IS EXTENDED TO THE 30TH OF JUNE. 20xx.

EXPIRY DATE IS EXTENDED TO THE 15TH OF JULY. 20xx.

All other terms and conditions remain unchanged and please attach this one to the original L/C dated June 1, 20xx as an amendment.

Very truly yours,
Kookmin Bank

내용해설

발행은행이 자신의 고객인 신용장발행의뢰인의 요청에 따라서 선적일은 6월 30일, 유효기일은 7월 15까지 각각 연장하였음을 통지하고 다른 조건들은 변경되지 않음을 전하면서 이 조건변경서를 6월 1일 발행된 원신용장에 첨부하도록 요청하는 내용이다.

용어해설

- at the request of our customer : 당사 고객(신용장발행의뢰인)의 요청에 따라
- all other terms and conditions are remain unchanged : 모든 다른 거래조건들은 변경되지 않는다.

9 송금방식을 통한 송금

Gentlemen :

We have received your e-mail informing us that the products we placed an order with you are ready and we did not settle our payment yet.

Upon checking on our part, we have found that our accounting department made an oversight in making a remittance to you.

The sum of USD25,000 has been remitted to your account today by Telegraphic Transfer and we are very sorry to have kept you waiting, but we hope you will realize that we don't have any intention to delay our payment on purpose.

We trust you will send us the shipping schedule as soon as possible

Very truly yours,

내용해설

사전송금방식에 의한 거래에서 수입업자가 수출업자에게 송금실수를 인정하고 전신환방식으로 송금사실을 전하면서 선적스케줄을 알려달라고 전하는 내용이다.

용어해설

- the products we placed an order with you : 당사가 귀사에게 주문한 제품
- upon checking on our part : 당사 측에서 조사한 결과
- We are sorry to have kept you waiting : 당사가 귀사를 기다리게 해서 죄송하다.

7.4 신용장 관련 주요 용어

- Advising bank means the bank that advises the credit at the request of the issuing bank.
- Applicant means the party on whose request the credit is issued.
- Banking day means a day on which a bank is regularly open at the place at which an act subject to these rules is to be performed.
- Beneficiary means the party in whose favour a credit is issued.
- Complying presentation means a presentation that is in accordance with the terms and conditions of the credit, the applicable provisions of these rules and international standard banking practice.
- Confirmation means a definite undertaking of the confirming bank, in addition to that of the issuing bank, to honour or negotiate a complying presentation.
- Confirming bank means the bank that adds its confirmation to a credit upon the issuing banks authorization or request.
- Credit means any arrangement, however named or described, that is irrevocable and thereby constitutes a definite undertaking of the issuing bank to honour a complying presentation.
- Honour means:
  a. to pay at sight if the credit is available by sight payment.
  b. to incur a deferred payment undertaking and pay at maturity if the credit is available by deferred payment.
  c. to accept a bill of exchange ("draft") drawn by the beneficiary and pay at maturity if the credit is available by acceptance.
- Issuing bank means the bank that issues a credit at the request of an applicant or on its own behalf.
- Negotiation means the purchase by the nominated bank of drafts (drawn on a bank other than the nominated bank) and/or documents under a complying presentation, by either advancing or agreeing to advance funds to the beneficiary

on or before the banking day on which reimbursement is due to the nominated bank.

- Nominating bank means the bank with which the credit is available or, any bank in the case of a credit available with any bank.
- Presentation means either the act of delivering documents under a credit to the issuing bank or nominated bank or the documents so delivered.
- Presenter means a beneficiary, bank or other party that makes a presentation.

7.5 신용장 관련 기타 표현

- We have instructed the Bank of New York, New York to issue an irrevocable documentary credit for USD100,000 in your favor.
- We have today received your e-mail informing us that you have not yet received the L/C covering our order No. 2.
- As we have not received your L/C, we may be forced to cancel your order.
- We bring your attention to the fact that the letter of credit has not advised to us through an advising bank.
- We have been informed from Woori Bank, Seoul, that they received an irrevocable L/C through their head office.
- The L/C will be confirmed by our bank's correspondent, The Chase Manhattan Bank, Inc., in San Francisco which will accept your draft for 100% of invoice value.
- We have instructed our bank today to amend the latest shipping date and expiry date of the credit to the 10th and 25th of May.
- The credit is valid until November 30 and we want you to present the documents to the negotiating bank by that time.
- We shall be obliged for an immediate amendment of the L/C as requested.
- We are glad to hear that the products we placed an order with you are prepared for shipment.

- We have received your letter of credit concerning the discount of 5% deducted on our order for 1,000 pcs of computers.
- We are preparing to make a shipment by the end of this month and would request you to issue an irrevocable L/C in our favor as soon as possible.
- Upon receipt of your L/C, we will arrange for shipment as requested in accordance with your shipping instructions.
- According to the L/C, the payment is to be made at 120 days after sight but we want it to be made at sight.
- We have instructed our bank to issue an irrevocable and transferable credit so that you can ship the products within the shipping date.
- We would like to point out that the ordered products are to be shipped on FOB basis while your L/C is described as CIF basis.
- We hope you will agree to extend the shipping date and expiry date to the 10th and 25th of May respectively.
- Please accept our profound apologies for the inconvenience to which you have been put and we assure you that we will take every precaution against such an incident arising in the future.
- Though the delay is beyond our ability, we are very sorry for it and we will do our best to ship the products around the 15th of July.
- The description of products is incorrectly described in the credit and we ask you, therefore, to amend it as soon as possible.
- You are authorized to draw a draft at 90 days on the issuing bank for the amount of your invoice after shipment.
- The issuing bank requires you to present the following documents : drafts, bill of lading, commercial invoice in triplicate, packing list in triplicate, insurance policy in duplicate, a country of origin and an inspection certificate.

연 습 문 제

1. 귀사의 매매계약서 번호 5번을 잘 받았으며 모든 사항이 완벽함을 알았습니다. 당사는 당사의 거래은행을 통하여 일람출급매입신용장을 발행하도록 오늘 지시하였습니다.

   해설 매매계약서 : sales contract, 모든 사항들이 완벽함을 알다 : find every particulars correct, 거래은행 : our bank, 취소불능 일람출급매입신용장 : an irrevocable negotiation letter of credit at sight.

2. 당행은 이 신용장의 조건과 일치하여 발행되어 매입된 환어음이 발행인, 배서인 및 선의의 소지인에게 제시되자마자 정히 지급될 것임을 확약합니다.

   해설 확약하다 : hereby engage with, 발행인 : drawers, 배서인 : endorsers, 선의의 소지인 : bona-fide holders, 제시되면 : on presentation, 지급되다 : be duly honoured

3. 당사는 당사의 몇 번의 e-mail을 통하여 귀사에게 신용장을 발행해 줄 것을 요청했음에도 불구하고 아직 귀사로부터 이에 대한 어떤 정보도 듣지 못하고 있습니다.

   해설 ...에 관한 어떤 정보 : any information on...

4. 당사는 귀사를 수익자로 하여 발행은행을 지급인으로 하는 일람 후 90일 출급의 어음을 발행할 수 있는 취소불능신용장을 발행했습니다.

   해설 귀사를 수익자로 하여 : in your favor, 발행은행을 지급인으로 하는 일람 후 90일 출급어음 : drafts at ninety days after sight drawn on the issuing bank.

5. 계약대로 10월 말까지 제품을 선적하기 위해서는 늦어도 귀사가 며칠 이내에 신용장을 발행하셔야 합니다.

   해설 10월말까지 : by the end of October, 선적하다 : ship, 며칠 이내에 : within a couple of days

6. 신용장 번호 10002는 KEB 하나은행을 통하여 잘 받았습니다. 하지만 계약서에는 분할선적이 허용되는 것으로 되어 있는데 귀사의 신용장에는 허용되지 않는 것으로 되어 있습니다.

   해설 분할선적이 허용되다 : partial shipments are allowed, 계약서에는 : in our contract

7. 당사의 공장파업으로 인하여 예정대로 제품을 선적할 수 없습니다. 신용장의 선적일과 유효일을 각각 10일씩 연장해 주실 것을 요청합니다.

   해설 당사의 공장파업 : labor strikes at our factory, 예정대로 : as scheduled, 선적일 : shipping date, 유효기일 : expiry date, validity, 연장하다 : extend

8 CHAPTER 물품운송 및 보험 (Transport and Insurance)

8.1 물품운송

1 해상운송

1) 해상운송의 형태

(1) 정기선운송

정기선(liner)이란 정해진 항로를 따라 규칙적으로 운항하는 선박을 의미한다.

(2) 부정기선운송

부정기선(tramper)은 일정한 항로를 정기적으로 운항하는 정기선과는 달리, 화물이나 항해에 아무런 제약을 받지 않고 화주가 요구하는 시기와 항로에 선복(ship's space)을 제공하는 운송형태이다.

2) 정기선운송

(1) 개품운송계약

개품운송계약(contract of affreightment in a general ship)이란 선박회사가 다수의 화주로부터 개개의 물품을 대상으로 개별적으로 운송계약을 체결하는 것을 말한다. 일반적으로 선박회사가 불특정 다수의 화주로부터 화물운송을 위탁받아 이들 화물을 분류하여 목적지별로 컨테이너에 적입한 후 정기항로에 취항하는 정기선을 통하여 운송을 하게 된다. 개품운송계약에서 당사자의 운송계약 체결의무는 Incoterms® 2010의 정형거래규칙에 따라 결정된다. FCA, FAS 및 FOB규칙에서는 수입업자가 운송계약을 체결할 의무가 있고, CFR, CIF 또는 CPT, CIP규칙인 경우에는 수출업자가 운송계약을 체결할 의무가 있다.

(2) 정기선운임의 산정기준

① 용적기준 : 용적기준은 1입방미터(cubic meter : $1m^3$)를 1톤으로 하는 용적톤(measurement ton)기준이다. 계산단위는 CBM(Cubic Meter)을 주로 사용하며 대부분의 일반화물에 대해 이 기준을 적용하고 있다. 용적운임이 적용되는 화물을 용적화물(measurement cargo)이라고 한다.

② 중량기준 : 중량기준은 1,000kg의 중량을 1중량톤(weight ton)으로 하여 운임을 산정하는 방식으로 통상 Metric Ton(M/T)이라고 한다. 중량기준에는 Long Ton(영국톤 : 2240lbs=1016kg)과 Short Ton(미국톤 : 2,000lbs=906kg)이 있다. 철강, 금속 및 기계류 제품 등이 이 기준으로 이용되고 있으며 중량운임이 적용되는 화물을 중량화물(weight cargo)이라고 한다.

③ 가격기준 : 가격기준은 종가운임(ad valorem rate)이라고 한다. 보석, 귀금속, 예술품 및 희귀품 등의 고가품에 주로 이용되는 방법으로 용적 및 중량에 관계없이 상업송장가격에 대하여 일정률의 운임이 부과된다. 대상물품에 대한 보관방법이나 적재장소에 대한 주의가 요구되고 손해발생시 배상액이 고액이기 때문에 일반화물의 운임보다 비싸다.

④ 수익기준 : 운임계산의 기준으로 사용되는 톤을 수익톤 또는 운임톤(Revenue Ton : R/T)이라고 하며 Freight Ton이라고 한다. 운임계산시 화물의 총 중량(gross weight)과 총 용적(gross measurement)을 비교하여 운임이 큰 쪽을 운임톤으로 결정하는 방식이다. 이때 용적과 중량의 비교는 1CBM(Cubic Meter=$1m^3$)과 1MT(Metric Ton=1,000kg)이다. 즉 화물에 대한 용적 1CBM의 무게가 1,000kg 이상이 되면 중량화물이 되어 중량기준으로 운임을 부과하고, 1CBM의 무게가 1,000kg 이하이면 용적화물이 되어 용적기준으로 운임을 부과한다. 대부분 정기선운송의 일반화물의 경우 용적화물에 해당된다.

(4) 정기선운임의 부담자와 지급시기

운임은 선적과 동시에 송화인(shipper)이 지불하는 선지급(freight prepaid)과 양륙지에서 수화인(consignee)이 화물을 수령할 때 지불하는 후지급(freight collect)이 있다.

Incoterms® 2010하의 FAS 및 FOB규칙으로 매매계약을 체결하고 운송계약을 체결하였다면 운임후지급에 해당되어 수입업자가 수입지의 선박회사 또는 대리점으로부터 수입화물인도지시서(Delivery Order : D/O)를 발급받으면서 운임을 지급한다. 한편 CFR 및 CIF규칙으로 매매계약을 체결하고 운송계약을 체결한 경우에는 운임선지급으로 수출업자는 선적지에서 선박회사 또는 대리점으로부터 선하증권(Bill of Lading : B/L) 발급일자의 환율을 적용하여 운임을 지급하고 선하증권을 교부받는다.

표 8-1 정기선운송과 부정기선운송의 비교

구 분	정기선운송	부정기선운송
선 박	정기선(컨테이너선)	부정기선(전용선, 겸용선)
조 직	대형조직	소형조직
운항형태	규칙성(고정항로, 운항일정에 의한 규칙적 운항)	불규칙성(지역별, 시기별 불규칙적 운항)
화 물	다수화주의 소량화물, 공산품 등의 일반화물, 컨테이너화물, 포장화물	단일화주의 산화물(원유, 철광석, 석탄, 곡물, 시멘트 등)
운 임	공시운임(tariff)	변동운임(수요와 공급)
운송계약	개품운송계약(선하증권)	용선운송계약(용선계약서)

3) 해운동맹

(1) 해운동맹의 의의

해운동맹(shipping conference ; shipping ring)이란 특정항로에서 정기선 선박회사들이 상호간의 과당경쟁을 방지하고 상호이익을 증진시키기 위하여 운임, 기항지, 배선수, 취항 횟수 등 운송조건에 대하여 협정하고 이행하려는 국제적인 해운카르텔(cartel)을 말한다. 해운동맹이 운임에 비중을 두었을 때에는 운임동맹(freight conference)이라고 하고, 항로에 비중을 두었을 때에는 항로동맹(navigation conference)이라고 한다.

(2) 해운동맹의 대외적 운영

① **계약운임제(Contract Rate System ; Dual Rate System)** : 계약운임제는 일반화주에게는 일반운임률인 공정운임률을 적용하고 동맹선에만 선적하겠다는 계약을 하는 화주에 대해서는 일반운임률보다 낮은 계약운임률(contract rate)을 적용하는 제도를 말한다. 계약운임률과 비계약운임률은 항로에 따라 대략 10~15% 정도 차이가 난다. 만일 계약화주가 계약을 위반하여 맹외선(outsider)에 적재하였을 경우에는 위약금이나 기타 다른 제재가 가해진다. 계약화주와 비계약화주에 대하여 별도의 요금률을 적용한다고 하여 이중운임제도(dual rate system)라고도 한다.

② **운임연환급제(Deferred Rebate System)** : 운임연환급제는 화주가 일정기간(보통 6개월) 동맹선에만 선적하고 그 기간 내에 지급된 총 운임 중 일부(보통 10%)를 다음의 일정기간 동안에도 동맹선에 계속 선적할 경우에 환급해주는 제도이다. 화주가 일정기간 동맹선박을 이용해야 하는 기간을 계산기간(account period)이라고 하고, 그 이후 일정기간을 동맹선박에 선적해야 하는 기간을 거치기간(deferred period)이라고 한다. 거치기간이 경과되어야 계산기간의 운임을 환급받을 수 있기 때문에 화주가 운임을 환급받기 위해서는 계속해서 동맹선박을 이용하여야 한다.

③ **성실환급제(Fidelity Rebate System)** : 성실환급제는 일정기간(보통 4개월) 동안 동맹선에만 선적한 화주에게 그 기간 내에 받은 운임의 일정비율을 그 기간 경과 후 즉시 환불해주는 제도이다. 성실환급제는 거치기간이 없이 계산기간이 지나면 바로 환급받을 수 있다는 점에서 운임연환급제와 다르다.

표 8-2 해운동맹의 대외적 운영방법의 종류와 내용

구 분	내 용
계약운임제	일반화주에게는 공정운임률을 적용하고 동맹선에만 선적하겠다는 계약을 하는 화주에 대해서는 일반운임률보다 낮은 계약운임률(contract rate)을 적용하는 이중운임제도
운임연환급제	화주가 일정기간(계산기간 : 보통 6개월) 동맹선에만 선적하고 그 기간 내에 지급된 총운임 중 일부(보통 10%)를 다음의 일정기간 (거치기간) 동안에도 동맹선에 계속 선적할 경우에 환급해주는 제도
성실환급제	일정기간(계산기간 : 보통 4개월) 동안 동맹선에만 선적한 화주에게 그 기간 내에 받은 운임의 일정비율을 그 기간 경과 후 즉시 환불해주는 제도로 거치기간 없이 바로 지급하는 제도

4) 부정기선운송

(1) 용선운송계약

부정기선(tramper)을 이용할 경우에는 용선운송계약(contract of affreightment by charter party; contract of sea carriage by charter party)이 체결된다. 용선운송계약이란 화주가 선박회사로부터 선복(ship's space)의 전부 또는 일부를 빌려 계약을 체결하는 것을 말한다. 용선계약은 선복의 범위에 따라 선복의 일부만 빌리는 일부용선계약(partial charter)과 선박 한 척을 전부 빌리는 전부용선계약(whole charter)으로 구분된다. 전부용선계약은 용선형태에 따라 기간(정기)용선계약(time charter), 항해용선계약(voyage charter) 및 나용선계약(bareboat charter)으로 구분된다. 용선운송계약시에는 개품운송과는 달리 표준화된 용선계약서(charter party : C/P)에 의하여 정식적으로 운송계약을 체결하고 있다.

표 8-3 용선운송계약의 종류

구 분	종 류	내 용
전부용선	정기(기간) 용선계약	일정기간을 정하여 선박을 용선하는 것으로 기간용선계약이라고도 함
	항해용선계약	어느 항구에서 어느 항구까지 용선하는 운송계약
	나용선계약	선박만 빌려와 용선자가 선장 및 선원을 고용하고 선용품비, 항해비 등 일체의 비용을 부담하는 계약
일부용선	선복의 일부만을 빌려 체결하는 계약	

(2) 항해용선계약의 하역비용

하역이란 운송수단에 물품의 적재(loading), 선내하역, 양륙 (unloading) 등의 작업을 총칭하는 개념이다. 물품의 적재 후 선창에 내려진 후 행하여지는 선내하역은 적부(stowage), 정리(trimming) 및 결박(lashing) 등의 작업을 말한다. 정기용선의 경우에는 용선료에 이들 하역비용이 포함되기 때문에 하역비용에 대한 합의가 필요 없다. 하지만 부정기선에 의한 항해용선계약은 항해구간을 기준으로 용선료를 결정하기 때문에 이들 하역비용을 선주와 화주(용선주) 중 누가 부담할지를 결정하여야 한다.

(3) 항해용선계약의 정박기간

정박기간(laydays, laytime)은 화주가 운송화물 모두를 선적 또는 양륙하기 위하여 본선을 부두에 정박시킬 수 있는 기간을 말한다. 약정된 기일 내에 하역작업이 끝나지 않으면 화주는 선주에게 체선료(demurrage)를 지급하고 예정된 기일보다 하역작업이 일찍 끝나면 선주가 화주에게 조출료(dispatch money)를 지급한다. 정박기간은 화물의 종류, 항구의 상황 및 상관습에 따라 다음과 같은 방법이 이용되고 있다.

① **관습적 조속하역(Customary Quick Dispatch : C.Q.D)** : 당해 항구의 관습적 하역방법 및 하역능력에 따라 가능한 한 빨리 적재 또는 양륙하는 조건을 말한다. 불가항력에 의한 하역불능은 정박기간에서 제외되지만, 일요일, 공휴일 및 야간하역을 약정된 하역일에 포함하는지의 여부는 별도의 특약이 없는 한 그 항구의 관습에 따른다.

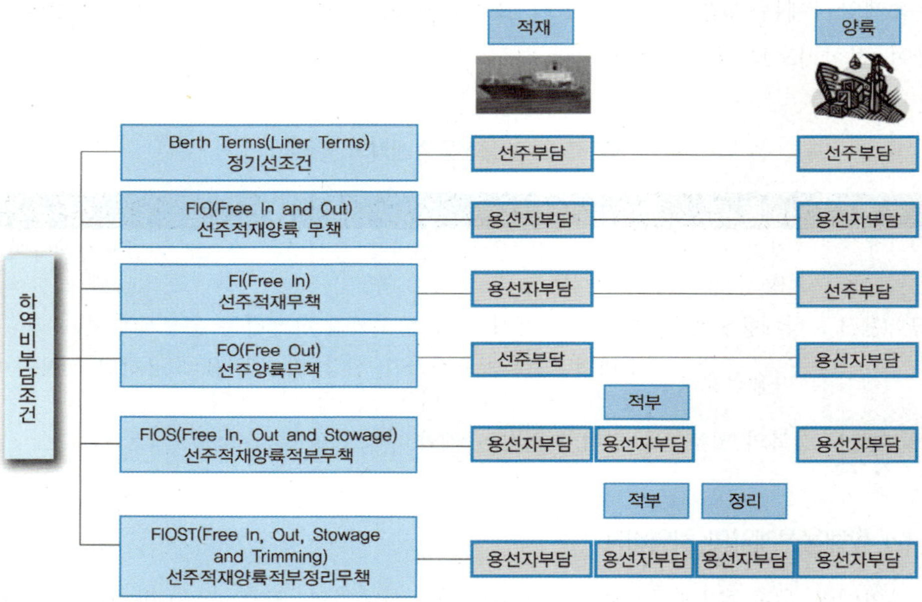

② **연속하역일(Running Laydays)** : 우천, 파업 및 기타 불가항력 등 어떠한 원인에 관계없이 하역개시부터 종료시까지의 일수를 모두 정박기간에 계산하는 방법이다. 일요일이나 공휴일은 이들을 제외한다는 별도의 특약이 없는 한 정박기간에 포함되고 야간 초과작업으로 인한 비용은 화주가 부담한다. 보통 '1일 몇 톤'과 같이 1일의 책임하역수량을 표시한다.

③ **하역가능일(Weather Working Days : WWD)** : 하역이 가능한 좋은 일기상태의 날만 정박기간에 계산하는 방법으로 현재 가장 많이 사용되고 있다. 하역 가능

한 상태여부는 기상 상황과 화물의 종류에 따라 다르기 때문에 선장과 화주가 합의하여 결정한다. "WWD Sundays and holidays excepted (WWD SHEX)"인 경우에는 일요일과 공휴일에 작업하였더라도 정박기간에 산입하지 않고, "WWD Sundays and holidays excepted unless used"인 경우 일요일과 공휴일에 작업하였더라도 정박기간에 산입한다. 하지만 "unless used"에 대해서도 시간 수만 계산되는지, 아니면 1일로 계산되는지의 문제가 발생할 수 있기 때문에 실제 작업된 시간만을 산입하고자 할 경우에는 "WWD Sundays and holidays excepted unless used, but only time actually used to count"라고 합의하여야 한다.

5) 컨테이너운송

(1) 컨테이너의 의의

컨테이너(container)란 화물을 안전하게 보관하여 운송할 수 있게 제작된 규격화된 운송용기를 말한다. 컨테이너를 이용한 운송은 운송화물의 단위당 비용을 줄일 수 있고, 선복이윤을 증대시킬 수 있을 뿐만 아니라 대량화물을 일시에 적재하고 양륙할 수 있어 운송기간이 단축될 수 있다. 따라서 컨테이너를 이용할 경우 최종목적지까지의 운송 즉 '문전에서 문전'(door to door)까지의 운송을 실현할 수 있다.

(2) 컨테이너화물의 운송형태

① CY/CY(FCL/FCL : Door to Door) : 송화인의 생산공장이나 창고에서 컨테이너에 만재된 물품(FCL)을 수입국의 수화인의 창고까지 그대로 일관운송하는 형태이다. 이 형태는 단일의 송화인 및 수화인 관계로 컨테이너운송의 신속성·경제성·안정성을 충족시키고 수출업자의 문전에서 수입업자의 문전까지(door to door) 일관운송되는 운송방법이다.

② CY/CFS(FCL/LCL : Door to Pier) : 송화인의 생산공장이나 창고에서 컨테이너에 만재화물(FCL)로 적재되어 목적항에 도착한 다음 수입지 CFS에서 해체(devanning)하여 여러 화주들에게 인도하는 운송형태이다. 단일의 송화인과 수입국에 있는 다수의 수화인 관계의 운송방법이다.

③ CFS/CY(LCL/FCL : Pier to Door) : 다수의 송화인의 소량화물(LCL)을 선적항에 있는 선박회사의 지정 CFS에서 혼재(consolidation)하여 만재화물(FCL)로 만들어 수입국에 있는 단일 수화인의 공장이나 창고까지 운송하는 형태이다.

단일의 수입업자가 특정 국가의 여러 수출업자들로부터 물품을 수입하는 경우에 이용된다.

④ CFS/CFS(LCL/LCL : Pier to Pier) : 다수의 송화인의 소량화물(LCL)을 선적항에 있는 선박회사의 지정 CFS에서 혼재(consolidation)한 다음 만재화물(FCL)로 적재되어 목적항에 도착한 후 수입지 CFS에서 해체(devanning)하여 여러 화주들에게 인도하는 운송형태이다. 다수의 송화인으로부터 소량화물을 집화하여 수입지에 있는 다수의 수화인에게 인도하는 경우에 이용된다.

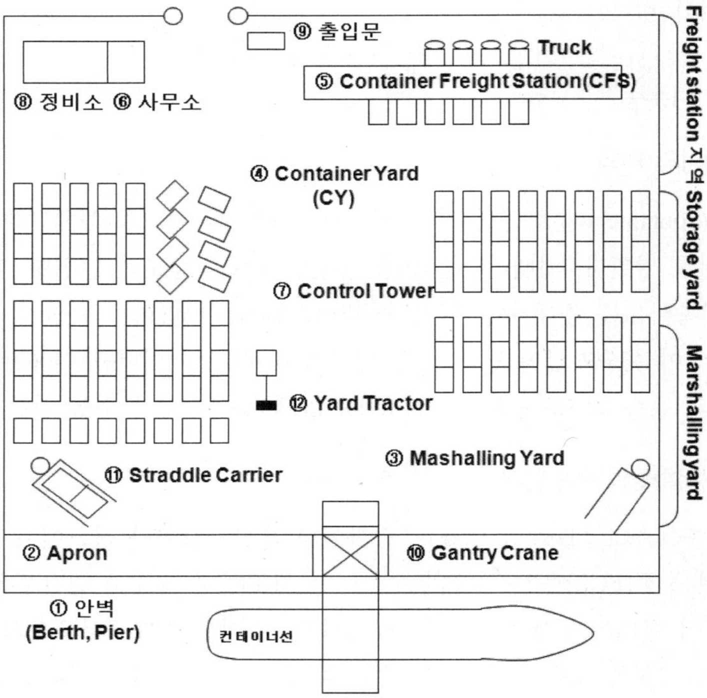

6) 수출화물운송절차

(1) FCL화물의 운송절차

FCL(Full Container Load) 화물운송은 화주가 컨테이너 만재화물을 수출할 경우 화주의 공장에서 수출통관 후 보세운송형태로 고속도로 또는 국도를 이용하여 공로(육상)운송되는 경우가 대부분이며 때로는 의왕 ICD를 통한 철도운송이나 또는 인천에서 부산항간의 연안운송도 이용된다.

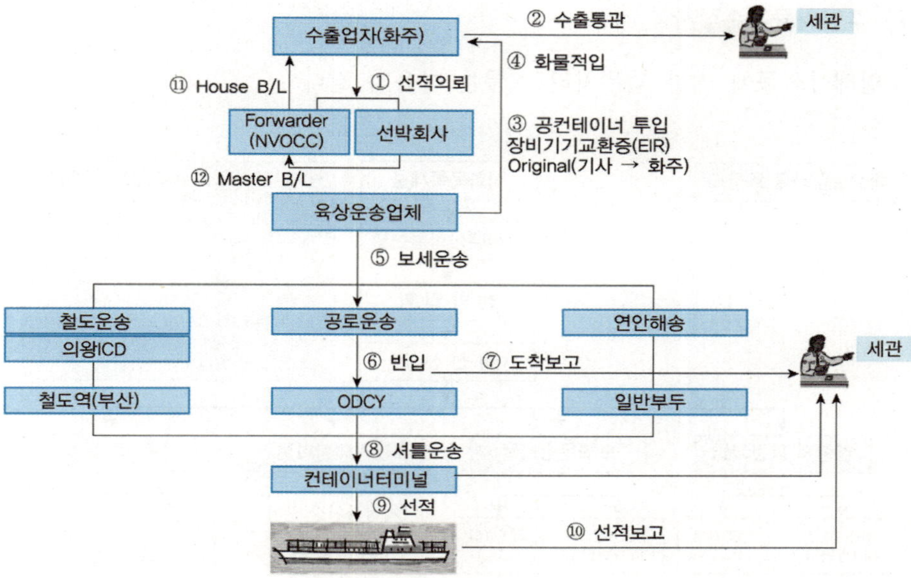

(2) LCL화물의 운송절차

LCL수출화물의 운송절차는 다음과 같다.

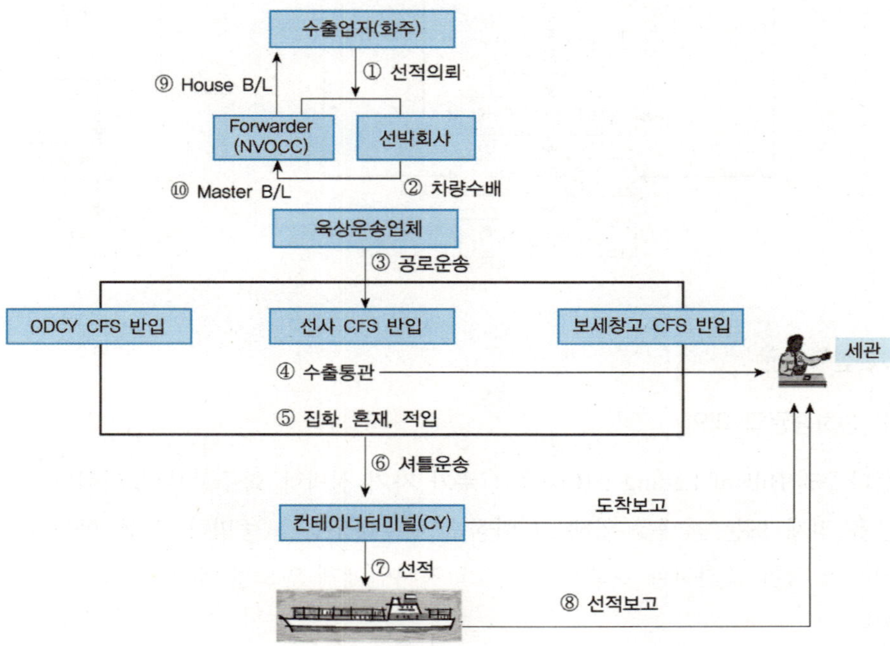

7) 수입화물운송절차

수입해상화물에 대한 업무처리 흐름은 다음과 같다.

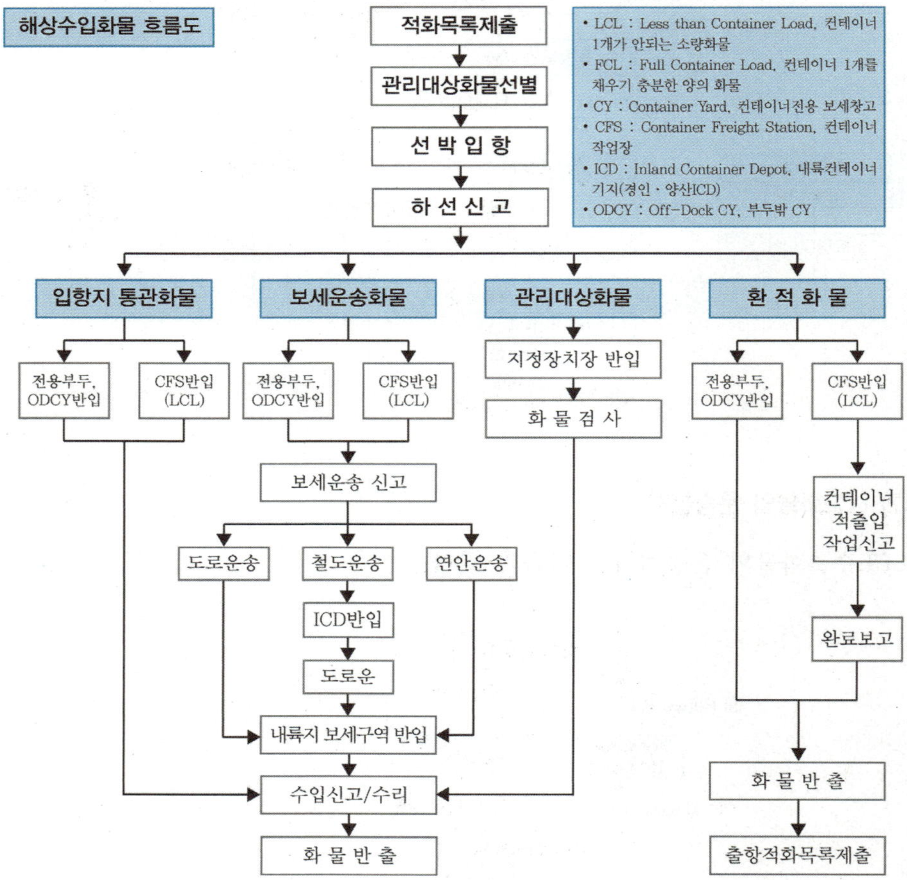

8) 선하증권

(1) 선하증권의 의의

선하증권(Bill of Lading : B/L)은 선주가 자기 선박에 화주로부터 의뢰받은 운송화물을 적재 또는 적재를 위해 그 화물을 영수하였음을 증명하고, 동 화물을 도착항에서 일정한 조건하에 수화인 또는 그 지시인에게 인도할 것을 약정하는 유가증권이다.

(2) 선하증권의 기능과 법적 성질

❁ 표 8-4 선하증권의 기능과 법적 성질

구 분	항 목	내 용
기능	운송계약의 증거	화주와 운송인간에 선하증권의 내용대로 운송계약이 체결되었음을 증명하는 증거
	화물수취증	운송인이 증권에 표시된 물품을 수령하였음을 증명하는 증서
	권리증권	선하증권 그 자체가 화물을 대표하는 권리증권
법적 성질	요인증권	화주와 운송인 간 운송계약에 의해 선적 및 수탁사실을 전제로 하여 발행됨
	요식증권	상법 등 관련 법률에 규정된 법정기재사항의 기재가 요구됨
	문언증권	운송인과 화주의 권리와 의무이행은 선하증권에 기재된 문언에 의해서만 따름
	상환증권	선하증권과 상환 없이 화물의 인도를 청구할 수 없음
	인도증권	선하증권의 인도가 곧 운송물의 인도와 동일한 효력이 있음
	처분증권	선하증권에 기재된 물품을 처분함에 있어 반드시 선하증권에 의해서만 가능함
	지시증권	배서방식을 통하여 선하증권을 다른 사람에게 양도할 수 있음

(3) 선하증권의 종류

❁ 표 8-5 선하증권의 종류

구 분	종 류	내 용
발행시기	수취선하증권 Received B/L	운송인이 부두창고 등에서 송화인으로부터 물품수령 후 선적 전에 발급되는 선하증권
	선적선하증권 On board B/L	운송인이 물품이 본선에 적재되었음을 확인하고 발급하는 선하증권
하자표시 유무	무고장선하증권 Clean B/L	물품 적재시 상태가 외관상 양호하여 선하증권의 비고란에 아무런 표시가 없는 선하증권
	고장부선하증권 Foul B/L	선하증권의 비고란에 물품의 하자표시가 있는 선하증권
수화인 기재	지시식선하증권 Order B/L	선하증권의 수화인 란에 특정인을 기재하지 않고 단순히 지시(order)문언이 기재된 선하증권
	기명식선하증권	수화인 란에 은행 등과 같이 특정인의 명칭을 기재
유통가능 여부	유통가능선하증권 Negotiable B/L	선하증권의 권리가 증권상에 기재된 자의 지시인에게 배서 및 교부에 의하여 양도될 수 있는 선하증권
	유통불능선하증권 Non-negotiable B/L	권리에 대한 양도나 유통이 불가능한 선하증권
발행형식	약식선하증권 Short Form B/L	선하증권의 앞면에는 모든 법정 기재사항들이 인쇄되어 있지만 뒷면에는 운송약관이 생략된 선하증권
	정식선하증권	선하증권의 앞면에는 법정 기재사항, 뒷면에는 운송

구 분	종 류	내 용
	Long Form B/L	약관이 인쇄되어 있는 선하증권
환적여부	직접선하증권 Direct B/L	목적항까지 운송하는 도중 제3의 항구에 기항하지 않고 관습적 항로에 직항선에 선적하도록 하는 선하증권
	환적선하증권 Transshipment B/L	목적항까지 운송 중 제3의 항구에 기항하여 다른 선박에 환적할 것을 기재한 선하증권
계약형태	정기선선하증권 Liner B/L	정기선에 의한 개품운송계약을 통하여 정기선박회사가 발행하는 선하증권
	용선계약선하증권	부정기선을 용선하는 경우 용선계약에 의해 발행
발행인	집단선하증권 Groupage B/L(Master B/L)	국제물류주선인 등이 LCL화물을 목적지별로 혼재하여 FCL화물화하여 선적 후 해상운송 담당 운송인이 발행
	국제물류주선인 선하증권 Forwarder B/L(House B/L)	국제물류주선인 등이 LCL화물을 인수하거나 선적하고 화주에게 개별적으로 발행해주는 선하증권
	FIATA선하증권	FIATA가 발행한 선하증권으로 혼재선하증권임
결합형태	통선하증권 Through B/L	서로 다른 운송방식을 이용할 때 최초의 운송인이 전 운송구간에 대해서 발행하지만 다른 운송형태에 대한 책임은 지지 않고 해상구간만 지도록 하는 선하증권
	복합운송선하증권 Combined Transport B/L	단일운송인의 책임으로 단일운임으로 두 가지 이상의 서로 다른 운송수단을 이용하여 운송되는 경우에 발행하는 선하증권
신속정도	목적지선하증권 Destination B/L	선적지에서 발행하지 않고 목적지나 송화인이 원하는 장소에서 발행하는 선하증권
	권리포기선하증권 Surrender B/L	'Surrender'란 문구를 넣어 유통성 포기하는 선하증권으로 Original B/L 없이 수입화물을 인도할 수 있도록 하는 선하증권
중계무역	제3자선하증권 Third Party B/L	송화인이 수출업자가 아닌 제3자(third party)를 송화인으로 하여 발행하는 선하증권
	스위치선하증권 Switch B/L	해외 공급자로부터 받은 선하증권상의 송화인이 실제 공급자인 경우 그 선하증권을 선박회사에 반납하고 자신을 송화인으로 하여 다시 발행하는 선하증권
기타 목적	적색선하증권 Red B/L	선하증권과 보험증권을 결합시킨 것으로 항해 중에 사고가 발생하면 선박회사가 보상해주는 선하증권
	기간경과선하증권 Stale B/L	선적 후 21일이 경과한 선하증권
	양륙항선택선하증권 Optional B/L	선하증권상에 양륙항이 2개 이상 기재된 선하증권으로 화주가 양륙항을 선택할 수 있는 선하증권
	부서부선하증권 Countersign B/L	수화인이 관련 비용들을 선박회사에 지불하게 되면 선박회사가 이를 증명하기 위하여 선하증권상에 서명
	Hitchment B/L	화물이 다른 지역에 위치한 2개 이상의 항구에서 선적되었지만 하나로 발행되는 선하증권

① Bill of Lading

② Shipper/Exporter DAEHAN CO.,, LTD CPO BOX 195 SEOUL, KOREA		⑫ B/L No. ; PCS-96010
③ Consignee TO ORDER OF BANK OF AMERICA		World Trans Corporation C.P.O. Box. 1234 Seoul, Korea TEL : (02)624-1212 FAX : (02)624-1234
④ Notify Party BROWN CO., LTD. 310 FIFTH AVE, NEW YORK, NY 10118, USA		
Pre-Carriage by	⑥ Place of Receipt BUSAN CY, KOREA	
⑤ Ocean Vessel WONIS JIN	⑦ Voyage No. V-234E	

⑧ Port of Loading	⑨ Port of Discharge	⑩ Place of Delivery	⑪ Final Destination
BUSAN, KOREA	NEW YORK, U.S.A	NEW YORK CY, U.S.A	(for the merchant's reference only)

⑬ Container No.	⑭ Seal No. Marks & No	⑮ No. & Kinds of Containers or Packages	⑯ Description of Goods	⑱ Gross Weight	Measurement
ISCU1104 PCU NEW YORK, U.S.A C/NO. 1-250 MADE IN KOREA	0559 929	1 CNTR (20'CNTR)	"SAID TO CONTAIN" 2,000SETS OF COMPUTERS ⑰ ㉓ "Freight Prepaid" L/C No. MD1NY404NS0 0018	4,631 KGS	25 CBM
Total No. of Containers or Packages(in words)			SAY : ONE CONTAINER ONLY		

⑲ Freight and Charges	⑳ Revenue tons	㉑ Rate	㉒ Per	㉓ Prepaid	㉔ Collect
FREIGHT PREPAID CFS CHARGE+THC WHARFAGE CNTR TAX DOCK'S FEE					

㉕Freight prepaid at BUSAN, KOREA	㉖Freight payable at	㉙ Place and Date of Issue BUSAN, KOREA, JULY 20, 20xx
㉗Total prepaid in	㉘No. of original B/L THREE(3)	
㉚ Laden on Board the Vessel JULY 20, 20xx		Signature ㉛ World Trans Corporation as an agent for Hyundae Shipping Co., Ltd., Carrier

2 항공운송

1) 항공운송의 의의

항공운송(carriage by air, air transportation)은 항공기의 항복(plane's space)에 여객 또는 화물을 적재하여 공로를 통하여 운송하는 것을 말한다. 오늘날 세계가 일일생활권화 되면서 신속한 운송이 요구되는 화물이 늘어나게 되었다. 부가가치가 높은 반도체, 정밀기기, 통신기기, 광학기기 등의 제품은 물론 신선도의 유지가 필요한 화물의 운송이 늘어나면서 항공운송에 대한 수요가 증가하는 추세이다. 뿐만 아니라 항공기술의 발달로 인하여 대형 항공기가 등장하고 화물전용기의 취항이 늘어나면서 대량운송이 가능해진 점도 항공운송의 증가에 기여하고 있다.

2) 항공화물운송장

항공화물운송장(Air Waybill : AWB)은 항공운송업자가 화물을 항공으로 운송하는 경우 발행하는 단순한 화물수취증이다. 따라서 선하증권과 같이 화물 자체를 화체한 유가증권이 아니다.

표 8-6 항공화물운송장(AWB)의 구성

<table>
<tr><th colspan="2">번호</th><th>용도</th><th>색</th><th>기능 및 역할</th></tr>
<tr><td rowspan="3">원본</td><td>1</td><td>항공운송인용
(for Carrier)</td><td>녹색</td><td>항공화물을 인수하고 AWB을 발행한 항공사용으로 송화인과 운송인간 운송계약 체결의 증명서이며 운임 등의 회계처리용으로 사용</td></tr>
<tr><td>2</td><td>수화인용
(for Consignee)</td><td>적색</td><td>화물과 함께 목적지에 보내어지는 AWB로 운송인은 AWB에 기명된 수화인에게 화물인도</td></tr>
<tr><td>3</td><td>송화인용
(for Shipper)</td><td>청색</td><td>출발지에서 운송인이 항공운송을 위하여 송화인으로부터 화물을 수령하였다는 수취증 및 운송계약을 체결하였다는 증거서류</td></tr>
</table>

번호		용도	색	기능 및 역할
부본	4	화물인도 항공사용 (delivery receipt) 수화인 서명	황갈색	도착지에서 수화인이 화물인수시에 서명하고 인도 항공사에게 돌려주는 화물인도증명서 및 운송계약이행 증명서류
	5	도착지 공항용 (for airport at destination)	백색	화물과 함께 도착지 공항에 보내져 세관 등 도착지 공항의 필요 부서에서 사용
	6	세 번째 항공사용 (for third carrier)	백색	운송계약을 인수한 항공사 이외에 구간별로 운송에 참여한 항공사가 있는 경우 운임정산용
	7	두 번째 항공사용 (for second carrier)		
	8	첫 번째 항공사용 (for first carrier)		
	9	AWB발행 대리점용 (for Agent)		AWB을 발행한 대리점 보관용
	10–12	예비용(extra copies)		참가 항공사가 많을 경우 필요시 사용 송화인 참고용(file용)

❁ 표 8-7 항공화물운송장(AWB)과 선하증권(B/L)의 비교

구분	항공화물운송장(AWB)	선하증권(B/L)
유가증권성	유가증권이 아닌 화물수취증	유가증권
유 통 성	비유통성	유통성
발행시기	수취식(창고반입 후 발행)	선적식(선적 후 발행)
상환증권성	비상환증권	상환증권
수 화 인	기명식	지시식
작 성 자	송화인이 작성하는 것이 원칙	운송인

Shipper's Name and Address	Shipper's Account Number	Not negotiable Air Waybill issued by	KOREAN AIR
		Copies 1, 2 and 3 of this Air Waybil are originals and have the same validity.	
Consignee's Name and Address Telephone :	Consignee's Account Number	It is agreed that the goods described herein are accepted in apparent good order and condition (except as noted) for carriage SUBJECT TO THE CONDITIONS OF CONTRACT ON THE REVERSE HEREOF. THE SHIPPER'S ATTENTION IS DRAWN TO THE NOTICE CONCERNING CARRIER'S LIMITATION OF LIABILITY. Shipper may increase such limitation of liability by declaring a higher value for carriage and paying a supplemental charge if required.	
Issuing Carrier's Agent Name and City		Accounting Information	
Agent's IATA Code	Account No.		
Airport of Departure(Addr. of First Carrier) and Requested Routing			

TO	By First Carrier	Routing and Destination	to	by	to	by	Currency	CHGS Code	WT/VAL PPD	WT/VAL COLL	Other PPD	Other COLL	Declared Value for Carriage	Declared Value for Customs

Airport of Destination	Flight/Date	For Carrier Use Only	Flight/Date	Amount of Insurance	INSURANCE–If Carrier offers Insurance, and such insurance is requested in accordance with conditions on reverse hereof, indicate amount to be insured in figures in box marked 'amount of Insurance'.

Handling Information

No. of Pieces RCP	Gross Weight	kg / lb	Rate Class / Commodity item No.	Chargeable Weight	Rate / Charge	Total	Nature and Quantity of Goods (incl. Dimensions or Volume)

Prepaid	Weight Charge	Collect	Other Charges
	Valuation Charge		
	Tax		
	Total Other Charges Due Agent		Shipper certifies that the particulars on the face hereof are correct and that insofar as any part of the consignment contains dangerous goods, such part is properly described by name and is in proper condition for carriage by air according to the applicable Dangerous Goods Regulations.
	Total Other Charges Due Carrier		Signature of Shipper or his Agent
Total Prepaid		Total Collect	
Currency Conversion Rates		CC Charges In Dest. Currency	Executed on(date) at(place) Signature of Issuing Carrier or its Agent
For Carrier's Use Only at Destination		Charges at Destination	Total Collect Charges

ORIGINAL 3(FOR SHIPPER)

3 복합운송

1) 복합운송의 의의

(1) 복합운송의 정의

복합운송(multimodal transport)이란 육상·해상·내륙수로·항공·철도·도로 중 적어도 두 가지 이상의 서로 다른 운송수단을 이용하여 단일의 복합운송인(multimodal transport operator : MTO)이 복합운송증권(multimodal transport B/L)을 발행하여 물품을 인수한 때부터 인도할 때까지 단일의 일관운송책임을 지면서 단일의 복합운송 운임률로 운송되는 것을 말한다. 즉 복합운송은 운송의 시작에서 종료까지 하나의 계약에 의해 운송물이 적어도 두 가지 이상의 서로 다른 운송수단으로 운송되는 방식이다.

(2) 복합운송의 요건

복합운송의 요건은 다음과 같다.

① 복합운송인이 단일운송계약과 단일책임 등 운송에 대한 모든 책임을 진다.
② 복합운송인이 전 구간의 운송을 인수한다.
③ 다양한 운송수단(different modes of transport)이 이용된다.
④ 단일운임(through)의 청구권을 가진다.
⑤ 복합운송인은 복합운송증권(multimodal transport document)을 발행하여야 한다.

2) 주요 복합운송 경로

복합운송의 형태는 ① 해륙복합운송, ② 해공복합운송, ③ 육해공 복합운송이 있다. 해륙복합운송은 대륙을 하나의 교량으로 이용하는 랜드브리지(land bridge)방식이 이용되고 있다. 랜드브리지 서비스는 항로를 중심으로 한 해상운송경로의 중간에 일부 대륙횡단경로를 운송구간으로 추가하여 환적 없이 일괄운송함으로써 최종 목적지까지 두 가지 이상의 운송수단에 의하여 운송되는 방식이다.

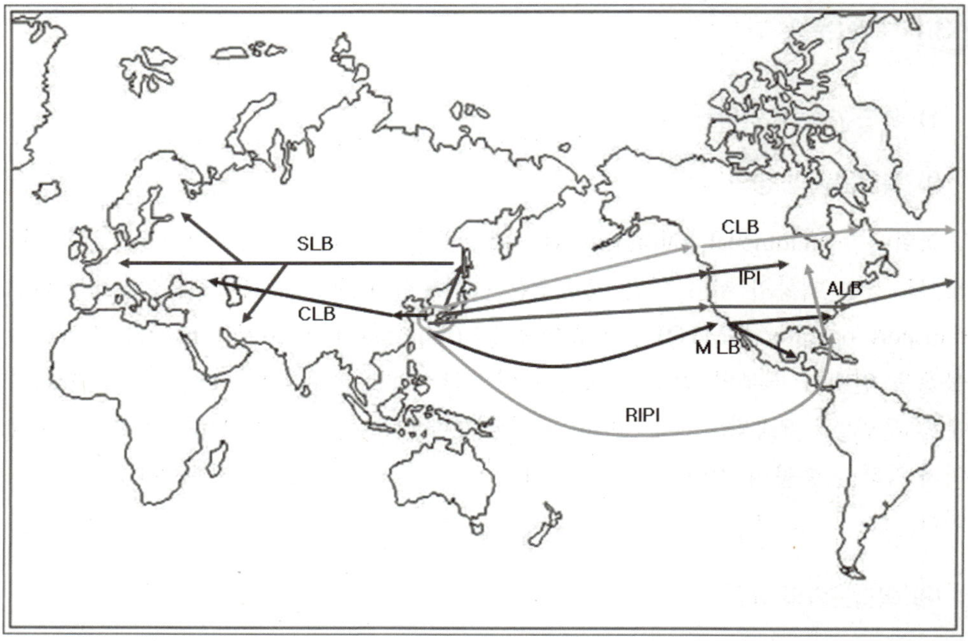

자료 : 전순환, 무역실무, 한올출판사, 2013, p.476

8.2 선적 관련 상담사례

1 선박회사에 운임요율 문의와 회신

1) 운임·요율 문의

Dear Sirs,

Your name and address have been recommended to us as a reliable shipping company for European countries.

As we have many business partners in Europe, we may be able to do business with your company if your freight rates are satisfactory to us.

Please quote us the lowest possible freight rate for 19,480pcs of "Soon" brand cosmetic sets weighing 760kgs and measuring 6.183 cubic meters from Busan to

Le Havre in France

The products will be ready for shipment next week and please let us know the earliest vessel available next month.

Very truly yours,

내용해설

한국의 수출업자가 선박회사에게 유럽에 많은 거래처가 있다고 소개하면서 운임요율이 만족스러우면 거래를 할 수 있을 것이라고 한다. 부산에서 프랑스의 Le Havre항까지의 화장품에 대해 가능한 최저 운임요율과 다음 달 가장 빠른 선편을 알려달라고 하고 있다.

용어해설

- we have many business partners in Europe : 당사는 유럽에 많은 거래처를 가지고 있다.
- if your freight rates are satisfactory to us : 만일 귀사의 운임요율이 당사에 만족스럽다면
- weighing 760kgs and measuring 6.183 cubic meters : 무게가 760kg, 용적이 6.183CBM에 해당하는

2) 회신

Dear Mr. Lee,

In reply to your thankful inquiry of September 12, we attach the shipping schedule to this e-mail in which you will find every details of our vessel schedules for coming two months from Busan to Le Havre.

As you may realize, we can quote you freight for cosmetic sets at U$200.00 per one cubic meter. We are sure that nobody can quote at this low rate.

The first vessel available next month is Cgm Korrigan V-2343 sailing on the 3rd in Busan.

We hope to be favored with your instructions.

Yours faithfully,

내용해설

수출업자의 문의에 대해 선박회사는 다가오는 두 달 동안 선박스케줄을 이메일로 첨부하고 cubic meter당 U$200.00로 운임을 제시하며 다음 달 3일에 출항하는 가장 빠른 선박명을 알려주고 있다.

용어해설

- In reply to... : ...에 대한 회신으로
- pér one cubic meter : 1 큐빅미터당(CBM)
- be favored with your instructions : 귀사의 지시를 받다
  =please give us your instructions

3) 회화

Lee : We heard your shipping company is one of the best companies in service and freight rates for European countries.

Cohen: You're right. We have been doing our business in Korea for five years.

Lee : Well, we are exporting a lot of goods to European countries. Can you quote us the freight rates from Busan to Le Havre in France?

Cohen: It depends on the items you have. What kinds of products are you talking about?

Lee : We have cosmetics.

Cohen: Okay, can you tell me the weight and measurement for those products?

Lee : They're 760kgs in weight and 6.183 CBM in measurement.

Cohen: We can quote you at U$100.00 per CBM.

Lee : Then, is there any vessel departing on/or before the 5th of next month?

Cohen: The first vessel next month will be Cgm Korrigan V-2343 scheduled to leave for Le Havre on the 3rd.

Lee : We'll give you further instructions in a few days.

이 : 당사는 귀 선박회사가 유럽국가들에 대한 서비스 및 운임요율에 있어 가장 최상의 선사 중의 하나라는 것을 들었습니다.

코헨 : 맞습니다. 당사는 5년 동안 한국에서 비즈니스를 해오고 있습니다.

이 : 당사는 유럽국가들에게 상당량의 제품을 수출하고 있습니다. 부산항에서 프랑스 Le Havre항까지의 운임요율에 대한 견적을 주실 수 있습니까?

코헨 : 가지고 계신 제품에 따라 다릅니다. 어떤 제품을 말씀하십니까?

이 : 화장품입니다.

코헨 : 좋습니다. 그들 제품에 대한 무게와 부피를 말씀해 주시겠습니까?
이 : 무게는 760kgs, 부피는 6.183 CBM 입니다.
코헨 : 당사는 CBM당 U$80.00로 견적할 수 있습니다.
이 : 그러면, 다음달 5일 전후에 출항하는 선박이 있습니까?
코헨 : 다음달 최초의 선박은 3일 Le Havre로 떠나기로 예정된 Cgm Korrigan V-2343호 입니다.
이 : 며칠 내로 추가적인 지시를 드리겠습니다.

용어해설

- freight rates : 운임요율(rates of freight)
- measurement : 부피, 용적
- quote you at ... : 귀사에게 ...으로 견적하다.
- scheduled to leave for ... on ... : ...일에 ...로 떠나기로 예정된

2 국제물류주선업자에게 운임율 문의와 회신

1) 운임율 문의

Dear Sirs,

We have a consignment of accessories and clothes now waiting to be shipped from Busan to Long Beach, U.S.A.

The products packed in 100 cartons of accessories and 200 cartons of clothes are weighing 325kgs and measuring 12 cubic meters.

As our customers want the products urgently, we would be appreciated it if you would let us know the possible earliest direct vessel together with your competitive freight rate by return e-mail as soon as possible.

Very truly yours,

내용해설

수출업자가 국제물류주선업자에게 부산항에서 롱비치항까지의 운임과 선편에 대한 견적을 요청하는 내용이다.

용어해설

- a consignment : 적송품
- competitive freight rate : 경쟁적인 운임요율
- the products packed in : 포장된 제품들은(the products which are packed in)

- urgently : 긴급하게
- the possible earliest direct vessel : 가능한 가장 빠른 직항선

2) 회신

Dear Mr. Kim,

Thank you for your e-mail offer of yesterday inquiring us about the freight rate and vessel schedule.

The first vessel you asked for will be 'Trade Luck 043W' which is due to sail on the 29th, and the second one will sail on the 2nd of next month. However, the products have to reach us by the 27th for shipment by the first vessel.

Considering our mutual business relations in the future, we will quote you at US$250 per cubic meter to Long Beach Port, which bears no margin on our side this time.

We will send you our shipping request form and return it to us right away by e-mail after you fill it out.

Yours faithfully,

내용해설

요청한 사항에 대해 국제물류주선업자는 가장 빠른 선박이 29일, 두 번째 선박이 다음달 2일에 출항함을 전하고 롱비치항까지 운임은 Cubic Meter당 U$250으로 견적하고 있다.

용어해설

- inquiring us about ... : 당사에게 ...을 요청하는
- be due to sail : 출항하기로 예정된
- considering ... : ...을 고려하여
- bear no margin : 이윤이 없다.
- a shipping request : 선복요청서

3) 회화

Kim : Can you quote us the freight rate for general merchandise from Busan to Long Beach?
Davidson : Can you tell me the products you have?
Kim : They are accessories and clothes.
Davidson : We have to know the measurement and weight of the products to book on the vessel.
Kim : They are 325kgs in weight and 12CBM in measurement.
Davidson : Well, you can ship them at US$250.00 per CBM. You have to realize it's a good deal.
Kim : It's okay to us. Then, what about a direct vessel?
Davidson : The vessel you can use will be sailing on the 29th. Is it possible for you to hand the products over to us by the 27th?
Kim : That shouldn't be any problem as they are all packed up.
Davidson : That's good. We'll send you a shipping request today and send it back to us immediately so that we can book the ship's space.
Kim : We'll do that.

김 : 부산에서 LA까지 일반상품에 대한 운임요율을 견적해 주시겠습니까?
데이빗슨 : 가지고 계신 제품을 말씀해 주시겠습니까?
김 : 액세서리하고 의류입니다.
데이빗슨 : 선복을 예약하기 위해서 제품에 대한 용적과 무게를 알아야 합니다.
김 : 무게는 325kgs이고 용적은 12CBM입니다.
데이빗슨 : CBM당 US$250.00로 선적하실 수 있습니다. 좋은 거래라는 것을 아셔야 합니다.
김 : 좋습니다. 직항선은 어떻습니까?
데이빗슨 : 귀사가 이용할 수 있는 선박은 29일 출항합니다. 27일까지 제품을 당사에게 넘겨주실 수 있습니까?
김 : 모두 포장이 완료되었기 때문에 문제없을 것입니다.
데이빗슨 : 좋습니다. 선복요청서를 오늘 보내드리겠습니다. 선복을 예약할 수 있도록 다시 즉시 당사로 보내주십시오.
김 : 그렇게 하겠습니다.

용어해설

- general merchandise : 일반잡화상품 (sundry goods)
- it's a good deal : 좋은 거래이다.(가격적인 측면)
- hand the goods over to ... : ...에게 제품을 건네주다.
- book the ship's space : 선복을 예약하다.

3 항공예약 접수에 대한 감사

Gentlemen :

We are very pleased to hear from you that you secured the flight No. KE902 scheduled to depart from Paris to Incheon on January 5 for our consignment of 980kgs of material "Ceramide H03" packed in an iron-hooped wooden case.

The products are placed at our warehouse and they are ready to be picked up anytime.

We fully understand your freight rate increased by 10% than before due to the seasonal demand now and we are glad to accept your rate even though we really wanted more of a discount.

Instead, we want you to execute our order to our complete satisfaction as we do not want to have any problem with our partner in Korea.

Very truly yours,

내용해설

수입업자는 수출업자가 항공사에게 쇠태로 묶은 목상자로 포장된 "Ceramide H03"의 원료를 항공으로 선적할 수 있도록 조치해 준 데 대해 감사의 표시를 전하고 계절적 수요로 인하여 전보다 10% 인상된 운임을 수락한다. 한국에 있는 국내 파트너와 문제를 원하지 않기 때문에 주문을 잘 이행해달라고 하고 있다.

용어해설

- secure a flight : 비행기를 확보하다.
- packed in an iron-hooped wooden case : 쇠테로 묶은 목상자로 포장된
- due to the seasonal demand : 계절적 수요 때문에
- execute this business : 이 거래를 수행하다.

4 전자제품에 대한 선적통지

Gentlemen :

We are glad to inform you that the consignment covering your order No. CS311806 for 43,200pcs of WF(M) and 15,720pcs of WF(R) has been shipped by Zim Canada V-10E on August 31 and it will be arrived at long beach port on September 14.

We attach the following documents for your reference.

1. a copy of commercial invoice
2. a copy of packing list
3. a non-negotiable clean on board bill of lading
4. a copy of marine insurance policy

We really hope that the products will reach you in perfect condition as usual and will give you a complete satisfaction.

Yours very truly,

내용해설

수출업자가 물품을 선적하고 수입업자에게 선적통지를 하며 관련 서류를 첨부한다는 내용이다.

용어해설

- the consignment covering your order No.... : 귀사의 주문번호 ...를 담고 있는 적송품
- as specified : 제시된 대로
- commercial invoice : 상업송장
- packing list : 포장명세서
- marine insurance policy : 해양보험증권
- clean on board bill of lading : 무고장 선적선하증권

5 의류선적에 대한 선적통지

Gentlemen :

We have shipped the consignment covering our contract No. 41 by Trade Luck 043W which left here on August 19.

GEOSYSTEM (◇)	2,375 pairs of ladies' clothes
Alma Ata, Kazakhstan	
C/No. 1-235	
Made in Korea	

In compliance with the terms of payment, we have drawn drafts at sight and they were negotiated by The Uri Bank in Seoul together with other documents required in the L/C No. 17812/IMP issued by Lem Bank, Kazakhstan. We trust that you will honor the drafts upon presentation.

We believe this consignment will reach you in good order and hope we will serve you again in the near future.

Yours very truly,

내용해설

수출업자가 수입업자에게 지급조건과 일치하는 일람출급환어음을 발행하고 신용장에서 요구된 서류와 함께 우리은행에 의해 매입되었으므로 제시되지마자 지급이행해달라고 한다.

용어해설

- in compliance with the terms of payment : 대금지급조건과 일치하여
- draw drafts at sight : 일람출급 환어음을 발행하다
- they(drafts) were negotiated by the Uri Bank in Seoul : 환어음은 서울에 있는 우리은행에 의해 매입되었다.
- consignment : 적송품
- honor the drafts upon presentation : 제시되자마자 환어음을 지급이행하다.
- in good order : 좋은 상태로(in good condition)

6 건강식품의 항공선적 통지

Gentlemen :

We are pleased to inform you that we have airfreighted your order No. 213 dated July 17 for 72 cartons of health food by KE901 at 3:00 PM today, and the cargo will arrive at Charles de Gaulle Airport at 20:00 today. The relevant documents are as follows;

1. Commercial invoice in two copies
2. Packing list in two copies
3. A non-negotiable airway bill
4. A certificate of origin
5. Insurance policy in two copies
6. A weight certificate and an inspection certificate

We thank you for this business and trust that this cargo will reach you in good condition and we look forward to receiving your further orders soon.

Yours very truly,

내용해설

수출업자가 건강식품을 프랑스 드골공항으로 항공선적한 다음 수입업자에게 항공스케줄과 항공서류를 통보하고 있는 내용의 통신문이다.

용어해설

- airfreight : 항공선적하다.
- health food : 건강식품
- a weight certificate and an inspection certificate : 중량증명서와 검사증명서

7 선적완료 및 인도회사 통보

Gentlemen :

We inform you that your order No. 342 dated September 30 covering 2,000 bottles of Koreawang Drink(120ml) has been shipped by Adam Abraham which left here in Busan on November 17 and she is scheduled to arrive at Dubai on or about December 10.

Sharjah Warehousing Co., Ltd. will take care of this consignment on arrival at Dubai and they will take every steps required to hand them over to you to your complete satisfaction.

We are sure that you will be quite satisfied with the products reached in good order and that you may place further orders with us in the near future.

Yours faithfully,

내용해설

고려왕 드링크를 선적한 수출업자가 수입업자에게 선박스케줄을 통보하고 제품이 도착한 후 Sharjah Warehousing Co., Ltd.에 의해 인도될 것이라는 내용이다.

용어해설

- take care of : 보관하다.
- on arrival : 도착하자마자
- take every steps required : 필요한 모든 조치를 취하다.
- hand them over to ... : 그들을 ...에게 전달하다.(넘겨주다)
- the goods reached in good order : 좋은 상태로 도착된 제품
- place further orders with us : 당사에게 추가주문하다.

8 선적 및 대금결제 통지

Dear Sirs,

With reference to your order No. 132 dated July 12 for computers, we have shipped the products by CGM Korrigan 2343 sailed on September 23 in Busan. This vessel is scheduled to arrive at Le Havre port on October 25.

We enclose two non-negotiable clean on board bills of lading made out to the order of the issuing bank, a copy of marine insurance policy, two copies of commercial invoice and one copy of inspection certificate as you requested.

To cover this shipment, we have drawn drafts on the issuing bank at 120 days after sight for full invoice value under the L/C and the drafts were presented to KEB Hana Bank together with original documents. We, therefore, ask you to honor the drafts at maturity.

We hope that the products will reach you in good condition and we look forward to your additional orders.

Yours faithfully,

내용해설

수출업자가 컴퓨터를 수입업자에게 선적하고 요청한 대로 선적서류를 동봉함을 통지하고 발행은행을 지급인으로 하는 일람 후 120일 출급 화환어음을 발행하여 선적서류 원본과 함께 KEB 하나은행에 매입을 의뢰하였으며 만기일에 이에 대한 결제를 요청하는 통신문이다.

용어해설

- with reference to ... : ...과 관련하여
- made out to your order : 귀사 지시에 따라 발행된(지시식 선하증권)
- draw drafts on the issuing bank : 발행은행을 지급인으로 하여 어음을 발행하다.
- at 120 days after sight : 일람 후 120일
- honor the drafts at maturity : 만기일에 어음을 결제하다.

9 면도기에 대한 선적통지

Dear Sirs,

We are pleased to inform you that we have shipped the products bearing as follows;

1. L/C No. : KHL 34130
2. Commodity : Electric Razors
3. Quantity : 35,400 pcs
4. Amount : US$25,000.00
5. Date of Departure : October 10, 20xx
6. Vessel Name : Maren Maersk/9206

Enclosed shipping documents :

1. Two copies of commercial invoice
2. Two copies of packing list
3. A non-negotiable clean on board bill of lading
4. One copy of certificate of origin
5. One copy of insurance policy
6. One copy of inspection certificate

We have drawn drafts at sight on the issuing bank for U$25,000.00 and negotiated the documents required through the negotiating bank. We trust that the products will reach you in perfect condition.

Sincerely yours,

내용해설

수출업자가 수입업자에게 전기면도기를 선적한 다음 선적통지를 하고 U$25,000.00에 대해 일람출급 화환어음을 발행하여 거래은행에 매입의뢰했음을 통보하는 통신문이다.

용어해설

- A non-negotiable clean on board bill of lading : 비유통성 무고장선적선하증권
- certificate of origin : 원산지 증명서
- inspection certificate : 검사증명서
- the documents required : 신용장에 명기된 선적서류

10 노동파업으로 인한 선적지연 통지

Dear Sirs,

We are very sorry to inform you that it seems impossible for us to execute your order No. 23 dated March 13 within the stipulated date due to the strike of our local supplier.

There was no doubt that we could ship the products by Trade Luck 023W sailing on May 2.

Our supplier informed us, however, that the work at the factory has been suspending for two weeks because of a temporal strike and it is impossible for them to meet the delivery date.

They estimate, however, that the strike will be over within this week and assure us that they will give us a special priority to deliver the products.

We want you to accept our deep apologies for the inconvenience the delay will cause you.

Very truly yours,

내용해설

예정대로 5월 2일에 출항하는 Trade Luck 023W편으로 선적이 가능하였으나 일시적인 국내 제품공급업자의 공장파업으로 인해 예정대로 선적이 불가능함을 통보하고 지연으로 귀사가 입게 될 불편함에 대해 이해해달라는 내용이다.

용어해설

- due to the strike of our local supplier : 국내 공급자의 파업으로 인하여
- there was no doubt that ... : ...는 의심의 여지가 없었다.
- because of a temporal strike : 일시적인 파업 때문에
- give us a special priority : 당사에게 특별의 우선권을 부여하다.
- the inconvenience that the delay will cause you : 이 지연이 귀사에게 입히게 될 불편함(지연으로 인하여 귀사가 입게 될 불편함)

11 운송파업에 따른 선적지연 통지

Gentlemen :

In order to execute your order No. 142, we went through legal formalities necessary for export and booked the ship's space on the Adam Abraham due to sail on November 19.

Because of transport strike in the southern part of this country, the supplies of raw & sub-materials have been held up and we can not manufacture the products by the end of this week.

Under these circumstances, we may not be able to ship the products by the vessel referred to, and we want you to extend the date of shipment and expiry date by one month respectively.

Of course, we are well aware that the shipment of your products are much overdue the shipment date contracted, but we will make every possible effort to re-book on the first ship available after the strike, which at present seems to be the Golden Gate sailing around December 5.

We apologize for the inconvenience you have been put to and assure you that nothing like this accident will happen in the future.

Yours faithfully,

내용해설

제품생산이 금주 말경에 끝나 11월 9일에 출항하기로 되어 있는 Adam Abraham편으로 선적할 수 있었으나 예기치 않은 운송파업으로 인하여 생산에 차질이 생겨 신용장의 선적일과 유효기일을 각각 1개월 정도 연장해 달라는 내용의 통신문이다.

용어해설

- execute : (주문 등을)수행하다, 이행하다.
- go through legal formalities necessary for export : 수출을 위해 법률적인 절차를 밟다.
- because of transport strike : 운송파업 때문에
- the supplies of raw & sub-materials have been held up : 원부재료의 공급이 지연되어 왔다.
- the vessel referred to : 언급된 선박
- re-book on the first ship available : 이용가능한 첫 선박에 재 예약하다.

8.3 해상보험

1 해상보험의 의의

1) 해상보험의 개념

해상보험(marine insurance)이란 보험자(insurer)가 해상운송 중에 발생하는 물품의 위험을 인수하고 이들 위험에 기인한 손해가 발생할 경우 피보험자(insured)에게 그 손해액을 보상할 것을 계약하고, 피보험자는 그 대가로서 보험료(insurance premium)를 지불할 것을 약속하는 손해보험의 일종이다. 운송기간, 포장상태, 물품의 종류 및 성질 등 해상보험에 영향을 미치는 요인들이 많기 때문에 적절한 보험조건을 선택하여 보험계약을 체결하여야 한다.

표 8-8 해상보험의 정의와 구분

구분	대상	종 류	내 용
보험대상	화주보험	적화보험 (Cargo Insurance)	해상보험의 대상이 화물인 경우로 화물보험이라고 함
	선주보험	선박보험 (Hull Insurance)	해상보험의 대상이 선박인 경우에 해당됨
정의	보험자(insurer)가 해상운송 중에 발생하는 물품의 위험을 인수하고, 이들 위험에 기인한 손해가 발생하였을 경우 피보험자(insured)에게 그 손해액을 보상할 것을 계약하고, 피보험자는 그 대가로서 보험료(insurance premium)를 지불할 것을 약속하는 것		

2) 해상보험의 당사자

(1) 보험자

보험자(insurer, assurer, underwriter)는 보험회사(insurance company)나 개인보험업자(underwriter)와 같이 보험계약을 인수하고, 이에 따라 보험계약자에게 손실보상을 약속하는 당사자를 말한다. 한국에서 보험자는 주식회사만 보험자로 인정하고 있다. 영국은 로이즈(Lloyd's)와 같은 개인도 보험업자가 될 수 있지만 미국은 개인보험회사를 인정하지 않고 있다.

(2) 보험계약자

보험계약자(policy holder)는 보험자와 보험계약을 체결하는 당사자로서 보험자인 보험회사와 보험계약을 체결하고 보험료를 납입하는 당사자이다.

(3) 피보험자

피보험자(insured, assured)는 피보험이익(insurable interest)을 갖는 당사자를 의미한다. 즉 피보험자는 손실이 발생할 경우 계약에 의해 보상을 받을 수 있는 당사자이다.

보험계약자와 피보험자는 동일인이 될 수도 있고 그렇지 않을 수도 있다. FOB규칙이나 CFR규칙인 경우 수입업자가 보험계약자이면서 피보험자이기 때문에 동일인이 된다. 그러나 CIF규칙이나 CIP규칙인 경우 수출업자가 자신을 피보험자로 하여 보험료를 납부하지만, 보험증권에 배서(endorsement)한 다음 수입업자에게 양도하여 결국 수입업자가 보험금의 수취권을 가지게 되기 때문에 보험계약자와 피보험자는 동일인이 아니다.

3) 보험가액과 보험금액

(1) 보험가액

보험가액(insurable value)이란 보험계약이 체결될 수 있는 금액으로서 보험목적물의 실제적인 가치를 말한다. 다시 말해 보험가액은 보험사고가 발생할 경우 피보험자가 입게 되는 손해액의 최고한도이다.

(2) 보험금액

보험금액(insured amount)은 피보험자가 실제로 보험에 가입한 금액으로서 손해발생시 보험자가 부담하는 보상책임의 최고한도액을 말한다. 보험금액은 보험자의 보상액이 되기 때문에 보험산정의 기준이 된다. 보험가액이 높게 책정된다 하더라도 보험금액을 낮게 책정할 경우에는 보상액도 그 만큼 낮게 된다.

4) 피보험이익

선박과 화물은 보험계약의 대상물에 불과하고 보험계약은 이들 보험목적물에 대하여 특정인이 가지는 이해관계를 보호하기 위하여 존재한다. 선박과 화물 등의 보험목적물과 이해관계가 있는 자는 이들 목적물들이 위험에 처할 경우 손해를 입을 수가 있기 때문에 이를 대비하기 위하여 보험계약을 체결한다. 보험계약자는 보험목적물과 경제적인 이해관계가 있기 때문에 보험계약을 체결하고 재산상의 손해를 보상받게 된다. 이와 같이 보험의 목적물에 대하여 특정인이 갖게 되는 경제적 이해관계를 피보험이익(insurable interest)이라고 한다. 다시 말해 보험목적물과 관계가 있는 당사자는 보험목적물이 위험에 노출될 경우 손해를 입을 수 있기 때문에, 이에 대비하여 보험계약을 체결한다. 따라서 당사자는 보험목적물과 이해관계가 있기 때문에 보험계약을 체결하고, 이 계약에 의해서 미래의 사고로부터 재산상의 손해를 보상받을 수 있는 피보험이익을 가지게 된다. "이익이 없는 곳에는 보험이 없다(no interest, no insurance)"는 말과 같이 피보험이익이 존재하지 않으면 보험계약을 체결할 수도 없고, 만일 보험계약의 형식을 갖추었다고 하더라도 그 계약의 효력은 발생될 수 없다. 예를 들어, 화물의 소유자는 보험의 목적물인 화물에 대하여 보험회사에게 보험을 부보하고 해당 화물에 대한 사고가 발생하면 보상을 받는다. 하지만 화물의 소유자가 아닌 제3자가 보험을 부보할 경우에는 동일한 사고에 대하여 보상을 받을 수 없다. 이 경우 화물의 소유자와 보험의 목적물인 화물과 경제적 이해관계가 성립되게 되는데, 이 경제적 이해관계가 바로 피보험이익이다.

2 해상손해

해상손해(marine loss)란 화물, 선박 또는 기타의 보험목적물이 해상위험으로 인하여 피보험이익의 전부 혹은 일부가 멸실 또는 손상되어 피보험자에게 재산상의 불이익이나 경제상의 불이익을 초래하는 것을 의미한다. 일반적으로 해상손해는 크게 물적손해(physical loss), 비용손해(expenses) 및 배상책임손해(liability loss)로 나눌 수 있다.

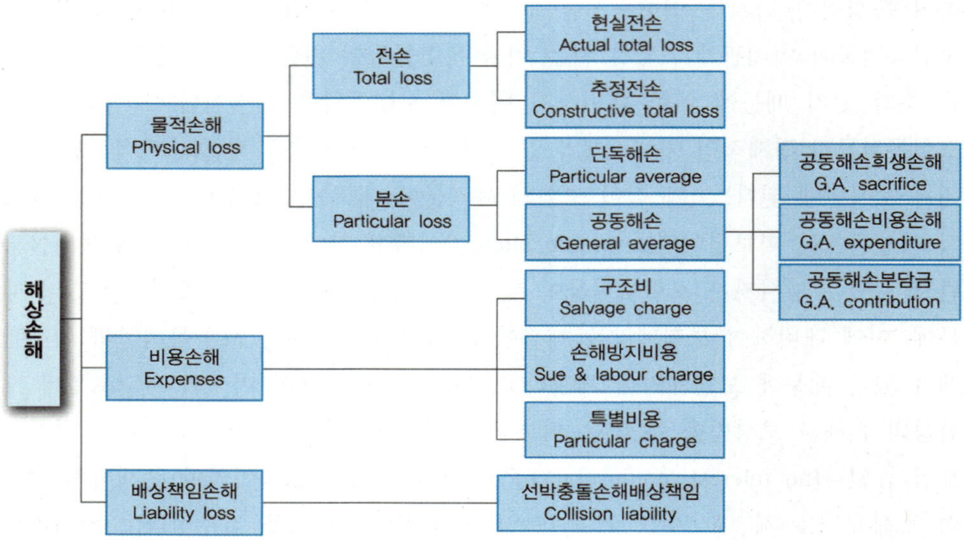

[그림 10-1] 해상손해의 종류

1) 물적손해

물적손해(physical loss)는 선박이나 화물 등의 보험목적물의 멸실이나 손상 등에 의한 손해를 말한다.

(1) 전손

전손(total loss)은 담보위험으로 인하여 보험목적물이 전부 소멸되는 경우를 의미한다. 해상보험에서는 현실전손(actual total loss)과 추정전손(constructive total loss)으로 구분된다.

① **현실전손** : 현실전손(actual total loss)은 보험목적물이 현실적으로 완전히 파괴되거나 부보된 종류의 물건으로서 존재할 수 없을 정도로 심한 손상을 받을 경우 피보험자가 보험목적물을 박탈당하여 회복할 수 없을 경우에 성립된다. 현실전손은 실질적인 멸실(physical destruction), 성질의 상실(alteration of species), 회복 전망이 없는 박탈(irretrievable deprivation), 선박의 행방불명(missing ship) 등이 대표적인 경우이다.

② **추정전손** : 추정전손(constructive total loss)은 보험의 목적물이 현실적으로 전멸한 것은 아니지만 현실전손이라고 보는 것이 불가피하다고 인정되거나, 손

해의 정도가 심하여 그 목적물의 용도에 사용할 수 없거나 또는 수리비가 수리 후 보험목적물이 가지는 시가보다 클 경우에 전손으로 간주하는 것이다.

(2) 분손

분손(partial loss)은 피보험이익의 일부만이 멸실되거나 손상되는 것을 말한다. 분손은 손해의 발생원인에 따라 단독해손과 공동해손이 있다.

① **단독해손** : 단독해손(particular average : P/A)이란 담보위험으로 인하여 발생한 보험목적물의 일부분에 대한 손해를 단독으로 책임지는 손해이다. 예를 들어 폭풍우로 인한 선박의 손상, 화재로 인한 화물의 손상이 있을 경우 선박의 손상은 선주가 단독으로 부담하게 되고, 화물의 손상이 있을 경우 화물의 손상은 화주가 단독으로 부담한다.

② **공동해손** : 공동해손(general average : G/A)이란 보험목적물이 공동의 안전을 위하여 희생되었을 때, 관련 이해관계자들이 비례하여 분담하는 손해이다. 예를 들어 항해 중에 선박이 태풍으로 인하여 서서히 가라앉고 있을 경우, 선장의 책임 하에 선박이 가라앉지 않도록 하기 위해 화물을 바다에 버릴 수 있다. 이 때 바다에 버려진 화물의 손해에 대해 선주는 자신의 선박에 이상이 없다 하더라도 화주와 함께 분담해야 한다.

2) 비용손해

비용손해(expenses)는 화물에 손해가 없더라도 사고에 의한 손해를 경감 또는 방지하기 위하여 지출한 비용이나 사고의 발생에 따라 지출된 비용 등의 손해를 말한다.

3) 배상책임손해

배상책임손해(liability loss)는 피보험선박이 자신의 과실이나 쌍방의 과실로 다른 선박과 충돌하여 피보험선박은 물론 상대 선박의 선주 및 그 화물에 손해를 입게 될 때 피보험자가 책임져야 하는 손해배상금을 보험자가 보상해주는 것을 말한다. 협회화물약관(Institute Cargo Clause : ICC)에 쌍방과실충돌약관(both to blame collision clause)이 있어 선주와 화주의 제3자에 대한 배상책임을 보험자가 보상하도록 하고 있다.

3 협회화물약관(협회적화약관)의 개념과 구성

1) 협회화물약관(협회적화약관)의 개념

(1) 협회화물약관의 정의

해상화물보험(해상적화보험 : marine cargo insurance)과 관련하여 런던보험자협회(Institute of London Underwriters : ILU)가 로이즈 SG 보험증권(Lloyd's S.G. Policy)[8]을 기초로 하여 1912년에 협회화물약관[협회적화약관(Institute Cargo Clause : ICC)]을 제정하였다. 협회화물약관(협회적화약관)이란 해상적화보험의 보상범위에 관한 보험조건을 규정한 것이다. 1962년에 제정된 구약관인 협회화물약관(협회적화약관)은 전위험담보조건(All Risks : A/R)인 ICC(A/R), 분손담보조건(With Average : W/A)인 ICC(WA), 단독해손부담보조건(Free From Particular Average : FPA)인 ICC(FPA)가 있었으나, 1982년 약관 명칭을 ICC(A/R), ICC(WA), ICC(FPA)에서 ICC(A), ICC(B), ICC(C)로 변경되었다. ICC(A)조건은 담보위험의 범위가 가장 넓고 그 다음이 ICC(B), ICC(C)의 순서이다.

1982년부터 운영되어왔던 신협회화물약관은 테러리스트들(terrorists)의 위협 등 해상화물보험시장의 환경변화에 따라 변경되게 되었다. 그 동안 영국에서 협회약관을 주도적으로 제정해 왔던 런던보험자협회(ILU)는 1998년 런던 국제보험 및 재보험시장연합과 합병하여 런던국제보험인수협회(International Underwriting Association of London : IUA)로 새로 탄생하게 되었다. 영국국제보험인수협회는 로이즈보험시장협회(Lloyds Market Association : LMA)와 합동화물위원회(Joint Cargo Committee : JCC)를 구성한 후 3년 동안의 준비과정을 거쳐 1982년 ICC를 개정하여 2009년 협회화물약관(ICC 2009)을 공표하고 2009년 1월 1일부터 사용하도록 하였다.

(2) 협회화물약관의 구성

2009년 신약관은 1982년 협회화물약관[협회적화약관 ; Institute Cargo Clause (ICC)]의 ICC(A), ICC(B), ICC(C)약관의 기본체제에는 변함이 없고 각 약관에 대한 위험약관의 내용도 동일하다. 다만, 면책조항의 적용범위의 축소, 보험담보기간의 확장,

---

8) 로이즈SG보험증권(Lloyd's S.G. Policy)은 1779년에 작성된 로이즈의 표준양식보험증권을 말한다. S.G.는 선박(Ship)과 물품(Goods)을 의미하는 것으로 선박보험과 화물보험(적화보험)을 포함하는 것이다.

테러행위의 위험에 대한 정의추가, 약관의 용어의 변경 등이 이루어졌다. 아울러 면책(제4조~제7조), 보험(제15조), 지연의 회피(제18조), 법률과 집행(제19조)에서 조항명만 삭제되었다.

표 8-9 협회화물약관(ICC)의 분류(2009년 신약관)

구 분	조항	내 용
담보위험 (Risks Covered)	1 2 3	위험약관(Risks Clause) 공동해손약관(General Average Clause) 쌍방과실충돌약관(Both to Blame Collision Clause)
면책 (Exclusions)	4 5 6 7	조항명이 삭제됨
보험기간 (Duration)	8 9 10	운송약관(Transit Clause) 운송계약종료약관(Termination of Contract of Carriage Clause) 항해변경약관(Change of Voyage Clause)
보험금 청구 (Claims)	11 12 13 14	피보험이익약관(Insurable Interest Clause) 계반비용약관(Forwarding Charges Clause) 추정전손약관(Constructive Total Loss Clause) 증액약관(Increased Value Clause)
보험이익 (Benefit of Insurance)	15	조항명이 삭제됨
손해경감 (Minimizing Losses)	16 17	피보험자의무약관(Duty of Assured Clause) 포기약관(Waiver Clause)
지연의 회피 (Avoiding of Delay)	18	조항명이 삭제됨
법률 및 관행 (Law and Practice)	19	조항명이 삭제됨

주 : 1982년 약관에서는 각 조별로 약관이름이 있었지만 2009년 신약관에서는 약관명칭이 혼란을 줄 수 있다는 이유로 삭제한 조문이 있고, 특히 면책조항 관련 약관은 모두 이름이 삭제되었다.

2) 협회화물약관(협회적화약관)의 보상범위

(1) 담보위험

1) ICC(A)

협회화물약관 A[Institute Cargo Clause(A) : ICC(A)]는 구 보험조건인 전위험담보조건[ICC(A/R) : ICC(All Risks)]과 유사한 약관으로 포괄책임주의를 채택하고 있다. 따라서 ICC(A)는 약관에 규정한 면책위험을 제외하고 보험의 목적에 따른 멸실 또는 손상의 일체의 위험을 담보한다.

제1조(담보위험)는 보험자의 담보범위를 규정하고 있는 약관으로 제4조에서 제7조에 열거된 면책위험을 제외하고 보험자가 보상한다.

제2조는 공동해손 및 구조비를 보험자가 보상한다는 내용으로 공동해손으로 피보험자가 부담해야 할 공동해손분담금이 있으면 보험자가 부담한다.

제3조는 쌍방과실충돌약관으로 보험자의 손해보상범위를 확장하여 선하증권의 쌍방과실충돌약관에 의하여 피보험자가 부담해야 할 금액 중 보험증권에서 보상받을 수 있는 손해에 관한 부분을 보험자가 부담해 줄 것을 규정하고 있다.

(2) ICC(B)

협회화물약관 B[Institute Cargo Clause(B) : ICC(B)]는 구 보험조건인 분손담보조건[ICC(WA) : ICC(With Average)]과 유사한 약관으로 열거책임주의를 채택하고 있다. 담보위험과 관련하여 협회화물약관 제1조에서 규정된 11가지의 위험만을 담보한다.

(3) ICC(C)

협회화물약관 C[Institute Cargo Clause(C) : ICC(C)]는 구 보험조건인 분손부담보조건[ICC(FPA) : ICC(Fee From Particular Average)]과 유사한 약관으로 열거책임주의를 채택하고 있다. 협회화물약관 제1조에서 규정된 11가지 위험 중 다음을 제외하고는 나머지는 ICC(A)와 동일하다.

① 갑판유실
② 본선·부선·선창·운송용구·컨테이너 또는 보관장소에 해수·호수·하천수의 유입
③ 본선·부선에 적재 또는 이들로부터 양륙 중 수몰 또는 낙하한 포장단위당 전손
④ 제1조에서 규정된 11가지 이외의 일체의 위험

표 8-10 각 조건별 담보위험(2009)

약관 조항	담 보 위 험	포괄 책임	열거 책임	
제1조	다음 사유와 상당인과관계가 있는 멸실·손상	A	B	C
	① 화재·폭발	O	O	O
	② 본선·부선의 좌초·교사·침몰·전복	O	O	O
	③ 육상운송용구의 전복·탈선	O	O	O
	④ 본선·부선·운송용구의 타물과의 충돌·접촉	O	O	O
	⑤ 조난항에서의 화물의 양륙하역	O	O	O
	⑥ 지진·분화·낙뢰	O	O	x
	다음 사유로 인한 멸실·손상			
	⑦ 공동해손희생	O	O	O
	⑧ 투하	O	O	O
	⑨ 갑판유실	O	O	x
	⑩ 본선·부선·선창·운송용구·컨테이너 또는 보관장소에 해수·호수·하천수의 유입	O	O	x
	⑪ 본선·부선에 적재 또는 이들로부터 양륙 중 수몰 또는 낙하한 포장단위당 전손	O	O	x
	⑫ 상기 이외의 일체의 위험	O	x	x
제2조	⑬ 공동해손 및 구조비(면책위험과 관련된 것 제외)	O	O	O
제3조	⑭ 쌍방과실충돌	O	O	O

표 8-11 각 조건별 면책위험(2009)

약관	면 책 위 험	A	B	C
제4조	① 피보험자의 고의적인 불법행위	x	x	x
	② 통상의 누손·중량 또는 용적의 통상의 감소·자연소모	x	x	x
	③ 포장 또는 포장준비의 불완전·부적합	x	x	x
	④ 물품 고유의 하자·성질	x	x	x
	⑤ 지 연	x	x	x
	⑥ 본선 소유자·관리자·용선자 또는 운항자의 지급불능 또는 채무불이행	x	x	x
	⑦ 어떤 자의 불법행위에 의한 의도적인 손상 또는 파괴	O	x	x
	⑧ 원자핵무기에 의한 손해	x	x	x
제5조	⑨ 피보험자 또는 그 사용인이 인지하는 선박의 내항성 결여·부적합	x	x	x
제6조	⑩ 전쟁파업(특약으로 부보가능)	x	x	x
제7조	⑪ 동맹파업(특약으로 부보가능)	x	x	x

주 : x표시는 면책을 의미하고, O 표시는 담보되는 것을 의미함

3) 면책위험

면책위험은 일반면책, 불내항 및 부적합면책, 전쟁면책 및 동맹파업면책으로 구분된다.

4) 보험기간

(1) 위험의 개시시기

보험의 개시는 보험의 목적물이 창고 또는 보험계약에서 지정된 보관장소에서 운송의 개시를 위하여 운송차량 또는 그 밖의 운송용구에 즉시 적재할 목적으로 최초로 이동된 때로부터 개시된다. 해상화물보험에서 해상보험의 담보 개시시점은 운송약관에 따라 화물이 보험증권에 기재된 지역의 창고 또는 보관장소에서 운송개시를 위해 떠날 때부터이며 '통상의 운송과정(ordinary course of transit)' 중에도 계속된다. 따라서 적재를 위하여 창고 내에서 이동 중 화물이 손상될 경우에 보상되는 것으로 해석된다.

(2) 위험의 종료시기

위험의 종료시기와 관련하여 이전의 운송약관에서는 수화인의 최종 창고에 인도할 때였으나 2009년 개정약관에서는 최종창고에서 운송차량으로부터 양륙이 완료되었을 때로 변경되었다. 해상위험이나 동맹파업위험에 적용되는 보험의 종료시기는 다음 네 가지 중 가장 먼저 발생한 때이다.

① 보험계약에 기재된 목적지의 최종 창고 또는 보관창고에서 운송차량 또는 기타 운송용구로부터 양륙이 완료된 때
② 통상적인 운송과정상의 보관이 아닌 보관을 위해서, 또는 할당 및 분배를 위하여 기타의 창고에서 양륙이 완료된 때
③ 통상의 운송과정이 아닌 보관을 위해 운송차량 또는 기타 운송용구 또는 컨테이너를 사용하고자 선택한 때
④ 양륙항에서 본선으로부터 양륙완료 후 60일이 경과한 때

전쟁위험과 관련하여서는 2009년 개정 협회전쟁약관 제5조의 운송약관에서 다음 중 어느 것이든 먼저 발생한 때를 보험기간으로 규정하고 있다.
① 화물이 본선에 적재된 때부터 양륙될 때
② 본선이 최종 양륙항 도착 후 15일이 경과한 때

8.4 보험 관련 상담사례

1 보험회사에 보험요율문의와 회신

1) 최저요율문의

Gentlemen :

We will ship 500 computers by Dong-jin V-103 which is due to sail from Busan on April 12 to Long beach port in USA.

We, therefore, ask you to quote us your lowest rate for marine insurance ICC(C) for 110% of the invoice amount of US$600,000.

Your prompt reply to this e-mail would be highly appreciated.

Very truly yours,

내용해설

500대의 컴퓨터 US$600,000에 대해 부산에서 Long beach항까지의 ICC(C)조건으로 최저요율을 문의하는 내용이다.

용어해설

- be due to ... : ...할 예정인
- marine insurance : 해상보험
- ICC(C) : 협회화물약관 C약관 [(Institute Cargo Clause(C))

2) 회신

Dear Mr. Whang,

In response to your e-mail dated April 4, we are glad to quote you the rate of Marine insurance at 0.3 percent for a total cover of U$660,000 for computers.

Considering the rates quoted by our competitors, you will find that the rate we are offering is exceptionally low.

We are sure that you would be satisfied with our insurance rate and we look forward to serving you.

Yours truly,

내용해설

요청한 보험요율에 대해 보험요율을 견적하면서 경쟁사의 요율들을 고려할 때 자신의 요율이 특별히 낮다는 것을 강조하고 있다. 수출업자가 자신의 보험요율에 대해 만족할 것으로 확신하며 봉사할 수 있기를 고대하고 있다.

용어해설

- we are glad to quote you the rate of marine insurance at,,, : 당사는 귀사에게 ...에 해당하는 보험요율을 견적하게 되어 기쁘다.
- the rate we are offering is exceptionally low : 당사가 청약하는 요율은 특별히 낮다.

3) 회화

Whang : We'd like to ask you to quote us the rate of Marine insurance.
Jackson: Can you tell us what products are?
Whang : They are computers developed for export only by our company.
Jackson: What's the value of the products?
Whang : They are valued at U$600,000.
Jackson: Do you want them to be quoted on ICC(B) including war risk?
Whang : No. We want to know the rate on ICC(C)
Jackson: Okay, We can quote you at 0.3 percent.
Whang : Can't you do better than that?
Jackson: That's the best rate you can get from us and nobody can beat us at this rate.
Whang : Is that so? We'll accept it.

황　: 당사는 귀사에게 해상보험요율을 견적하도록 요청하고 싶습니다.
젝슨 : 제품이 무엇인지 말씀해 주시겠습니까?
황　: 당사에서 단지 수출용으로 개발된 컴퓨터입니다.
젝슨 : 제품가격이 어떻습니까?
황　: U$600,000가치가 됩니다.
젝슨 : 전쟁위험을 포함한 분손담보조건[ICC(B)]으로 견적되기를 원하십니까?
황　: 아닙니다. 분손부담보조건[ICC(C)]의 요율을 알고 싶습니다.
젝슨 : 알겠습니다. 0.3 percent로 견적해 드리겠습니다.
황　: 더 이상 잘 해 주실 수 없습니까?
젝슨 : 당사로부터 받을 수 있는 최상의 요율입니다. 이 요율에서 그 누구도 당사를 능가할 수 없습니다.
황　: 그렇습니까? 수락하겠습니다.

용어해설

- developed for ... : ...을 위해 개발된
- can't you do better than that? : (보다 낮은 요율으로) 더 이 이상 잘 해 주실 수 없습니까?
- nobody can beat us : 그 누구도 당사를 능가할 수 없다(당사가 제일이다)

2 보험계약 신청과 회신

1) 계약신청

Gentlemen,

As for the shipment of used furniture by Arirang due to leave for Darkar in Senegal on the 21st of May, our partner, Socida Ltd, decided to effect an insurance on the products as the contract is based on FOB.

They instructed us to effect a marine insurance with you on ICC(B) including War Risks at the rate which was mutually agreed upon by both of you.

One copy of commercial invoice and packing list are attached for your reference. Please effect an insurance for US$150,000 and send us marine insurance policy in duplicate and some copies together with your invoice for the insurance premium.

Very truly yours,

내용해설

수출업자가 보험회사에게 보험부보신청하는 내용이다. 수출업자가 수입업자와 FOB규칙으로 계약했기 때문에 수입업자인 Socida사가 보험을 부보하기로 결정하고 수출업자에게 수입업자와 보험사간에 합의된 요율로 전쟁약관을 포함한 ICC(B)약관으로 보험을 대신 부보하도록 지시했다고 알려주고 있다.

용어해설

- as for ... : ...에 대해서
- to effect an insurance on : (보험을) 부보하다(to cover an insurance on, to make an insurance on, to open an insurance on, to undertake the insurance of, to insure)
- including war risks : 전쟁약관을 포함하여
- insurance premium : 보험료

2) 보험회사의 부보회신

Gentlemen,

As you requested in your e-mail of October 22, marine insurance has been effected for U$250,000 on 20pcs of furniture at the rate of 0.21 percent from Busan, Korea to Dakar, Senegal ICC(B) including war risks.

We will send you marine insurance policy in duplicate with the statement of premium in a few days.

Yours faithfully

내용해설

보험회사는 요청한대로 부산항에서 세네갈 Darkar항까지 전쟁위험약관을 포함하여 협회화물약관 B약관으로 가구 20개, 미화 250,000불에 대해 0.21% 요율로 보험이 부보되었음을 통보하고 며칠 내로 보험증권과 보험료 명세서를 송부하겠다는 내용이다.

용어해설

- marine insurance has been effected for ... : ...에 대해서 해상보험이 부보도; 었다
- marine insurance policy in duplicate : 해상보험증권 2부
- the statement of premium : 보험료 명세서

3) 전손담보조건으로 부보요청

Gentlemen,

We would like to effect an insurance with your company at the rate you quoted us yesterday on the products for the sum of USD85,000.00

The products will be loaded on Choyang Sun V-353S waiting at the dock No.3 for sailing on December 3.

We want you to cover us on ICC(A) and deliver the marine insurance policy to us as soon as it is ready.

Very truly yours,

내용해설

수출업자는 보험회사가 어제 견적한 보험요율로 계약하기로 결정하고 보험을 전손담보조건[ICC(A)]으로 부보할 것을 요청하며, 보험증권이 준비되자마자 인도해달라고 하는 내용이다.

용어해설

- effect an insurance with your company at the rate you quoted : 귀사가 견적한 요율로 귀사에게 보험을 부보하다
- all risks : 전손담보조건[ICC(A)]
- Choyang Sun V-353S waiting at the dock No.3 for sailing on December 3. : 12월 3일 출항을 위해 제3부두에 대기하고 있는 Choyang Sun V-353S호

4) 수출업자의 보험계약체결 통보

Gentlemen,

According to your instructions, we duly have made an insurance contract with First Fire & Marine Insurance Co., Ltd. at 0.352 percent for U$9,490, ICC(B) including T.P.N.D. on 4 sets of Press for Woven Fabric shipped by Golden Gate on last Friday from Busan to Osaka, Japan.

The rate at which we covered is the best rate of premium at present here and we paid insurance premium on behalf of you and please send us same amount later.

Yours faithfully,

내용해설

수입업자의 요청으로 수출업자는 수입업자를 대신하여 보험회사와 최저요율로 보험계약을 체결한 후 보험금을 대신 납부한 후 수입업자에게 동 금액을 송부하라는 내용이다.

용어해설

- according to your instructions : 귀사의 지시에 따라서
- T.P.N.D. : Theft(절도), Pilferage(발하), Non-delivery(부도착)의 위험을 담보하는 보험조건
- the rate at which we covered is the best rate of premium : 당사가 부보한 요율은 최상의 보험요율이다
- we paid insurance premium on behalf of you : 당사는 귀사를 위하여 보험료를 지불했다

5) 보험회사에 대한 보험금 청구

Gentlemen,

We would like to inform you that skin care cosmetics were delivered in bad condition as you see in the survey report attached to this e-mail.

Of course, we filed our claim with the shipping company concerned, but they rejected our claim notifying that they were not liable for this matter.

In accordance with insurance clauses, we don't have any choice but to ask you to send us U$30,000 to compensate for the loss we have.

We will send you the following relative documents for your reference.

1. Marine Insurance Policy No. : 02-3-A-1004209
2. Ocean Bill of Lading No. : SEO/014451
3. Loading Port : Busan, Korea
4. Discharging Port : Hamburg, Germany
5. Discharging Date : Oct. 21, 19xx
6. Commercial Invoice No. : K5225F(01)
7. E-mails with the shipping company
8. A survey Report

내용해설

수입한 기초화장품이 손상되어 선박회사에게 클레임을 제기하였으나 선박회사가 이 문제에 대해 책임이 없다고 통보하면서 거절하였기 때문에 보험약관에 따라 수입업자가 입은 손실보상을 위해 미화 30,000불을 보내달라는 내용이다.

용어해설

- skin care cosmetics : 기초화장품, cf) make-ups : 색조화장품
- file a claim with ... : ...에게 클레임을 제기하다
- they rejected our claim notifying that ... : 그들은 ...라고 통지하면서 당사의 클레임을 거절하였다
- a survey report : 조사보고서
- be liable for ... : ...에 대한 책임이 있다.
- do not have any choice but to ... :...하지 않을 수 없다
- compensate for the loss we have. : 당사가 입은 손실을 보상하다

8.5 선적 및 보험 관련 기타 표현

1) 선적 및 선적통지

- We are glad to inform you that the products you placed an order with us are ready for shipment.
- This is to inform you that your order of May 20 has been shipped today by Arirang which is leaving for New York on July 3.
- Please be advised that 2,000 sets of soaps have been shipped by "Golden Gate" which is scheduled to sail from Busan to Hamburg tomorrow.
- We would appreciate it if you quote your rate for ocean freight and send us details of your sailings and the time usually taken for the voyage.
- We are pleased to confirm receipt of your order dated January 20 and advise you that dispatch will be made by "Jail" around February 15.
- The voyage to Hamburg normally takes fifteen days and the freight rate for the products is USD100 per CBM.
- Your order No. 4 for 1,000 pcs of computers has been shipped by "Wang Chang" which left here today.
- Against this shipment. we have drawn drafts at sight for USD50,000 under the L/C No. 08991 with relative documents attached.
- We are sorry to advise you that the shipment covering your order for 20,000 pcs of lamps don't seems to be executed within the time stipulated because of

labor strikes in our company.

- We hope the products will reach you in good condition and await your further orders.
- We thank you for your order this time and believe the products will reach you safely and hope they will give you a complete satisfaction.
- We trust the consignment will arrive in good order and give you a complete satisfaction.
- We have handed the documents to the Woori Bank in Seoul to release them to you against payment through the issuing bank in your city.

2) 보험

- Please quote your lowest ICC(C) rate for shipment of automobiles from Busan, Korea to New York, U.S.A.
- We would be grateful if you could quote a rate covering ICC(A) from Kobe to Busan.
- Please quote us your lowest rate for marine insurance ICC(C) on the shipment of 300 cases canned products, valued at USD10,000 by the "Arirang" from Busan to Darkar, Senegal.
- Please cover 110% of commercial invoice value for 1,000 pcs of electric machinery on Institute Cargo Clause(B) including war risks.
- We are pleased to advise you that we have effected an insurance for USD200,000 on the products.
- We request you to do your best to cover a cargo insurance at the best possible terms.
- Please effect a cargo insurance for USD100,000 on ICC(B) including breakage at the best possible rate and send us the policy in duplicate together with a bill for the premium.

연 습 문 제

1. 컴퓨터 100대에 대한 귀 주문품은 10월 4일 부산항 출항예정인 "Trade Luck V-12"에 선적될 예정임을 알려 드립니다.

   해설 부산항 출항예정인 : leaving Busan, scheduled to leave Busan, 알려 드리다 : We are glad to inform you that

2. 이미 남성용 가죽자켓 1,000벌을 부산항을 출발하여 Long Beach항으로 가는 "Golden Gate"편으로 선적하였음을 통지합니다.

   해설 남성용 가죽자켓 : men's leather jacket,

3. 국내 하청업체들이 원료납품을 지연시켜 귀사의 주문번호 213은 예정대로 선적될 수 없음을 알려드리게 되어 죄송합니다.

   해설 하청업체 : a subcontractor, 원료 : raw materials, 납품지연 : a delay in delivery, 예정대로 : as scheduled

4. 귀사 주문번호 12를 수행하기 위하여 당사는 제품정비를 시작했으며 10월 30일 출항 예정인 "Arirang"호에 대한 선복을 예약했습니다.

   해설 수행하기 위하여 : in order to execute, 제품정비를 시작하다 : start arranging the products, 선복을 예약하다 : book on the freight space.

5. 공장의 일시적인 파업으로 인하여 귀사 주문에 대한 선적은 약정된 기간 내에 이행되기 불가능할 것 같다는 것을 통보하게 되어 죄송합니다. 선적일과 유효기일을 각각 20일씩 연장해 주시기를 바랍니다.

   해설 주문에 대한 선적 : the shipment of your order, 이행되기 불가능할 것 같다 : seems impossible to be executed, 공장의 일시적인 파업 : a temporal strike at the factory, 선적일 : shipping date, 유효기일 : validity

6. 파업은 이번 주 이내에 끝날 것으로 예상하고 있으며 파업이 끝나는 대로 귀사 제품을 선적하기 위해 특별 우선권을 부여할 것입니다.

   해설 이번 주 이내 : within this week, 특별 우선권을 부여하다 : give a special priority

7. 요청하신대로 선적선하증권, 상업송장, 포장명세서, 보험증권, 검사증명서 사본을 각각 1부씩 보내드리겠습니다.

   해설 요청하신대로 : as you requested, 선적선하증권 : shipped bill of lading(on board bill of lading)

9 CHAPTER 무역결제서류 (Documents)

9.1 무역결제서류의 의의

1 무역결제서류의 개념과 종류

1) 무역결제서류의 개념

무역결제서류는 기본서류인 상업송장(commercial invoice), 운송서류 및 보험서류와 부속서류인 송장부속서류(포장명세서 등), 공용증명서류, 품질증명서류 및 기타 부속서류를 포함한 모든 문서를 의미한다. 신용장통일규칙(UCP 600)에서는 단순히 "서류"(documents) 또는 "요구되는 서류"(documents required)라고 표기하고 있을 뿐 선적서류(shipping documents)의 개념이 사용되고 있지 않다. 다만 환어음을 제외한 모든 서류를 규정하고 있다. 국제표준은행관행(International Standard Banking Practice : ISBP)에서는 "선적서류(shipping documents)는 신용장에 의하여 요구된 환어음을 제외한 운송서류 뿐만 아니라 모든 서류를 말한다"라고 규정하고 있다. 추심에 관한 통일규칙(URC 522)에서는 서류를 금융서류(환어음·약속어음·수표 또는 기타 금전의 지급을 받기 위하여 사용되는 기타 이와 유사한 증서) 및/또는 상업서류(상업송장·운송서류·권리증권 또는 이와 유사한 서류 또한 기타 금융서류가 아닌 일체의 서류)를 의미한다고 규정하고 있다.

2) 무역결제서류의 종류

(1) 기본서류

- **무역결제서류**
  - 기본서류
    - 상업송장(Commercial Invoice)
    - 운송서류
      - 해상운송서류
        - 해상/해양선하증권(Marine/Ocean B/L)
        - 해상화물운송장(Sea Waybill)
      - 항공운송서류
        - 항공화물운송장(Air Waybill)
        - 항공화물수탁서(Air Consignment Note)
      - 육상운송서류
        - 도로화물수탁서(Road Consignment Note)
        - 철도화물수탁서(Railway Consignment Note)
      - 내수로운송서류(Inland Waterway Transport Document)
      - 복합운송서류
        - 복합운송선하증권(Multimodal Transport B/L)
        - 국제운송주선인연맹복합운송선하증권 (FIATA Combined Transport B/L)
      - 기타운송서류
        - 우편수령증, 우송증명서 (Post Receipt, Certificate of Posting
        - 특송화물수령증(Courier Receipt)
    - 보험서류
      - 해상보험증권(Marine Insurance Policy)
      - 보험증명서(Certificate of Insurance)
  - 임의서류
    - 송장부속서류
      - 포장명세서(Packing List)
      - 중량 및 용적증명서(Certificate of Weight and Measurement)
    - 공용증명서류
      - 원산지증명서(Certificate of Origin)
      - GSP원산지증명서(GSP C/O)
      - 영사송장/세관송장(Consular Invoice/Customs Invoice)
    - 품질증명서류
      - 검사증명서(Inspection Certificate)
      - 위생증명서(Health Certificate)
      - 검역증명서(Quarantiine Certificate)
    - 기타부속서류
      - 차변표(Debit Note)
      - 대변표(Credit Note)

기본서류에는 크게 ① 상업송장, ② 운송서류, ③ 보험서류로 구분된다. 운송서류(transport documents)는 본선적재(loading on board), 발송(dispatch), 또는 복합운송의 경우 수탁(taking in charge) 등 물품인도의 증거를 나타내는 서류를 말한다. 운송서류에는 해상운송서류, 항공운송서류, 육상운송서류, 내륙수로운송서류, 복합운송서류 및 기타 운송서류로 구분된다.

(2) 임의서류

임의서류에는 ① 송장부속서류(포장명세서, 용량 및 용적증명서), ② 공용증명서류(원산지증명서 등), ③ 품질증명서류(검사증명서, 위생증명서 등) 등으로 구분된다.

2 기본서류

1) 상업송장

상업송장(commercial invoice)이란 수출업자가 수출거래의 구체적인 내용을 기재하여 수입업자 앞으로 보내는 매매거래의 명세서이다. 선하증권이나 보험증권과 같이 구체적인 권리를 나타내는 것은 아니지만 수출업자에게는 물품의 선적, 출하안내서 및 선적화물의 가격계산서, 수입통관시의 과세자료로서 물품대금이나 비용의 역할을 하며 신용장 거래시에는 필수구비서류로 취급된다. 한편, 수입업자에게는 수입계산서 역할을 하며 수입지에서 수입통관할 때 필요한 서류이다. 즉 물품의 적요서, 선하증권 및 보험증권이 계약과 일치되었음을 증명하는 서류의 역할, 매매계약서 및 대금청구서의 역할, 수입통관시의 과세자료의 역할을 한다.

송장은 용도에 따라 상거래용으로 사용되는 상업송장(commercial invoice)과 영사관이나 세관용으로 작성되는 공용송장(official invoice)으로 구분된다.

2) 운송서류

운송서류(transport documents)는 운송물품의 적재(loading on board), 발송(dispatch) 또는 복합운송의 경우 수탁(taking in charge)을 표시하는 서류를 말한다.

(1) 선하증권

선하증권의 수리요건은 신용장통일규칙(UCP 600) 제20조에서 규정하고 있다.

표 9-1 선하증권의 수리요건(UCP 600 제20조)

구 분	선 화 증 권
서류의 명칭	• 선하증권은 그 명칭에 관계없이 아래와 같이 보여야 함
운송인의 명칭표기 및 서명방법	• 운송인의 명칭이 표시되고 운송인, 선장 또는 이들 대리인에 의하여 서명된 것 • 서명은 서명자가 운송인, 선장 또는 대리인인지 표기될 것 • 대리인의 서명의 경우 운송인을 대리한 것인지, 선장을 대리한 것인지의 명확한 표시
선적의 표시	• 신용장에 명기된 적재항에서 물품이 지정선박에 본선선적되었음을 사전인쇄된 문언이나 본선적재되었음을 명시한 것
적재항 및 양륙항의 표시	• 신용장에 명시된 적재항에서 양륙항까지의 선적이 표시된 것 • 신용장에 명시된 선적항을 표시하고 있지 않거나 선적항에 관하여 "예정된(intended)" 또는 이와 유사한 제한을 명시한 경우 신용장에 명시된대로 선적항을 표시하고 있는 본선적재필부기, 선적일 및 선박명을 기재할 것
서류의 제시통 수	• 선하증권상에 표시된대로 전통일 것(단일의 원본 또는 2통 이상의 원본으로 발행된 경우 선하증권에 표시된대로 전통일 것)
약식/배면백지식 서류	• 운송의 제조건을 포함하고 있거나 운송의 제조건을 포함하는 다른 자료를 참조하도록 표시하는 약식/배면백지식 선하증권
용선계약의 금지	• 용선계약에 따른다는 표시가 없을 것
환적의 정의	• 환적이란 신용장에 명기된 적재항으로부터 양륙항까지의 운송과정 중 한 선박으로부터 양륙하여 다른 선박으로 재적재
환적의 허용여부	• 신용장에서 환적을 금지하더라도 물품이 선하증권에 의하여 입증된대로 컨테이너, 트레일러 또는 레쉬선에 선적된 경우에는 환적이 행해질 것이라거나 또는 행해질 수 있다고 표시하고 있는 선하증권은 수리됨. 다만, 전 운송은 동일한 선하증권에 의하여 커버될 것
환적유보조항무시	• 운송인이 환적할 권리를 유보한다고 명기하고 있는 조항이 있는 선하증권은 무시됨

(2) 항공운송서류

무역화물을 항공으로 운송하는 경우에 발급되는 운송서류가 항공화물운송장(Air Waybill ; AWB)이다. 항공화물운송장은 항공회사가 화물을 인수하는 시점에서 발급되는 운송서류이며, 단순한 탁송증거로서의 역할을 할 뿐 선하증권과 달리 유가증권으로서의 성질을 가지지 못하여 기명식, 수취식으로 발행된다. 신용장통일규칙(UCP 600) 제23조에 항공운송서류(Air Transport Document)의 수리요건이 규정되어 있다.

표 9-2 항공운송서류의 수리요건(UCP 600 제23조)

구 분	항공운송서류
서류의 명칭	① 복합운송서류는 그 명칭에 관계없이 아래와 같이 보여야 함
운송인의 명칭표기 및 서명방법	• 운송인의 명칭이 표시되고 운송인, 선장 또는 이들 대리인에 의하여 서명된 것 • 서명은 서명자가 운송인, 선장 또는 대리인인지 표기될 것 • 대리인의 서명의 경우 운송인을 대리한 것인지, 선장을 대리한 것인지의 명확한 표시
선적의 표시	• 물품이 운송을 위해 인수되었음을 표시한 것
발행일의 표시	• 발행일이 표시되어야 함
출발공항 및 양륙공항의 표시	• 신용장에 명기된 출발공항과 양륙공항이 표시될 것
서류의 제시통 수	• 신용장에서 전통이 요구되더라도 탁송인(consignor)혹은 송화인(shipper)용 원본이 제시될 것
약식/배면백지식 서류	• 운송의 제조건을 포함하고 있거나 운송의 제조건을 포함하는 다른 자료를 참조하도록 표시하는 약식/배면백지식 항공운송서류(운송의 제조건은 심사되지 않음)
환적의 정의	② 환적이란 신용장에 명기된 출발공항으로부터 목적공항까지의 운송과정 중 한 항공기로부터 양화하여 다른 항공기로 재적재
환적의 허용여부	③ 신용장에서 환적을 금지하더라도 은행은 환적이 행해질 것이라거나 또는 행해질 수 있다고 표시하고 있는 항공운송서류를 수리함. 다만, 전 운송은 동일한 항공운송서류에 의하여 커버될 것

(3) 복합운송서류

복합운송서류(combined transport documents)는 운송화물의 수취로부터 인도시까지 적어도 두 가지 이상의 서로 다른 운송방식이 이용되고 최초의 운송인이 전구간의 운송에 대하여 단일책임을 지고 발행하는 운송증권이다. 신용장통일규칙(UCP 600) 제19조에서 복합운송서류의 수리요건을 규정하고 있다.

표 9-3 복합운송서류의 수리요건(UCP 600 제19조)

구 분	복합운송서류
서류의 명칭	• 복합운송서류는 그 명칭에 관계없이 아래와 같이 보여야 함
운송인의 명칭표기 및 서명방법	• 운송인의 명칭이 표시되고 운송인, 선장 또는 이들 대리인에 의하여 서명된 것 • 서명은 서명자가 운송인, 선장 또는 대리인인지 표기될 것 • 대리인의 서명의 경우 운송인을 대리한 것인지, 선장을 대리한 것인지의 명확한 표시
선적의 표시	• 신용장에 명기된 장소에서 물품이 발송, 수탁 또는 본선선적되었음을 사전인쇄된 문언이나 본선적재되었음을 명시한 것
수탁지의 최종목적지의 표시	• 신용장에 명시된 발송, 수탁, 또는 본선적재지 및 최종목적지가 명기된 것 • 운송서류가 선박, 적재항 또는 양륙항에 관하여 "예정된(intended)" 또는 이와 유사한 제한을 명시한 경우 신용장에 명시된대로 발송, 수탁 또는 본선적재지 및 최종목적지를 표시하고 있는 것
서류의 제시통 수	• 선하증권상에 표시된대로 전통일 것(단일의 운송서류 원본 또는 2통 이상의 원본으로 발행된 경우 운송서류상에 표시된대로 전통인 것)
약식/배면백지식 서류	• 운송의 제조건을 포함하고 있거나 운송의 제조건을 포함하는 다른 자료를 참조하도록 표시하는 약식/배면백지식 운송서류(운송의 제조건은 심사되지 않음)
용선계약의 금지	• 용선계약에 따른다는 표시가 없을 것
환적의 정의	• 환적이란 신용장에 명기된 발송, 수탁 또는 선적지로부터 최종목적지까지의 운송과정 중 한 운송수단으로부터 양륙하여 다른 운송수단으로 재적재
환적의 허용여부	• 신용장에서 환적을 금지하더라도 은행은 환적이 행해질 것이라거나 또는 행해질 수 있다고 표시하고 있는 복합운송서류를 수리함. 다만, 전 운송은 동일한 복합운송서류에 의하여 커버될 것

3 임의서류

1) 포장명세서

포장명세서(packing list)는 선적화물의 포장방법, 각 포장단위별 내용명세, 순중량, 총중량, 용적, 화인, 포장번호 등을 명시한 것으로 송장의 내용을 보완해주는 서류이다. 선적화물을 조회하는 경우에 상업송장이나 용적중량증명서로는 순중량이나 포장 내부의 내용물이 분명하지 않기 때문에 송장의 보조서류로서 포장명세서가 필요하다. 포장명세서에는 중량 외에도 수출화물의 용적(measurement)을 표시함으로써 운송인과 운송계약을 체결할 때 운송료 및 운송부대비용 산출의 일차적인 기준이 된다. 따라서 선적 후 수출업자가 수입업자에게 송부하는 운송서류의 사본에는 반드시 포장명세서를 같이 송부하여야 한다.

2) 원산지증명서

대부분 국가가 수입화물을 통관할 때 원산지증명서 제출을 요구하고 있는데, 이와 같이 수입통관시 원산지증명서를 제출하도록 요구하는 것은 ① 관세의 적용 ② 특정한 국가로부터의 수입제한 ③ 특혜관세의 적용 ④ 수입관련 통계자료 획득 등에 목적이 있다. 원산지증명서는 일반관세가 적용되는 국가에 물품을 수출할 때 사용되는 보편화된 서류로서 대한상공회의소가 발급한다. 원산지증명서는 ① 일반수출품 원산지증명서와 ② 관세양허대상 수출품 원산지증명서로 구분된다.

3) 검사증명서

검사증명서(inspection certificate)는 검사기관이 수출품의 품질·기능 등을 검사하여 완전한 상품임을 증명하는 문서를 말한다. 수입업자가 확실한 품질의 상품을 수입하고자 할 때 요구하는 서류이며 검사의 공정성을 위하여 검사인(Inspector)을 수입자가 지정하거나 전문 검사관의 검사증을 첨부토록 하는 경우가 많다. 검사를 행하는 자는, 독립된 검사기관이 많으나 신용장에 검사 기관에 대한 명시가 없는 경우에는 수출업자가 작성한다.

4) 중량 및 용적증명서

중량 및 용적증명서(Certificate of Weight/Measurement)는 수입국세관의 요청에 의하든지 또는 물품매매기준이 선적시의 기중이 되는 경우에는 선적신청을 하고 선복수배가 끝나면 선적에 앞서 공인검량인에 의하여 적출화물의 한 개마다 그 총용적 및 총중량을 표시한 중량용적 증명서를 작성한다. 중량 및 용적증명서는 선박회사와 송화인 간의 화물의 중량 용적 및 수량의 증명이 된다. 또한 선적지시서, 선하증권 등에 기재되어 운임 및 그 밖의 선적관련 제비용 계산의 기초가 된다.

5) 위생증명서

위생증명서(Certificate of Health, Sanitary Certificate)는 식료품, 약품류, 화장품 및 육류 등을 수출하는 경우 수입국에서 정한 기준에 부합되고 무균, 무해임을 증명하는 서류로 동 위생증명서를 세관송장에 첨부할 것을 요구하는 경우가 있다. 미국의 경우 FDA(Food and Drug Administration)가 정한 기준에 부합된다는 증명서로 육류를 수출하고자 할 때 도살 당시 균이 없었다는 위생증명서가 있어야 수출이 가능하다.

6) 검역증명서

검역증명서(Certificate of quarantine)는 미국, 브라질, 파나마 등으로 살아있는 동식물을 수출할 경우 위생증명서의 일종인 검역증(certificate of quarantine)을 필요로 한다. 이 경우 전염성 균이 묻혀 들어가는 것을 방지하기 위하여 당해 물품을 별도로 격리하여 검역을 실시한 후 발급해주는 서류이다.

4 대금결제서류의 사례

1) 선적서류 매입(추심)의뢰서

①매입번호	NFD405N1257CIT
CMF번호	

계		대리		차장		부점장	

(1) L/C 및 운송서류내용(DESCRIPTION)　　(2) 매입대금처리내역

			처리내역			확인인	
②	BENEFICIARY:	DAEHAN TRADING CO., LTD	⑫ NEGO AMOUNT		US$500,000	계	대리
	ASSIGNED FROM		외화 계정대체				
	L/C NO.	MDINY404NS00018	⑬무역어음 대출	A			
③	COMMODITY	2,000PCS OF COMPUTERS		B			
④	ADVICE NO.	A-0667-404-03135		C			
⑤	EXPORT LICENCE NO.	C1701405-80211		D			
⑥	ISSUING BANK	BANK OF AMERICA	수입보증금				
⑦	ACCOUNTEE	BROWN CO., LTD	우편료				
⑧	INVOICE VALUE	US$500,000	환가료				
⑨	SHIPPING EXPIRY	20xx. 7. 25	대체료				
⑩	CREDIT EXPIRY	20xx. 8. 10	대체지정계좌입금				
	B/L DATE						

위 내용의 수출하부환어음(또는 운송서류)을 기 약정한 바에 의하여 매입하여 주시고 동 수출어음 대금을 위와 같이 처리하여 주시기 바랍니다.

⑭ 20xx년 8월 9일

⑮ 상호 DAEHAN TRADING CO., LTD (인)
대표이사

인감대조

⑯	AT Sight
⑰	@
⑱	2007년 5월 9일

⑲ 확 인 서

수입인지

은행 앞　　20xx 년 월 일

위 신용장(계약서에 의한 수출환어음 또는 선적서류 매입과 관련하여 본인은 귀행에 아래와 같은 신용장(계약서)조건과의 불일치 또는 기타 사유로 인한 하자사항을 확인하며 이로 말미암은 비용 및 손해는 수출거래약정서에 따라 부담하겠습니다.

(운송서류 매입일부터 Nego대금이 귀행 내규 소정일수를 경과하여 입금되는 경우에는 그 초과 일수에 대한 소정이자를 지급하겠습니다.)

※ DISCREPANCIES
1) LATE SHIPMENT
2)
3)
4)

상호 DAEHAN TRADING CO., LTD (인)
대표이사

인감대조

※은행사용란

1	CMF.NO		9	우편요금	*	16	자사실적	*	23	기산기준일
2	재매입여부	*	10	기타공제		17	타사실적	*	24	확정일코드
3	매입통화	*	11	가격조건	*	18	선물환율		25	확인구분
4	매입금액	*	12	우대요율		19	선물환급액		26	COMM.율
5	하자여부	*	13	수출상대국	*	20	기 산 일	*	27	COMMISSON
6	외화대체		14	수출형태	*	21	추심수수료	*	28	INTEREST율
7	TENOR	*	15	HS. NO.	*	22	USANCE기간	*	29	INTEREST
8	본지사구분									

2) 상업송장(Commercial Invoice)

COMMERCIAL INVOICE

<table>
<tr><td colspan="3">①Shipper/Seller   KRGILTR A159SEO

DAEHAN CO., LTD
CPO BOX 195
SEOUL, KOREA</td><td colspan="3">⑦Invoice No. and date
8905 BK 1007 JULY 25. 20xx

⑧L/C No. and date
MD1NY404NS00018, MAY 15. 20xx</td></tr>
<tr><td colspan="3">②Consignee

TO THE ORDER OF BANK OF AMERICA</td><td colspan="3">⑨Buyer(if other than consignee)
BROWN CO., LTD
310 FIFTH AVE. NEW YORK
NY, USA</td></tr>
<tr><td colspan="3">③Departure date
JULY. 20, 20xx</td><td colspan="3">⑩Other references
COUNTRY OF ORIGIN :
REPUBLIC OF KOREA</td></tr>
<tr><td colspan="3">④Vessel/flight   ⑤From
WONIS JIN   BUSAN, KOREA
⑥To
NEW YORK, U.S.A</td><td colspan="3">⑪Terms of delivery and payment
CIF NEW YORK
L/C AT SIGHT</td></tr>
<tr><td>⑫Shipping Marks</td><td>⑬No.&kind of packages</td><td>⑭Goods description</td><td>⑮Quantity</td><td>⑯Unit price</td><td>⑰Amount</td></tr>
<tr><td>PCU

NEW YORK, U.S.A
C/NO.1-50
MADE IN KOREA</td><td></td><td>COMPUTER</td><td>2,000PCS</td><td>US$250.00</td><td>US$500,000</td></tr>
<tr><td colspan="4"></td><td colspan="2">Signed by
⑱</td></tr>
</table>

3) 보험증권(Insurance Policy)

LIG Insurance

LIG Tower, 649-11, Yeoksam-dong,
Gangnam-gu, Seoul, 135-550 Korea

TELEPHONE : 1544-0114
FACSIMILE : 0505-136-0550

MARINE CARGO INSURANCE POLICY

Assured(s), etc

Ref. No.

Policy No.

Claim, if any, payable at:

Amount insured

Survey should be approved by:

Conditions

Local Vessel or Conveyance	From(interior port or place of loading)
Ship or Vessel called the	Sailing on or about
at and from	transhipped at
arrived at	thence to

Goods and Merchandises

Subject to the following Clauses as per back hereof
Institute Classification Clause, On-Deck Clause (A) (B)
Institute Extended Radioactive Contamination Exclusion Clause
Institute Chemical, Biological, Bio-chemical, Electromagnetic
Weapon and Cyber Attack Exclusion Clause
Termination of Transit Clause (Terrorism)
Computer Millennium Clause (Cargo)
-With Named Peril Extension
Co-insurance Clause

Marks and Numbers as per Invoice No. specified above.

Place and Date signed in

No. of Policies issued.

☐ For the use only with the New Marine Policy Form

Notwithstanding anything contained herein or attached hereto to the contrary, this insurance is understood and agreed to be subject to English law and practice only as to liability for and settlement of any and all claims.

This insurance does not cover any loss or damage to the property which at the time of the happening of such loss or damage is insured by or would but for existence of this Policy be insured by any fire or other insurance policy or policies except in respect of any excess beyond the amount which would have been payable under the fire or other insurance policy or policies had this insurance not been effected.

We, LIG INSURANCE CO., LTD. Hereby agree, in consideration of the payment to us by or on behalf of the Assured of the premium as arranged, to insure against loss damage liability or expense to the extent and in the manner herein provided.

In Witness whereof, I the Undersigned of LIG INSURANCE CO., LTD. on behalf of the said Company have subscribed My Name in the place specified as above to the policies, the issued numbers thereof being specified as above, of the same tenor and date, one of which being accomplished, the others to be void, as of the specified as above.

☐ For the use only with the Old Marine Policy Form

1. Warranted free of capture, seizure, arrest restraint or detainment, and the consequences thereof or of any attempt thereat; also from the consequences of hostilities or warlike operations, whether there be a declaration of war or not; but this warranty shall not exclude collision, contact with any fixed of floating object(other than a mine or torpedo), stranding, heavy weather or fire unless caused directly (and independently of the nature of the voyage or service which the vessel concerned or, in the case of a collision, any other vessel involved therein, is performing) by a hostile act by or against a belligerent power ; and for the purpose of this warranty "power" includes any authority maintaining naval, military or air forces in association with a power.

Further warranted free from the consequences of civil war, revolution, rebellion, insurrection, or civil strife arising therefrom, or piracy.

2. Warranted free of loss or damage

(a) Caused by strikers, locked-out workmen, or persons taking part in labour disturbances, riots or civil commotions;

(b) Resulting from strikes, lock-outs, labour disturbances, riots or civil commotions.

3. (a) Should the risks excluded by Clauses 1(F.C. & S. Clause) be reinstated in this Policy by deletion of the said Clause, or should the risks or any of them mentioned in that clause or the risks of mines, torpedoes, bombs or other engines of war be insured under this Policy, Clauses (b) below shall become operative and anything contained in this contract which is inconsistent with Clause(b) or which affords more extensive protection against the aforesaid risks than that afforded by the Institute War Clauses relevant to the particular form of transit covered by this insurance is null and void.

(b) This policy is warranted free of any claim based upon loss of, or frustration of, the insured voyage or adventure caused by arrests restraints or detainments of kings Princes Usurpers or persons attempting to usurp power.

The descriptions to be inserted in the following clauses are shown as above. *Be it Known that* as well in his or their own Name, as for and in the Name and Names of all and every other Person or Persons to whom the same doth, may, or shall appertain, in part or in all, doth make Assurance, and cause himself or themselves and them and every or them, to be Assured, lost or not lost, at and from ______ upon any kind of Goods and Merchandises, in the good ship or vessel called the ______ whereof is Master, for this present Voyage, ______ or whosoever else shall go for Master in the said Ship, or by whatsoever other Name or Names the said Ship, or the Master thereof, is or shall be named or called, beginning the Adventure upon the said Goods and merchandises from the loading thereof aboard the said Ship as above, and shall so continue and endure during her abode there, upon the said the Ship, & c ; and further, until the said Ship, with all her Goods and Merchandises whatsoever, shall be arrived at ______ and upon the Goods and Merchandises until the same be there discharged and safely landed; and it shall be lawful for the said Ship, &c., in this Voyage to proceed and sail to and touch and stay at any Ports or Places whatsoever without Prejudice to this Assurance. The said Goods and Merchandises &c., for so much as concerns the Assured by agreement between the Assured and Assurers in this Policy, are and shall be valued at ______ TOUCHING the Adventures and Perils which the said Company are contented to bear and do take upon themselves in this Voyage, they are, of the Seas, Men-of-War, Fire, Enemies, Pirates, Rovers, Thieves, Jettisons, Letters of Mart and Countermart, Surprisals, Takings at Sea, Arrests, Restraints and Detainments of all Kings, Princes and People of what Nation, Condition, or Quality soever, Barratry of the Master and Mariners, and of all other Perils, Losses and Misfortunes that have or shall come to the Hurt, Detriment or Damage of the said Goods and Merchandises, or any Part thereof ; and in case of any Loss or Misfortune, it shall be lawful to the Assured, his or their Factors, Servants and Assigns, to sue, labour and travel for, in and about the Defence, Safeguard and Recovery of the said Goods and Merchandises, or any part thereof, without Prejudice to this Assurance; to the Charges whereof the said Company will contribute. And it is especially declared and agreed that no acts of the Assurer or Assured in recovering, saving, or preserving the property assured, shall be considered as a waiver or acceptance of abandonment. And it is agreed that this writing or Policy of Assurance shall be of as much Force and Effect as the surest Writing or Policy of Assurance made in London. And so the Said Company are contented, and do hereby promise and bind Themselves to the Assured, his or their Executors, Administrators, or Assigns, for the true Performance of the Premises ; confessing themselves paid the Consideration due unto them for this Assurance, at and after the rate of ______ as arranged ______ Per Cent.
N.B-Corn, Fish, Salt, Fruit, Flour and Seed are warranted free from Average, unless general, or the Ship be stranded; Sugar, Tobacco, Hemp, Flax, Hides and Skins are warranted free from Average, under Five Pounds per cent ; and all other Goods, also the Ship and Freight, are warranted free from Average, under three Pounds per cent, unless general, or the Ship be stranded, sunk or burnt.
All questions of liability arising under this policy are to be governed by the laws and customs of England.

IN WITNESS whereof, I the Undersigned of the LIG INSURANCE CO., LTD. on behalf of the said Companies have subscribed My Name in the place specified as above to the policies, the issued numbers thereof being specified as above, of the same tenor and date, one of which being accomplished, the others to be void, as of the date specified as above.

※ In the event of loss or damage arising under this Policy, no claims will be admitted unless a survey has been held with the approval of this Company's Office or Agents specified in this Policy.

In case of loss or damage, please follow the "IMPORTANT" clause printed on the back hereof.

For **LIG INSURANCE CO.,LTD.**

AUTHORIZED SIGNATORY

4) 해상선하증권(Marine B/L)

Bill of Lading

② Shipper/Exporter DAEHAN CO.,, LTD CPO BOX 195 SEOUL, KOREA		⑫ B/L No. ; PCS-96010
③ Consignee TO ORDER OF BANK OF AMERICA		World Trans Corporation C.P.O. Box. 1234 Seoul, Korea TEL : (02)624-1212 FAX : (02)624-1234
④ Notify Party BROWN CO., LTD. 310 FIFTH AVE, NEW YORK, NY 10118, USA		
Pre-Carriage by	⑥ Place of Receipt BUSAN CY, KOREA	
⑤ Ocean Vessel WONIS JIN	⑦ Voyage No. V-234E	

⑧ Port of Loading	⑨ Port of Discharge	⑩ Place of Delivery	⑪ Final Destination
BUSAN, KOREA	NEW YORK, U.S.A	NEW YORK CY, U.S.A	(for the merchant's reference only)

⑬ Container No.	⑭ Seal No. Marks & No	⑮ No. & Kinds of Containers or Packages	⑯ Description of Goods	⑱ Gross Weight	Measurement
ISCU1104 PCU NEW YORK, U.S.A C/NO. 1-250 MADE IN KOREA	0559 929	1 CNTR (20'CNTR)	"SAID TO CONTAIN" 2,000SETS OF COMPUTERS ⑰ ㉓ "Freight Prepaid" L/C No. MD1NY404NS00018	4,631 KGS	25 CBM
Total No. of Containers or Packages(in words)			SAY : ONE CONTAINER ONLY		

⑲ Freight and Charges	⑳ Revenue tons	㉑ Rate	㉒ Per	㉓ Prepaid	㉔ Collect
FREIGHT PREPAID					
CFS CHARGE+THC				W100,000	
WHARFAGE				W 2,500	
CNTR TAX				W 10,000	
DOCK'S FEE				W 5,000	

㉕ Freight prepaid at BUSAN, KOREA	㉖ Freight payable at	㉙ Place and Date of Issue BUSAN, KOREA, JULY 20, 20xx
㉗ Total prepaid in	㉘ No. of original B/L THREE(3)	
㉚ Loaded on Board the Vessel JULY 20, 20xx		Signature ____________ ㉛ World Trans Corporation as an agent for Hyundae Shipping Co., Ltd., Carrier

5) 포장명세서(Packing List)

PACKING LIST

①Shipper/Seller DAEHAN CO., LTD CPO BOX 195 SEOUL, KOREA		⑧No. & date of invoice 8905 BK 1007 JULY 25. 20xx ⑨No. & date of L/C MD1NY404NS00018, MAY 15. 20xx
②For account & risk of Messers. BROWN CO., LTD 310 FIFTH AVE. NEW YORK NY, USA ③Notify party Same as above		⑩Consignee CHASE LINCOLN FIRST BANK N.A. ⑪Remarks : Details are as per P/O No.DIC-07-03-10 Dated March 10, 2007 to be issued by Wilson & Company, Limited. Origin : Republic of Korea
④Port of loading Busan, Korea	⑤Final destination New York, U.S.A.	⑫Payment Terms Letter of Credit. At sight
⑥Carrier WONIS JIN	⑦Sailing on or about JULY 20, 20xx	⑬Price Term : CIF NEW YORK, USA

⑭Marks & numbers of Pkg	⑮Description of Goods	⑯Quantity/Net wt	⑰Gross wt	⑱Measure
PCU NEW YORK, U.S.A C/NO.1-250 MADE IN KOREA	COMPUTER	2,000SETS	4,631KGS	25CBM

//

P.O.Box :
E-mail :
Telefax No. :
Telephone No. :

⑲ Signed by ____________________
Manager

6) 원산지증명서(Country of Origin)

CERTIFICATE OF ORIGIN

<table>
<tr><td>1. Exporter(Name, address, country)
DAEHAN CO., LTD
CPO BOX 195
SEOUL, KOREA</td><td rowspan="2">ORIGINAL

CERTIFICATE OF ORIGIN
issued by
THE KOREA CHAMBER OF COMMERCE & INDUSTRY
Seoul, Republic of Korea</td></tr>
<tr><td rowspan="2">2. Consignee(Name, address, country)
TO ORDER OF BANK OF AMERICA</td></tr>
<tr><td>3. Country of Origin
REPUBLIC OF KOREA</td></tr>
<tr><td>4. Transport details
FROM : BUSAN, KOREA
TO : NEW YORK, USA
ON BOARD DATE : JULY 21, 20xx</td><td>5. Remarks

COUNTRY OF ORIGIN
REPUBLIC OF KORA</td></tr>
<tr><td colspan="2">6. Marks & numbers ; number and kind of packages ; description of goods

PCU
NEW YORK, U.S.A
C/NO.1-250
MADE IN KOREA
///////////////

COMPUTER

L/C NO. : MD1NY404NS00018

//</td><td>7. Quantity

2,000SETS

/////////////////</td></tr>
<tr><td>8. Declaration by the Exporter

(Signature)

(Name)</td><td>9. Certification

Authorized Signatory

Certificate No.</td></tr>
</table>

THE KOREA CHAMBER OF COMMERCE & INDUSTRY

7) 항공화물운송장(Air Waybill)

Shipper's Name and Address | Shipper's Account Number

Not negotiable

Air Waybill **KOREAN AIR**

issued by

Copies 1, 2 and 3 of this Air Waybil are originals and have the same validity.

Consignee's Name and Address | Consignee's Account Number

Telephone :

It is agreed that the goods described herein are accepted in apparent good order and condition (except as noted) for carriage SUBJECT TO THE CONDITIONS OF CONTRACT ON THE REVERSE HEREOF. THE SHIPPER'S ATTENTION IS DRAWN TO THE NOTICE CONCERNING CARRIER'S LIMITATION OF LIABILITY. Shipper may increase such limitation of liability by declaring a higher value for carriage and paying a supplemental charge if required.

Issuing Carrier's Agent Name and City

Accounting Information

Agent's IATA Code | Account No.

Airport of Departure(Addr. of First Carrier) and Requested Routing

TO	By First Carrier	Routing and Destination	to	by	to	by	Currency	CHGS Code	WT/VAL PPD	WT/VAL COLL	Other PPD	Other COLL	Declared Value for Carriage	Declared Value for Customs

Airport of Destination	Flight/Date	For Carrier Use Only	Flight/Date	Amount of Insurance	INSURANCE–If Carrier offers Insurance, and such insurance is requested in accordance with conditions on reverse hereof, indicate amount to be insured in figures in box marked 'amount of Insurance'.

Handling Information

No. of Pieces RCP	Gross Weight	kg lb	Rate Class / Commodity item No.	Chargeable Weight	Rate / Charge	Total	Nature and Quantity of Goods (incl. Dimensions or Volume)

Prepaid	Weight Charge	Collect	Other Charges
	Valuation Charge		
	Tax		
	Total Other Charges Due Agent		Shipper certifies that the particulars on the face hereof are correct and that insofar as any part of the consignment contains dangerous goods, such part is properly described by name and is in proper condition for carriage by air according to the applicable Dangerous Goods Regulations.
	Total Other Charges Due Carrier		
			Signature of Shipper or his Agent
Total Prepaid		Total Collect	
Currency Conversion Rates		CC Charges In Dest. Currency	Executed on(date)at(place)Signature of Issuing Carrier or its Agent
For Carrier's Use Only at Destination		Charges at Destination	Total Collect Charges

ORIGINAL 3(FOR SHIPPER)

8) 검사증명서(Inspection Certificate)

INSPECTION CERTIFICATE

Date : October 12, 20xx

To whom it may concern

Buyer	:	JV 'Grapro Koral Int., Co., Ltd.
Order No.	:	DA-001
Credit No.	:	17811/IMP
Item	:	Accessories
Quantity	:	4,130pcs
Amount	:	U$30,000
Shipment Date	:	December 29, 20xx
B/L No.	:	B110920
Vessel No	:	Donam V-314

We, the undersigned, have duly inspected the goods specified in the above at the time of shipment and certify that the quality of the goods produced in accordance with buyer's requirements are permitted to be sold in overseas markets as well as in domestic market by Korean government.

Dae Young Woolen Textile Co., Ltd.

Yung-sik, Kim
President
Daehan Co., Ltd.

10 CHAPTER 수출환어음의 매입과 대금결제

10.1 수출환어음

1 환어음의 매입

수출환어음의 매입(negotiation)이란 수출상이 신용장, D/A, D/P조건의 수출계약에 의거하여 선적을 완료하고 발행한 수출환어음 및 운송서류를 거래은행이 할인(discount)하는 것을 말한다.

수출상의 거래은행인 매입은행(negotiating Bank)이 수출상이 발행한 이 환어음을 매입하는 것은 수출상에 대한 여신행위로, 매입은행은 매입대금을 신용장 개설은행에 상환청구하거나 환거래은행 또는 해외지점을 통하여 수입상에게 추심할 수 있다.

2 환어음의 개념

환어음(draft, bill of exchange)이란 어음의 발행인(drawer)인 채권자가 지급인(drawee)인 채무자에게 일정한 기일 및 장소에서 채권금액을 지시인(order) 또는 소지인(bearer)에게 무조건적으로 지급할 것을 위탁하는 요식유가증권(formal instrument)이며 유통증권(negotiable instrument)이다. 즉 채권자인 어음발행인(drawer)이 채무자인 지급인(drawee)에 대하여 일정기일에 일정한 장소에서 그 채권금액을 지시인 또는 소지인(bearer)에게 무조건 지급할 것을 위탁하는 유가증권으로서 지급청구서(demand for payment)의 역할을 한다.

환어음은 선하증권 등의 서류를 첨부하여 발행하면 화환어음(documentary bill of exchange)이 되며, 보통 2통을 1조(set)로 하여 발행되어 하나가 결제되면 나머지는 자동적으로 무효가 된다. 환어음의 효력에 대한 준거법은 원칙적으로 행위지의 법률에 따른다. 예를 들어 환어음이 한국에서 발행되고 영국에서 지급되었을 경우 어음발행행위는 한국의 어음법이 적용되고 지급행위는 영국의 환어음법에 따른다.

신용장방식의 거래는 물론 무신용장 방식인 추심방식(D/P, D/A)의 거래에서도 대금결제를 위한 수단으로 환어음이 널리 이용되고 있다. 환어음이 신용장조건에 의하여 선적서류 등과 함께 발행되면 화환어음(documentary bill of exchange)이고, 선적서류 등이 첨부되지 않은 것은 무화환어음(clean bill of exchange)이 된다. 한편, D/P 및 D/A계약서에 의하여 발행되는 환어음을 추심어음(bill of documentary collection)이라고 한다.

3 환어음의 당사자

1) 발행인(drawer)

환어음을 발행하고 서명하는 자로서 일반적으로 환어음의 발행인은 수출업자로 채권자가 된다. 환어음은 반드시 발행인의 기명날인이 있어야 효력이 발생된다.

2) 지급인(drawee)

지급인은 환어음의 지급을 위탁받는 채무자로서 신용장거래에서는 보통 발행은행(issuing bank)이나 발행은행이 지정한 은행인 결제은행(reimbursing bank)이 되고, D/A 및 D/P거래에서는 수입업자가 지급인이 된다.

3) 수취인(payee)

수취인은 환어음금액을 지급받을 자로서 환어음 발행인 또는 발행인이 지정하는 제3자가 될 수 있다. 즉 수취인은 보통 환어음 발행인인 수출업자가 될 수도 있고, 어음을 매입한 매입은행(negotiating bank) 또는 환어음을 점유하고 있는 선의의 소지인(bona-fide holder) 등이 될 수 있다. 따라서 환어음 발행인과 수취인은 동일할 수도 있고 다를 수도 있다.

4) 인수인(acceptor)

환어음이 기한부형식으로 발행된 경우에는 지급인에 의하여 인수되어야 한다. 환어음의 지급인이 본인의 명의로 서명하여 거래의 지급인임을 인정하고 환어음의 만기일(due date, at maturity)에 지급할 것이라는 의사를 표명하는 것을 인수(acceptance)라고 한다. 환어음의 인수인은 기한부 환어음의 인수와 동시에 환어음의 만기에 어음금액을 지급할 것이라는 약속을 하고 인수에 대한 내용을 어음의 전면에 기재하고 서명하게 된다.

4 환어음의 기재사항

BILL OF EXCHANGE
① 환어음의 명칭

No. ② 어음번호 Date. ④ 발행일자

For ⑤ 어음금액(숫자) Place ③ 발행지

At ⑥ 어음기일 sight of this First Bill of Exchange (Second of the same tenor and date ⑦ 파훼문구 being unpaid) ⑧ pay to ABC Bank or order (수취인(payee)) the sums of ⑨ 어음금액(문자)

Value received and charge the same to account of (⑪ 대가수취문언) ⑪ 계정결제인(accountee)

Drawn under ⑫ 신용장발행은행 L/C No. ⑬ 신용장번호 dated ⑭ 신용장발행일

To ⑮ 어음지급인(drawee)
⑯ 어음지급인의 주소

⑰어음발행인(drawer)
Authorized signature

환 어 음
① 환어음의 명칭

번호 ② 어음번호 일자 ④ 발행일자

금액 ⑤ 어음금액(숫자) 장소 ③ 발행지

제1환어음(동어음의 지급기일과 일자의 제2환어음에 대하여 지급이 이루어지지 않은 경우) (⑦ 파훼문구)
에 대하여 일람출급(또는 기한부)(으)로 (⑥ 어음기일) ABC은행 또는 그 지시인에게 (⑧ 수취인(payee)) 다음의 금액을 지급하시오
⑨ 어음금액(문자)

대가 수취하였으며 어음금액을 다음의 계정으로부터 청구하시오 (⑪ 대가수취문언) ⑪ 계정결제인(accountee)

다음에 의하여 발행되었음 ⑫ 신용장발행은행 신용장번호 ⑬ 신용장번호 발행일자 ⑭ 신용장발행일

앞 ⑮ 어음지급인(drawee)
⑯ 어음지급인주소

⑰ 어음발행인(drawer)
서명

1) 필수기재사항

(1) 환어음의 명칭

환어음임을 표시하는 ① '환어음(bill of exchange)'이라는 표시가 있어야 한다.

(2) 무조건지급위탁문언

환어음은 무조건적으로 지급을 위탁하는 증권이기 때문에 이에 대한 문언이 있어야 한다. 즉 일정할 금액을 지급하라는 무조건의 위탁문언(unconditional order in writing)문구를 기재할 것을 요구하고 있다. 환어음상에 일정금액을 지급한다는 의미의 "pay to ..... the sum of ....."의 문언이 이에 해당된다. 무조건 위탁이란 지급에 조건이 없다는 의미로 "pay to ....."가 이에 해당된다. 예를 들어 "물품이 도착한 때" 혹은 "특정 기업의 자금 중에서" 등과 같이 지급에 조건을 붙이거나 지급자금을 한정하는 경우에는 어음이 무효가 된다.

⑧ **수취인** : "pay to" 다음에는 수취인을 기재한다. 수취인은 환어음을 지급받는 자로서 발행인이 될 수도 있고 제3자가 될 수도 있다. 보통 신용장거래에서는 매입은행이 기재된다.

⑨ **어음금액(문자)** : "the sum of" 다음에는 확실한 지급통화[9)]와 금액을 문자로 기재한다.

⑤ **어음금액(숫자)** : 어음금액은 숫자와 함께 병기한다. 금액에 대한 숫자와 문자간에 차이가 나면 문자금액이 우선된다.

(3) 지급인(Drawee)

⑮ **지급인** : 환어음은 지급위탁증권이기 때문에 환어음상에 지급인이 기재되어야 한다. 일반적으로 환어음의 하단 좌측에 "To ....." 다음에 기재되는 자로서 환어음의 지급인이 된다. 신용장거래의 경우에는 발행은행 또는 제3의 은행(상환은행, 결제은행)이 지급인이 되고, 추심거래(D/P, D/A)의 경우에는 수입업자가 지급인이 된다. 신용장상에 "..... your drafts drawn on New York Bank"와 같은 문구가 있다면 "on" 뒤의 New York Bank가 지급인이 된다. 한편 ".... drawn on accountee"인 경우에는 발행의뢰인인 수입업자가 지급인이 된다.

---

9) 막연히 Dollas($) 등으로 표시하면 안되고 US Dollas(US$)와 같이 표시하여야 한다.

(4) 지급지(Domicile)

⑯ **지급지** : 지급지는 어음금액이 지급될 일정한 지역을 말한다. 지급지는 환어음 하단 좌측의 "To" 다음에 지급인명과 함께 기재된다. 지급지는 실제 존재하는 지역이어야 하며 지급인의 주소로 대신할 수 있다. 영미법에서는 지급지의 표시가 임의기재사항이다.

(5) 지급기일(tenor)

⑥ **지급기일** : 어음금액이 지급될 날로 환어음상의 "at ..... sight of"의 문언이 이에 해당된다. 지급기일은 일람출급(at sight)과 기한부(usance)로 구분되며 기한부는 다시 ㉠ 일람 후 정기출급(after sight), ㉡ 발행일자 후 정기출급(after date), ㉢ 확정일자 후 정기출급(after fixed date), ㉣ 확정일출급(fixed date)으로 구분된다.

㉠ 일람출급(at sight) : 환어음이 지급인에게 제시되는 즉시 지급되어야 한다는 의미로 환어음상에 "at xxx sight"라고 표시하거나 "at"다음의 지급일자에 대해 아무런 표시를 하지 않을 수도 있다.

㉡ 기한부(usance)

ⓐ 일람 후 정기출급(at xxx days after sight) : 환어음이 지급인에게 제시된 후 일정기간이 경과한 후에 지급하라는 의미로 환어음상에 "at 90 days after sight" 등과 같이 기재한다. 통상 지급인(인수인)이 인수의 의사를 표시한 다음 날로부터 90일이 되는 날이 만기일(maturity)이 된다.

ⓑ 발행일자 후 정기출급(at xxx days after date) : 환어음이 발행된 다음 날부터 일정기간이 경과한 후에 지급되는 것으로 환어음에 "at 60 days after date" 등과 같이 기재한다. 이 경우 환어음을 발행한 다음 날로부터 60일이 되는 날이 만기일이 된다.

ⓒ 확정일자 후 정기출급(at xxx days after B/L date) : 선하증권 등의 서류가 발행된 다음 날부터 일정기간이 경과한 후 지급되는 것으로 "at 60 days after B/L date" 등과 같이 기재한다. 이 경우 선적일 다음 날부터 60일째 되는 날이 만기일이 된다.

ⓓ 확정일출급(fixed date) : 환어음상에 확정된 날에 지급되는 것으로 "on December 15, 20xx"와 같이 확정된 지급기일의 일자를 표시한다.

(6) 수취인(payee)

환어음금액을 지급받을 자로 환어음상에 “pay to .....”의 문언이 이에 해당된다. 신용장거래에서 수취인은 일반적으로 매입은행이 된다.

① 기명식환어음 : “pay to Korea Exchange Bank”와 같이 수취인을 특정인의 명칭을 기재한다.
② 지시식환어음 : “pay to the order of Korea Exchange Bank”와 같이 지시식으로 발행되는 경우로 양도가능한 유통성을 가지고 있다. 지시식환어음은 배서와 인도에 의해 양도된다.
③ 소지인식(지참인식)환어음 : “pay to bearer”와 같이 환어음의 지참인이 지급청구권을 가진다.

(7) 발행일 및 발행지

③ ④ 발행일 및 발행지 : 환어음의 발행일은 어음이 발행된 날로서 어음상에 기재된 날짜를 의미한다. 신용장거래에서 발행일은 신용장유효기일 이내에 발행되어야 한다. 발행지는 환어음이 발행된 장소로 실제로 발행된 장소와 일치될 필요는 없다. 발행지는 “Seoul Korea”와 같이 도시명으로 기재한다.

(8) 발행인(Drawer)의 기명날인

⑰ 어음발행인 : 환어음의 발행인은 환어음을 발행하는 자로 신용장거래에서는 수익자인 수출업자이며 양도가 이루어진 신용장의 경우에는 제2수익자(양수인)가 된다. 어음은 행위지법에 따르도록 되어 있으므로 발행인의 기명과 날인이 있어야 한다.

2) 임의기재사항

(1) D/P, D/A의 표시

D/P, D/A거래에서는 D/P, D/A가 명확하게 구분이 되어 있지 않으면 D/P로 간주된다. D/A의 경우에는 “D/A at xxx days after sight”와 같이 표시하고, D/P인 경우에는 어음상에 D/P라는 문구를 기재한다.

(2) 어음번호

② 어음번호 : 어음번호는 특별한 의미는 없고 다만 후일 참조할 경우가 발생할

경우 편리하게 확인하기 위하여 기재한다.

(3) 복본번호

환어음은 보통 2조로 발행되기 때문에 각각의 환어음에 번호를 붙여 발행된다. 이들 번호가 없으면 복본으로 발행되어 독립적으로 유통될 위험이 있다.

(4) 파훼문구

⑦ **파훼문구** : 동일한 내용의 어음이 2통이 발행되는 복본(set bill)의 경우 독립된 법적 효력을 가지고 있지만 만일 어느 한 통에 대해서 지급이 완료되면 나머지 것은 자동적으로 무효가 된다. 파훼문구는 이중지급을 방지하기 위하여 제1환어음에는 "this first bill of exchange(second of the same tenor and date being unpaid)"로 되어 있고, 제2환어음에는 "this second bill of exchange(first of the same tenor and date being unpaid)"의 문언이 기재되어 있다.

(5) 대가수취문언(Valuation Clause)

⑩ **대가수취문언** : 대가수취(value received)는 대가를 수령하였다는 것을 말한다. 환어음상에 대가수취문언은 "Valued received and charge the same to account of ....."로 표기된 문언이다. 이 문언은 환어음 발행인이 어음의 대가를 영수하였으며 동 대가에 해당하는 어음금액을 .....의 계정으로부터 징수를 요한다는 의미로 "account of ....."의 공란에 신용장 발행의뢰인의 명칭이 기재된다.

(6) 신용장에 관한 문언

⑫ **신용장발행은행**, ⑬ **신용장번호**, ⑭ **신용장발행일**
신용장거래에 의한 환어음의 경우 신용장의 종류, 번호, 발행일자 및 발행은행을 기재함으로써 당해 환어음이 특정신용장에 의하여 발행되었다는 것을 나타낸다. 환어음상에 "Drawn under ..... L/C No. ..... dated ....."로 기재된다. Drawn under이하에는 신용장 발생은행이 기재되고, D/P, D/A등 무신용장방식인 경우에는 공란으로 두거나 계약서상의 지정은행이 기재된다.

10.2 환어음 관련 상담사례

1 환어음 발행통지와 수락

1) 수출업자의 환어음 발행통지

Gentlemen :

We are pleased to inform you that we have shipped 3,000kgs of Vegetable Wax you placed an order with us by HJ, Cheju V-070W which left Busan on April 6.

We have drawn our drafts at sight for US$33,000 on the Bank of New York under the L/C No. 089923 and forwarded the relative documents to our negotiating bank, KEB Hana Bank, Seoul.

Therefore, we want you to honour the drafts on presentation and we really hope the products will reach you to your satisfaction.

Very truly yours,

내용해설

수출업자가 수입업자에게 식물성 왁스 3,000kg을 선적하고 Bank of New York 앞으로 일람불 환어음을 발행하여 KEB 하나은행을 통하여 매입하였으므로 제시되자마자 지급이행해달라는 내용이다.

용어해설

- 3,000kgs of Vegetable Wax you placed an order with us : 귀사가 당사에게 주문한 식물성 왁스 3,000kg
- draw drafts ... on : ...을 지급인으로 하는 어음을 발행하다.
- at sight : 일람출급
- relative documents : 관련 서류
- negotiating bank : 매입은행
- honour the drafts on presentation : 환어음이 제시되자마자 지급이행하다.

2) 수입업자의 환어음 수락통지

Dear Mr. Ham,

We duly have received your e-mail of April 13 asking us to honor the drafts you have drawn on the issuing bank.

Thank you for your prompt shipment of the products. The drafts were honoured by Bank of New York and we have received the documents required in the credit.

We are waiting for the vessel which will reach here soon and we will keep in touch with you as soon as we receive the products in good condition.

Yours very truly,

내용해설

수입업자는 수출업자에게 제품의 조속한 선적에 감사를 전하고 환어음이 뉴욕은행에 의해 지급이행되고 신용장에 요구된 서류를 받았음을 전한다. 곧 도착예정인 선박을 기다리는 중이며 제품을 좋은 상태로 받자마자 연락하겠다는 내용이다.

용어해설

- honor the drafts you have drawn on the issuing bank. : 귀사가 발행은행을 지급인으로 하여 발행한 환어음을 지급이행하다.
- the documents required in the credit : 신용장에 요구된 서류들
- keep in touch with : 연락하다, 접촉하다(contact)

3) 회화

Ham : We have shipped the products you placed an order with us on April 6.

Brown: Thank you for your prompt shipment.

Ham : As you requested, we sent them 15 days earlier than the shipment date specified in the L/C.

Brown: We are sorry to push you too hard this time.

Ham : Anyway, the drafts were drawn at sight on the issuing bank and we asked we forwarded the documents to the negotiating bank for negotiation.

Brown: That's great. Can you send us each one copy of documents?

Ham : They are attached to our shipping advice.

Brown: Great.

Ham : We want you to honor the drafts on presentation and place an order again in the near future.

Brown: Don't worry about our payment. We'll honour the drafts as soon as they are presented to us by the issuing bank.

함 : 귀사가 주문하신 제품을 4월 6일에 선적했습니다.

브라운 : 조속한 선적에 감사드립니다.

함 : 귀사가 요청하신대로 신용장에 명기된 선적일보다 15일이나 먼저 송부하였습니다.

브라운 : 이번에 귀사에 너무 심하게 해드린데 대해 죄송합니다.

함 : 어쨌든, 발행은행을 지급인으로 하여 환어음이 발행되었으며 매입을 위해 매입은행에 서류를 제시하였습니다.

브라운 : 좋습니다. 서류에 대해 각각 사본 하나씩을 보내 주시겠습니까?

함 : 그들은 당사 선적통지에 부착되어 있습니다.

브라운 : 좋습니다.

함 : 제시되자마자 귀사가 결제해 주시기를 바라며 조만간에 다시 주문해 주시기를 바랍니다.

브라운 : 대금결제에 대해 걱정하지 마십시오. 발행은행에 의해 어음이 제시되는대로 지급하도록 하겠습니다.

용어해설

- a prompt shipment : 조속한 선적
- to meet your request : 귀사의 요청에 부응하기 위하여
- a shipping advice : 선적통보 (S/A)
- on presentation : 제시되자마자

2 기한부 환어음 발행통지와 인수통지

1) 기한부 환어음 발행통지

Dear Mr. Thomas,

This is to inform you that we have shipped 10 cases of Imitation Pearls by Pacific Bear which left Busan on December 12.

To cover the shipment, we have drawn our drafts at 90days after sight on Chemical Bank in Houston for U$23,500.00 under the credit No. 81932.

The drafts with other documents will be forwarded to the issuing bank through Kookmin Bank in Seoul and we ask you kindly to protect the drafts at maturity.

We hope that the products will reach you safely and that we will receive your further orders for which we will pay our best attention at all times.

Yours very truly,

내용해설

수출업자가 인조진주 10상자를 선적하고 휴스톤에 있는 Chemical Bank 앞으로 발행한 환어음을 서울에 있는 국민은행을 통하여 관련 서류를 제출하였음을 통보하고 수입업자가 발행은행으로부터 제시받는대로 지급을 요청하는 내용이다.

용어해설

- to cover the shipment : 선적분을 결제하기 위하여
- protect the drafts at maturity : 환어음을 만기에 결제하다
- pay our best attention at all times : 항상(언제나) 당사가 최선을 다하다

2) 기한부 환어음 인수통지

Dear Mr. Kim,

Thank you for your e-mail dated December 12 informing us that you have negotiated your drafts drawn at 90 days after sight under the credit No.81932.

As for the drafts presented by Chemical Bank, we are glad to inform you that we accepted the drafts accordingly, and we will duly honour it at maturity.

We hope that Pacific Bear will reach here safely soon and we wish to be able to write you as to the safe arrival of the products before long.

Very truly yours,

내용해설

수출업자가 발행한 90일 기한부 환어음에 대해 정히 인수하였으며 기한부 이자는 만기일에 수입상에 의해 지급될 것이라는 내용이다.

용어해설

- as for the drafts : 어음에 대해서는
- we will duly honour it at maturity : 당사는 환어음을 만기일에 정히 지급행할 것이다.
- we accepted the drafts accordingly : 당사는 환어음을 정히 인수하였다.

3) 회화

Thomas: What's going on with our order?
Kim : The products you placed an order with us were shipped as scheduled.
Thomas: Can you send us some copies of each documents?
Kim : We'll send them to you by e-mail tomorrow. In compliance with the terms and conditions of the credit, we have drawn our drafts on Chemical Bank.
Thomas: All right.
Kim : Also, the drafts with other documents required were negotiated by the negotiating bank today and they'll be forwarded to the issuing bank soon.
Thomas: Then, we may be instructed by the issuing bank.
Kim : Please honor the drafts at maturity.
Thomas: Okay.
Kim : We hope that we can receive further orders from you.
Thomas: If this shipment is satisfactory to us, we may be able to place an additional order with you.

토마스 : 당사 주문이 어떻게 되어가고 있습니까?
김 : 당사에게 주문하신 물품들이 예정대로 선적되었습니다.
토마스 : 각 서류들의 사본들을 보내주시겠습니까?
김 : 이메일로 내일 보내드리겠습니다. 신용장 조건과 일치하도록 Chemical Bank를 지급인으로 하는 환어음을 발행하였습니다.
토마스 : 좋습니다.
김 : 또한, 오늘 요구되는 다른 서류들과 함께 환어음이 매입은행에 의해 매입되었고 곧 그들은 발행은행으로 전달될 것입니다.
토마스 : 그러면, 발행은행으로부터 곧 지시를 받을 수 있겠군요.
김 : 만기일에 어음을 지급하십시오.
토마스 : 알겠습니다.
김 : 귀사로부터 추가 주문을 받게 될 수 있기를 희망합니다.
토마스 : 만일 이번 선적이 당사에 만족스러울 경우 추가 주문을 할 수 있을 것입니다.

용어해설

- in compliance with ... : ...에 일치하여, ...에 따라서
- the drafts with other documents required were negotiated : 요구되는 다른 서류들과 함께 환어음이 매입되었다.
- at maturity : 만기일에

3 기한부 환어음 발행통지

Gentlemen :

We have completed the shipment of the laundry detergents covering your order No. 121 by vessel 'C. Jupiter' sailed from Busan on November 23 to Long Beach, U.S.A.

As you requested, one non-negotiable bill of lading and one copy of commercial invoice will be sent by e-mail for your reference.

Full set of clean on board B/L, Commercial Invoice in duplicate, Packing List in duplicate and Insurance Policy in duplicate have been negotiated through the Wester Minister Bank, Seoul together with the drafts drawn on the issuing bank at 30 days after sight under the L/C No.79091.

We shall be pleased to hear that the products have arrived safely and in good order.

Very truly yours,

내용해설

수출업자가 세제류를 선적하고 선하증권과 상업송장 사본을 이메일로 송부될 것임을 통보한다. 관련 원본 서류들은 서울에 있는 Wester Minister Bank를 통하여 매입되었음을 알리고 물품이 안전하고 좋은 상태로 도착되었음을 듣기 바란다는 내용이다.

용어해설

- laundry detergents : 세제류
- complying with ... : ...에 따라
- the drafts drawn on the issuing bank : 발행은행을 지급인으로 발행된 환어음

4 환어음의 지급거절에 대한 지급요청

Dear Sirs,

We were very surprised to hear that the bill of exchange No. 211 dated March 12 was not met when presented.

As you have never failed to meet your obligations on the bills we have drawn so far, we are surprised to know that the payment has not been made. Also we did not receive any reply from you on this matter and we would be appreciated it if you could explain the reason why the drafts were not honored.

We instructed our bank today to present the drafts again and we believe you will protect it immediately.

Should payment not be made by you without any special reason, we can not help starting legal proceedings for dishonor.

Yours truly,

내용해설

수출업자가 은행을 통해 제시된 환어음에 대해 수입업자가 지급거절했다는 것을 은행으로부터 통보받고 아무런 이유 없이 거절된 것에 대한 설명과 이에 대한 지급을 조속히 요청하는 내용이다.

용어해설

- was not met : 지급되지 않았다
- never fail to ... : 결코 실패한 적이 없다
- protect : (환어음을)결제하다, (honor)
- can't help ...ing =can not but to ..., ...하지 않을 수 없다, ...해야 한다
- start legal proceedings : 소송을 제기하다

5 추심환어음의 지급통지

Dear Sirs,

This is to notify you that the products invoiced by you on December 12 have arrived here safely and they were found satisfactory. In settlement of the amount of invoice, KEB Hana Bank has presented your drafts, D/A for US$35,800 at 120 days after sight together with documents under our contract No. 11.

We have accepted the drafts upon presentation and duly received the documents. Of course, the drafts will be paid at maturity in due course.

We are sure that our customers will be satisfied with your prompt execution to our order and we are ready to place a further order with you.

Yours faithfully,

내용해설

외국의 수출업자가 자국 은행에서 환어음을 할인할 수 없어 환어음을 추심의뢰 한 것에 대해 한국의 수입업자가 이에 대한 지급을 하겠다는 내용의 통신문이다.

용어해설

- This is to notify you that ... : 귀사에게 ...을 통보하는 바이다.
- in due course : 정당한 시일 내에
- prompt execution to our order : 당사 주문에 대한 정확한 수행(조속한 수행)

10.3 계정결제

일반적으로 국제무역에서 대금결제수단으로 사용되고 있는 신용장에 의한 대금 지급은 화환어음의 발행 및 인수로 대금결제가 이루어지지만 D/A거래, 수수료, 클레임에 관한 대금, 장부결제(open account) 및 무담보 어음(clean bill of exchange) 등은 금전의 수수로서 이루어진다. 이 경우 우편환이나 전신환 등과 같은 방법으로 대금을 회수하는 것이 보통인데 이에 대한 요청으로 계산서(statement of account), 대금청구서(collection letter), 대금송금(remittance) 및 영수증(receipt) 등이 사용된다.

1 미지급계정에 대한 어음인수 요청

Dear Sirs,

We have completed the shipment of your order No. 132 on November 25 and drawn our drafts on you for the full invoice amount of U$100,000 at 60 days after the date of bill of lading under D/A contract No.121.

We know that you have cleared your accounts punctually on the due date. We draw your attention, however, that your account this time is now three weeks overdue.

We are of an opinion that you must have overlooked for some reasons and we want you to honor the drafts immediately after you receive this e-mail.

Yours faithfully,

내용해설

인수인도조건(D/A)하에서 수입업자 앞으로 발행된 일람 후 60일 출급의 금액에 대한 어음이 미지급상태에 있음을 알리면서 즉시 어음을 인수하도록 요청하고 있다.

용어해설

- at 60 days after the date of bill of lading : 선하증권발행일 후 60일부
- be three weeks overdue : 3주일 미지급 상태에 있다.
- overlook : 간과하다.
- for some reasons : 어떤 이유로 인하여
- we are of an opinion that ... : 당사는 ...와 같은 의견이다, 당사는 ...이라고 생각한다

2 대금송금요청(I)

Dear Sirs,

For your order No. 324 dated April 2 for Men's Sweaters, amounting to U$28,500, we have sent you a statement of your account. We regret to inform you, however, that we still didn't receive your remittance in settlement of the above.

As we have some heavy bills to meet in a few days, we ask you to clear your account as soon as possible.

용어해설

- statement of your account : 귀 계정의 명세서
- have some heavy bills to meet : 지불해야 될 다액의 미불금을 가지고 있다
- clear your account : 귀 계정을 결제하다

3 대금송금요청(II)

Gentlemen :

We are sorry to trouble you again by reminding you of our repeated e-mails asking the payment of your account which is two months overdue.

Having waited for two weeks since we sent you our third e-mail on April 23, we couldn't help concluding that you were facing to meet your obligation in a correct manner.

We want to ask you lastly to settle your full account by the end of May. If we don't receive your remittance by that time, there is no choice but to take legal proceedings against you to protect ourselves even though we are reluctant to do so.

Yours faithfully,

내용해설

수출업자의 계속된 대금지급요청에 대해 수입업자로부터 아무런 반응이 없자 최종적으로 5월 말까지 지급이 이루어지지 않으면 법적인 조치를 취할 수밖에 없음을 통보하는 내용이다.

용어해설

- remind you of ... : 귀사에게 ...를 상기시키다
- payment of your account : 귀사 계정에 대한 결제
- can not help ...ing : ...하지 않을 수 없다 (can not but ...)
- in a correct manner : 온당한 자세로, 온당한 태도로
- there is no choice but to ... : ...하는 이외 다른 방법이 없다, ...할 수밖에 없다
- be reluctant to ... : 마지못해 ...하다

4 대금지급 지연에 대한 사과(I)

Dear Sirs,

We received your e-mail informing us that our payment due on September 3 was not settled.

Upon checking, we have found that the person in charge in our accounting department made an oversight in making a remittance to you.

To settle this problem, we immediately have sent you the sum of US$15,000 by telegraphic transfer.

We apologize for this regrettable mistake and we will take every measures to prevent the recurrence of similar error in the future.

Yours faithfully,

내용해설

회사 경리부 담당의 실수로 인해 대금지급이 이루어지지 않았음을 시인하고 즉시 대금을 송금했음을 통보하는 내용이다.

용어해설

- due : 지급되어야 할, 지불되어야 할
- upon checking : 조사해 보니
- make an oversight : 간과하다, 실수하다
- by Telegraphic Transfer : 전신환으로

5 대금지급 지연에 대한 사과(II)

Gentlemen :

Your inquiry regarding an outstanding balance for the sum of US$10,000 for the products shipped on February 16 was immediately checked.

We are sorry to inform you that US$10,000 had, in fact, not been paid due to an oversight on our part. The amount concerned was forwarded to your account in Uri Bank by telegraphic transfer today.

Please accept our sincere apology for the inconvenience this matter has caused you.

We hope we can continue our business relations as usual.

Yours sincerely,

내용해설

수입업자가 자신의 실수로 인하여 대금을 지급하지 못했음을 시인하고 대금 U$10,000을 수출업자의 우리은행 구좌에 입금하였음을 알리는 통신문이다.

용어해설

- your inquiry regarding ... : ...에 관한 귀사의 문의
- outstanding balance : 미지불된 금액
- due to an oversight : 실수로 인해
- be forwarded to ... : ...로 보내어지다, ...로 송금되다.

6 대금지급 연기 요청

Dear Sirs,

Referring to your statement of March 3, we have tried to meet our obligation for US$18,500.

We are afraid to inform you that we are not able to clear your statement due to the fire occurred at our factory.

However, the financial difficulty we are suffering is just temporary and we have our regular customers who have never failed to pay us.

By the end of March, we will get payments from those customers and we can remit you full amount by telegraphic transfer.

We, therefore, ask you for one month extension of payment and we believe that you will understand our situation.

Yours faithfully,

내용해설

3월 3일 수출업자가 송부한 계산서에 대해 수입업자는 공장에 화재가 발생하여 당분간 재정적인 어려움이 있기 때문에 자신의 고객들로부터 결제를 받게 되는 3월 말경에는 송금이 가능하다는 것을 통보하며 1개월의 지급연기를 요청하고 있다.

용어해설

- meet our obligation : 당사가 빚(대금)을 결제하다
- referring to ... : ...에 대해서
- clear your statement : 귀사의 계산서를 결제하다

7 대금지급 연기 요청 거절

Gentlemen :

We have received your e-mail of March 10 proposing us to extend the time of payment.

While sympathizing with you for the loss and inconvenience caused by the fire, we would appreciate it if you would try to understand that we also have our obligations which have to be cleared this month.

Yours faithfully,

용어해설

- proposing : 제안하는, 요청하는
- while sympathizing =while we are sympathizing

10.4 환어음 관련 기타 표현

- Your proposal to pay by draft is acceptable to us and we shall accordingly draw drafts on the issuing bank for full invoice value after shipment.
- As arranged, we are attaching our sight drafts on you for U$20,000 and they will be forwarded to you through the negotiating bank.
- We propose to pay by bill of exchange drawn under document against acceptance at 30 days after sight. Please confirm if this is acceptable to you.
- You may draw drafts on the issuing bank, Kookmin Bank, at 60 days after the date of bill of lading for the amount of your invoice.
- Our bank in Hamburg, Die Handelsbank, will accept your drafts on them on our behalf.
- We agree to accept the products in 3 shipments and you may draw drafts on us at 90 days from B/L date in the case of each shipment.
- We are surprised to find that you have drawn drafts on us for the last shipment. Please note that we have accordingly declined to accept your drafts in this instance.
- Your drafts for the shipment by 'S.S. Calcutta' were presented yesterday and duly met. We should now like to ask you if you are willing to supply us in the future on 60 days after sight D/A terms as other suppliers in your country are already allowing us credit.

- The products arrived in excellent condition and we are fully satisfied with them. If you can guarantee to repeat this quality, we shall place large orders with you and in this case we shall require D/P at sight terms.
- Much to our surprise, our drafts drawn on you dated March 11 and due July 1 were returned dishonoured yesterday by our bank, New York Bank. Having received no information from you since the dispatch of the products covered by these drafts, we ask you for an immediate explanation.
- Please note that all charges are for account of drawee.
- In all previous dealings, we have settled our accounts with you promptly by banker's drafts and you have not raised any objection to this method of payment.
- We would appreciate it if you could draw your drafts at three months after sight instead of the proposed two months.
- To cover the shipment, we have drawn drafts at sight and negotiated the drafts through KEB Hana Bank with your credit.
- Please draw drafts at 60 days after sight(at 60 days from B/L date) on the Bank of China under an irrevocable letter of credit and ask you to honor (accept/ pay/protect) it on presentation.

연 습 문 제

1. 당사는 뉴욕은행 앞으로 일람 후 90일부 환어음을 취소불능신용장에 의거하여 발행하였으며 국민은행을 통해 매입을 의뢰하였습니다.

   해설 뉴욕은행 앞으로 : on Bank of New York, 일람 후 90일 : at 90 days after sight, 어음을 발행하다 : have drawn drafts

2. 선적분을 결제하기 위해서 신용장번호 091121에 의거하여 미화 100,000불에 대해 일람불환어음을 발행하였으며 어음이 제시되면 결제하여 주시기 바랍니다.

   해설 결제하기 위하여 : to cover ..., 일람불환어음 : drafts at sight, 제시되면 : on presentation, 어음을 결제하다 : honor the drafts

3. 한국외환은행으로부터 귀사가 발행한 기한부 환어음과 관련 서류를 당사가 인수하였으며 환어음은 만기일에 정히 지급이행될 것입니다.

   해설 환어음을 발행하다 : draw drafts, 관련서류 : documents required, 인수하다 : accept, 만기일에 : at maturity

4. 다른 서류와 함께 환어음은 서울에 있는 우리은행을 통하여 발행은행 앞으로 제시될 것입니다. 제시되는 대로 환어음을 결제하여 주시기 바랍니다.

   해설 다른 서류와 함께 : together with other documents, 발행은행 : an issuing bank, ...앞으로 제시되다 : be forwarded to ..., 결제하다 : protect, honor

5. 다음 달 말까지 결제가 이루어지지 않을 경우 당사를 보호하기 위하여 법적 절차를 취하지 않을 수 없습니다.

   해설 다음 달 말까지 : by the end of next month, 당사를 보호하기 위하여 : to protect ourselves, 법적 절차를 취하다 : take legal proceedings

6. 10월 5일자 US$50,000에 대한 당사의 환어음이 오늘 은행에 제시되었을 때 지급되지 않아 놀랐습니다. 다시 한 번 어음에 대한 지급을 요청합니다.

   해설 지급되지 않다 : be not honored, be not met, 은행에 제시되었을 때 : when they were presented to the bank

7. US$15,000에 대한 2월 청구서를 여러 번 제출했지만 아직까지 동 금액이 미결제로 남아 있습니다. 조속한 결제를 바랍니다.

   해설 청구서 : a statement, 제출하다 : render, 미결제로 남다 : be outstanding, 조속한 결제 : prompt settlement

CHAPTER 11 클레임과 조정 (Claims and Adjustment)

11.1 무역클레임

1 무역클레임의 개념

클레임(Claim)이란 수출입거래의 당사자 또는 이해관계인에게 제기하는 거래상의 불만을 비롯하여 손해배상이나 기타의 의무이행을 청구하는 것을 말하는 것으로, 무역클레임은 피해를 입은 당사자인 청구자(Claimant)가 상대방인 피청구자(Claimee)에게 자신이 입은 손실을 통보하고 이에 대한 해결을 요구하는 것을 의미한다.

이와 같이 무역클레임은 계약 당사자 중 어느 한 쪽의 계약불이행 또는 위반에 대하여 그 상대방에서 제기되는 계약의 해제, 인도 또는 인수의 거절, 가격인하 또는 손해배상의 요구를 말하는 것으로 수출업자와 수입업자 어느 쪽에서든지 일어나지만 무역거래는 수출업자가 주도권을 갖고 계약상품의 선적이나 인도가 계약이행의 기본이 된다는 측면에서 매수인으로부터 매도인 앞으로 제기되는 경우가 일반적이다.

2 무역클레임의 내용

무역클레임을 제기할 때 피해자가 청구하는 클레임의 내용은 다음과 같은 것들이 있다.

1) 대금의 지급거절

대금의 지급거절(refusal of payment)이란 수입물품에 하자가 있어 수입업자가 수출업자에게 대금지급을 거절하는 것이다. 물품의 선적 전 송금, 취소불능신용장에 의한 대금결제 등은 대금의 지급거절이 불가능하나 추심으로서 결제기간이 장기간인 인수도조건(D/A)과 같은 무신용장방식의 거래에서는 제기될 수 있다.

2) 손해배상금의 청구

상대방의 고의나 과실로 입은 피해를 금전으로 보상해 줄 것을 요구하는 것이다. 금전 이외에 다른 방법으로 대체하기 어려운 환차손, 미지급된 운임, 수수료의 미지급 등과 같은 것이나, 새로 수입하더라도 수입국의 시황이 좋지 않은 경우에는 금전의 손해배상을 요구한다.

3) 대금의 감액청구

대금의 감액청구는 도착물품의 품질, 포장, 화인, 상표 등이 불량하거나 계약물품과 다른 경우 수입업자가 수출업자에게 계약가격보다 감액된 가격으로 물품을 인수하겠다고 요구하는 것을 말한다. 대금의 감액청구방법으로는 대금잔액으로부터의 감액, 추후 선적분의 가격으로부터의 감액 및 송금에 의한 감액 등이 있다.

4) 물품의 인수거절

물품의 인수거절은 물품이 도착된 후 품질상의 하자나 손상 등을 이유로 화물의 인수를 거절하는 것을 말한다. 이에 대한 방법으로는 전부인수거절(whole rejection)과 일부거절(partial rejection)의 방법이 있다.

5) 대체품의 청구

대체품의 청구(requirement of substituted goods)란 물품의 품질이 계약물품과 다르거나 수량이 부족한 경우 이에 해당하는 물품에 대한 대체품을 요구하거나 다음 선적 분에 부족한 수량만큼 추가하여 선적하여 줄 것을 요구하는 것이다. 이와 같은 방법은 지속적인 거래관계를 가지고 있는 우호적인 당사자들간의 거래에서 이용된다.

3 무역클레임의 종류

1) 상품에 관한 클레임

상품에 관한 클레임은 상품과 직접적으로 관련된 클레임과 상품과 간접적으로 관련된 클레임으로 구분된다. 상품과 직접적으로 관련된 클레임으로는 품질, 색상, 치수, 수량 및 중량, 손상에 관한 클레임 등이 있다.

표 11-1 상품과 직접적인 관련이 있는 클레임

클레임 구분	종 류
품 질	품질불량, 품질상위, 형식상이, 등급저하, 불량품 혼입, 품질상이품 혼입, 품질결함, 변질 등
색 상	변색, 색의 상위, 색조의 상위 등
치 수	치수부족, 치수상위, 치수초과, 치수불량 등
수량 및 중량	수량부족, 중량부족, 용적부족, 감량, 중량계산상위 등
손 상	멸실, 손상 등

상품과 간접적인 관계가 있는 클레임에는 다음과 같은 것들이 있다.

표 11-2 상품과 간접적인 관련이 있는 클레임

클레임 구분	종 류
포 장	포장불량, 불완전포장, 부정한 포장, 포장파손 등
화 인	화인누락, 화인혼합, 화인소멸, 화인상이 등
선 적	선적지연, 선적불이행, 하역손상, 선적상이, 과다선적 등
운 송	운송 중 파손, 환적, 분실, 도난, 초과운임, 난폭취급 등
가 격 결 제	가격조정, 초과지불, 과잉징수, 반송비, 재포장비, 수선비, 창고비, 검증료, 체선비, 벌금 또는 과료, 결산대금 외의 청산, 어음부정할인, 어음할인거부 등
서 류	송장상의 과오, 부정송장, 잘못 작성된 송장, 계산착오, 기재사항의 상위, 서류미흡 등
계 약	계약불이행, 계약취소, 용선계약파기, 계약거절, 부당한 계약해제 등

2) 일반적 클레임

거래의 수행상 통상적으로 발생하는 클레임으로서, 거래당사자가 최선을 다했으나 물품의 인도나 대금의 지급까지 시간을 요하는 무역의 특성상 불가피하게 발생하거나 거래당사자간에 어느 일방의 과실이나 태만에 따라 계약을 위반하였을 때 발생하는 것이 일반적 클레임이다.

3) 마켓클레임

마켓클레임(market claim)은 무역계약의 성립 후 상품의 시세가 하락한 경우 수입업자가 입은 손실을 보상하기 위하여 보통의 경우에는 클레임의 대상이 되지 않은 사항을 수출업자의 사소한 실수, 시황의 악화, 외환시세의 변동 등을 이유로 가격인하를 요구하거나 물품의 인수를 거부하는 등의 의식적인 클레임을 말한다.

4) 계획적 클레임

이는 거래 상대방의 고의에 의한 클레임으로 수입업자가 처음부터 교묘한 방법으로 수출업자로 하여금 계약이행에 지장을 초래하게 하여 제기하는 클레임이다.

4 무역클레임의 해결방법

1) 화해(Amicable Settlement)

화해는 당사자간의 직접적인 교섭에 의하여 원만히 해결하는 것으로 무역거래에서 가장 바람직한 해결방법이다.

2) 알선(Intercession)

알선은 상공회의소와 같은 공정한 제3의 기관이 당사자 일방 또는 쌍방의 의뢰에 의하여 사건에 개입하여 원만한 해결을 위한 조언을 주는 것이다. 따라서 당사자 쌍방의 협력을 얻지 못하면 실패로 끝나게 된다.

3) 조정(Mediation)

조정은 양 당사자가 공정한 제3자를 조정인으로 선정하고 그 조정인이 제시한 구체적인 해결방안(조정안)에 합의함으로써 해결하는 것이다. 조정안에 대해 양 당사자 중 어느 한 쪽이라도 이 조정안에 만족하지 않으면 조정은 이루어지지 않는다.

4) 중재(Arbitration)

중재는 조정의 경우와 같이 당사자가 공정한 제3자를 중재인으로 선정하여 중재인이 제시한 판정에 복종함으로써 최종적으로 해결하는 방법이지만, 조정의 경우에는 조정안에 대한 수락여부가 당사자의 자유의사에 맡겨지는데 반하여 중재는 중재인이 제시한 중재판정을 당사자가 거부할 수 없고 그 결과에 강제당하게 된다.

5) 소송(Litigation)

소송은 국가기관의 재판소에 의하여 분쟁을 강제적으로 해결하는 방법으로 사전에 계약서상에 중재에 의해서 해결하겠다는 취지가 없을 경우 상대방에게 강제를 가하기 위해 최후의 수단으로 국가공권력의 발동에 의한 물리적 힘에 의해 해결하는 방법이다.

11.2 무역클레임 및 조정 관련 상담사례

1 수량부족에 관한 클레임제기와 회신

1) 클레임제기

Dear Mr. Kim,

Subject : A shortage in toys

We received your consignment covering our order No.10 for toys for children. Upon checking the products against your commercial invoice delivered to us, we discovered a shortage in numbers for item No.11 and No.13. 30pcs and 25pcs for No. 11 and No. 13 were found short in numbers respectively. There was not any sign we can judge that they were tampered in transit as the boxes packed arrived in good condition.

We are of an opinion that the shortage is due to the mistake in packing and we want you to have this matter settled amicably as soon as possible as we don't want to lodge a claim with you.

We ask you, therefore, to investigate this matter and send us the products immediately.

Yours truly,

내용해설

도착된 선적품을 상업송장과 대조하는 과정에서 약간의 수량이 부족함을 발견하고 수출업자에게 이에 대한 설명과 해결책을 요구하는 내용이다.

용어해설

- shortage in numbers : 수량부족
- any sign we can judge : 당사가 판단할 수 있는 어떠한 흔적(징후)
- amicably : 우호적으로
- lodge a claim : 클레임을 제기하다.
- investigate this matter : 이 문제를 조사하다.

2) 회신

Dear Mr. Foster,

Thank you for your e-mail of August 12 in which you complained about the products dropped in the boxes even though those were listed in the invoice.

After we have paid our prompt and careful attention to your e-mail, we found that our manufacturer couldn't meet the numbers of the products you placed an order as they recorded more than 10% of production loss which was much more than before.

We don't have enough materials to make the replacements for the shortage right away. Instead, as a settlement, we would like to send the products in your next order. And, of course, the amount you paid for the shortage this time will be deducted in our next invoice.

We apologize for the errors we made and we will assure you that nothing like this case will occur in the future.

내용해설

수출업자가 수입업자의 요구에 의해 진상을 조사한 결과 수량부족의 원인은 생산과정에서 주문된 제품의 수량을 맞추지 못함으로써 야기된 것으로 부족분의 생산이 현재 어려워 다음 주문분에 추가적으로 송부하겠다는 내용이다.

용어해설

- our prompt and careful attention to ... : ...에 대한 당사의 신속하고 주의 깊은 관심
- meet the numbers of the products : 제품수량을 맞추다.
- production loss : 생산손실
- as a settlement : 해결책으로
- be deducted : 공제되다, 감해지다.

3) 회화

Foster : The products were arrived here on May 15 by "Ville V-12", but we are not satisfied with your shipment.

Kim : What do you mean by that?

Foster : Some of the products are short in numbers while those are listed in your invoice.

Kim : Well, we'll take this matter up immediately with our manufacturer and we'll give you a clear explanation.

Foster : It's the first time that we file a claim with you for the last 5 years since we started doing business.

Kim : We found that our manufacturer made a regretable mistake. They didn't meet the numbers you placed an order.

Foster : We want you to send them by air right away.

Kim : It takes time to make them as we have to procure materials. Also, it's not possible to produce them as they are too small in numbers.

Foster : What can you suggest as a settlement?

Kim : We want to send them additionally in your next order.

포스터 : 제품은 "Ville-12"호로 5월 15일 여기에 도착하였지만 귀사의 선적에 만족스럽지 않습니다.

김 : 무슨 말씀이십니까?

포스터 : 몇 몇 제품들의 수량이 부족합니다. 반면에 그 제품들은 귀사의 송장에 기재되어 있습니다.

김 : 당사는 즉시 이 문제를 검토하여 명확한 설명을 보내 드리겠습니다.
포스터 : 당사가 사업을 시작한 이래 지난 5년 동안 귀사에게 클레임을 제기한 것은 이번이 처음입니다.
김 : 당사의 제조업자가 후회스러운 실수를 하였음을 알았습니다. 그들은 귀사가 주문한 수량을 맞추지 못했습니다.
포스터 : 당사는 귀사가 즉시 그 제품들을 송부해 주기를 바랍니다.
김 : 원료들을 구매해야 하기 때문에 제품을 만드는데 시간이 걸릴 것입니다. 또한, 수량이 너무 적어서 생산하는 것이 가능하지 않습니다.
포스터 : 해결책으로서 무엇을 제시할 수 있습니까?
김 : 귀사의 다음 주문에 추가적으로 보내 드리고 싶습니다.

용어해설

- be short in numbers : 수량이 부족하다
- be listed in the invoice : 송장에 기재하다
- take this matter up : 이 문제(사건)를 검토하다
- file a claim : 클레임을 제기하다 (lodge a claim)

2 미도착분에 대한 클레임제기와 회신

1) 클레임제기

Dear Mr. Min,

We received your shipping advice for the shipment covering our order No. 120 for a 20 feet container of garments and we have prepared everything required for selling those products here in the market.

With the shipping documents presented from the issuing bank, we asked a international freight forwarder to pick up the products from the shipping company referred to in your e-mail.

However, your consignment was found not to be shipped by "Arirang" sailed on the 15th of April while the bill of lading issued by Dongyang Shipping Co. says it was shipped by that vessel as scheduled.

We want you to give a prompt attention to this e-mail and give a complete explanation in return.

Yours truly,

내용해설

수출업자로부터 선적통지를 받고 발행은행을 통해 선적서류를 인도받아 운송업자로 하여금 제품을 찾아오도록 하였으나 약정된 제품의 선적이 서류상에 제시된 대로 이루어지지 않아 이에 대한 설명을 요청하는 통신문이다.

용어해설

- a shipping advice : 선적통지
  일반적으로 수출업자는 약정된 제품을 송부한 후 제품이 송부된 사실을 관련 서류를 첨부하여 수입상에게 통지하는데 이를 선적통지라 한다.
- international freight forwarder : 국제물류주선업자
- bill of lading : 선하증권(B/L)

2) 회신

Dear Mr. Lamos,

Thank you for your e-mail dated May 11 and we regret to learn that our consignment covering your order No. 120 has not reached.

All the records we have indicate that the products were loaded on the vessel. We handed the products over to the CY according to the shipping company's instructions.

We can not find any error on our part as evidenced by the clean on board B/L issued by that company.

Therefore, please lodge a claim with the agent of the shipping company and the insurance company concerned to settle this matter. We are sure that this will be honored by the shipping company, otherwise, the insurance company will handle this matter accordingly.

Meanwhile, we will take every steps possible here to assist you and you will be rest assured that every orders from now on will be executed to your satisfaction.

Yours very truly,

내용해설

수출업자는 선박회사의 지시에 의해 제품을 인도하여 무사고선적선하증권을 발급받았기 때문에 전혀 책임이 없음을 지적하고 다만 현지의 선박회사와 보험회사에 클레임을 제기하여 해결하도록 권유하는 통신문이다.

용어해설

- we regret to learn that ... : ...을 알게 되어 유감이다.
- be loaded on : 적재되다.
- on our part : 당사측에서
- as evidenced by ... : ...을 근거로 하여 입증된 것처럼
- clean on board B/L : 무사고선적선하증권
- honor : (클레임 등을)처리하다.

3) 회화

Lamos: We haven't received your products.
Min : According to the shipping schedule, they should have reached already.
Lamos: We can not find any discrepancy in your shipping documents.
Min : Yes, you can refer to the B/L indicating that the products are loaded on the vessel in good condition.
Lamos: We understand that. But, we want you to check this matter out with the shipping company and find out what's wrong with the shipment.
Min : Of course, we'll do our best to help you out. However, you'd better file a claim with the agent of the shipping company first.
Lamos: Do you think it'll be settled by doing so?
Min : If not honored, you can ask for the insurance company to handle this matter. We insured the consignment against all risks.
Lamos: We want you to execute our order in perfect condition in the future.

라모스 : 당사는 귀사의 제품을 받지 못했습니다.
민 : 선박스케줄에 의하면, 이미 도착했어야 합니다.
라모스 : 당사는 귀사의 선적서류에서 어떤 불일치도 발견할 수 없습니다.
민 : 맞습니다. 제품이 완벽한 상태로 선박에 적재되었다는 것을 증명하는 선하증권을 참고하시기 바랍니다.
라모스 : 이해합니다. 하지만 이 문제를 선박회사와 검토하시어 선적에 어떠한 문제가 있는지 알아보시기를 바랍니다.
민 : 물론, 당사는 귀사를 도와주기 위해 최선을 다할 것입니다. 하지만, 우선 선박회사의 지사에 클레임을 제기하시는 것이 낫습니다.
라모스 : 그렇게 함으로써 해결될 것으로 생각하십니까?
민 : 만일 처리되지 않는다면, 보험회사에 요청하여 이 문제를 처리하도록 부탁하십시오. 전손담보조건으로 보험을 부보하였습니다.
라모스 : 향후에는 당사의 주문을 완벽한 상태로 실행해 주시기를 바랍니다.

용어해설

- should have reached already : 이미 도착했어야 했다.
- B/L : 선하증권(bill of lading)
- file a claim : 클레임을 제기하다.
- if not honored : 만일 처리되지 않는다면(=if it is not honored)
- insure : (보험을) 부보하다 =make insurance on=cover insurance on =open insurance on =undertake the insurance of =effect insurance on

3 파손제품에 대한 클레임제기와 회신

1) 클레임제기

Dear Mr. Son,

The shipment by "SNCDV" Line has been delivered to a warehouse, but we would like to invite your attention that one role of electric wire weighing about 3,000kg was found dented in and they are exposed beyond repair.

Judging by its badly damaged condition, we guess that an accident was made on account of bad handling. There is no doubt in our opinion that this mistake is very unfortunate because the products are urgently required by our customers who have been impatient to receive your products.

We want you to have this matter settled as soon as possible and please let us know what you can do for this item unsuited for our purpose.

We hope that you will investigate this matter and give us a prompt solution in return.

Yours truly,

내용해설

전기선에 대한 선적품이 도착하였으나 그 중 하나가 찌그러져 수리가 불가능할 정도로 파손된 상태로 인도되어 이에 대한 해결책을 조속히 요구하는 통신문이다.

용어해설

- the shipment : 선적물, 선적품
- invite your attention : 귀사의 주의를 환기시키다
- weighing : 무게가 나가는
- be dented in : 찌그러지다
- unsuited : 맞지 않는
- be exposed to beyond repair : 수리가 불가능하게 되다
- on account of bad handling : 잘 못 취급했기 때문에

2) 회신

Dear Mr. Lincoln,

Thank you for your e-mail of March 13 and we are sorry to hear that the products we shipped were damaged.

We have paid our prompt attention to the matter and found that the damage in the products has been caused by a rough handling by our local forwarding agent.

Since the fault is with us though the mistake was not made by our company actually, we would like to offer you to accept the products at a reduction of 25% which is a great loss to us.

We have no excuse how much we have caused you inconvenience and we assure you that we will execute your orders from now on with our maximum care.

Very truly yours,

내용해설

조사해 본 결과 국내 운송업자가 제품을 잘못 다룸으로 인해 발생된 것임을 주지시키고 문제의 해결을 위해 가격을 25% 인하해 주겠다고 제안하고 있다.

용어해설

- we are sorry to hear that ... : ...를 듣게 되어 죄송하다.
- pay one's prompt attention to ... : ...에 신속한 대응을 하다.
- rough handling : 거칠게 다룸
- a forwarding agent : 운송업자
- at a reduction of ... : ...이 인하된 가격에
- have no excuse : 변명할 여지가 없다.
- with our maximum care : 최선의 주의를 기울여서

3) 회화

Son : Did you receive the products in good condition?

Lincon : We received the consignment you had shipped on March 3. But one role of the electric wire was damaged.

Son : What's wrong with that?

Lincon : One side of the products was severely dented in and that part can't be repaired, we guess.

Son : Well, the products were double checked by the authorized inspectors in our factory and they were perfect when delivered.

Lincon : In that case, there must have been something wrong in transportation.

Son : We'll check this matter immediately out with the international freight forwarder and the shipping company respectively.

Lincon : Yes, please take a prompt action to this matter.

Son : Anyway, please send us your report done by the surveyors and we'll make an allowance of 25% for the products in question if the fault is on our side.

Lincon : Okay, we'll send the materials you asked for and they will be in your hands in a few days.

Son : We'll let you know the result of this matter as soon as possible.

손 : 제품을 완전한 상태로 받으셨습니까?

링컨 : 3월 3일에 선적하신 적송품을 받았습니다. 하지만 전기선 중의 하나가 파손되었습니다.

손 : 무엇이 잘못 되었습니까?

링컨 : 제품 한쪽 면이 심하게 찌그러져 그 부분은 수선이 불가능할 것 같습니다.

손 : 제품은 공장에서 인증된 검사관들에 의해 이중으로 검사되어 인도될 때는 완벽하였습니다.

링컨 : 그렇다면, 운송 중에 잘못이 있었음이 틀림없습니다.

손 : 즉시 이 문제를 국제물류주선업자 및 선박회사와 각각 즉시 검토하도록 하겠습니다.

링컨 : 예, 이 문제에 대해 신속한 조치를 부탁합니다.

손 : 어쨌든, 조사관들에 의해 조사된 보고서를 보내 주시면 만일 잘못이 당사에 있을 경우 문제가 되는 제품가격을 25% 인하토록 하겠습니다.

링컨 : 알겠습니다. 귀사가 요청하신 자료들을 보내도록 하겠으며 며칠 내에 받으실 수 있을 것입니다.

손 : 가능한 한 빠른 시일 내에 이 문제의 결과를 알려드리도록 하겠습니다.

용어해설

- be double checked: 이중으로 검사되다.
- by an authorized inspector : 공인된 검사관
- in transportation : 운송 중에
- make an allowance of : (가격 등을)인하하다.

4 포장불량에 따른 클레임제기와 회신

1) 클레임제기

Dear Mr. Jeon,

We received your consignment for the raw materials of cosmetics shipped by Canteville, but we regret to inform you that some of them were leaked and the glasses containing materials were broken.

We have to ask you, therefore, to arrange the materials listed in the attached file and send them to us immediately so that we can put them into production immediately.

Otherwise, there is no choice but to file a claim for compensation, which is not good to both of us.

We believe you will pay your prompt attention to this matter.

Very truly yours,

내용해설

수입업자는 화장품 원료를 받았으나 일부가 누수되고 일부 병들이 파손되었음을 수출업자에게 통보하고 이에 대한 대체품의 송부를 요청하고 있다.

용어해설

- raw materials : 원료
- be leaked : (내용물이)새다, 누수되다.
- the materials listed in the attached file : 첨부파일에 명시된 원료들
- there is no choice but to file a claim : 클레임을 제기하는 것 이외에는 다른 선택이 없다.

2) 회신(I)

Dear Mr. Bush,

We received your e-mail informing us that some of the materials were found leaked and some glasses were broken.

Our business has been satisfactory for the last five years and you may realize that this kind of problem is unusual and we are very sorry to put you into inconvenience.

Specialists in charge of packing informed us that the products were first packed in safe containers individually and then packed in wooden boxes. According to them, the products should have been delivered in good condition as they were packed with the utmost care.

We think that they must have been carelessly handled in transit and we will check it out with the shipping company.

Also, I will let you know the result by tomorrow.

Very truly yours,

내용해설

포장을 전문으로 하는 전문가가 제품들을 완전하게 포장했기 때문에 포장불량으로 인하여 발생한 것은 아니고 아마 운송 중에 발생한 문제일 것이라며 선박회사와 협의하여 결과를 통보하겠다는 내용이다.

용어해설

- you may realize that ... : 귀사가 ...를 아시는 바와 같이
- put you into inconvenience : 귀사를 불편하게 하다.
- specialists in charge of packing : 포장을 담당하는 전문가
- safe containers : 안전한 용기
- pack with the utmost care : 최상의 주의로 포장하다.
- check it out with... : 이 것(문제)을 ...와 검토해보다.(조사해보다)

3) 회화

Brown: We'd like to inform you that we have some problems with your shipment of raw-materials.
Jeon : They should be delivered in perfect condition.
Brown: We hope so, but some of the materials contained in plastic containers were leaked and some glasses were broken.
Jeon : As ingredients were packed in individual containers and then in wooden boxes, there shouldn't be any problem.
Brown: Well, you may be right. However, the products were not well arranged in the wooden boxes and we think there must have been some problems in transit.
Jeon : We'll check this matter out with the shipping company anyway.
Brown: You know, we have to produce the products in our manufacturing company within a few days and it's impossible to produce them without those materials in question.
Jeon : If this problem is caused by the shipping company, you'd better file a claim with the agent of that shipping company in your country.
Brown: We want you to settle this matter as soon as possible and to arrange additional materials for a prompt dispatch to us.
Jeon Anyway, we'll do our best to help you out.

브라운 : 귀사가 선적한 원료에 문제가 있다는 것을 말씀드리고 싶습니다.
전 : 원료가 완벽한 상태로 도착했을 겁니다.
브라운 : 당사도 그러길 바랍니다. 하지만, 플라스틱 용기에 포함된 몇 원료들이 누수되었고 몇 몇 유리들이 파손되었습니다.
전 : 각 원료들이 개별 용기에 포장되고, 그 이후 나무상자에 포장되었으므로 문제가 없을 것입니다.
브라운 : 맞으실지도 모릅니다. 하지만, 제품이 나무상자에서 잘 정돈되지 않아 운송 중에 문제가 있었음이 틀림없을 것으로 생각합니다.
전 : 이 문제를 어쨌든 선박회사와 검토하도록 하겠습니다.
브라운 : 아시는 대로, 당사는 제품을 당사의 생산공장에서 며칠 내로 생산해야 하는데 문제되고 있는 원료들이 없으면 생산이 불가능합니다.
전 : 만일 문제가 선박회사에 의해 원인이 되었다면 귀사가 현지에 있는 선박회사의 대리인에게 클레임을 제기하는 편이 낫습니다.
브라운 : 당사는 귀사가 이 문제를 가능한 한 빨리 해결해 주기를 원하고 또한 추가원료들을 준비하여 조속히 당사에 송부해 주시기를 원합니다.
전 : 어쨌든, 당사는 귀사를 도와주기 위해 최선을 다하겠습니다.

용어해설

- in perfect condition : 완벽한 상태로
- be not well arranged : 잘 정돈되지 않다.
- must have been ... : ...이었음이 틀림없다.
- materials in question : 문제가 되는 원료들
- file a claim with : ..에 클레임을 제기하다 =lodge a claim with
- arrange materials for a prompt dispatch : 조속한 선적을 위해 원료를 준비하다.

5 선적지연에 대한 클레임제기와 회신

1) 클레임제기

Dear Mr. Shim,

We placed an order with you on the clear understanding that delivery could be made by May 2. We have not yet received the products and would appreciate your immediate advice as to when we may expect them.

We are in serious problems and are receiving numerous complaints from our domestic customers as we could not meet our delivery date.

Please let us know the reason for this delay and also we want to know if you can effect a shipment by the next direct vessel before May 10.

Otherwise, we shall have to cancel the order as we can not wait any longer.

Yours very truly,

내용해설

5월 30일까지는 인도할 것이라고 믿고 주문한 제품에 아직 도착하지 않은 데 대한 클레임 서신이다. 무엇보다도 그동안 물품의 인도일을 지켜왔던 수출업자의 인도지연에 당혹감을 전하면서 이에 대한 회신을 요구하고 있다.

용어해설

- on the clear understanding that ... : ...을 명확히 이해하는 것을 조건으로
- as to ... : ...에 관하여
- delivery date : 인도일
- meet the delivery date : 인도일을 지키다(맞추다)

2) 회신

Dear Mr. Drugman,

We are very sorry to learn in your e-mail dated May 4 that the products were not shipped by Arirang, a direct vessel departed on May 2.

All of our automatic manufacturing lines have been fully operated day and night to meet orders. Orders rushed in since you placed an order with us have made it impossible to produce the products as scheduled.

In fact, we have been enjoying our reputation for being punctual in meeting the delivery time stipulated and never did we fail to deliver our customers' orders in time.

However, we surely may be able to send the products you need by the very next vessel sailing on May 11 and we rely upon your leniency for the matter of recent delay.

We will do our best not to cause any inconvenience in the future.

Yours faithfully,

내용해설

약정한대로 선적하려고 노력하였으나 수입업자로부터 주문받은 이후 동 제품에 대한 주문이 쇄도하여 기일 내에 선적하지 못하였음을 시인하고 대신 5월 11일에 출항하는 직항선으로 선적할 것을 확약하는 통신문이다.

용어해설

- be fully operated day and night : 밤낮으로 가동되다.
- place an order with ... : ...에게 주문하다
- for being punctual : 정확성으로 인해
- delivery time stipulated : 약정된 인도기간
- never did we fail to ... : 결코 당사는 ...하는데 실패한 적이 없다.
- rely on(upon) your leniency : 귀사의 관용에 의지하다.
  (귀사가 관용을 베풀어주기 바란다)

3) 회화

Drugman : Did you ship the products by Arirang, an indirect vessel, as scheduled?
Shim : We regret to say that we couldn't meet the delivery date.
Drugman : You assured us that there shouldn't be any problem to send the products by that vessel.
Shim : Never did we expect at that time that we would be in rush of orders from other partners for the same items.
Drugman : No matter what you say, we should ask you to settle this matter immediately as we don't want to get any complaints from our customers.
Shim : Then, we'll send the products by the direct vessel scheduled to sail on May 11.
Drugman : You have to do something better than that.
Shim : Well, we'll bear the extra freight costs arising from using the direct vessel.
Drugman : Make sure that you must take every steps possible to execute our orders to our satisfaction in the future.

드러그만 : 예정대로 귀사는 비직항선인 Arirang호로 제품을 선적하셨습니까?
심 : 유감스럽게도 인도일을 맞출 수 없었습니다.
드러그만 : 귀사는 그 선편으로 제품을 송부하는데 전혀 문제가 없을 것이라고 확신해 주었습니다.
심 : 그 당시에는 같은 제품들에 대해 다른 파트너들로부터 주문이 쇄도하리라고는 기대하지 못했습니다.
드러그만 : 귀사가 무슨 말씀을 하시든 당사의 고객으로부터 불평듣기를 원하지 않기 때문에 귀사가 이 문제를 즉시 해결하도록 요청드립니다.
심 : 그러면, 5월 11일 출항예정인 직항선으로 제품을 보내도록 하겠습니다.
드러그만 : 그 이상으로 해 주셔야 합니다.
심 : 직항선으로 야기되는 추가운임은 당사에서 부담토록 하겠습니다.
드러그만 : 향후 당사의 주문에 대해 만족스럽게 수행할 수 있도록 가능한 모든 조치를 취해 주셔야 한다는 것을 명심하시기 바랍니다.

용어해설

- you assured us that ... : 귀사는 당사에게 ...를 확신해 주었다.
- never did we expect that ... : 당사는 결코 ...를 기대하지 않았다.

6 품질상위에 대한 클레임제기와 회신

1) 클레임제기

Dear. Mr. Kim,

Thank you for your prompt dispatch of the clothes covering our order No. 132-IM dated September 15.

Upon examining the products carefully, we were surprised to find that the quality delivered was quite different from that of your samples.

This mistake is very unfortunate because the products are urgently required by our customers who have been impatient to receive the products. Almost all of them are so poor that we can not but to imagine there must have been some big mistakes on your side when producing them.

As the products will not be accepted by our agents, we would like to ask you to take them back and dispatch the same quality products as the products we ordered.

We would request you, therefore, to take the matter up with the relative parties to ascertain if this is the above case. We may be able to extend the date of shipment if you want on the condition that you can guarantee to send the right products as contracted.

Very truly yours,

내용해설

수입업자는 수출업자가 선적한 제품을 확인해본 결과 계약시의 견본과 달라 수령할 수 없음을 통보하고 이에 대한 조사를 의뢰할 것을 요청하는 동시에 대체품을 송부하도록 하는 내용이다.

용어해설

- a prompt dispatch : 신속한 송부
- upon examining : 조사하자마자
- can not but to .... : ...하지 않을 수 없다.(can not help ...ing)
- the same quality products as the products we ordered : 당사가 주문한 된 품질과 같은 제품
- on the condition that ... : ...하는 조건으로
- as contracted : 계약대로

2) 회신

Dear Mr. Linder,

In reference to your e-mail of November 3 reporting different quality in our consignment, we sincerely regret the inconvenience caused you by our mistake.

We are of an opinion that some mistakes have been made in selecting the materials suited for you and we already asked our branch office in your country today to visit your company within this week to compare the quality of the products dispatched with the samples.

In case we are responsible for the wrong selection of the materials, we will arrange right products immediately and send them by air.

Yours faithfully,

내용해설

품질이 다르다는 수입업자의 불평에 수출업자는 제품 선택에 있어 실수가 있었는지도 모르겠다는 가정하에 현지국에 있는 지점을 통하여 선적용 제품견본과 원래의 견본을 비교하도록 조치하였으며 만일 수출업자의 실수로 인정될 경우 올바른 제품을 항공선적할 것이라는 내용이다.

용어해설

- in a few days : 며칠 내로
- in selecting : 선별하는데 있어
- the materials suited for you : 귀사에 맞는 원료들
- be responsible for : 책임이 있다.
- a branch office : 지점

3) 회화

Linder: Mr. Kim, thank you for sending some samples you produced for shipment.

Kim : Are you satisfied with them? The products will be shipped as scheduled.

Linder: We are afraid to say that the quality is inferior to the samples you gave us.

Kim : Well, there shouldn't be any fault on our part. However, we'll check if there was any mistake in choosing the materials.

Linder: We are sure that there must have been some mistakes in producing them.

Kim : Anyway, production manager in our branch office will drop in at your office to compare the quality with the samples.

Linder: Great. We'll wait for him.

Kim : If we are responsible for this matter, we'll settle the problem immediately by sending right products as ordered.

Linder: We'll let you know the result of our meeting.

린더 : Mr. Kim, 귀사가 선적용으로 생산한 약간의 견본을 보내 주셔서 감사합니다.

김 : 그들에 만족하십니까? 그들 제품이 예정대로 선적될 것입니다.

린더 : 죄송스럽게도 품질이 귀사가 당사에게 주셨던 견본보다 열등하다는 것을 말씀드려야겠군요.

김 : 당사 편에서는 어떤 잘못이 없을 것입니다. 하지만 재질을 선택하는데 실수가 있었는지를 알아보도록 하겠습니다.

린더 : 확신하건데 그들을 생산하는데 문제가 있었음에 틀림없습니다.

김 : 어쨌든, 당사의 지점에 있는 생산과장이 두 견본들의 품질을 비교하기 위해 귀사 사무실을 방문할 것입니다.

린더 : 좋습니다. 그 사람을 기다리겠습니다.

김 : 만일 이 문제에 대해 당사가 책임이 있다면 주문한 올바른 제품을 송부함으로써 문제를 해결하도록 하겠습니다.

린더 : 회의의 결과를 알려 드리도록 하겠습니다.

용어해설

- we are afraid to say that ... : ...라고 말씀드리게 되어 죄송합니다.
- on our part : 당사 측에서
- drop in at ... : ....를 방문하다.(call at, visit)
- by sending : 송부함으로써·as ordered : 주문한 대로

7 제품의 부도착에 대한 클레임제기와 회신

1) 클레임제기

Dear Mr. Kim,

We are sorry to call your attention that our order No. 132 covering 1,500pcs of R-1100 robots has not reached us yet.

As you notified us, we contacted the person in charge of handling the consignment on May 30, but they did not know about it at all.

According to your shipping advice, the products should have reached here already, but we don't know what's wrong with it. It is our opinion that there must be some mistakes in the shipping company.

We are receiving complaints from our local agents now for not meeting the delivery time as contracted. We, therefore, want you to check this matter out with the manufacturer or shipping company immediately.

We look forward to hearing from you on this matter right away.

Very truly yours,

내용해설

수입업자는 수출업자가 통보한 선적통지를 받았음에도 불구하고 아직 제품이 도착하지 않았음을 알리고 선박회사에 실수가 있음에 틀림없다는 의견을 전한다. 계약대로 인도시기를 맞추지 못하여 국내 에이전트들로부터 불평을 받고 있다고 하면서 즉시 제조자 또는 선박회사와 이 문제를 즉시 확인하도록 요청하고 있다.

용어해설

- as you notified us : 귀사가 당사에게 통지한대로
- the person in charge of handling the consignment : 적송품 취급 담당자(책임자)
- according to your shipping advice : 귀사의 선적통지에 따르면
- the products should have reached here already : 물품들이 이미 여기에 도착했어야 했다(사실 도착하지 않았다는 의미임).
- it is our opinion that ... : ...는 당사의 의견이다, 당사의 의견은 ...다.
- check this matter out with ... : ...와 이 문제를 알아 보다(협의하다)

2) 회신

Dear Mr. Berg,

We were very surprised to learn that the consignment has not reached yet and we are sorry for the inconvenience you have suffered.

As indicated in the clean on board bill of lading made out to order of the issuing bank, we took our every effort to fulfil your order and there is no doubt that the products were on board the ship in perfect condition.

Upon investigating, however, we found that the shipping company did not ship the products actually by mistake and they are still placed at a dock in Busan.

You had better file a claim with the shipping company first to settle the matter and with the insurance company as marine insurance is covered against non-delivery of the products.

Everything possible will be done by us to compensate for your loss and your orders will be undoubtedly executed to your satisfaction from now on.

Very truly yours,

내용해설

수출업자는 선박회사를 통하여 무고장 선적선하증권을 발급받았기 때문에 제품 선적에는 이상이 없음을 확인하고 선박회사의 실수로 인하여 제품선적이 이루어지지 않았음을 발견하고 선박회사나 보험회사에게 클레임을 제기하라는 내용의 통신문이다.

용어해설

- clean on board bill of lading : 무고장 선적선하증권
- take our every effort : 당사의 모든 노력을 취하다, 당사가 모든 노력을 하다.
- upon investigating : 철저한 조사를 하자마자
- file a claim : 클레임을 제기하다.(lodge a claim)
- non-delivery : 부도착
- to compensate for ... : ...을 보상하기 위하여

3) 회화

Berg : Mr. Kim, we still haven't received the products you had shipped.
Kim : Did you check it out with the shipping company?
Berg : Of course we did. According to your shipping advice, the products should have been shipped on the vessel due to arrive at the port on March. 21. But the consignment was found not to be shipped on that vessel.
Kim : There is no error on our part as we received clean on board bill of lading issued by the shipping company.
Berg : We want you to settle this matter immediately.
Kim : The shipping company informed us that the consignment in question was not shipped by mistake.
Berg : What can you do for us then? You know, we receive a lot of complaints from our customers now.
Kim : Well, we'll do everything possible here to help you out. We also want you to lodge a claim with the shipping company and, if it's not honored, with the insurance company.

베르그 : Mr. Kim, 아직까지 귀사가 선적한 제품을 받지 못했습니다.
김 : 선박회사에 확인해 보셨습니까?
베르그 : 물론이지요. 귀사 선적통지에 따르면 선박은 3월 21일에 도착하기로 되어 있는 선박에 선적되었어야 합니다. 하지만 적송품은 그 선박에 선적되지 않은 것으로 발견되었습니다.
김 : 당사는 선박회사가 발급한 무사고선적선하증권을 발급받았기 때문에 당사측에서는 잘못이 없습니다.
베르그 : 귀사가 이 문제를 즉시 해결해 주시길 바랍니다.
김 : 선박회사가 문제가 되는 그 적송품은 실수로 선적되지 않았다고 알려 왔습니다.
베르그 : 그러면 당사를 위해 어떤 것을 해 주시겠습니까? 당사는 지금 고객들로부터 상당한 불평을 받고 있습니다.
김 : 당사는 여기에서 귀사를 도와주기 위해 가능한 모든 것을 하겠습니다. 또한 귀사가 선박회사에 클레임을 제기하시고 만일 처리되지 않는다면 보험회사에 클레임을 제기하시를 바랍니다.

용어해설

- the consignment in question : 문제가 되는 적송품
- if it's not honored : 만일 처리(결제)되지 않는다면

8 선적지연에 대한 가격할인 요구

Gentlemen :

Late shipment was beyond our ability due to the production problems popped up unexpectedly. However, we are very sorry to hear that you may lose the market opportunity for the products as they will be too late for the season.

We negotiated with our supplier seriously to meet your offer of the 35% price reduction, but they are ready to settle this matter if you accept the 25% reduction.

Considering every factors affecting price increases in the products now, 25% is quite a concession for them and we guess it is a good proposition.

We believe that you will gladly accept their suggestion.

Very truly yours,

내용해설

제조업자의 생산문제로 인하여 예정보다 약 2주일 늦게 도착할 것이라는 수출상의 서신에 수입업자가 35%의 가격인하를 요구하며 불평을 제기한 것에 대해 수출업자는 공급자와 협의한 결과 25%의 가격을 인하할 경우 가능하다는 것을 제시하고 있다.

용어해설

- beyond our ability : 당사의 능력을 능가하는, 당사로서는 어쩔 수 없는
- popped up : 발생하다, 일어나다.
- be late for the season : 계절에 늦다, 철을 놓치다.
- if you accept the 25% reduction : 만일 귀사가 25% 인하를 허락하신다면
- a good proposition : 좋은 제안

9 선박회사에 보상요청

Gentlemen :

In connection with the consignment covering 3,000 pcs of leather jackets shipped by Golden Gate S-3 and arrived at Long Beach port on January 21, 20xx, many were found severely damaged and torn off.

We drew a conclusion through an investigation done by our company that they must have been handled badly in transit.

As the products we referred to are of no use to us, we want you to compensate us for the amount of US$55,000 which is net amount invoiced for the products in question only.

Also, we already filed a claim with the insurance company to take every steps available to settle this matter and they said they would survey this matter with their utmost care.

For your reference, we will send a copy of the ocean bill of lading you issued together with a survey report done by an authorized surveyor.

We trust that you will pay your prompt attention to this e-mail.

Yours very truly,

내용해설

수입업자가 선박회사에 의해 선적된 제품의 일부분이 손상된 것에 대해 운송 중에 취급부주의로 인하여 야기된 것임을 주장하며 선박회사에 이에 대해 U$55,000의 배상을 요구하며 조사를 요구하는 내용의 통신문이다.

용어해설

- in connection with ... : ...과 관련하여
- be torn off : 찢어지다.
- for your reference : 귀사 참고용으로, 귀사가 참고할 수 있도록

11.3 클레임 관련 기타 표현

- We are very sorry to inform you that your last delivery is not up to your usual standard.
- When we opened the products, we found it contained completely different articles from those ordered and we can only presume that a mistake has been made on your side.
- You have supplied products below the standard we expected from the samples.
- On comparing the products received with the sample, we were surprised to find that the color is not the same.
- On checking the products received, we find that several items on your invoice have not been included; we enclose a list of the missing articles.
- There is a discrepancy between the packing list of case No.10 and your invoice: 30 pcs of spoons are correctly entered on the invoice, but there are only 20 pcs in the case.
- We are very sorry that we have not been able to deliver your order in time. The delay was caused by the belated arrival of some of the raw materials.
- On opening the container, we found that the goods were short by 2 units.
- We regret to tell you that the box No.20 contains only 10 plastic bowls instead of 12 entered on the packing list and also on the invoice. The box shows no signs of pilferage and we shall be glad if you will check up with your packers before we make a claim.
- As you know from our previous e-mail, these products represent a considerable part of a big order and it is absolutely essential that the delivery should be punctual, otherwise the installation of the machinery can not be carried out by the date agreed.
- As we need the articles, we must ask you to arrange for the dispatch of replacements at once.
- Some of the polythene bags seem to have burst, either as the result of

chemical action of the contents or because the polythene is not thick enough. It would be advisable to have tests made to discover the cause of the breaking.

- The packing inside the box was insufficient with the result that there was some shifting of the contents and several cups and plates have been broken. The attached list will give you details.
- We have had the case and contents examined by the insurance surveyor, but, as you will see from the enclosed copy of his report, he maintains that the damage was probably due to insecure packing and not to any unduly rough handling of the case.
- The cartons appear to have been very roughly handled at sometime during loading or discharging, but fortunately the metal bands held firm and the contents have not suffered any damage.
- We regret that we have to complain about the way in which the consignment just received has been packed.
- On going into the matter, we find that a mistake was indeed made in the packing through a confusion of numbers and we have arranged for the right products to be dispatched to you immediately.
- We shall be pleased if you will send us the replacements for the damaged products as we need these to complete our sales to our customers.
- We were very sorry to receive our complaints and that the material you received was not of the quality expected.
- The samples you sent us are not large enough to judge by and we shall be much obliged if you will return us the whole pieces. The cost of returning will, of course, be borne by us.
- We found that the packers misread the number and we have arranged with them for the immediate dispatch of the missing one dozen.
- There was a slight delay due to the breakdown of a machine, which held up production for a day or two. But, as we knew it would not affect the delivery date, we did not notify you.
- Owing to a lightning strike in the factory, the production was held up for one

week. The strike had been settled but there is likely to be some delay although the workers are on overtime.

- We regret that no priority can be given, but you can be sure that all orders are being executed in strict rotation.
- We are extremely sorry about this delay which was due to circumstances beyond our control.
- We have passed your complaint on to the firm of packers that handled and asked them to send us a report.
- It was with great regret that we read your final remark and we sincerely hope you will not consider it necessary to take such a drastic step.

연 습 문 제

1. 당사는 당사 주문번호 101호에 관련하여 컴퓨터 1,000대에 대한 귀사의 선적분을 잘 받았습니다. 하지만 도착품 중 1/4이 심하게 파손된 것을 알고 놀랐습니다.

   해설 귀사의 선적분 : your consignment, 1/4 : one-fourth, 파손되다 : be broken, be damaged

2. 선적지연이 몇 몇 중요한 부품들이 당사 공장에 늦게 도착했기 때문이며 당사가 최선의 노력을 다했음에도 불구하고 선적일을 맞추기가 불가능하였음을 통지하게 되어 죄송합니다.

   해설 선적지연 : the delay in shipment, 몇 몇 중요한 부품들 : some of important parts, 선적일을 맞추다 : meet the shipment date, 최선의 노력을 다했음에도 불구하고 : in spite of our best effort

3. 귀사가 선적하신 제품의 색상은 지난 번 계약을 체결할 때 제시하셨던 견본과 완전히 다르다는 것을 알고 놀랐습니다.

   해설 계약을 체결할 때 : when we drew up a contract, 제시하셨던 견본 : the samples you suggested, the samples suggested, 다르다 : be different from

4. 당사 고객들이 제품을 조속히 원하기 때문에 귀사가 대체품을 가능한 한 빨리 항공으로 선적함으로써 이 문제를 해결하시기 바랍니다.

   해설 당사 고객들이 : our customers, 조속히 원하다 : be in urgent need of ..., 대체품 : the replacements

5. 당사는 귀사가 요청한 대로 대체품을 빠른 시일 내에 생산하여 항공으로 송부하도록 당사의 제조업자에게 지시하였으며 다음 주 내로 송부될 것입니다.

   해설 항공으로 : by air, 송부하다 : dispatch, send, 지시하다 : instruct

6. 제품이 이번 주 말까지 여기에 도착하지 않으면 시장기회를 상실하게 되어 판매할 수 없습니다. 따라서 계약대로 선적해 주시기 바랍니다.

   해설 이번 주말까지 : by the end of this week, 도착하다 : arrive at, reach, 시장기회 : market opportunity, 계약대로 : as contracted

7. 당사는 이 문제를 즉시 당사의 제조업자와 검토하여 생산 중에 어떤 실수가 있었는지 알아보고 결과를 알려 드리겠습니다.

   해설 즉시 검토하다 : immediately take this matter up

8. 포장 케이스들이 좋은 상태로 수령되었으며 운송과중 중에 절도당한 증거도 없습니다. 명백히 수량부족은 포장시 누락에 기인한 것으로 보입니다.

   해설 좋은 상태로 수령되다 : be received in good condition, 절도당한 증거도 없다 : bear no evidence of having been pilfered

연습문제 해답

Chapter 2 거래관계의 창설

1. KOTRA introduced you to us as one of the reliable manufacturers of clothes in Korea
   - Through the courtesy of KOTRA, we learned that you are one of the reliable companies producing clothes in Korea.

2. We have been enjoying a good reputation both in domestic and in overseas markets for our superior quality products and the best service.

3. We have learned through the motor show held in Tokyo last month that you are an exporter of automobiles and we send you an e-mail with a desire to introduce your products into our market.

4. Thank you for your e-mail in which you desired to open an account with us and we will send you some samples and a price list by a registered mail within a week as you requested.

5. Please send us your latest catalogues and full details of your export prices and terms of payment.

6. Your company has been highly recommended by Jones & Company with whom we have been doing business during the past five years.

7. We would be appreciated it if you would send some samples together with a price list so that we can take a feasibility study to find if they can suit in the market.

8. We saw your computer advertisement in the August edition of "Fashion Magazine". Please inform us of your export price, CIF Piraeus per piece together with the possible delivery date.

Chapter 3 신용조회와 신용보고

1. Your name has been given to us as a bank reference by Hangook Trading Co., Ltd. which has been doing business with you.

2. We would be appreciated it if you could provide us with your authentic information about the company's financial standing, business experience and credit status.

3. We have been doing business with Brown Company for the last five years and the company has never failed to meet their payment obligations with promptness.

4. As the company's financial status is sound and their payment has been completely satisfactory, we believe that the company is creditworthy and reliable.

5. We regret we are unable to provide the credit information you requested concerning that Galaxy Company, because we have never had any business dealings with that company.

6. We couldn't help taking legal proceedings to recover debts as they didn't meet their payment obligations sometimes.

7. On the basis of our experience of doing business with Ejay Company, we believe them to be creditworthy. We hope that this strictly confidential information will be of service to you.

8. We suggest you to pay the most careful attention to the business with them. However, this is just our personal opinion and we want you to treat this information as strict confidential.

Chapter 4 청약과 승낙

1. Thank you for your e-mail inquiry of May 20 asking for a quotation for high quality razors and we are pleased to offer you as follows;

2. We are pleased to offer you for the following products subject to your reply received here by November 20.

3. Thank you for your firm offer. We learned that your price was a little bit higher than those of other famous brands of products.

4. We are sorry to inform you that we can not accept your request as the price you requested can not cover the manufacturing costs.

5. It is not possible for us to accept your price as there are many factors affecting price increases in our market, but we may be able to accept it if you can increase 50% more in quantity.

6. Your terms and conditions are satisfactory to us and we want the products to be shipped within the shipment date as contracted.

7. We send you a counter offer on the condition that the products can be shipped at least within 30 days after you receive the L/C.

8. We have no choice but to ask you to accept a 10% increase in our prices starting from April shipment.

Chapter 6 주문과 주문승낙

1. As the product you placed an order with us is not produced any more, we propose you to accept other similar substitute for the product instead.

2. As indicated in our oder sheet, the quality must be up to the sample you sent us and the color of the products should be identical to that of the sample.

3. Thank you for your order, but it is not possible to fill your order as the products you placed an order with us are now out of stock and will not be available before the end of July.

4. In case this trial order turns out satisfactory, we may be able to place regular orders with you in the future.

5. We are pleased to receive your order and confirm that all the items required are in stock. It is a pleasure to have the opportunity of supplying you with our quality products.

6. Thank you for your order No.12 and the shipment for the products can be made within the shipment date stipulated in the L/C.

7. If you can meet the delivery date, we can issue an irrevocable L/C at sight by the end of this week through the issuing bank.

Chapter 7 신용장

1. Thank you for your Sales Contract No.5 and we find every particulars there correct. We have instructed our bank to issue an irrevocable negotiation letter of credit at sight today.

2. We hereby engage with drawers, endorsers and bona-fide holders that drafts drawn and negotiated in conformity with the terms of this credit will be duly honoured on presentation.

3. In spite of our several requests to issue a L/C by e-mails, we haven't heard any information on it from you yet.

4. We issued an irrevocable L/C for which you can draw your drafts at ninety(90) days after sight drawn on the issuing bank.

5. We would like to inform you that you have to issue a L/C in a few days in order for us to ship the products by the end of October.

6. We received your L/C No.10002 through KEB Hana Bank. However, we found that the L/C stipulated "partial shipments are not allowed" even though our contract stipulated "partial shipments are allowed".

7. We are sorry to inform you that we are not able to ship the products as scheduled because of labor strikes at our factory, and we'd like to ask you to extend the shipment date and expiry date by one month respectively.

Chapter 8 물품운송 및 보험

1. We are glad to inform you that the consignment covering your order will be shipped by "Trade Luck V-12" scheduled to leave Busan on October 4.

2. We are pleased to inform you that we have shipped 1,000 pairs of men's leather jacket by "Golden Gate" leaving Busan for Long Beach.

3. We are very sorry to inform you that the consignment covering your order No.12 can not be shipped as scheduled because our domestic subcontractors delayed the delivery of the sub-materials.

4. In order to execute your order No. 12, we started arranging the products and booked on the freight space in "Arirang" leaving on May 5.

5. We are sorry to inform you that the shipment of your order seems impossible to be executed within the date stipulated on account of a temporal strike at the factory. We want you to extend the shipment date and validity by 20 days respectively.

6. It is estimated that the labor strike will be over within this week and we will give you a special priority to make the shipment as soon as the strike is over.

7. As you requested, we will send you a copy of shipped bill of lading, commercial invoice, packing list, insurance policy and inspection certificate.

Chapter 10 수출환어음의 매입과 대금결제

1. We have drawn our drafts at 90 days after sight on Bank of New York under the irrevocable L/C and negotiated it through Kookmin Bank.

2. To cover the shipment, we have drawn drafts for US$100,000 at sight under the L/C No. 091121 and we want you to honor the drafts on presentation.

3. We accepted the usance drafts drawn by you from the KEB Hana Bank together with other documents required and it will be duly honoured at maturity.

4. The drafts will be forwarded to the issuing bank together with other documents and please protect the drafts on presentation.

5. In case you don't honor the drafts by the end of next month, we can not but to take legal proceedings to protect ourselves.

6. We were surprised to find that our drafts for US$50,000 on October 5 were not honored when they were presented. We ask you again to honor the drafts.

7. We have rendered you our statement for US$15,000 several times, but still it is outstanding. We want your prompt settlement for the statement.

Chapter 11 클레임과 조정

1. We have received your consignment covering our order No. 101 for 1,000 pcs of computer. However, we were surprised to find that one-fourth of the products was severly damaged.

2. We are sorry to inform you that the delay in shipment was due to the late arrival of some important parts and that it was impossible for us to meet the shipment date in spite of our best effort.

3. We were very surprised to know that the color of the products was completely different from the samples you suggested when we drew up a contract.

4. We want you to settle this problem by sending the replacements as soon as possible as our customers are in urgent need of the products.

5. We instructed our manufacturer to produce the products and send them to you by air immediately as you requested, and they will be sent within next week.

6. If the products can not reach here by the end of this week, we will lose the market opportunity and can not sell them in the market. Therefore, we want you to make the shipment as contracted.

7. We will immediately take this matter up with our manufacturer and check if there is any error in production and we will inform you of the result.

8. The packing cases were received in good condition and bore no evidence of having been pilfered in transit. Apparently, it seems that the shortage is due to omission in packing.

부 록

주요 무역용어

A

- A.A.(Automatic Approval) 자동승인
- abandonment 위부(委付)
- A/C(Account Current) 당좌계정
- acceptance 인수(引受), 수락
- accreditee 신용장수령인, 수익자
- act of God 천재(天災), 불가항력
- advising bank 통지은행
- against all risks 전위험담보
- agency agreement 대리점계약
- agreement 계약
- A/N(Arrival Notice) 화물도착통지서
- A/P(Authority to Pay) 어음지급수권서
- A/P(Authority to Purchase) 어음매입수권서
- applicant 신용장발행의뢰인
- arbitration 중재
- arbitrator 중재인
- assured(insured) 피보험자
- assurer 보험자
- ATL(Actual Total Loss)현실전손
- Attn.(Attention) 참조
- average 해손(海損), 분손(分損)
- award 판정
- AWB(Air Waybill) 항공화물운송장

B

- back to back L/C 동시발행신용장
- balance 잔금, 잔고
- bank credit 은행신용
- bank reference 은행신용조회처
- bankruptcy 파산
- bareboat charter 나용선계약
- B-Bond(Bid Bond) 입찰보증(금)
- bearer 소지인
- beneficiary 수익자
- berth terms 적화양비용 선주부담
- bill for collection 추심어음
- BIS(Bank for International Settlement)국제결제은행
- bill of exchange 환어음
- B/L(Bill of Lading) 선하증권
- blank endorsement 무기명배서
- bona-fide holder 선의의 소지인
- bonded area 보세구역
- B/P(Bill Payable) 지급어음
- breakage 파손
- BWT(Bonded Warehouse Transaction) 보세창고인도조건 거래

C

- cable 전보
- care mark 주의표시
- cargo insurance 적화보험
- carrier 운송인
- CBM(Cubic Meter) 입방미터
- CFR(Cost and Freight) 운임포함인도
- CFS(Container Freight Station) 컨테이너 화물조작장
- CIF(Cost, Insurance and Freight) 운임·보험료포함인도
- CIP(Carriage, Insurance and Paid to) 운송비·보험료지급인도
- circular letter 권유장, 안내장
- claimant 클레임제기자
- claimee 클레임피해자
- claim 클레임
- clean B/L 무사고 선하증권
- certificate of origin 원산지증명서
- collecting bank 추심은행
- commercial invoice 상업송장
- commission 수수료
- confirmed credit 확인신용장
- confirming bank 확인은행

- consignee 수하인, 수탁인
- consular invoice 영사송장
- container 컨테이너
- contract 계약
- contract note 매매계약서
- correspondent bank 환거래은행
- counter offer 반대오퍼
- counter trade 연계무역
- countervailing duty 상계관세
- cover note 부보각서
- credit inquiry 신용조회
- credit standing 신용상태
- customs clearance 통관
- customs duty 관세
- CY(Container Yard) 컨테이너야적장

D

- D/A(Document against Acceptance) 인수도조건
- DAP(Delivered at Place 목적지인도
- DAT(Delivered at Terminal) 터미널인도
- D/D(Demand Draft) 요구불어음
- DDP(Delivered Duty Paid 관세지급인도
- dead freight 부적운임
- delivery 인도
- demurrage 체선료
- description 명세
- dispatch money 조출료
- destination 목적지
- devaluation 평가절하
- direct steamer 직항선
- dirty B/L 사고부선하증권
- discount 할인
- distributorship agreement 판매점계약
- distributor 판매점
- debit note 차변표
- delivery order 화물인도지시서
- ditto 위와 동일함
- documentary credit 화환신용장
- D/P(Document against Payment) 지급도조건
- draft ; bill of exchange 환어음
- drawee 어음지급인
- draw 어음을 발행하다
- duplicate 부본

E

- expiry date 유효기일
- EDI(Electronic Date Interchange) 전자문서교환
- endorsement in blank 무기명배서, 백지배서
- endorser 배서인, 이서인
- escrow L/C 기탁신용장
- ETA(Expected Time of Arrival) 도착예정일
- ETD(Expected Time of Departure) 출항예정일
- exchange rate 환율
- exclusive agency agreement 독점대리점계약
- exclusive distributorship agreement 독점판매점계약
- ex mill 공장인도
- ex factory 공장인도
- export insurance 수출보험
- EXW(Ex Works) 공장인도
- ex warehouse 보세창고인도

F

- F.A.Q(Fair Average Quality) 평균중등품질
- FAS(Free Alongside Ship) 선측인도
- FCA(Free Carrier) 운송인인도
- firm offer 확정청약
- FOB(Free On Board) 본선인도
- force majeure 불가항력
- foreign exchange rate 환율
- forwarding agent 운송대리인
- foul B/L 사고부선하증권
- freight collect 운임 후 지급
- freight forwarder 운송주선인
- freight prepaid 운임선지급
- freight rates 운임율
- freight space 선복(船腹)
- frustration 이행불능

G

- general average 공동해손
- general terms and conditions 정형거래조건
- G.M.Q(Good Merchantable Quality) 판매적격품질
- governing law 준거법
- gross weight 총중량
- GSPCO(Generalised System of Preferences certicficate of origin) 일반특혜원산지증명서(Form A)

H

- heavy cargo 중량화물
- honor 어음의 지급, 지급

I

- inspection certificate 검사증명서
- ICC(Institute Cargo Clause) 협회적하약관
- ICC(International Chamber of Commerce) 국제상업회의소
- import duty 수입관세
- I/L(Import Licence 수입승인(서)
- import quota 수입할당
- INCOTERMS(International Rules for the Interpretations of Trade Terms 무역거래조건의 해석에 관한 국제규칙
- indemnity 보상
- inquiry 조회
- institute cargo clause 협회화물약관
- insurable interest 피보험이익
- insurable value 보험가액
- insurance 보험
- insurance certificate 보험증명서
- insurance premium 보험료
- insured amount 보험금액
- insured 피보험자
- insurer 보험자
- invoice 송장
- insurance policy 보험증권
- irrevocable L/C 취소불능신용장
- issuing bank; opening bank 발행은행

J

- jettison 투하(投貨)
- joint venture 합작회사
- jurisdiction 재판관할권

K

- KOTRA(Korea Trade Investment Promotion Agency) 대한무역투자진흥공사

L

- landed quality terms 양륙품질조건
- laydays 정박기간
- L/C(Letter of Credit) 신용장
- LCL(Less than Cargo Load) 컨테이너 1대 미달화물
- L/G(Letter of Guarantee) 수입화물선취보증서
- letter of attorney 위임장
- L/I(Letter of Indemnity) 파손화물보상장
- LIBO(London Interbank Offered Rate) 런던은행간금리
- licensing agreement 기술도입계약
- lighter 부선
- liner 정기선
- liner terms ; birth terms 적양화비선주부담
- local credit 내국신용장

M

- marine insurance 해상보험
- marine risks 해상위험
- mark(s) 화인(貨印)
- market research 시장조사
- memorandum 각서
- memorandum clauses 면책율약관
- marine insurance policy 해상보험증권
- M/L(More or Less Clauses) 과부족요인조건

- M/R(Mate's receipt) 본선수령증

N

- negotiable B/L 유통선하증권
- negotiating bank 매입은행
- negotiation 환어음의 매입
- net weight 순중량
- non-delivery 부도착
- non-negotiable B/L 비유통선하증권
- notifying bank; advising bank 통지은행
- notify party 착하통지처

O

- ocean B/L 해상선하증권
- ocean freight 해상운임
- offer 오퍼, 청약
- on board B/L 본선적재 선하증권
- open cover 포괄보험
- open credit 자유매입신용장
- opening bank; issuing bank 개설은행
- open policy 포괄예정보험(증권)
- order 주문
- order sheet 주문서
- original 정본
- overdraft 당좌대월

P

- power of attorney 위임장
- package 포장
- packing list 포장명세서
- parcel post 소포우편
- partial shipment 분할선적
- particular average 단독해손
- patent 특허
- payment 지급
- payment in advance 선지급
- payment on credit 후지급
- payment terms 지급조건
- P-Bond(Performance Bond) 계약이행보증(금)
- peril 위험
- perils of the sea 해상고유의 위험
- pilferage 절도, 발하
- port of destination 양륙항
- port of shipment 선적항
- premium 보험료
- price list 가격표
- price terms 가격조건
- principal 본인
- proforma invoice 견적송장
- purchase note 주문서

Q

- quality terms 품질조건
- quantity terms 수량조건
- quotation 견적

R

- receipt 영수증
- received B/L 수취선하증권
- red clause L/C 전대신용장
- remarks 적요
- remittance 송금
- replacement 대체품
- restricted credit 매입제한신용장
- retaliatory duty 보복관세
- revolving L/C 회전신용장

S

- S/A(Shipping Advice) 선적통지
- S/D(Shipping Date) 선적일
- S/O(Shipping Order) 선적지시서
- sale by brand 상표매매
- sale by description 설명매매
- sale by standard 표준품매매
- sales agent 판매대리점
- sales mote 매약서(賣約書)
- Sea Awybill 해상화물운송장
- seaworthiness 내항성
- selling agent 판매대리점
- SGA(Sale of Goods Act) 영국물품매매법

- shipped B/L 선적선하증권
- shipped quality terms 선적품질조건
- shipped quantity terms 선적수량조건
- shipper 송화인
- shipping agent 선적대리점
- shipping documents 선적서류
- shipping mark(s) 화인
- sight bill(draft) 일람출급어음
- SOS(Save Our Souls=Save Our Ship) 구조해주시오
- specification 명세서
- stale B/L 기간경과선하증권
- stand-by credit 보증신용장
- stevedore 선내하역인부
- stockholder 주주
- storage 보관료, 창고료
- straight B/L 기명식선하증권
- surcharge 할증료
- surveyor 감정인
- survey report 감정보고서
- SWIFT(Society for Worldwide Interbank Financial Telecommunication) 세계은행간 금융데이터 통신협회

T

- tariff rate 운임율
- telegram 전보
- tenor 환어음의 만기일
- terms and conditions 거래조건
- terms of payment 지급조건
- Through B/L 통과선하증권
- time charter 정기용선
- T.P.N.D(Theft, Pilferage and Non Delivery) 도난, 발하, 부도착선적품질조건
- T.Q(Tale Quale) 선적품질조건
- T/R(Trust Receipt) 대도
- trade mark 상표
- trade reference 동업자조회
- transaction 거래
- transferable credit 양도가능신용장
- transit clause 운송약관
- transit trade 통과무역
- trial order 시험주문
- T/T(Telegraphic Transfer) 전신송금환
- Turn-key Contract 일괄수주방식계약

U

- UCP(Uniform Customs and Practice for Documentary Credits) 화환신용장통일규칙
- underwriter 보험업자
- unknown clause 내용미지조항
- usance bill 기한부어음
- usance credit 기한부신용장

V

- vessel 선박, 본선
- VIP(Very Important Person) 귀빈
- voluntary export restraints 수출자율규제
- voyage charter 항해용선

W

- WA(With Average) 단독해선담보, 분손담보
- waiver 국적선불취항증명서, 포기
- warrant 창고증권
- warranty 담보; 담보책임
- waybill 운송장
- without recourse L/C 상환청구불능신용장
- with recourse L/C 상환청구가능신용장
- WWD(Weather Working Days) 호천하역일

Incoterms® 2020

ICC rules for the use of domestic and international trade terms
Entry into force: January 1, 2020
ICC
The world business organization

EXW | Ex Works

EXW(insert named place of delivery) incoterms® 2020

EXPLANATORY NOTES FOR USERS

1. **Delivery and risk -** "Ex works' means that the seller delivers the goods to the buyer
   - when it places the goods at the disposal of the buyer at a named place (like a factory or warehouse), and
   - that named place may or may not be the seller's premises.

   For delivery to occur, the seller does not need to load the goods on any collecting vehicle, nor does it need to clear the goods for export, where such clearance is applicable.

2. **Mode of transport -** This rule may be used irrespective of the mode or modes of transport, if any, selected.

3. **place or precise point of delivery -** The parties need only name the place of delivery. However, the parties are well advised also to specify as clearly as possible the precise point within the named place of delivery. A named precise point of delivery makes it clear to both parties when the goods are delivered and when risk transfers to the buyer; such precision also marks the point at which costs are for the buyer's account. If the parties do not name the point of delivery, then they are taken to have left it to the seller to select the point "that best suits its purpose". This means that the buyer may incur the risk that the seller may choose a point just before the point at which goods are lost or damaged. Best for the buyer therefore to select the precise point within a place where delivery will occur.

4. **A note of caution to buyers -** EXW is the incoterms® rule which imposes the least set of obligations on the seller. From the buyer's perspective, therefore, the rule should be

used with care for different reasons as set out below.

5. **Loading risk -** Delivery happens - and risk transfers - when the goods are placed, not loaded, at the buyer's disposal. However, risk of loss of or damage to the goods occurring while the loading operation is carried out by the seller, as it may well be, might arguably lie with the buyer, who has not physically participated in the loading. Given this possibility, it would be advisable, where the seller is to load the goods, for the parties to agree in advance who is to bear the risk of any loss of or damage to the goods during loading. This is a common situation simply because the seller is more likely to have the necessary loading equipment at its own premises or because applicable safety or security rules prevent access to the seller's premises by unauthorised personnel. Where the buyer is keen to avoid any risk during loading at the seller's premises, then the buyer ought to consider choosing the FCA rule (under which, if the goods are delivered at the seller's premises, the seller owes the buyer an obligation to load, with the risk of loss of or damage to the goods during that operation remaining with the seller).

6. **Export clearance -** With delivery happening when the goods are at the buyer's disposal either at the seller's premises or at another named point typically within the seller's jurisdiction or within the same Customs Union, there is no obligation on the seller to organise export clearance or clearance within third countries through which the goods pass in transit. Indeed, EXW may be suitable for domestic trades, where there is no intention at all to export the goods. The seller's participation in export clearance is limited to providing assistance in obtaining such documents and information as the buyer may require for the purpose of exporting the goods. Where the buyer intends to export the goods and where it anticipates difficulty in obtaining export clearance, the buyer would be better advised to choose the FCA rule, under which the obligation and cost of obtaining export clearance lies with the seller.

A THE SELLER'S OBLIGATIONS

B THE BUYER'S OBLIGATIONS

A1 General obligations

The seller must provide the goods and the commercial invoice in conformity with the contract of sale and any other evidence of conformity that may be required by the contract.

Any document to be provided by the seller may be in paper or electronic form as agreed or, where there is no agreement, as is customary.

B1 General obligations

The buyer must pay the price of the goods as provided in the contract of sale.

Any document to be provided by the buyer may be in paper or electronic form as agreed or, where there is no agreement, as is customary.

A2 Delivery

The seller must deliver the goods by placing them at the disposal of the buyer at the agreed point, if any, at the named place of delivery, not loaded on any collecting vehicle. if no specific point has been agreed within the named place of delivery, and if there are several points available, the seller may select the point that best suits its purpose. The seller must deliver the goods on the agreed date or within the agreed period

B2 Taking delivery

The buyer must take delivery of the goods when they have been delivered under A2 and notice given A10

A3 Transfer of risks

The seller bears all risks of or damage to the goods until they have been delivered in accordance with A2, with the exception of loss or damage in the circumstance described in B3.

B3 Transfer of risks

The buyer bears all risks of loss of or damage to the goods from the time they have been delivered under A2

If the buyer fails to give notice in accordance with B10, then the buyer bears all risks of loss of or damage to the goods from the agreed date or the end of the agreed period for delivery, provided that the goods have been clearly identified as the contract goods.

A4 Carriage

The seller has no obligation to the buyer to make a contract of carriage.

However, the seller must provide the buyer, at the buyer's request, risk and cost, with any information in the possession of the seller, including transport-related security requirements, that the buyer needs for arranging carriage

B4 Carriage

It is up to the buyer to contract or arrange at its own cost for the carriage of the goods from the named place of delivery.

A5 Insurance

The seller has no obligation to the buyer to make a contract of insurance.

However, the seller must provide the buyer, at the buyer's request, risk and cost with information in the possession of the seller that the buyer needs obtaining insurance.

B5 Insurance

The buyer has no obligation to the seller to make a contract of insurance.

A6 Delivery/transport document

The seller has no obligation to the buyer.

B6 Proof of delivery

The buyer must provide the seller with appropriate evidence of having taken delivery.

A7 Export/import clearance

Where applicable, the seller must assist the buyer, at the buyer's request, risk and cost, in obtaining any documents and/or information related to all export/transit/import clearance formalities required by the countries of export/transit/import, such as:

▶ export/transit/import licence ;
▶ security clearance for export/transit/import;
▶ pre-shipment inspection; and
▶ any other official authorisation

B7 Export/import clearance

Where applicable, it is up to the buyer to carry out and pay for all export/transit/import clearance formalities required by the countries of export/transit/import, such as;

▶ all export/transit/import licence;
▶ security clearance for all export/transit/import;
▶ pre-shipment inspection; and
▶ any other official authorisation.

A8 Checking/ packaging/marking

The seller must pay the costs of those checking operations(such as checking quality, measuring, weighing, counting) that are necessary for the purpose of delivering the goods in accordance with A2.

The seller must, at its own cost, package the goods, unless it is usual foe the particular trade to transport the type of goods sold unpackaged. The seller must package and mark the goods in the manner appropriate for their transport, unless the parties have agreed on specific packaging or marking requirements.

B8 Checking/packing/marking

The buyer has no obligation to the seller.

A9 Allocation of costs

The seller must pay all costs relating to the goods until they have been delivered in accordance with A2, other than those payable by the buyer under B9.

B9 Allocation of costs

The buyer must:

a) pay all costs relating to the goods from the time they have been delivered under A2;

b) reimburse all costs and charges incurred by the seller in providing assistance or information under A4, A5, orA7;

c) pay, where applicable, all duties, taxes and other charges, as well as the cost of costs of carrying out customs formalities payable upon export; and

d) pay any additional costs incurred by failing either to take delivery of the goods when they have been placed at its disposal or to give appropriate notice in accordance with B10, provided that the goods have been clearly identified as the contract goods.

A10 Notices

The seller must give the buyer any notice needed to enable the buyer to take delivery of the goods.

B10 Notices

The buyer must, whenever it is agreed that the buyer is entitled to determine the time within an agreed period and/or the point of taking delivery within the named place, give the seller sufficient notice.

FCA | Free Carrier

FCA(insert named place of delivery) Incoterms® 2020

EXPLANATORY NOTES FOR USERS

1. **Delivery and risk** - "Free Carrier(named place)" means that the seller delivers the goods to the buyer in one or other of two ways.
   - ▶ Frist, when the named place is the seller's premises, the goods are delivered.
     - ▸ when they are loaded on the means of transport arranged by the buyer.
   - ▶ Second, when the named place is another place, the goods are delivered
     - ▸ when, having been loaded on the seller's means of transport,
     - ▸ they reach the named other place and
     - ▸ are ready for unloading from that seller's means of transport and
     - ▸ at the disposal of the carrier or of another person nominated by the buyer

   Whichever of the two is chosen as the place of delivery, that place identifies where risk transfers to the buyer and the time from which costs are for the buyer's account.

2. **Mode of transport** - This rule may be used irrespective of the mode of transport selected and may also be used where more than one mode of transport is employed.

3. **Place or point of delivery** - A sale under FCA can be concluded naming only the place of delivery, either at the seller's premises or elsewhere, without specifying the precise point of delivery within that named place. However, the parties are well advised also to specify as clearly as possible the precise point within the named place of delivery. A named precise point of delivery makes it clear to both parties when the goods are delivered and when risk transfers to the buyer; such precision also marks the point at which costs are for the buyer's account. Where the precise point is not identified, however, this may cause problems for the buyer. The seller in this case has the right to select the point "that best suits its purpose": that point becomes the point of delivery, from which risk and costs transfer to the buyer. If the precise point of delivery is not identified by naming it in the contract, then parties are taken to have left it to the seller to select the point "that best suits its purpose". This means that the buyer may incur the risk that the seller may choose a point just before the point at which goods are lost or damaged. Best for the buyer therefore to select the precise point within a place where delivery will occur.

4. **'or procure goods so delivered'** - The reference to "procure" here caters for multiple sales down a chain (string sales), particularly, particularly, although not exclusively, common in the commodity trades.

5. **Export/import clearance** - FCA requires the seller to clear the goods for export, where

applicable, However, the seller has no obligation to clear the goods for import or for transit through third countries, to pay any import duty or to carry out any import customs formalities.

6. **Bills of lading with an on-board notation in FCA sales -** We have already seen that FCA is intended for use irrespective of the mode or modes of transport used. Now if goods are being picked up by the buyer's road-haulier in Las Vegas, it would be rather uncommon to expect a bill of lading with an on-board notation to be issued by the carrier from Las Vegas, which is not a port and which a vessel cannot reach for goods to be placed on board. Nonetheless, sellers selling FCA Las Vegas do sometimes find themselves in a situation where they need a bill of lading with an on-board notation(typically because of a bank collection or a letter of credit requirement), albeit necessarily stating that the goods have been placed on board in Los Angeles as well as stating that they were received for carriage in Las Vegas. To cater for this possibility of an FCA seller needing a bill of lading with an on-board notation, FCA incoterms 2020® has, for the first time, provided the following optional mechanism. If the parties have so agreed in the contract, the buyer must instruct its carrier to issue a bill of lading with an on- board notation to the seller. The carrier may or may not, of course, accede to the buyer's request, given that the carrier is only bound and entitled to issue such a bill of lading once the goods are on board in Los Angeles. However, if and when the bill of lading is issued to the seller by the carrier at the buyer's cost and risk, the seller must provide that same document to the buyer, who will need the bill of leading in order to obtain discharge of the goods from the carrier. This optional mechanism becomes unnecessary, of course, if the parties have agreed that the seller will present to the buyer a bill of lading stating simply that the goods have been received for shipment rather than that have been shipped on board. Moreover, it should be emphasised that even where this optional mechanism is adopted, the seller is under no obligation to the buyer as to the terms of the contract of carriage. Finally, when this optional mechanism is adopted, the dates of delivery inland and loading on board will necessarily be different, which may well create difficulties for the seller under a letter of credit.

A THE SELLER'S OBLIGATIONS

B THE BUYER'S OBLIGATIONS

A1 General obligations

The seller must provide the goods and the commercial invoice in conformity with the contract of sale and any other evidence of conformity that may be required by contract. Any document to be provided by the seller may be in paper or electronic form as agreed or, where there is no agreement, as is customary.

B1 General obligations

The buyer must pay the price of the goods as provided in the contract of sale.

Any document to be provided by the buyer may be in paper or electronic form as agreed or, where there is no agreement, as is customary.

A2 Delivery

The seller must deliver the goods to the carrier or another person nominated by the buyer at the named point, if any, at the named place, or procure goods so delivered.

The seller must deliver the goods

1. on the agreed date or,
2. at the time within the agreed period notified by the buyer under B10(b) or,
3. if no such time is notified, then at the end of the agreed period .

Delivery is completed either:

a) If the named place is the seller's premises, when the goods have been loaded on the means of transport provided by the buyer; or,

b) In any other case, when the goods are placed at the disposal of the carrier or another person nominated by the buyer on the seller's means of transport ready for unloading.

If no specific point has been notified by the buyer under B10(d) within the named place of delivery, and if there are several points available, the seller may select the point that best suits its purpose.

B2 Taking delivery

The buyer must take delivery of the goods when they have been delivered under A2

A3 Transfer of risks

The seller bears all risks of loss of or damage to the goods until they have been delivered in accordance with A2, with the exception of loss or damage in the circumstance described in B3.

B3 Transfer of risks

The buyer bears all risks of loss of or damage to the goods from the time they have been delivered under A2.

If:

a) the buyer fails to nominate a carrier or another person under A2 or to give notice in accordance with B10; or

b) the carrier or person nominated by the buyer under B10(a) fails to take the goods into its charge,

then, the buyer bears all risks of loss of or damage to the goods:

(i) from the agreed date, or in the absence of an agreed date,

(ii) from the time selected by the buyer under B10(b); or, if no such time has been notified,

(iii) from the end of any agreed period for delivery,
provided that the goods have been clearly identified as the contract goods.

A4 Carriage

The seller has no obligation to the buyer to make a contract of carriage.
However, the seller must provide the buyer, at the buyer's request, risk and cost, with any information in the possession of the seller, including transport-related security requirements, that the buyer needs for arranging carriage.
If agreed, the seller must contract for carriage on the usual teams at the buyer's risk and cost.
The seller must comply with any transport-related security requirements up to delivery

B4 Carriage

The buyer must contract or arrange at its own cost for the carriage of the goods from the named place of delivery, except when the contract of carriage is made by the seller as provided for in A4.

A5 Insurance

The seller has no obligation to the buyer to make a contract of Insurance.
However, the seller must provide the buyer, at the buyer's request, risk and cost, with information in the possession of the seller that the buyer needs for obtaining insurance.

B5 Insurance

The buyer has no obligation to the seller to make a contract of insurance.

A6 Delivery/transport document

The seller must provide the buyer at the seller's cost with the usual proof that the goods have been delivered in accordance with A2.
The seller must provide assistance to the buyer, at the buyer's request, risk and cost, in obtaining a transport document.
Where the buyer has instructed the carrier to issue to the seller a transport document under B6, the seller must provide any such document to the buyer.

B6 Delivery/transport document

The buyer must accept the proof that the goods have been delivered in accordance with A2.
If the parties have so agreed, the buyer must instruct the carrier to issue to the seller, at the buyer's cost and risk, a transport document stating that the goods have been loaded(such as a bill of leading with an on board notation).

A7 Export/import clearance

a) Export clearance

Where applicable, the seller must carry out and pay for all export clearance formalities by the country of export, such as;

- ▶ export licence;
- ▶ security clearance for export;
- ▶ pre-shipment inspection; and
- ▶ any other official authorisation

b) Assistance with import clearance

Where applicable, the seller must assist the buyer, at the buyer's request, risk and cost, in obtaining any documents and/or information related to all transit/import clearance formalities, including security requirements and pre-shipment inspection, needed by any country of transit or the country of import.

B7 Export/import clearance

a) Assistance with export clearance

Where applicable, the buyer must assist the seller at the seller's request, risk and cost in obtaining any documents and/or information related to all export clearance formalities, including security requirements and pre-shipment inspection, needed by the country of export.

b) Import clearance

Where applicable, the buyer must carry out and pay for all formalities required by any country of transit and the country of import, such as:

- ▶ import licence and any licence required for transit;
- ▶ security clearance for import and transit;
- ▶ pre-shipment inspection; and
- ▶ any other official authorisation.

A8 Checking/packaging/marking

The seller must pay the costs of those checking operations(such as checking quality, measuring, weighing, counting) that are necessary for the purpose of delivering the goods in accordance with A2.

The seller must, at its own cost, package the goods, unless it is usual for the particular trade to transport the type of goods sold unpackaged. The seller must package and mark the goods in the manner appropriate for their transport, unless the parties have agreed on specific packaging or marking requirements.

B8 Checking/packing/marking

The buyer has no obligation to the seller.

A9 Allocation of costs

The seller must pay:

All costs relating to the goods until they have been delivered in accordance with A2, other than those payable by the buyer under B9;

The costs of providing the usual proof to the buyer under A6 that the goods have been delivered;
Where applicable, duties, taxes and any other costs related to export clearance under A7(a);and
The buyer for all costs and charges related to providing assistance in obtaining documents and information in accordance with B7(a)

B9 Allocation of costs

The buyer must pay:

a) all costs relating to the goods from the time they have been delivered under A2, other than those payable by the seller under A9;
b) the seller for all costs and charges related to providing assistance in obtaining documents and information in accordance with A4, A5, A6 and A7(b);
c) where applicable, duties, taxes and any other costs related to transit or import clearance under B7(b); and
d) any additional costs incurred, either because:
   (i) the buyer fails to nominate a carrier or another person under B10, or
   (ii) the carrier or person nominate by the buyer under B10 fails to take the goods into its charge.

   provided that the goods have been clearly identified as the contract goods.

A10 Notices

The seller must give the buyer sufficient notice either that the goods have been delivered in accordance with A2 or that the carrier or another person nominated by the buyer has failed to take the goods within the time agreed.

B10 Notices

The buyer must notify the seller of

a) the name of the carrier or another person nominated within sufficient time as to enable the seller to deliver the goods in accordance with A2;
b) the selected time, if any, within the period agreed for delivery when the carrier or person nominated will receive the goods;
c) the mode of transport to be used by the carrier or the person nominated including any transport-related security requirements; and
d) the point where the goods will be received within the named place of delivery.

CPT | Carriage Paid To

CPT (insert named place of destination) Incoterms® 2020

EXPLANATORY NOTES FOR USERS

1. **Delivery and risk -** "Carriage Paid To" means that the seller delivers the goods - and transfers the risk - to the buyer
   - ▶ by handing them over to the carrier
   - ▶ contracted by the seller
   - ▶ or by procuring the goods so delivered.
   - ▶ The seller may do so by giving the carrier physical possession of the goods in the manner and at the place appropriate to the means of transport used.

   Once the goods have been delivered to the buyer in this way, the seller does not guarantee that the goods will reach the place of destination in sound condition, in the stated quantity or indeed at all. This is because risk transfers from seller to buyer when the goods are delivered to the buyer by handing them over to the carrier; the seller must nonetheless contract for the carriage of the goods from delivery to the agreed destination. Thus, for example, goods are handed over to a carrier in Las Vegas (which is not a port) for carriage to Southampton (a port) or to Winchester (which is not a port). In either case, delivery transferring risk to the buyer happens in Las Vegas, and the seller must make a contract of carriage to either Southampton or Winchester.

2. **Mode of transport -** This rule may be used irrespective of the mode of transport selected and may also be used where more than one mode of transport is employed.

3. **Places (or points) of delivery and destination -** In CPT, two locations are important: the place or point (if any) at which the goods are delivered (for the transfer of risk) and the place or point agreed as the destination of the goods (as the point to which the seller promises to contract for carriage).

4. **Identifying the place or point of delivery with precision -** The parties are well advised to identify both places, or indeed points within those places, as precisely as possible in the contract of sale. Identifying the place or point (if any) of delivery as precisely as possible is important to cater for the common situation where several carriers are engaged, each for different legs of the transit from delivery to destination. Where this happens and the parties do not agree on a specific place or point of delivery, the default position is that risk transfers when the goods have been delivered to the first carrier at a point entirely of the seller's choosing and over which the buyer has co control. Should the parties wish the risk to transfer at a later stage (e.g. at a sea or river port or at an airport), or indeed an earlier one (e.g. an inland point some way away from a sea or

river port), they need to specify this in their contract of sale and to carefully think through the consequences of so doing in case the goods are lost or damaged.

5. **Identifying the destination as precisely as possible** - The parties are also well advised to identify as precisely as possible in the contract of sale the point within the agreed place of destination, as this is the point to which the seller must contract for carriage and this is the point to which the costs of carriage fall on the seller.

6. **'or procuring the goods so delivered'** - The reference to "procure" here caters for multiple sales down a chain (string sales), particularly common in the commodity trades.

7. **Costs of unloading at destination** - If the seller incurs costs under its contract of carriage related to unloading at the named place of destination, the seller is not entitled to recover such costs separately from the buyer unless otherwise agreed between the parties.

8. **Export/import clearance** - CPT requires the seller to clear the goods for export, where applicable. However, the seller has no obligation to clear the goods for import or for transit through third countries, or to pay any import duty or to carry out any import customs formalities.

A THE SELLER'S OBLIGATIONS

B THE BUYER'S OBLIGATIONS

A1 General obligations

The seller must provide the goods and the commercial invoice in conformity with the contract of sale and any other evidence of conformity that may be required by the contract.

Any document to be provided by the seller may be in paper or electronic form as agreed or, where there is no agreement, as is customary.

B1 General obligations

The buyer must pay the price of the goods as provided in the contract of sale.

Any document to be provided by the buyer may be in paper or electronic form as agreed or, where there is no agreement, as is customary

A2 Delivery

The seller must deliver the goods by handing them over to the carrier contracted in accordance with A4 or by procuring the goods so delivered. In either case the seller must deliver the goods on the agreed date or within the agreed period.

B2 Taking delivery

The buyer must take delivery of the goods when they have been delivered under A2 and receive them from the carrier at the named place of destination or if agreed, at the point within that place.

A3 Transfer of risks

The seller bears all risks of loss of or damage to the goods until they have been delivered in accordance with A2, with the exception of loss or damage in the circumstance described in B3.

B3 Transfer of risks

The buyer bears all risks of loss of or damage to the goods from the time they have been delivered under A2.

If the buyer fails to give notice in accordance with B10, then the buyer bears all risks of loss of or damage to the goods from the agreed date or the end of the agreed period for delivery, provided that the goods have been clearly identified as the contract goods.

A4 Carriage

The seller must contract or procure a contract for the carriage of the goods from the agreed point of delivery, if any, at the place of delivery to the named place of destination or, if agreed, any point at that place. The contract of carriage must be made on usual terms at the seller's cost and provide for carriage by the usual route in a customary manner of the type normally used for carriage of the type of goods sold. If a specific point is not agreed or is not determined by practice, the seller may select the point of delivery and the point at the named place of destination that best suit its purpose.

The seller must comply with any transport-related security requirements for transport to the destination.

B4 Carriage

The buyer has no obligation to the seller to make a contract of carriage.

A5 Insurance

The seller has no obligation to the buyer to make a contract of insurance. However, the seller must provide the buyer, at the buyer's request, risk and cost, with information in the possession of the seller that the buyer needs for obtaining insurance.

B5 Insurance

The buyer has no obligation to the seller to make a contract of insurance.

A6 Delivery-transport document

If customary or at the buyer's request, the seller must provide the buyer, at the seller's cost, with the usual transport document[s] for the transport contracted in accordance with A4.

This transport document must cover the contract goods and be dated within the period agreed for shipment. If agreed or customary, the document must also enable the buyer to claim the goods from the carrier at the named place of destination and enable the buyer to sell the goods in transit by the transfer of the document to a subsequent buyer or by notification to the carrier.

When such a transport document is issued in negotiable form and in several originals, a full set of originals must be presented to the buyer.

B6 Delivery/transport document

The buyer must accept the transport document provided under A6 if it is in conformity with the contract.

A7 Export/import clearance

a) Export clearance

Where applicable, the seller must carry out and pay for all export clearance formalities required by the country of export of export, such as:

▶ export licence;
▶ security clearance for export;
▶ pre-shipment inspection; and
▶ any other official authorisation.

b) Assistance with import clearance

Where applicable, the seller must assist the buyer, at the buyer's request, risk and cost, in obtaining any documents and/or information related to all transit/import clearance formalities, including security requirements and pre-shipment inspection, needed by and country of transit or the country of import.

B7 Export/import clearance

a) Assistance with export clearance

Where applicable, the buyer must assist the seller at the seller's request, risk and cost in obtaining any documents and/or information related to all export clearance formalities, including security requirements and pre-shipment inspection, needed by the country of export.

b) Import clearance

Where applicable, the buyer must carry out and pay for all formalities required by any country of transit and the country of import, such as:

▶ import licence and any licence required for transit;
▶ security clearance for import and any transit;
▶ pre-shipment inspection; and

- ▶ any other official authorisation.

A8 Checking/packing/marking

The seller must pay the costs of those checking operations (such as checking quality, measuring, weighing, counting) that are necessary for the purpose of delivering the goods in accordance with A2.

The seller must, at its own cost, package the goods, unless it is usual for he particular trade to transport the type of goods sold unpackaged. The seller must package and mark the goods in the manner appropriate for their transport, unless the parties have agreed on specific packaging or marking requirements.

B8 Checking/packaging/marking

The buyer has no obligation to the seller.

A9 Allocation of costs

The seller must pay:

a) all costs relating to the goods until they have been delivered in accordance with A2, other than those payable by the buyer under B9;
b) transport and all other costs resulting from A4, including the costs of loading the goods and transport-related security costs;
c) any charges for unloading at the agreed place of destination but only if those charges were for the seller's account under the contract of carriage;
d) the costs of transit that were for the seller's account under the contract of carriage;
e) the costs of providing the usual proof to the buyer under A6 that the goods have been delivered;
f) where applicable, duties, taxes and any other costs related to export clearance under A7(a); and
g) the buyer for all costs and charges related to providing assistance in obtaining documents and information in accordance with B7(a).

B9 Allocation of costs

The buyer must pay:

a) all costs relating to the goods from the time they have been delivered under A2, other than those payable by the seller under A9;
b) the costs of transit, unless such costs were for the seller's account under the contract of carriage;
c) unloading costs, unless such costs were for the seller's account under the contract of carriage;
d) the seller for all costs and charges related to providing assistance in obtaining documents and information in accordance with A5 and A7(b);
e) where applicable, duties, taxes and any other costs related to transit or import clearance under B7(b); and

f) any additional costs incurred if it fails to give notice in accordance with B10, from the agreed date or the end of the agreed period for shipment, provided that the goods have been clearly identified as the contract goods.

A10 Notices

The seller must notify the buyer that the goods have been delivered in accordance with A2.

The seller must give the buyer any notice required to enable the buyer to receive the goods.

B10 Notices

The buyer must, whenever it is agreed that the buyer is entitled to determine the time for dispatching the goods and/or the point of receiving the goods within the named place of destination, give the seller sufficient notice.

CIP | Carriage and Insurance Paid To

CIP (insert named place of destination) Incoterms® 2020

EXPLANATORY NOTES FOR USERS

1. **Delivery and risk** - "Carriage and Insurance Paid To" means that the seller delivers the goods - and transfers the risk - to the buyer
   - by handing them over to the carrier
   - contracted by the seller
   - or by procuring the goods so delivered.
   - The seller may do so by giving the carrier physical possession of the goods in the manner and at the place appropriate to the means of transport used.

   Once the goods have been delivered to the buyer in this way, the seller does not guarantee that the goods will reach the place of destination in sound condition, in the stated quantity or indeed at all. This is because risk transfers from seller to buyer when the goods are delivered to the buyer by handing them over to the carrier; the seller must nonetheless contract for the carriage of the goods from delivery to the agreed destination. Thus, for example, goods are handed over to a carrier in Las Vegas (which is not a port) for carriage to Southampton (a port) or to Winchester (which is not a port). In either case, delivery transferring risk to the buyer happens in Las Vegas, and the seller must make a contract of carriage to either Southampton or Winchester.

2. **Mode of transport** - This rule may be used irrespective of the mode of transport selected and may also be used where more than one mode of transport is employed.

3. **Places (or points) of delivery and destination** - In CIP two locations are important: the place or point at which the goods are delivered (for the transfer of risk) and the place or point agreed as the destination of the goods (as the point to which the seller promises to contract for carriage).

4. **Insurance** - The seller must also contract for insurance cover against the buyer's risk of loss of or damage to the goods from the point of delivery to at least the point of destination. This may cause difficulty where the destination country requires insurance cover to be purchased locally: in this case the parties should consider selling and buying under CPT. The buyer should also note that under the CIP Incoterms® 2020 rule the seller is required to obtain extensive insurance cover complying with Institute Cargo Clauses (A) or similar clause, rather than with the more limited cover under Institute Cargo Clauses (C). It is, however, still open to the parties to agree on a lower level of cover.

5. **Identifying the place or point of delivery with precision** – The parties are well advised to identify both places, or indeed points within those places, as precisely as possible in the contract of sale. Identifying the place or point (if any) of delivery as precisely as possible is important to cater for the common situation where several carriers are engaged, each for different legs of the transit from delivery to destination. Where this happens and the parties do not agree on a specific place or point of delivery, the default position is that risk transfers when the goods have been delivered to the first carrier at a point entirely of the seller's choosing and over which the buyer has no control. Should the parties wish the risk to transfer at a later stage(e.g. at a sea or river port or at an airport), or indeed an early one (e.g. an inland point some way away from a sea or river port), they need to specify this in their contract of sale and to carefully think through the consequences of so doing in case the goods are lost or damaged.

6. **Identifying the destination as precisely as possible** - The parties are also well advised to identify as precisely as possible in the contract of sale the point within the agreed place of destination, as this is the point to which the seller must contract for carriage and insurance and this is the point to which the costs of carriage and insurance fall on the seller.

7. **'or procuring the goods so delivered'** - The reference to "procure" here caters for multiple sales down a chain (string sales), particularly common in the commodity trades.

8. **Costs of unloading at destination** – If the seller incurs costs under its contract of carriage related to unloading at the named place of destination, the seller is not entitled to recover such costs separately from the buyer unless otherwise agreed between the parties.

9. **Export/import clearance** - CIP requires the seller to clear the goods for export, where applicable. However, the seller has no obligation to clear the goods for import or for transit through third countries, or to pay any import duty or to carry out any import customs formalities.

A THE SELLER'S OBLIGATIONS

B THE BUYER'S OBLIGATIONS

A1 General obligations

The seller must provide the goods and the commercial invoice in conformity with the contract of sale and any other evidence of conformity that may be required by the contract.

Any document to be provided by the seller may be in paper or electronic form as agreed or, where there is no agreement, as is customary.

B1 General obligations

The buyer must pay the price of the goods as provided in the contract of sale.
Any document to be provided by the buyer may be in paper may be in paper or electronic form as agreed or, where there is no agreement, as is customary.

A2 Delivery

The seller must deliver the goods by handing them over to the carrier contracted in accordance with A4 or by procuring the goods so delivered. In either case the seller must deliver the goods on the agreed date or within he agreed period.

B2 Taking delivery

The buyer must take delivery of the goods when they have been delivered under A2 and receive them from the carrier at the maned place of destination of if agreed, at the point within that place.

A3 Transfer of risks

The seller bears all risks of loss of or damage to the goods until they have been delivered in accordance with A2, with the exception of loss or damage in the circumstance described in B3

B3 Transfer of risks

The buyer bears all risks of loss of or damage to the goods from the time they have been delivered under A2.
If the buyer fails to give notice in accordance with B10, then the buyer bears all risks of loss of or damage to the goods from the agreed date or the end of the agreed period for delivery, provided that the goods have been clearly identified as the contract goods.

A4 Carriage

The seller must contract or procure a contract for the carriage of the goods from the agreed point of delivery, if any, at the place of delivery to the named place of destination or, if agreed, any point at that place, The contract of carriage must be made on usual terms at the seller's cost and provide for carriage by the usual route in a customary manner of the type normally used for carriage of the type of goods sold. If a specific point is not agreed or is not determined by practice, the seller may select the point of delivery and the point at the named place of destination that best suit its purpose.
The seller must comply with any transport-related security requirements for transport to the destination.

B4 Carriage

The buyer has no obligation to the seller to make a contract of carriage.

A5 Insurance

Unless otherwise agreed or customary in the particular trade, the seller must obtain at its own cost cargo insurance complying with the cover provided by Clauses (A) of the Institute Cargo Clauses (LMA/IUA) or any similar clauses as appropriate to the means of transport used. The insurance shall be contracted with underwriters or an insurance company of good repute and entitle the buyer, or any other person having an insurable interest in the goods, to claim directly from the insurer.

When required by the buyer, the seller must, subject to the buyer providing any necessary information requested by the seller, provide at the buyer's cost any additional cover, if procurable, such as cover complying with the Institute War Clauses and/or Institute Strikes Clauses (LMA/IUA) or any similar clauses (unless such cover is already included with the cargo insurance described in the preceding paragraph).

The insurance shall cover at a minimum, the price provided in the contract plus 10% (i.e. 110%) and shall be in the currency of the contract.

The insurance shall cover the goods from the point of delivery set out in A2 to at least the named place of destination.

The seller must provide the buyer with the insurance policy or certificate or any other evidence of insurance cover.

Moreover, the seller must provide the buyer, at the buyer's request, risk and cost, with information that the buyer needs to procure any additional insurance.

B5 Insurance

The buyer has no obligation to the seller to make a contract of insurance.

However, the buyer must provide the seller, upon request, with any information necessary for the seller to procure any additional insurance requested by the buyer under A5.

A6 Delivery/transport document

If customary or at the buyer's request, the seller must provide the buyer, at the seller's cost, with the usual transport document[s] for the transport contracted in accordance with A4.

This transport document must cover the contract goods and be dated within the period agreed for shipment, If agreed or customary, the document must also enable the buyer to claim the goods from the carrier at the maned place of destination and enable the buyer to sell the goods in transit by the transfer of the document to a subsequent buyer or by notification to the carrier.

When such a transport document is issued in negotiable form and in several originals, a full set of originals must be presented to the buyer.

B6 Delivery/transport document

The buyer must accept the transport document provided under A6 if it is in conformity with the contract.

A7 Export/Import clearance

a) Export clearance

Where applicable, the seller must carry out and pay for all export clearance formalities required by the country of export, such as;

- ▶ export licence;
- ▶ security clearance for export;
- ▶ pre-shipment inspection; and
- ▶ any other official authorisation.

b) Assistance with import clearance

Where applicable, the seller must assist the buyer, at the buyer's request, risk and cost, in obtaining any documents and/or information related to all transit/import clearance formalities, including security requirements and pre-shipment inspection, needed by any country of transit or the country of import.

B7 Export/import clearance

a) Assistance with export clearance

Where applicable, the buyer must assist the seller at the seller's request, risk and cost in obtaining any documents and/or information related to all export clearance formalities, including security requirements and pre-shipment inspection, needed by the country of export.

b) Import clearance

Where applicable, the buyer must carry out and pay for all formalities required by any country of transit and the country of import, such as:

- ▶ import licence and any licence required for transit;
- ▶ security clearance for import and any transit;
- ▶ pre-shipment inspection; and
- ▶ any other official authorisation.

A8 Checking/packaging/marking

The seller must pay the costs of those checking operations (such as checking quality, measuring, weighing, counting) that are necessary for the purpose of delivering the goods in accordance with A2.

The seller must, at its own cost, package the goods, unless it is usual for the particular trade to transport the type of goods sold unpackaged. The seller must package and mark the goods in the manner appropriate for their transport, unless the parties have agreed on specific packaging or marking requirements.

B8 Checking/packaging/marking

The buyer has no obligation to the seller.

A9 Allocation of costs

The seller must pay:

a) all costs relating to the goods until they have been delivered in accordance with A2, other than those payable by the buyer under B9;
b) transport and all other costs resulting from A4, including the costs of loading the goods and transport-related security costs;
c) any charges for unloading at the agreed place of destination but only if those chages were for the seller's account under the contract of carriage;
d) the costs of transit that were for the seller's account under the contract of carriage;
e) the costs of providing the usual proof to the buyer under A6 that the goods have been delivered;
f) the costs of insurance resulting from A5;
g) where applicable, duties, taxes and any other costs related to export clearance under A7(a); and
h) the buyer of all costs and charges related to providing assistance in obtaining documents and information in accordance with B7(a).

B9 Allocation of costs

The buyer must pay:

a) all costs relating to the goods from the time they have been delivered under A2, other than those payable by the seller under A9;
b) the costs of transit, unless such costs were for the seller's account under the contract of carriage;
c) unloading costs. unless such costs were for the seller's account under the contract of carriage;
d) the costs of any additional insurance procured at the buyer's request under A5 and B5;
e) the seller for all costs and charges related to providing assistance in obtaining document and information in accordance with A5 and A7(b);
f) where applicable, duties, taxes and any other costs related to transit or import clearance under B7(b); and
g) any additional costs incurred if it fails to give notice in accordance with B10, from the agreed date or the end of the agreed period for shipment, provided that the goods have been clearly identified as the contract goods.

A10 Notices

The seller must notify the buyer that the goods have been delivered in accordance with A2.

The seller must give the buyer any notice required to enable the buyer to receive the goods.

B10 Notices

The buyer must, whenever it is agreed that the buyer is entitled to determine the time for dispatching the goods and/or the point of receiving the goods within the named place of destination, give the seller sufficient notice.

DAP | Delivery at Place

DAP (insert named place of destination) Incoterms® 2020

EXPLANATORY NOTES FOR USERS

1. **Delivery and risk -** "Delivered at Place" means that the seller delivers the goods- and transfers risk - to the buyer
   - ▶ when the goods are placed at the disposal of the buyer
   - ▶ on the arriving means of transport ready for unloading
   - ▶ at the named placed of destination or
   - ▶ at the agreed point within that place, if any such point is agreed.

   The seller bears all risks involved in bringing the goods to the named place of destination or to the agreed point within that place. In this Incoterms® rule, therefore, delivery and arrival at destination are the same.

2. **Mode of transport -** This rule may be used irrespective of the mode of transport selected and may also be used where more than one mode of transport is employed.

3. **Identifying the place or point of delivery/destination precisely -** the parties are well advised to specify the destination place or point as cleary as possible and this for several reasons. First, risk of loss of or damage to the goods transfers to the buyer at that point of delivery/destination - and it is best for the seller and the buyer to be clear about the point at which the critical transfer happens. Secondly, the costs before that place or point of delivery/destination are for the account of the seller and the costs after that place or point are for the account of the buyer. Thirdly, the seller must contract or arrange for the carriage of the goods to the agreed place or point of delivery /destination. If it fails to do so, the seller is in breach of its obligations under the Incoterms DAP® rule and will be liable to the buyer for any ensuing loss. Thus, for example, the seller would be responsible for any additional costs levied by the carrier to the buyer for any additional on-carriage

4. **'or procuring the goods so delivered' -** The reference to "procure" here caters for multiple sales down a chain (string sales), particularly common in the commodity trades.

5. **Unloading costs -** The seller is not required to unload the goods from the arriving means of transportation. However, if the seller incurs costs under its contract of carriage related to unloading at the place of delivery/destination, the seller is not entitled to recover such costs separately from the buyer unless otherwise agreed between the parties.

6. **Export/import clearance -** DAP requires the seller to clear the goods for export, where

applicable. However, the seller has no obligation to clear the goods for import or for post-delivery transit through third countries, to pay any import duty or to carry out any import customs formalities. As a result, if the buyer fails to organise import clearance, the goods will be held up at a port or inland terminal in the destination country. Who bears the risk of any loss that might occur while the goods are thus held up at the port of entry in the destination country? The answer is the buyer: delivery will not have occurred yet, B3(a) ensuring that the risk of loss of or damage to the goods is with the buyer until transit to a named inland point can be resumed. If, in order to avoid this scenario, the parties intend the seller to clear the goods for import, pay any import duty or tax and carry out any import customs formalities, the parties might consider using DDP.

A THE SELLER'S OBLIGATIONS

B THE BUYER'S OBLIGATIONS

A1 General obligations

The seller must provide the goods and the commercial invoice in conformity with the contract of sale and any other evidence of conformity that may be required by the contract.

Any document to be provided by the seller may be in paper or electronic form as agreed or, where there is no agreement, as is customary.

B1 General obligations

The buyer must pay the price of the goods as provided in the contract of sale.

Any document to be provided by the buyer may be in paper or electronic form as agreed or, where there is no agreement, as is customary

A2 Delivery

The seller must deliver the goods by placing at the disposal of the buyer on the arriving means of transport ready for unloading at the agreed point, if any, at the named place of destination or by procuring the goods so delivered. In either case the seller must deliver the goods on the agreed date or within agreed period.

B2 Taking delivery

The buyer must take delivery of the goods when they have been delivered under A2.

A3 Transfer of risks

The seller bears all risks of loss of or damage to the goods until they have been delivered in accordance with A2, with the exception of loss or damage in the circumstances described in B3.

B3 Transfer of risks

The buyer bears all risks of loss of or damage to the goods from the time they have been delivered under A2.

If:

a) the buyer fails to fulfil its obligations in accordance with B7, then it bears all resulting risks of loss of or damage to the goods; or

b) the buyer fails to give notice in accordance with B10, then
it bears all risks of loss of or damage to the goods from the agreed date or the end of the agreed period for delivery,

provided that goods have been cleary identified as the contract goods.

A4 Carriage

The seller must contract or arrange at its own cost for the carriage of the goods to the named place of destination or to the agreed point, if any, at the named place of destination. If a specific point is not agreed or is not determined by practice, the seller may select the point at the named place of destination that best suits its purpose.
The seller must comply with any transport-related security requirements for transport to the destination.

B4 Carriage

The buyer has no obligation to the seller to make a contract of carriage.

A5 Insurance

The seller has no obligation to the buyer to make a contract of insurance.

B5 Insurance

The buyer has no obligation to the seller to make a contract of insurance.
However, the buyer must provide the seller, at the seller's request, risk and cost, with information that the seller needs for obtaining insurance.

A6 Delivery/transport document

The seller must provide the buyer, at the seller's cost. with any document required to enable the buyer to take over the goods.

B6 Delivery/transport document

The buyer must accept the document provided under A6.

A7 Export/import clearance

a) Export and transit clearance

Where applicable, the seller must carry out and pay for all export and transit clearance formalities required by the country of export any country of transit (other

than country of import), such as:
- ▶ export/transit licence;
- ▶ security clearance for expert/transit;
- ▶ pre-shipment inspection; and
- ▶ any other official authorisation.

b) Assistance with import clearance
Where applicable, the seller must assist the buyer, at the buyer's request, risk and cost, in obtaining any documents and/or information related to all import clearance formalities, including security requirements and pre-shipment inspection, needed by the country of import.

B7 Export/import clearance

a) Assistance with export and transit clearance
Where applicable, the buyer must assist seller at the seller's request, risk and cost in obtaining any documents and/or information related to all export/transit clearance formalities, including security requirements and pre-shipment inspection, needed by the contry of export and any country of transit (other than the contry of import).

b) Import clearance
Where applicable the buyer must carry out and pay for all formalities required by the country of import, such as:
- ▶ import licence;
- ▶ security clearance for import;
- ▶ pre-shipment inspection; and
- ▶ any other official authorisation.

A8 Checking/packaging/marking

The seller must pay the costs of those checking operations (such as checking quality, measuring, weighing, counting) that are necessary for the purpose of delivering the goods in accordance with A2.

The seller must, at its own costs, package the goods, unless it is usual for the particular trade to transport the type of goods sold unpackaged. The seller must package and mark the goods in the manner appropriate for their transport, unless the parties have agreed on specific packaging or marking requirements.

B8 Checking/packaging/marking

The buyer has no obligation to the seller.

A9 Allocation of costs

The seller must pay:

a) all costs relating to the goods and their transport until they have been delivered in accordance with A2, other than those payable by the buyer under B9;

b) any charges for unloading at the place of destination but only if those charges were for the seller's account under contract of carriage;
c) the costs of providing the delivery/transport document under A6;
d) where applicable, duties, taxes and any other costs related to export and any transit clearance under A7(a); and
e) the buyer for all costs and charges related to providing assistance in obtaining documents and information in accordance with B5 and B7(a).

B9 Allocation of costs

The buyer must pay:

a) all costs relating to the goods from the time they have been delivered under A2;
b) all costs of unloading necessary to take delivery of the goods from the arriving means of transport at the named place of destination, unless such costs were for the seller's account under the contract of carriage;
c) the seller for all costs and charges related to providing assistance in obtaining documents and information in accordance with A7(b);
d) where applicable duties, taxes and any other costs related to import clearance under B7(b); and
e) any additional costs incurred by the seller if the buyer fails to fulfil its obligations in accordance with B7 or to give notice in accordance with B10, provided that the goods have been cleary identified ad the contract goods.

A10 Notices

The seller must give the buyer any notice required to enable the buyer to receive the goods.

B10 Notice

The buyer must, whenever it is agreed that buyer is entitled to determine the time within an agreed period and/or the point of taking delivery within the named place of destination, give the seller sufficient notice.

DPU | Delivered at Place Unloaded

DPU (insert named place of destination) Incoterms® 2020

EXPLANATORY NOTES FOR USERS

1. **Delivery and risk** - "Delivered at Place Unloaded" means that the seller delivers the goods – and transfers risk – to the buyer
   - ▶ when the goods,
   - ▶ once unloaded from the arriving means of transport,
   - ▶ are placed at the disposal of the buyer
   - ▶ at a named place of destination or
   - ▶ at the agreed point within that place, if any such point is agreed.

   The seller bears all risks involved in bringing the goods to and unloading them at the named place of destination. In this Incoterms® rule, therefore, the delivery and arrival at destination are the same. DPU is the only Incoterms® rule that requires the seller to unload goods at destination. The seller should therefore ensure that it is in a position to organise unloading at the named place. Should the parties intend the seller not to bear the risk and cost of unloading, the DPU rule should be avoided and DAP should be used instead.

2. **Mode of transport** - This rule may be used irrespective of the mode of transport selected and may also be used where more than one mode of transport is employed.

3. **Identifying the place or point of delivery/destination precisely** - The parties are well advised to specify the destination place or point as clearly as possible and this for several reasons. First, risk of loss of or damage to the goods transfers to the buyer at that point of delivery/destination - and it is best for the seller and the buyer to be clear about the point at which that critical transfer happens. Secondly, the costs before that place or point of delivery/destination are for the account of the seller and the costs after that place or point are for the account of the buyer. Thirdly, the seller must contract or arrange for the carriage of the goods to the agreed place or point of delivery/destination. If it fails to do so, the seller is in breach of its obligations under this rule and will be liable to the buyer for any ensuing loss. The seller would, for example, be responsible for any additional costs levied by the carrier to the buyer for any additional on-carriage.

4. **'or procuring the goods so delivered'** - The reference to "procure" here caters for multiple sales down a chain (string sales), particularly common in the commodity trades.

5. **Export/import clearance** - DPU requires the seller to clear the goods for export, where applicable. However, the seller has no obligation to clear the goods for import or for post-delivery transit through third countries, to pay any import duty or to carry out any

import customs formalities. As a result, if the buyer fails to organise import clearance, the goods will be held up at a port or inland terminal in the destination country. Who bears the risk of any loss that might occur while the goods are thus held up at the port of entry in the destination country? The answer is the buyer: delivery will not have occurred yet, B3(a) ensuring that the risk of loss of or damage to the goods is with the buyer until transit to a named inland point can be resumed. If, in order to avoid this scenario, the parties intend the seller to clear the goods for import, pay any import duty or tax and carry out any import customs formalities, the parties might consider using DDP.

A THE SELLER'S OBLIGATIONS

B THE BUYER'S OBLIGATIONS

A1 General obligations

The seller must provide the goods and the commercial invoice in conformity with the contract of sale and any other evidence of conformity that may be required by the contract.

Any document to be provided by the seller may be in paper or electronic form as agreed or, where there is no agreement, as is customary.

B1 General obligations

The buyer must pay the price of the goods as provided in the contract of sale.

Any document to be provided by the buyer may be in paper or electronic form as agreed or, where there is no agreement, as is customary.

A2 Delivery

The seller must unload the goods from the arriving means of transport and must then deliver them by placing them at the disposal of the buyer at the agreed point, if any, at the named place of destination or by procuring the goods so delivered. In either case the seller must deliver the goods on the agreed date or within the agreed period.

B2 Taking delivery

The buyer must take delivery of the goods when they have been delivered under A2.

A3 Transfer of risks

The seller bears all risks of loss of or damage to the goods until they have been delivered in accordance with A2, with the exception of loss or damage in the circumstances described in B3.

B3 Transfer of risks

The buyer bears all risks of loss of or damage to the goods from the time they have

been delivered under A2.
If:

a) the buyer fails to fulfil its obligations in accordance with B7, then it bears all resulting risks of loss of or damage to the goods; or
b) the buyer fails to fulfil its obligations in accordance with B10, then it bears all risks of loss of or damage to the goods from the agreed date or the end of the agreed period for delivery.

provided that the goods have been clearly indentified as the contract goods.

A4 Carriage

The seller must contract or arrange at its own cost for the carriage of the goods to the named place of destination or to the agreed point, if any, at the named place of destination. If a specific point is not agreed or is not determined by practice, the seller may select the point at the named place of destination that best suits its purpose.
The seller must comply with any transport-related security requirements for transport to the destination.

B4 Carriage

The buyer has no obligation to the seller to make a contract of carriage.

A5 Insurance

The seller has no obligation to the buyer to make a contract of insurance.

B5 Insurance

The buyer has no obligation to the seller to make a contract of insurance.
However, the buyer must provide the seller, at the seller's request, risk and cost, with information that the seller needs for obtaning insurance.

A6 Delivery/transport document

The seller must provide the buyer, at the seller's cost, with any document required to enable the buyer to take over the goods.

B6 Delivery/transport document

The buyer must accept the document provided under A6.

A7 Export/import clearnace

a) Export and transit clearance
   Where applicable, the seller must carry out and pay for all export and transit clearace formalities required by the country of export and any country of transit (other than the country of import), such as;
   ▶ export/transit licence;
   ▶ security clearance for export/transit;

▶ pre-shipment inspection; and
▶ any other official authorisation.

b) Assistance with import clearance
Where applicable, the seller must assist the buyer, at the buyer's request, risk and cost, in obtaining any documents and/or information related to all import clearance formalities, including security requirements and pre-shipment inspection, needed by the country of import.

B7 Export/import clearance

a) Assistance with export and transit clearance
Where applicable, the buyer must assist the seller at the seller's request, risk and cost in obtaining any documents and/or information related to all export/transit clearance formalities, including security requirements and pre-shipment inspection, needed by the country of export and any country of transit (other than the country of import).

b) Import clearance
Where applicable, the buyer must carry out and pay for all formalities required by the country of import, such as;
▶ import licence;
▶ security clearance for import;
▶ pre-shipment inspection; and
▶ any other official authorisation.

A8 Checking/packaging/marking

The seller must pay the costs of those checking operations (such as checking quality, measuring, weighing, counting) that are necessary for the purpose of delivering the goods in accordance with A2.
The seller must, at its own cost, package the goods, unless it is usual for the particular trade to transport the type of goods sold unpackaged.
The seller must package and mark the goods in the manner appropriate for their transport, unless the parities have agreed on specific packaging or marking requirements.

B8 Checking/packaging/marking

The buyer has no obligation to the seller.

A9 Allocation of costs

The seller must pay:

a) all costs relating to the goods and their transport until they have been unloaded and delivered in accordance with A2, other than those payable by the buyer under B9;
b) the cost of providing the delivery/transport document under A6;
c) where applicable, duties, taxes and any other costs related to export and any transit clearance under A7(a); and

d) the buyer for all costs and charges related to providing assistance in obtaining documents and information in accordance with B5 and B7(a)

B9 Allocation of costs

The buyer must pay:

a) all costs relating to the goods from the time they have been delivered under A2;

b) the seller for all costs and charges related to providing assistance in obtaining documents and information in accordance with A7(b);

c) where applicable. duties, taxes and any other costs related to import clearance under B7(b): and

d) any additional costs incurred by the seller if the buyer fails to fulfil its obligations in accordance with B7 or to give notice in accordance with B10, provided that the goods have been clearly identified as the contract goods.

A10 Notices

The seller must give the buyer any notice required to enable the buyer to receive the goods.

B10 Notices

The buyer must, whenever it is agreed that the buyer is entitled to determine the time within an agreed period and/or the point of taking delivery within the named place of destination, give the seller sufficient notice.

DDP | Delivered Duty Paid

DDP(insert named place of destination) Incoterms® 2020

EXPLANATORY NOTES FOR USERS

1. **Delivery and risk -** "Delivered Duty Paid" means that the seller delivers the goods to the buyer
   - ▶ when the goods are placed at the disposal of the buyer,
   - ▶ cleared for import,
   - ▶ on the arriving means of transport,
   - ▶ ready for unloading,
   - ▶ at the named place of destination or at the agreed point within that place, if any such point is agreed.

   The seller bears all risks involved in bringing the goods to the named place of destination or to the agreed point within that place. In this Incoterms® rule, therefore, delivery and arrival at destination are the same.

2. **Mode of transport -** This rule may be used irrespective of the mode of transport selected and may also be used where more than one mode of transport is employed.

3. **A note of caution to sellers: maximum responsibility -** DDP, with delivery happening at destination and with the sellers being responsible for the payment of import duty and applicable taxes is the Incoterms® rule imposing on the seller the maximum level of obligation of all eleven Incoterms® rules. From the seller's perspective, therefore, the rule should be used with care for different reasons as set out in paragraph 7.

4. **Identifying the place or point of delivery/destination precisely -** The parties are well advised to specify the destination place or point as clearly as possible and this for several reasons. First, risk of loss of or damage to the goods transfers to the buyer at that point of delivery/destination - and it is best for the seller and the buyer to be clear about the point at which that critical transfer happens. Secondly, the costs before that place or point of delivery/destination are for the account of the seller, including the costs of import clearance, and the costs after that place or point, other than the costs of import, are for the account of the buyer. Thirdly, the seller must contract or arrange for the carriage of the goods to the agreed place or point of delivery/destination. If it fails to do so, the seller is in breach of its obligations under the Incoterms® rule DDP and will be liable to the buyer for any ensuing loss. Thus, for example, the seller would be responsible for any additional costs levied by the carrier to the buyer for any additional on-carriage.

5. **'or procuring the goods so delivered'** - The reference to "procure" here caters for multiple sales down a chain (string sales), particularly common in the commodity trades.

6. **Unloading costs** - If the seller incurs costs under its contract of carriage related to unloading at the place of delivery/destination, the seller is not entitled to recover such costs separately from the buyer unless otherwise agreed between the parties.

7. **Export/import clearance** - As set out in paragraph 3, DDP requires the seller to clear the goods for export, where applicable, as well as for import and to pay any import duty or to carry out any customs formalities. Thus if the seller is unable to obtain import clearance and would rather leave that side of things in the buyer's hands in the country of import, then the seller should consider choosing DAP or DPU, under which rules delivery still happens at destination, but with import clearance being left to the buyer. There may be tax implications and this tax may not be recoverable from the buyer; see A9(d).

A THE SELLER'S OBLIGATIONS

B THE BUYER'S OBLIGATIONS

A1 General obligations

The seller must provide the goods and the commercial invoice in conformity with the contract of sale and any other evidence of conformity that may be required by the contract.

Any document to be provided by the seller may be in paper or electronic form as agreed or, where is no agreement, as is customary.

B1 General obligations

The buyer must pay the price of the goods as provided in the contract of sale.

Any documents to be provided by the buyer may be in paper or electronic form as agreed or, where there is no agreement, as is customary.

A2 Delivery

The seller must deliver the goods by placing them at the disposal of the buyer on the arriving means of transport ready for unloading at the agreed point, if any, at the named place of destination or by procuring the goods so delivered. In either case the seller must deliver the goods on the agreed date or within the agreed period.

B2 Taking delivery

The buyer must take delivery of the goods when they have been delivered under A2.

A3 Transfer of risks

The seller bears all risks of loss of or damage to the goods until they have been delivered in accordance with A2, with the exception of loss or damage in the circumstances described in B3.

B3 Transfer of risks

The buyer bears all risks of loss of or damage to the goods from the time they have been delivered under A2.

If:

a) the buyer fails to fulfil its obligations in accordance with B7, then it bears all resulting risks of loss of or damage to the goods; or
b) the buyer fails to give notice in accordance with B10, then it bears all risks of loss of or damage to the goods from the agreed date or the end of the agreed period for delivery,

provided that the goods have been clearly identified as the contract goods.

A4 Carriage

The seller must contract or arrange at its own cost for the caariage of the goods to the named place of destination or to the agreed point, if any, at the named place of destination. If a specific point is not agreed or is not determined by practice, the seller may select the point at the named place of destination that best suits its purpose.

The seller must comply with any transport-related security requirements for transport to the destination.

B4 Carriage

The buyer has no obligation to the seller to make a contract of carriage.

A5 Insurance

The seller has no obligation to the buyer to make a contract of insurance.

B5 Insurance

The buyer has no obligation to the seller to make a contract of insurance.

However, the buyer must provide the seller, at the seller's request, risk and cost, with information that the seller needs for obtaining insurance.

A6 Delivery/transport document

The seller must provide the buyer, at the seller's cost, with any document required to enable the buyer to take over the goods.

B6 Delivery/ transport document

The buyer must accept the document provided under A6.

A7 Export/import clearance

Where applicable, the seller must carry out and pay for all export/transit/import clearance formalities required by the countries of export, transit and import, such as:

- ▶ export/transit/import licence;
- ▶ security clearance for export/transit/import;
- ▶ pre-shipment inspection; and
- ▶ any other official authorisation.

B7 Export/ import clearance

Where applicable, the buyer must assist the seller, at the seller's request, risk and cost in obtaining any documents and/or information related to all export/transit/import clearance formalities required by the countries of export/transit/import, such as:

- ▶ export/transit/import licence;
- ▶ security clearance for export, transit and import;
- ▶ pre-shipment inspection; and
- ▶ any other official authorisation.

A8 Checking/packaging/marking

The seller must pay the costs of those checking operations (such as checking quality, measuring, weighing, counting) that are necessary for the purpose of delivering the goods in accordance with A2.

The seller must, at its own cost, package the goods, unless it is usual for the particular trade to transport the type of goods sold unpackaged. The seller must package and mark the goods in the manner appropriate for their transport, unless the parties have agreed on specific packaging or marking requirements.

B8 Checking/packaging/marking

The buyer has no obligation to the seller.

A9 Allocation of costs

The seller must pay:

a) all costs relating to the goods and their transport until the have been delivered in accordance with A2, other than those payable by the buyer under B9;

b) any charges for unloading at the place of destination but only if those charges were for the seller's account under the contract of carriage;

c) the cost of providing the delivery/transport document under A6;

d) where applicable, duties, taxes and any other costs related to export, transit and import clearance under A7; and

e) the buyer for all costs and charged related to providing assistance in obtaining documents and information in accordance with B5 and B7.

B9 Allocation og costs

The buyer must pay:

a) all costs relating to the goods from the time they have been delivered under A2;

b) all costs of unloading necessary to take delivery of the goods from the arriving means of transport at the named place of destination, unless such costs were for the seller's account under the contract of carriage, and

c) any additional costs incurred by the seller if the buyer fails to fulfil its obligations in accordance with B7 or to give notice in accordance with B10, provided that the goods have been clearly identified as the contract goods.

A10 Notices

The seller must give the buyer any notice required to enable the buyer to receive the goods.

B10 Notices

The buyer must, whenever it is agreed that the buyer is entitled to determine the time within an agreed period and/or the point of taking delivery within the named place of destination, give the seller sufficient notice.

FAS(Free Alongsid Ship) Incoterms® 2020

EXPLANATORY NOTES FOR USERS

1. **Delivery and risk** - "Free Alongside Ship" means that the seller delivers the goods to the buyer
   - ▶ when the goods are placed alongside the ship (e.g. on a quay or a barge)
   - ▶ nominated by the buyer
   - ▶ at the named port of shipment
   - ▶ or when the seller procures goods already so delivered.

   The risk of loss of or damage to the goods transfers when the goods are alongside the ship, and the buyer bears all costs from that moment onwards.

2. **Mode of transport** - This rule is to be used only for sea or inland waterway transport where the parties intend to deliver the goods by placing the goods alongside a vessel. Thus, the FAS rule is not appropriate where goods are handed over to the carrier before they are alongside the vessel, for example where goods are handed over to a carrier at a container terminal. Where this is the case, parties should consider using the FCA rule rather than the FAS rule.

3. **Identifying the loading point precisely** - The parties are well advised to specify as clearly as possible the loading point at the named port of shipment where the goods are to be transferred from the quay or barge to the ship, as the costs and risks to that point are for the account of the seller and these costs and associated handling charges may vary according to the practice of the port.

4. **'or procuring the goods so delivered'** - The seller is required either to deliver the goods alongside the ship or to procure goods already so delivered for shipment. The reference to "procure" here caters for multiple sales down a chain (string sales), particularly common in the commodity trades.

5. **Export/import clearance** - FAS requires the seller to clear the goods for export, where applicable. However, the seller has no obligation to clear the goods for import or for transit through third counties, to pay any import duty or to carry out any import customs formalities.

A THE SELLER/S OBLIGATIONS

B THE BUYER'S OBLIGATIONS

A1 General obligations

The seller must provide the goods and the commercial invoice in conformity with the

contract of sale and any other evidence of conformity that may be required by the contract.
Any document to be provided by the seller may be in paper or electronic form as agreed or, where there is no agreement, as is customary.

B1 General obligations

The buyer must pay the price of the goods as provided in the contract of sale.
Any document to be provided by the buyer may be in paper or electronic form as agrees or, where there is no agreement, as is customary.

A2 Delivery

The seller must deliver the goods either by placing them alongside the vessel nominated by the buyer at the loading point, if any, indicated by the buyer at the named port of shipment or by procuring the goods so delivered.
The seller must deliver the goods

1. on the agreed date

or

2. at the time within the agreed period notified by the buyer under B10

or

3. if no such time is notified, then at the end of the agreed period

and

4. in the manner customary at the port.
   If no specific loading point has been indicated by the buyer, the seller may select the point within the named port of shipment that best suits its purpose.

B2 Taking delivery

The buyer must take delivery of the goods when they have been delivered under A2.

A3 Transfer of risks

The seller bears all risk of loss of or damage to the goods until they have been delivered in accordance with A2, with the exception of loss or damage in the circumstances described in B3.

B3 Transfer of risks

The buyer bears all risks of loss of or damage to the goods from the time they have been delivered under A2.
If.

a) the buyer fails to give notice in accordance with B10; or
b) the vessel nominated by the buyer fails to arrive on time to enable the seller to comply with A2, fails to take the goods, or closes for cargo earlier than the time notified in accordance with B10:
   then the buyer bears all risks of loss of or damage to the goods:

(i) from the agreed date, or in the absence of an agreed date,
(ii) from the date selected by the buyer under B10, or, if no such date has been notified,
(iii) from the end of any agreed period for delivery,
provided that the goods have been clearly identified as the contract goods.

A4 carriage

The seller has no obligation to the buyer to make a contract of carriage. However, the seller must provide the buyer, at the buyer's request, risk and cost, with any information in the possession of the seller, including transport-related security requirements, that the buyer needs for arranging carriage. If agreed, the seller must contract for carriage on the usual terms at the buyer's risk and cost.
The seller must comply with any transport-related security requirements up to delivery.

B4 carriage

The buyer must contract at its own cost for the carriage of the goods from the named port of shipment, except when the contract of carriage is made by the seller as provided for in A4.

A5 Insurance

The seller has no obligation to the buyer to make a contract of insurance. However, the seller must provide the buyer, at the buyer's request, risk and cost, with information in the possession of the seller that the buyer needs for obtaining insurance.

B5 Insurance

The buyer has no obligation to the seller to make a contract of insurance.

A6 Delivery/transport document

The seller must provide the buyer, at the seller's cost, with the usual proof that the goods have been delivered in accordance with A2.
Unless such proof is a transport document, the seller must provide assistance to the buyer, at the buyer's request, risk and cost, in obtaining a transport document.

B6 Delivery/transport document

The buyer must accept the proof of delivery provided under A6.

A7 Export/import clearance

a) Export clearance

Where applicable, the seller must carry out and pay for all export clearance formalities required by the country of export, such as:

▶ export licence;
▶ security clearance for export;

- ▶ pre-shipment inspection; and
- ▶ any other official authorisation.

b) Assistance with import clearance
Where applicable, the seller must assist the buyer, at the buyer's request, risk and cost, in obtaining any documents and/or information related to all transit/import clearance formalities, including security requirements and pre-shipment inspection, needed by any country of transit or the country of import.

B7 Export/import clearance

a) Assistance with export clearance
Where applicable, the buyer must assist the seller at the seller's request, risk and cost in obtaining any documents and/or information related to all export clearance formalities, including security requirements and pre-shipment inspection, needed by the country of export.

b) Import clearance
Where applicable, the buyer must carry out and pay for all formalities required by any country of transit and the country of import, such as:

- ▶ import licence and any licence required for transit;
- ▶ security clearance for import and any transit;
- ▶ pre-shipment inspection; and
- ▶ any other official authorisation.

A8 Checking/packaging/marking

The seller must pay the costs of those checking operations (such as checking quality, measuring, weighing, counting) that are necessary for the purpose of delivering the goods in accordance with A2.

The seller must, at its own cost, package the goods, unless it is usual for the particular trade to transport the type of goods sold unpackaged. The seller must package and mark the goods in the manner appropriate for their transport, unless the parties have agreed on specific packaging or marking requirements.

B8 Checking/packaging/marking

The buyer has no obligation to the seller.

A9 Allocation of costs

The seller must pay:

a) all cost relating to the goods until they have been delivered in accordance with A2, other than those payable by the buyer under B9;

b) the costs of providing the usual proof to the buyer under A6 that the goods have been delivered;

c) where applicable, duties, taxes and any other costs related to export clearance under A7(a); and

d) the buyer for all costs and charges related to providing assistance in obtaining documents and information in accordance with B7(a).

B9 Allocation of costs

The buyer must pay:

a) all costs relating to the goods from the time they have been delivered under A2, other than those payable by the seller under A9;

b) the seller for all costs and charges related to providing assistance in obtaining documents and information in accordance with A4, A5, A6 and A7(b);

c) where applicable, duties, taxes and any other costs related to transit or import clearance under B7(b); and

d) any additional costs incurred, either because:

 (i) the buyer has failed to give notice under B10, or

 (ii) the vessel nominated by the buyer under B10 fails to arrive on time, fails to take the goods, or closes for cargo earlier than the time notified in accordance with B10,

provided that the goods have been clearly identified as the contract goods.

A10 Notices

The seller must give the buyer sufficient notice either that the goods have been delivered in accordance with A2 or that the vessel has failed to take delivery of the goods within the time agreed.

B10 Notices

The buyer must give the seller sufficient notice of any transport-related security requirements, the vessel name, loading point and, if any, the selected delivery date within the agreed period.

FOB(insert named port of shipment) Incoterms® 2020

EXPLANATORY NOTES FOR USERS

1. **Delivery and risk** - "Free On Board" means that the seller delivers the goods to the buyer
   - ▶ on board the vessel
   - ▶ nominated by the buyer
   - ▶ at the named port of shipment
   - ▶ or procures the goods already so delivered.

   The risk of loss of or damage to the goods transfers when the goods are on board the vessel, and the buyer bears all costs from that moment onwards.

2. **Mode of transport** − This rule is to be used only for sea or inland waterway transport where the parties intend to deliver the goods by placing the goods on board a vessel. Thus, the FOB rule is not appropriate where goods are handed over to the carrier before they are on board the vessel, for example where goods are handed over to a carrier at a container terminal. Where this is the case, parties should consider using the FCA rule rather than the FOB rule.

3. **'or procuring the goods so delivered'** − The seller is required either to deliver the goods on board the vessel or to procure goods already so delivered for shipment. The reference to 'procure' here caters for multiple sales down a chain (string sales), particularly common in the commodity trades.

4. **Export/import clearance** − FOB requires the seller to clear the goods for export, where applicable. However, the seller has no obligation to clear the goods for import or for transit through third countries, to pay any import duty or to carry out any import customs formalities.

A THE SELLER'S OBLIGATIONS

B THE BUYER'S S OBLIGATIONS

A1 General obligations

The seller must provide the goods and the commercial invoice in conformity with the contract of sale and any other evidence of conformity that may be required by the contract. Any document to be provided by the seller may be in paper or electronic form as agreed or, where there is no agreement, as is customary.

B1 General obligations

The buyer must pay the price of the goods as provided in the contract of sale.

Any document to be provided by the buyer may be in paper or electronic from as agreed or, where there is no agreement, as is customary.

A2 Delivery

The seller must deliver the goods either by placing them on board the vessel nominated by the buyer at the loading point, if any, indicated by the buyer at the named port of shipment or by procuring the goods so delivered.

The seller must deliver the goods

1. on the agreed date
   or
2. at the time within the agreed period notified by the buyer under B10
   or
3. if no such time is notified, then at the end of the agreed period
   and
4. in the manner customary at the port

If no specific loading point has been indicated by the buyer, the seller may select the point within the named port of shipment that best suits its purpose.

B2 Taking delivery

The buyer must take delivery of the goods when they have been delivered under A2.

A3 Transfer of risks

The seller bears all risk of loss of or damage to the goods until they have been delivered in accordance with A2, with the exception of loss or damage in the circumstances described in B3.

B3 Transfer of risks

The buyer bears all risk of loss of or damage to the goods from the time they have been delivered under A2.

If.

a) the buyer fails to give notice in accordance with B10; or
b) the vessel nominated by the buyer fails to arrive on time to enable the seller to comply with A2, fails to take the goods, or closes for cargo earlier than the time notified in accordance with B10:

   then the buyer bears all risks of loss of or damage to the goods:

   (i) from the agreed date, or in the absence of an agreed date,
   (ii) from the date selected by the buyer under B10, or, if no such date has been notified,
   (iii) from the end of any agreed period for delivery,

A4 carriage

The seller has no obligation to the buyer to make a contract of carriage. However, the

seller must provide the buyer, at the buyer's request, risk and cost, with any information in the possession of the seller, including transport-related security requirements, that the buyer needs for arranging carriage. If agreed, the seller must contract for carriage on the usual terms at the buyer's risk and cost.
The seller must comply with any transport-related security requirements up to delivery.

B4 carriage
The buyer must contract at its own cost for the carriage of the goods from the named port of shipment, except when the contract of carriage is made by the seller as provided for in A4.

A5 Insurance
The seller has no obligation to the buyer to make a contract of insurance. However, the seller must provide the buyer, at the buyer's request, risk and cost, with information in the possession of the seller that the buyer needs for obtaining insurance.

B5 Insurance
The buyer has no obligation to the seller to make a contract of insurance.

A6 Delivery/transport document
The seller must provide the buyer, at the seller's cost, with the usual proof that the goods have been delivered in accordance with A2.
Unless such proof is a transport document, the seller must provide assistance to the buyer, at the buyer's request, risk and cost, in obtaining a transport document.

B6 Delivery/transport document
The buyer must accept the proof of delivery provided under A6.

A7 Export/import clearance

a) Export clearance
Where applicable, the seller must carry out and pay for all export clearance formalities required by the country of export, such as:
- ▶ export license;
- ▶ security clearance for export;
- ▶ pre-shipment inspection; and
- ▶ any other official authorisation.

b) Assistance with import clearance
Where applicable, the seller must assist the buyer, at the buyer's request, risk and cost, in obtaining any documents and/or information related to all transit/import clearance formalities, including security requirements and pre-shipment inspection, needed by any country of transit or the country of import.

B7 Export/import clearance

a) Assistance with export clearance
Where applicable, the buyer must assist the seller at the seller's request, risk and cost in obtaining any documents and/ or information related to all export clearance formalities, including security requirements and pre-shipmen inspection, needs by the country of export.

b) Import clearance
Where applicable, the buyer must carry out and pay for all formalities required by any country of transit and the country of import, such as:
▶ import license and any license required for transit;
▶ security clearance for import and any transit;
▶ pre-shipment inspection; and
▶ any other official authorisation.

A8 Checking/packaging/ marking

The seller must pay the costs of those checking operations (such as checking quality, measuring, weighing, counting) that are necessary for the purpose of delivering the goods in accordance with A2. The seller must, at its own cost, package the goods, unless it is usual for the particular trade to transport the type of goods sold unpackaged. The seller must package and mark the goods in the manner appropriate for their transport, unless the parties have agreed on specific packaging or marking requirements.

B8 Checking/packaging/ marking

The buyer has no obligation to the seller.

A9 allocation of costs

The seller must pay:

a) all costs relating to the goods until they have been delivered in accordance with A2, other than those payable by the buyer under B9;
b) the costs of providing the usual proof to the buyer under A6 that the goods have been delivered;
c) where applicable, duties, taxes and any other costs related to export clearance under A7(a); and
d) the buyer for all costs and charges related to providing assistance in obtaining documents and information accordance with B7(a).

B9 Allocation of costs

The buyer must pay:

a) all costs relating to the goods from the time they have been delivered under A2, other than those payable by the seller under A9;
b) the seller for all costs and charges related to providing assistance in obtaining

documents and information in accordance with A4, A5, A6 and A7(b); and

d) any additional costs incurred, either because:
   (i) the buyer has failed to give notice under B10, or
   (ii) the vessel nominated by the buyer under B10 fails to arrive on time, fails to take the goods, or closes for cargo earlier than the time notified in accordance with B10,

Provided that the goods have been clearly identified as the contract goods.

A10 Notice

The seller must give the buyer sufficient notice either that the goods have been delivered in accordance with A2 or that the vessel has failed to take the goods within the time agreed.

B10 Notice

The buyer must give the seller sufficient notice of any transport-related security requirements, the vessel name, loading point and, if any, the selected delivery date within the agreed period.

CFR(Cost and Freight)

CFR(insert named port of destination) Incoterms® 2020

Explanatory notes for users

1. **Delivery and risk** - "Cost and Freight" means that the seller delivers the goods to the buyer.
   ▶ on board the vessel
   ▶ or procures the goods already so delivered.
   The risk of loss of or damage to the goods transfers when the goods are on board the vessel, such that the seller is taken to have performed its obligation to deliver the goods whether or not the goods actually arrive at their destination in sound condition, in the stated quantity or, indeed, at all. In CFR, the seller owes no obligation to the buyer to purchase insurance cover: the buyer would be well-advised therefore to purchase some cover for itself.

2. **Mode of transport** - This rule is to be used only for sea or inland waterway transport. Where more than one mode of transport is to be used, which will commonly be the case where goods are handed over to a carrier at a container terminal, the appropriate rule to use is CPT rather than CFR.

3. **'or procuring the goods so delivered'** - The reference to "procure" here caters for multiple sales down a chain (string sales), particularly common in the commodity trades.

4. **Ports of delivery and destination** - in CFR, two ports are important: the port where the goods are delivered on board the vessel and the port agreed as the destination of the goods. Risk transfers from seller to buyer when the goods are delivered to the buyer by placing them on board the vessel at the shipment port or by procuring the goods already so delivered. However, the seller must contract for the carriage of the goods from delivery to the agreed destination. Thus, for example, goods are placed on board a vessel in Shanghai (which is a port) for carriage to Southampton (also a port). Delivery here happens when the goods are on board in Shanghai, with risk transferring to the buyer at that time; and the seller must make a contract of carriage from Shanghai to Southampton.

5. **Must the shipment port be named?** - While the contract will always specify a destination port, it might not specify the port of shipment, which is where risk transfers to the buyer. If the shipment port is of particular interest to the buyer, as it may be, for example, where the buyer wishes to ascertain that the freight element of the price is reasonable, the parties are well advised to identify it as precisely as possible in the contract.

6. **Identifying the destination point at the discharge port -** The parties are well advised to identify as precisely as possible the point at the named port of destination, as the costs to that point are for the account of the seller. The seller must make a contract or contracts of carriage that cover(s) the transit of the goods from delivery to the named port or to the agreed point within that port where such a point has been agreed in the contract of sale..

7. **Multiple carriers -** It is possible that carriage is effected through several carriers for different legs of the sea transport, for example, first by a carrier operating a feeder vessel from Hong Kong to Shanghai, and then onto an ocean vessel from Shanghai to Southampton. The question which arises here is whether risk transfers from seller to buyer at Hong Kong or at Shanghai: where does delivery take place? The parties may well have agreed this in the sale contract itself. Where, however, there is no such agreement, the default position is that risk transfers when the goods have been delivered to the first carrier, i.e. Hong Kong, thus increasing the period during which the buyer incurs the risk of loss or damage. Should the parties wish the risk to transfer at later stage (here, Shanghai) they need to specify this in their contract of sale.

8. **Unloading costs -** If the seller incurs costs under its contract of carriage related to unloading at the specified point at the port of destination, the seller is not entitled to recover such costs separately from the buyer unless otherwise agreed between the parties.

9. **Export/Import clearance -** CFR requires the seller to clear the goods for export, where applicable. However, the seller has no obligation to clear the goods for import or for transit through third countries, to pay any import duty or to carry out any import customs formalities.

A THE SELLER'S OBLIGATIONS

B THE BUYER'S OBLIGATIONS

A1 General obligations

The seller must provide the goods and the commercial invoice in conformity with the contract of sale and any evidence of conformity that may be required by the contract. Any document to be provided by the seller may be in paper or electronic form as agreed or, where there is no agreement, as is customary.

B1 General obligations

The buyer must pay the price of the goods as provided in the contract of sale.
Any document to be provided by the buyer may be in paper or electronic form as agrees or, where there is no agreement, as is customary.

A2 Delivery

The seller must deliver the goods either by placing them on board the vessel or by procuring the goods so delivered. In either case, the seller must deliver the goods on the agreed date or within the agreed period and in the manner customary at the port.

B2 Taking delivery

The buyer must take delivery of the goods when they have been delivered under A2 and receive them from carrier at the named port of destination.

A3 Transfer of risks

The seller bears all risks of loss of or damage to the goods until they have been delivered in accordance with A2, with the exception of loss or damage in the circumstance described in B3.

B3 Transfer of risks

The buyer bears all risks of loss of or damage to the goods from the time they have been delivered under A2. If the buyer fails to give notice in accordance with B10, then it bears all risks of loss of or damage to the goods from the agreed date or the end of the agreed period for shipment, provided that the goods have been clearly identified as the contract goods.

A4 Carriage

The seller must contract or procure a contract for the carriage of the goods from the agreed point of delivery. if any, at the place of delivery to the named port of destination or, if agreed, any point any that port. The contract of carriage must be made on usual terms at the seller's cost and provide for carriage by the usual route in a vessel of the type normally used for the transport of the type of goods sold.
The seller must comply with any transport-related security requirements for transport to the destination.

B4 Carriage

The buyer has no obligation to the seller make a contract of carriage.

A5 Insurance

The seller has no obligation to the buyer to make a contract of insurance. However, the seller must provide the buyer, at the buyer's request, risk and cost, with information in the possession of the seller that the buyer needs for obtaining insurance.

B5 Insurance

The buyer has no obligation to the seller to make a contract of insurance.

A6 Delivery/transport document

The seller must, as its own cost, provide the buyer with the usual transport document for the agreed port of destination.

This transport document must cover the contract goods, be dated within the period agreed for shipment, enable the buyer to claim the goods from the carrier at the port of destination and, unless otherwise agreed, enable the buyer to sell the goods in transit by the transfer of the document to a subsequent buyer or by notification to the carrier.

When such a transport document is issued in negotiable form and in several originals, a full set of originals must be presented to the buyer.

B6 Delivery/transport document

The buyer must accept the transport document document provided under A6 if it is in conformity with the contract.

A7 Export/import clearance

a) Export clearance

Where applicable, the seller must catty out and pay for all export clearance formalities requtred by the country of expert, such as:

- ▶ export licence;
- ▶ security clearance for export;
- ▶ pre-shipment inspection; and
- ▶ any other official authorisation.

b) Assistance with import clearance

Where applicable, the seller must assist the buyer, at the buyer's request, risk and cost, in obtaining any documents and/or information related to all transit/import clearance formalities, including security requrements and pre-shipment inspection, needed by any county of transit or the country of import.

B7 Export/import clearance

a) Assistance with export clearance

Where applicable, the buyer must assist the seller at the seller's request, risk and cost in obtaining any documents and/or information related to all export clearance formalities, including security requirements and pre-shipment inspection, needed by the county of export.

b) Import clearance

Where applicable, the buyer must carry out and pay for all formalities required by any country of transit and the county of transit and any licence required for transit;

- ▶ import licence and any licence required for transit;
- ▶ security clearance for import and any transit;
- ▶ pre-shipment inspection; and
- ▶ any other offical authorisation.

A8 Checking/packaging/marking

The seller must pay the costs of those checking operations (such as checking quality, measuring, weighing, counting) that are necessary for the purpose of delivering the goods in accordance with A2.

The seller must, at its own cost, package the goods, unless it is usual for the particular trade to transport the type of goods sold unpackaged. The seller must package and mark the goods in the manner appropriate for their transport, unless the parties have agreed on specific packaging or marking requirements.

B8 Checking/packaging/marking

The buyer has no obligation to the seller.

A9 Allocation of costs

The seller must pay:

a) all costs relating to the goods until they have been delivered in accordance with A2, other than those payable by the buyer under B9;
b) the fright and all other costs resulting from A4, including the costs of loading the goods on board and transport-related security costs;
c) any charges for unloading at the agreed port of discharge that were for the seller's account under the contract of carriage;
d) the costs of transit that were for the seller's account under the contract of carriage;
e) the costs of providing the usual proof to the buyer under A6 that the goods have been delivered;
f) where applicable, duties, taxes and any other costs related to export clearance under A7(a); and
g) the buyer for all costs and charges related to providing assistance in obtaining documents and information in accordance with B7(a).

B9 Allocation of costs

The buyer must pay:

a) all costs relating to the goods from the time they have been delivered under A2, other than those payable by the seller under A9;
b) the costs of transit, unless such costs were for the seller's account under the contract of carriage;
c) unloading costs including lighterage and wharfage charges, unless such costs and charges were for the seller's account under the contract of carriage.
d) the seller for all costs and charges related to providing assistance in obtaining documents and information in accordance with A5 and A7(b).
e) where applicable, duties, taxes and any other costs related to transit or import clearance under B7(b); and
f) any additional costs incurred if it fails to give notice in accordance with B10, from the agreed date or the end of the agreed period for shipment, provided that the

goods have been clearly identified as the contract goods.

A10 Notices

The seller must notify the buyer that the goods have been delivered in accordance with A2.

The seller must give the buyer any notice required to enable the buyer to receive the goods.

B10 Notice

The buyer must, whenever it is agreed that the buyer is entitled to determine the time for shipping the goods and/or the point of receiving the goods within the named port of destination, give the seller sufficient notice.

CIF(Cost Insurance and Freight)

CIF (insert named port of destination) Incoterms® 2020

EXPLANATORY NOTE FOR USERS

1. **Delivery and risk -** "Cost Insurance and Freight" means that the seller delivers the goods to the buyer
   - ▶ on board the vessel
   - ▶ or procures the goods already so delivered.

   The risk of loss of or damage to the goods transfers when the goods are on board the vessel, such that the seller is taken to have performed its obligation to deliver the goods whether or not the goods actually arrive at their destination in sound condition, in the stated quantity or, indeed, at all.

2. **Mode of transport -** This rule is to be used only for sea or inland waterway transport. Where more than one mode of transport is to be used, which will commonly be the case where goods are handed over to a carrier at a container terminal, the appropriate rule to use is CIP rather than CIF.

3. **'or procuring the goods so delivered' -** The reference to "procure" here caters for multiple sales down a chain (string sales), particularly common in the commodity trades.

4. **Ports of delivery and destination -** In CIF, two ports are important: the port where the goods are delivered on board the vessel and the port agreed as the destination of the goods. Risk transfers from seller to buyer when the goods are delivered to the buyer by placing them on board the vessel at the shipment port or by procuring the goods already so delivered. However, the seller must contract for the carriage of the goods from delivery to the agreed destination. Thus, for example, goods are placed on board a vessel in Shanghai (which is a port) for carriage to Southampton (also a port). Delivery here happens when the goods are on board in Shanghai, with risk transferring to the buyer at that time; and the seller must make a contract of carriage from Shanghai to Southampton.

5. **Must the shipment port be named? -** While the contract will always specify a destination port, it might not specify the port of shipment, which is where risk transfers to the buyer. If the shipment port is of particular interest to the buyer, as it may be, for example, where the buyer wishes to ascertain that the freight or the insurance element of the price is reasonable, the parties are well advised to identify it as precisely as possible in the contract.

6. **Identifying the destination point at the discharge port -** The parties are well advised to identify as precisely as possible the point at the named port of destination, as the costs to that point are for the account of the seller. The seller must make a contract or contracts of carriage that cover the transit of the goods from delivery to the named port or to the agreed point within that port where such a point has been agreed in the contract of sale.

7. **Multiple carriers -** It is possible that carriage is effected through several carriers for different legs of the sea transport, for example, first by a carrier operating a feeder vessel from Hong Kong to Shanghai, and then onto an ocean vessel from Shanghai to Southampton. The question which arises here is whether risk transfers from seller to buyer at Hong Kong or at Shanghai: where does delivery take place? The parties may well have agreed this in the sale contract itself. Where, however, there is no such agreement, the default position is that risk transfers when the goods have been delivered to the first carrier, i.e. Hong Kong, thus increasing the period during which the buyer incurs the risk of loss or damage. Should the parties wish the risk to transfer at a later stage (here, Shanghai) they need to specify this in their contract of sale.

8. **Insurance -** The seller must also contract for insurance cover against the buyer's risk of loss of or damage to the goods from the port of shipment to at least the port of destination. This may cause difficulty where the destination country requires insurance cover to be purchased locally: in this case the parties should consider selling and buying under CFR. The buyer should also note that under the CIF Incoterms® 2020 rule the seller is required to obtain limited insurance cover complying with Institute Cargo Clauses (C) or similar clause, rather than with the more extensive cover under Institute Cargo Clauses (A). It is, however, still open to the parties to agree on a higher level of cover.

9. **Unloading costs -** If the seller incurs costs under its contract of carriage related to unloading at the specified point at the port of destination, the seller is not entitled to recover such costs separately from the buyer unless otherwise agreed between the parties.

10. **Export/Import clearance -** CIF requires the seller to clear the goods for export, where applicable. However, the seller has no obligation to clear the goods for import or for transit through third countries, to pay any import duty or to carry out any import customs formalities.

A THE SELLER'S OBLIGATIONS

B THE BUYER'S OBLIGATIONS

A1 General obligations

The seller must provide the goods and the commercial invoice in conformity with the

contract of sale and any other evidence of conformity that may be required by the contract.
Any document to be provided by the seller may be in paper or electronic form as agreed or, where there is no agreement as is customary.

B1 General obligations

The buyer must pay the price of the goods as provided in the contract of sale.
Any document to be provided by the buyer may be in paper or electronic form as agreed or, where there is no agreement, as is customary.

A2 Delivery

The seller must deliver the goods either by placing them on board the vessel or by procuring the goods so delivered. In either case, the seller must deliver the goods on the agreed date or within the agreed period and in the manner customary at the port.

B2 Taking delivery

The buyer must take delivery of the goods when they have beer delivered under A2 and receive them from the carrier at the named port of destination.

A3 Transfer of risks

The seller bears all risks of loss of or damage to the goods until they have been delivered in accordance with A2, with the exception of loss or damage in the circumstance described in B3.

B3 Transfer of risks

The buyer bears all risks of loss of or damage to the goods from the time they have been delivered under A2.
If the buyer fails to give notice in accordance with B10, then it bears all risks of loss of or damage to the goods from the agreed date or the end of the agreed period for shipment, provided that the goods have been clearly identified as the contract goods.

A4 Carriage

The seller must contract or procure a contract for the carriage of the goods from the agreed point of delivery, if any, at the place of delivery to the named port of destination or, if agreed, any point at that port. The contract of carriage must be made on usual terms at the seller's cost and provide for carriage by the usual route in a vessel of the type normally used for the transport of the type of goods sold.
The seller must comply with any transport-related security requirements for transport to the destination.

B4 Carriage

The buyer has no obligation to the seller to make a contract of carriage.

A5 Insurance

Unless otherwise agreed or customary in the particular trade, the seller must obtain, at its own cost, cargo insurance complying with the cover provided by Clauses (C) of the Institute Cargo Clauses (LMA/IUA) or any similar clauses. The insurance shall be contracted with underwriters or an insurance company of good repute and entitle the buyer, or any other person having an insurable interest in the goods, to claim directly from the insurer.

When required by the buyer, the seller must, subject to the buyer providing any necessary information requested by the seller, provide at the buyer's cost any additional cover, if procurable, such as cover complying with the Institute War Clauses and/or Institute Strikes Clauses (LMA/IUA) or any similar clauses (unless such cover is already included with the cargo insurance described in the preceding paragraph).

The insurance shall cover, at a minimum, the price provided in the contract plus 10% (i.e. 110%) and shall be in the currency of the contract.

The insurance shall cover the goods from the point of delivery set out in A2 to at least the named port of destination.

The seller must provide the buyer with the insurance policy or certificate or any other evidence of insurance cover.

Moreover, the seller must provide the buyer, at the buyer's request, risk and cost, with information that the buyer needs to procure any additional insurance.

B5 Insurance

The buyer has no obligation to the seller to make a contract of insurance.

However, the buyer must provide the seller, upon request, with any information necessary for the seller to procure any additional insurance requested by the buyer under A5.

A6 Delivery/transport document

The seller must, at its own cost, provide the buyer with the usual transport document for the agreed port of destination.

This transport document must cover the contract goods, be dated within the period agreed for shipment, enable the buyer to claim the goods from the carrier at the port of destination and, unless otherwise agreed, enable the buyer to sell the goods in transit by the transfer of the document to a subsequent buyer or by notification to the carrier.

When such a transport document is issued in negotiable form and in several originals, a full set of originals must be presented to the buyer.

B6 Delivery/transport document

The buyer must accept the transport document provided under A6 if it is in conformity with the contract.

A7 Export/import clearance

a) Export clearance

Where applicable, the seller must carry out and pay for all export clearance formalities required by the country of export, such as:

- ▶ export licence;
- ▶ security clearance for export;
- ▶ pre-shipment inspection; and
- ▶ any other official authorisation.

b) Assistance with import clearance

Where applicable, the seller must assist the buyer, at the buyer's request, risk and cost, in obtaining any documents and/or information related to all transit/import clearance formalities, including security requirements and pre-shipment inspection, needed by any country of transit or the country of import.

B7 Export/import clearance

a) Assistance with export clearance

Where applicable, the buyer must assist the seller at the seller's request, risk and cost in obtaining any documents and/or information related to all export clearance formalities, including security requirements and pre-shipment inspection, needed by the country of export.

b) Import clearance

Where applicable, the buyer must carry out and pay for all formalities required by any country of transit and the country of import, such as:

- ▶ import licence and any licence required for transit;
- ▶ security clearance for import and any transit;
- ▶ pre-shipment inspection; and
- ▶ any other official authorisation.

A8 Checking/packaging/marking

The seller must pay the costs of those checking operations (such as checking quality, measuring, weighing, counting) that are necessary for the purpose of delivering the goods in accordance with A2.

The seller must, at its own cost, package the goods, unless it is usual for the particular trade to transport the type of goods sold unpackaged. The seller must package and mark the goods in the manner appropriate for their transport, unless the parties have agreed on specific packaging or marking requirements.

B8 Checking/packaging/marking

The buyer has no obligation to the seller.

A9 Allocation of costs

The seller must pay:

a) all costs relating to the goods until they have been delivered in accordance with A2, other than those payable by the buyer under B9:
b) the freight and all other costs resulting from A4, including the costs of loading the goods on board and transport-related security costs;
c) any charges for unloading at the agreed port of discharge that were for the seller's account under the contract of carriage;
d) the costs of transit that were for the seller's account under the contract of carriage;
e) the costs of providing the usual proof to the buyer under A6 that the goods have been delivered;
f) the costs of insurance resulting from A5;
g) where applicable, duties, taxes and any other costs related to export clearance under A7(a); and
h) the buyer for all costs and charges related to providing assistance in obtaining documents and information in accordance with B7(a).

B9 Allocation of costs

The buyer must pay:

a) all costs relating to the goods from the time they have been delivered under A2, other than those payable by the seller under A9;
b) the costs of transit, unless such costs were for the seller's account under the contract of carriage;
c) unloading costs including lighterage and wharfage charges, unless such costs and charges were for the seller's account under the contract of carriage;
d) the costs of any additional insurance procured at the buyer's request under A5 and B5;
e) the seller for all costs and charges related to providing assistance in obtaining documents and information in accordance with A5 and A7(b);
f) where applicable, duties, taxes and any other costs related to transit or import clearance under B7(b); and
g) any additional costs incurred if it fails to give notice in accordance with B10, from the agreed date or the end of the agreed period for shipment, provided that the goods have been clearly identified as the contract goods.

A10 Notices

The seller must notify the buyer that the goods have been delivered in accordance with A2. The seller must give the buyer any notice required to enable the buyer to receive the goods.

B10 Notices

The buyer must, whenever it is agreed that the buyer is entitled to determine the time for shipping the goods and/or the point of receiving the goods within the named port of destination, give the seller sufficient notice.

저자 약력

■ 이신규

- 건국대학교 대학원 무역학과 졸업(경제학박사)
- (주)아모레퍼시픽 해외사업부 근무
- 부산경상대학교 항공해운무역과 교수
- 청운대학교 국제통상학과 교수
- 관세청 혁신지원단 자문위원
- 관세청 자체제안 심사위원, AEO 심사위원
- 관세사, 물류관리사 시험출제 및 선정위원
- 중앙공무원시험 출제 및 선정위원
- 한국관세학회 부회장
- 한국창업정보학회 회장
- 관세인재개발원 외래교수
- 국무조정실 국정과제평가위원
- International Academy for Global Business & Trade(IAGBT) 회장
- University of Nebraska-Lincoln(UNL) U.S.A., Visiting Professor
- (현) 배재대학교 글로벌비즈니스학과 교수

〈주요 저서〉

- 엣센스 무역실무, 도서출판 두남
- 무역실무, 도서출판 두남
- International Trade Practice, 도서출판 두남
- 국제통상론, 도서출판 두남
- 국제물류론, 형설출판사
- e-Logistics시대 운송물류론, 형설출판사
- 무역상담영어, 도서출판 두남
- 국제물류, 형설출판사
- 엣센스 무역영어, 도서출판 두남
- 무역학개론(공저), 도서출판 두남
- 무역학원론(공저), 도서출판 두남
- Business English, 도서출판 두남
- 국제무역결제론, 도서출판 두남
- 무역영어회화, 도서출판 두남

무역영어 – 개정4판

개 정 판 1쇄 발행 —— 2011년 8월 30일
개 정 판 2쇄 발행 —— 2013년 1월 30일
개정2판 1쇄 발행 —— 2014년 3월 10일
개정2판 2쇄 발행 —— 2016년 3월 5일
개정3판 1쇄 발행 —— 2017년 3월 10일
개정3판 2쇄 발행 —— 2018년 2월 10일
개정4판 1쇄 발행 —— 2020년 2월 15일
개정4판 2쇄 발행 —— 2021년 1월 15일
개정4판 3쇄 발행 —— 2022년 2월 1일
지은이 —— 이 신 규
펴낸이 —— 전 두 표
펴낸데 —— 도서출판 **두남**
서울시 강동구 성내로6길 34-16 두남빌딩
신 고 : 제25100-1988-9호
TEL : 02) 478-2065~7, 2311
FAX : 02) 478-2068
E-mail : dunam1@unitel.co.kr
http://www.dunam.co.kr

정가 33,000원

ISBN 978-89-6414-867-9 93320